Kohlhammer

Gertraud Diem-Wille

Das Kleinkind und seine Eltern

Perspektiven psychoanalytischer Babybeobachtung

Verlag W. Kohlhammer

Alle Rechte vorbehalten
© 2003 W. Kohlhammer GmbH Stuttgart
Umschlag: Gestaltungskonzept Peter Horlacher
Gesamtherstellung:
W. Kohlhammer Druckerei GmbH + Co. Stuttgart
Printed in Germany

ISBN 3-17-018122-X

Vorwort

In diesem Buch wird der Schwerpunkt auf die Wechselbeziehung (Verschränkung) zwischen der Entwicklung der Psyche des Kindes und dem Handeln der Eltern gelegt. Eine Annäherung an dieses komplexe Wechselspiel erfolgt auf verschiedenen Ebenen. Ausgehend von der Tradition der Psychoanalyse, an konkreten Fällen emotionale Entwicklungen aufzuzeigen, werden wir die Entwicklung konkreter Kinder beschreiben, wie sie im Rahmen einer zweijährigen Untersuchung in London in einer psychoanalytisch orientierten Babybeobachtung oder im Rahmen einer therapeutischen Behandlung ersichtlich wird. Ebenso soll auf einige wichtige Theorien über die frühe Entwicklung eingegangen und diese kritisch beleuchtet werden.

Mein Dank gilt all denen, die mir geholfen haben, theoretische und klinische Erfahrungen in der Psychoanalyse zu sammeln. Mein Lehranalytiker, Doz. Dr. Lambert Bolterauer, half mir, mein Leben aus einer neuen Perspektive zu ordnen und zu verstehen, wobei die schmerzlichen Erfahrungen, die neuen Perspektiven und Erkenntnisse nicht immer leicht zu integrieren waren. Meine Lehrer und Lehrerinnen in der Wiener Psychoanalytischen Vereinigung ermöglichten durch ihr großes Engagement, den durch die Vertreibung fast aller Psychoanalytiker im Jahre 1938 auf drei Mitglieder geschrumpften Verein wieder lebensfähig zu machen und die Ausbildung und den wissenschaftlichen psychoanalytischen Diskurs neu zu begründen.

Durch meinen eineinhalbjährigen Forschungsaufenthalt an der Tavistock Clinic in London in den 1990er Jahren und die Teilnahme an den Veranstaltungen des British Institut of Psychoanalysis lernte ich die fruchtbare Entwicklung der Kleinianischen Denkweise und ihre behandlungstechnischen Anregungen kennen, die mir bis zu diesem Zeitpunkt noch nicht vertaut gewesen waren. Ein wichtiges Motiv, dieses Buch zu schreiben, war, diese Form der genauen Beschäftigung mit den frühen Lebensjahren im deutschsprachigen Raum zugänglich zu machen. Mein Dank gilt Betty Joseph, die mich durch langjährige Supervision in meiner Arbeit als Kinderanalytikerin unterstützt hat. Elisabeth Bott Spillius ermöglichte mir und einer Gruppe von Psychoanalytikern, über einige Jahre an einem postgradualen klinischen Seminar in Wien teilzunehmen. Michael Feldman leitet seit mehreren Jahren eine europäische klinische Gruppe von Psychoanalytikern, die mir als Teilnehmerin wertvolle Anregungen für die Arbeit mit Patienten ermöglicht.

An der Tavistock Clinic hat mich vor allem Margaret Rustin bei meiner Forschungstätigkeit des „Infant Observation Follow-up Studie" unterstützt, indem wir gemeinsam wöchentlich über die gesammelten Daten der untersuchten Familien nachgedacht haben. Isca Wittenberg und Anne Alvarez ermöglichten mir und einer Gruppe von Psychoanalytikern in London und Wien, eine Ausbildung in psychoanalytischer Babybeobachtung zu machen. Im „Under Five Counselling Service" habe ich wertvolle Anregungen von Dileys Daws und Lisa Miller bekommen. Anton Obholzer hat mich ermutigt und wesentlich dazu beigetragen, den Transfer zwischen London und Wien zu organisieren.

Mein Dank gilt den Familien, die es mir ermöglicht haben, die psychoanalytische Beobachtung durchzuführen und die mir im Interview Einblick in ihre Erfahrungen während der Schwangerschaft, Geburt und den ersten Lebensjahren ihres Kindes gewährt haben.

Für zahlreiche Anregungen, die bei der sorgfältigen Durchsicht des Manuskriptes geäußert wurden, danke ich Gucki Siegl. Peter Marginter hat wesentlich zum Verstehen des Textes beigetragen, indem er kritisch konstruktiv psychoanalytische Fachausdrücke und Sichtweisen hinterfragt hat.

Ich bin mir bewusst, dass ich dies alles nur auf Grund der Nachsicht und Unterstützung meiner Familie schreiben konnte. Eine besondere Bereicherung stellten die lebendigen Erfahrungen dar, die ich beim Kontakt mit meinen beiden Töchtern, Katja und Johanna, sowie meinen Enkelkindern, Samira und Karim, sammeln konnte.

Wien, im September 2003   Gertraud Diem-Wille

Inhalt

Einleitung		11
1	**Verstehen der psychischen Entwicklung**	13
1.1	Theoretische Grundlagen eines psychoanalytischen Verstehens der menschlichen Entwicklung	15
1.2	Perspektiven psychoanalytischer Babybeobachtung	18
1.3	Vom Kind zum Säugling und wieder zurück	22
	Entwicklungsgeschichten von Kindern	23
1.4	Geburt: Von der Leibesfrucht zum Neugeborenen oder: Vom imaginären zum realen Baby	48
	Kellys Geburt	52
	Schwangerschaft	57
	Maxens Geburt	59
	Patricks Geburt	62
	Die körperlichen Fähigkeiten des Neugeborenen	62
1.5	Unterstützungssysteme zur Zeit der Geburt	66
1.6	Theorien zum Anfangsstadium des Ich	68
	Rudimentärer Ich-Kern	73
	Symbiose mit der Mutter: Primärer Narzissmus	74
	Empirische Säuglingsforschung (angeborene Fähigkeit zur Differenzierung zwischen Selbst und Objekt)	76
	Bindungstheorie: angeborene Verhaltensweisen	77
2	**Das erste Lebensjahr**	79
2.1	Veränderungen in der Familie durch die Geburt eines Babys	81
	Emotionale Reaktion der Geschwister	83
	Die emotionale Beziehung zwischen Baby und Eltern	84
2.2	Die ersten drei Monate	85
	Erforschen des Körpers	88
	Blickkontakt	89
	Sprache der Liebenden	89
	Psychische Entwicklung	90
	Persönlichkeit des Babys	92

Füttern: Stillen oder Fläschchen? 95
Schlafen und Einschlafen 101

2.3 Entwicklungsgeschichte der Kinder Kelly und Max 104
Die ersten drei Monate von Kelly 104
Die ersten drei Monate von Max 108

2.4 Entwicklungsgeschichte der Kinder in Therapie 112
Schwierigkeiten in der Eltern-Kleinkind-Beziehung:
Lea und ihre Eltern 112
Therapeutische Hilfe vor der Geburt: Joseph 115

2.5 Theorien zur psychischen Entwicklung des Babys
in den ersten drei Monaten 118
Entwicklung des rudimentären Ich-Kerns zu einer
„inneren Welt" des Babys 119
Primärer Narzissmus:
Symbiose mit der Mutter – Entwicklung des Ich aus dem Es 122
Empirische Säuglingsforschung: „allmählich auftauchendes Selbst" ... 123
Bindungstheorie: Angeborene Verhaltensweisen 124

2.6 Vom vierten bis zum zwölften Lebensmonat 125
Anerkennung der Persönlichkeit des Babys 125
Unschuld der Kinder 127
Baby als a-sexuelles Wesen 129
Grausamkeit und Neugierde von Kindern 131
Körperpflege und selbständige Bewegungsförderung 132
Psychische Entwicklung des Babys 136
Füttern, Stillen und Abstillen 139
Schlafen – Schlafprobleme 141

2.7 Entwicklungsgeschichte der Kinder Kelly und Max 142
Kellys Entwicklung vom vierten bis zum zwölften Lebensmonat 142
Maxens Entwicklung vom vierten bis zum zwölften Lebensmonat 147

2.8 Entwicklungsgeschichte der Kinder in Therapie 154
Schwierigkeiten in der Eltern-Kleinkind-Beziehung: Julian 154
Das geschlagene Baby: Malcom 156

2.9 Theorien zur psychischen Entwicklung des Babys
vom vierten bis zum zwölften Monat 161
Vom rudimentären Ich-Kern zur inneren Welt 161
Vom primären Narzissmus und dem Konzept
der Entwicklung des Sexualtriebes 163
Empirische Säuglingsforschung: Schemata des Zusammenseins 165
Bindungstheorie: Der „Fremde-Situation-Test" 167

3 Das zweite Lebensjahr 171

3.1 Entwicklungslinien im zweiten Lebensjahr 174
   Der aufrechte Gang 174
   Selbständigkeit und Trennungen 175
   Das kindliche Spiel 182
   Disziplin und Ordnung 188
   Spracherwerb 190
   Sauberkeitstraining 194
   Entwicklung der Geschlechtsidentität 195

3.2 Entwicklungsgeschichte der Kinder Kelly und Max 199
   Kelly im zweiten Lebensjahr 199
   Max im zweiten Lebensjahr 204
   Patricks Entwicklung in der Psychoanalyse 210

4 Das dritte Lebensjahr 221

4.1 Entwicklung der Kinder im dritten Lebensjahr 224
   Spracherwerb: symbolisches Denken 224
   Sauberkeitstraining: Schamhaftigkeit oder Beschämung 230
   Geschlechtsidentität und ödipale Phantasien 234
   Geschwisterrivalität und Geburtstheorien 239
   Entwicklung des Gewissens 248
   Ängste des Kindes 253

4.2 Entwicklungsgeschichte der Kinder Kelly und Max 255
   Kelly im dritten Lebensjahr 255
   Max im dritten Lebensjahr 261

4.3 Entwicklung von Kindern in Therapie 264
   Marietta und ihre enge Beziehung zur Mutter 264
   Nikolaus – verloren in der Welt 267

**5 Ausblick und Perspektiven: Das Meistern der
frühen Kindheit** 275

Literaturverzeichnis 289

Namen- und Sachregister 299

Einleitung

Das Buch will die Bedeutung der frühesten Kindheit für die Entstehung der emotionalen Grundmuster der Persönlichkeit verständlich machen. In den ersten vier Lebensjahren wird das Kind in der Regel überwiegend von den Eltern betreut. Ausgebildete Pädagogen, Kindergärtnerinnen, Lehrer und Erzieher begegnen dem von diesen ersten frühen Jahren geprägten Kind erst später. Deshalb wird in manchen Büchern über Entwicklungspsychologie diese Phase entweder ignoriert oder nur kursorisch behandelt. Da die Psychoanalyse jedoch von der Annahme ausgeht, dass diese Jahre grundlegende Erfahrungen vermitteln, wird versucht zu zeigen, wie die wesentlichen Grundmuster der Persönlichkeit im Kontext der ersten Beziehungen in der Familie entstehen. Diese frühen Erfahrungen lagern in den tiefsten Schichten unserer Seele. In Glück und Geborgenheit, Trauer bei Trennungen und Hilflosigkeit werden diese Erfahrungen wieder lebendig, was Melanie Klein von der „Erinnerung im Gefühl" sprechen ließ. Es handelt sich dabei nicht um ein bewusstes Erinnern, sondern – da solche Erinnerungen im vorsprachlichen Bereich liegen – um körperliche Wahrnehmungen und vage Stimmungen, die in der Phantasie und in Träumen auftauchen. Nur wenn verständlich wird, wie das Baby und Kleinkind in der Begegnung mit seinen Eltern und anderen Bezugspersonen täglich hundert Mal bestimmte Interaktionsmuster erlebt, kann nachvollziehbar werden, welche tiefgreifende Spuren dies in der Psyche des Kleinkindes hinterlässt. Das Verstehen früher Erlebnismuster, die auftauchen und uns stark beeinflussen, kann nicht nur helfen, die Verhaltensweisen der Kinder oder Jugendlichen und scheinbar unangebrachte Reaktionen offen aufzunehmen und deren Sinn zu erforschen, sondern es kann auch dem Erzieher oder der Lehrerin scheinbar irrationale Reaktionen ihres eigenen „inneren Kindes" als Ausdruck von schmerzlichen Erfahrungen verständlich machen und Anlass zum Nachdenken geben.

Die ersten Jahre des Lebens sind eine Zeit der radikalen Veränderung, einer dramatischen körperlichen und psychischen Entwicklung. Vom Augenblick der Geburt an lernt der Mensch; er hat eine Fülle von Eindrücken, Aufgaben und Wahrnehmungen von außen sowie Affekte, Wünsche und Gefühle von innen zu bewältigen. Das Lernen findet in Beziehung zu einem oder mehreren anderen Menschen statt. Von der Beschaffenheit dieser Beziehung und der emotionalen Zuwendung und Liebe hängt es ab, ob das Kind Zuversicht, Lebensfreude, Interesse an der Welt, Offenheit für Neues und Neugierde entwickelt.

Die Qualität der emotionalen Beziehung ist ausschlaggebend, ob Talente des Kindes gefördert oder vernachlässigt werden; ob das Kleinkind Hilfe bei der Bewältigung von Ängsten und neuen Anforderungen erhält; ob es soziale Kontakte sucht und offen ist oder sich eher ängstlich zurückzieht und alleine spielt.

Da die frühen emotionalen Erfahrungen in der Interaktion mit den Eltern die Wahrnehmungsmuster des heranwachsenden Kindes von sich und von der Welt formen, wird anhand von ausführlichen Beispielen der psychoanalytischen Babybeobachtung diese Entwicklung bei zwei Familien ausführlich dargestellt. Schon die Schwangerschaft und Geburt sind stark von den Wünschen und Phantasien der zukünftigen Eltern beeinflusst, da durch die Vorbereitung auf ein neues Baby frühe unbewusste Erfahrungen in den tiefsten Schichten der Persönlichkeit aufgewühlt werden. Das Buch folgt der Entwicklung der Beziehung des Kindes zu seinen Eltern von der Geburt bis zum Ende des dritten Lebensjahres

Gegenübergestellt werden Beispiele einer psychoanalytischen Eltern-Kleinkindtherapie und aus Kinderanalysen, um zu zeigen, wie den Eltern geholfen werden kann, unbewusste Konflikte bewusst zu machen.

Für Leser, die eine Einführung in die vielfältigen unterschiedlichen psychoanalytischen Theorien über die frühen Jahre erhalten wollen, bietet das Buch am Ende der ersten beiden Kapitel eine Orientierungshilfe über die vier wichtigsten Richtungen, nämlich der nach Klein und Bion, nach Freud und Mahler, der Empirischen Säuglingsforschung und der Bindungstheorie und deren wechselseitige Kritik.

1 Verstehen der psychischen Entwicklung

1.1 Theoretische Grundlagen eines psychoanalytischen Verstehens der menschlichen Entwicklung

Unser Thema ist die Entwicklung der Psyche, der emotionalen, symbolischen und sprachlichen Fähigkeiten des Kleinkindes in seiner Beziehung zu den relevanten Personen seiner Umwelt in unserer westlichen Kultur.

Ein Verstehen der kindlichen Entwicklung soll anhand von Erzählungen, Beschreibungen und Falldarstellungen illustriert werden. Das Schlüsselwort liegt in der unmittelbaren Hinwendung zu realen Kindern. Die Erzählungen von Erwachsenen, vor allem der Eltern der Kinder können die regelmäßige Beobachtung ergänzen. Diese Zugangsweise, die menschliche Entwicklung durch Beobachtung, Beschreibung und Analyse der Beobachtung verstehen zu wollen, steht im Gegensatz zur behavioristischen Methode. Obwohl auch bei dieser das Verhalten im Mittelpunkt steht, wird nicht das Verhalten der Kinder, sondern das Verhalten von Tieren in einer experimentellen Situation als Bezugssystem gewählt. So finden wir in Lehrbüchern über Entwicklungspsychologie manchmal beim Kapitel über Geburt und erste Entwicklung die Beschreibung des Verhaltens von Primaten bei der Brutpflege.

Betrachten wir die psychische Bedeutung der Beziehung zwischen Eltern und Baby, so werden die vielschichtigen und komplexen Zusammenhänge zwischen der Psyche, der Vorstellung und den inneren Bildern der Eltern mit den Entwicklungsbedingungen für das neue Lebewesen sichtbar. Wollen wir die psychische Entwicklung der Persönlichkeit des Kindes verstehen, ist es erforderlich, das Augenmerk auf die Beziehung zwischen Eltern und Kind zu legen. Dabei wird der realen Welt ebenso große Bedeutung beigemessen wie der inneren Realität.

Wenn ich von innerer Realität spreche, so meine ich damit die psychische Realität, die sich in den Bildern und Vorstellungen der Eltern über sich selbst und über das Baby ausdrücken. Es existieren parallel zwei Welten, die der realen Baby-Eltern-Interaktion und die der elterlichen Vorstellungen vom Baby und von sich als Elternteil. Diese beiden Welten können in Harmonie sein oder sich geringfügig bis völlig von einander unterscheiden. Es gibt das reale Baby in den Armen der Mutter oder des Vaters, und es gibt gleichzeitig das vorgestellte Bild des Babys, das „imaginäre Baby" im Erleben der Mutter. Es gibt ebenso die reale Mutter, die das Baby hält, und zugleich ein inneres Bild, das sie sich von sich als Mutter macht. Diese inneren Bilder beeinflussen in dramatischer Weise

– positiv oder negativ – die Entwicklung des Babys. Die Beziehung des Paares Mutter und Baby ist aber immer auch von der Beziehung der Mutter zum Vater des Babys beeinflusst, sodass es sich immer um Beziehungen von drei Personen handelt (vgl. Green 1993). Ich verstehe also die Existenz „innerer Bilder", die auch als „Repräsentanzen" bezeichnet werden, als notwendigen und normalen Teil einer Beziehung. Die Qualität der Beziehung kann jedoch unterschiedlich sein – förderlich oder hemmend für die Entwicklung des Kindes. Diese inneren Bilder, die sich die Eltern von ihrem Baby machen, unterscheiden sich immer von dem Bild eines neutralen Beobachters[1], da die Eltern ihre Hoffnungen, Ängste, Erinnerungen an andere Familienmitglieder sowie Aspekte ihres Selbstbildes einschließen. Ebenso wichtig ist es zu beschreiben, wie sich die „innere Welt" eines Babys entwickelt. Vorwegnehmend will ich nur sagen, dass es nicht genug ist, die äußere Realität zu beschreiben, sondern zu beobachten, wie sich die Psyche des Babys entwickelt. Dabei gehe ich von der Annahme aus, dass das Baby die Art und Weise, wie es durch die Mutter oder andere relevante Bezugspersonen die Welt erfährt, modellhaft in sich hinein nimmt und zum Ausgangspunkt seines Bildes von sich und der Welt macht, das durch seine Gefühle modifiziert und verändert wird.

Das eigene Kind als das herzigste und liebste Kind zu sehen, der durch die Liebe verzauberte Blick gehört zur „normalen" Elternschaft. Die Wahrnehmung des realen Babys wird von diesem inneren Bild beeinflusst, aber ebenso von den aktuellen Gefühlen, Hoffnungen oder Affekten. Ein unruhiges, schreiendes Baby, das die Eltern bis an die Grenze ihrer physischen und psychischen Belastungsfähigkeit in Anspruch nimmt, mag den übernächtigen, genervten und frustrierten Eltern für einen Moment als hässlich und abstoßend erscheinen. Das friedlich schlummernde, satte und zufriedene Baby wird für dieselben Eltern nur kurze Zeit später ein kleines Engelchen, für das sie zärtliche Gefühle hegen.

In der Beschreibung der Gefühle der Eltern zu ihrem Kind wird schon deutlich, dass es gleichzeitig Liebe und Hass gibt, aufopfernde Hingabe und Abgrenzung, Hilflosigkeit und Aggression, Glück und Verzweiflung. Freud hat das große Verdienst gezeigt zu haben, dass menschliche Beziehungen immer von Ambivalenz gekennzeichnet sind, d. h. von gleichzeitig wirkenden unterschiedlichen Gefühlsqualitäten, die rasch wechseln können. Je enger eine Beziehung ist, desto heftiger können die Gegensätze sein. Wer die andere Person sehr liebt,

---

1 Selbst ein „neutraler Beobachter" wird von der Eltern-Kleinkind-Beziehung emotional aufgewühlt, da in ihm heftige Gefühle aktiviert werden. Niemand kann sich dem Phänomen entziehen, da wir alle – Männer und Frauen in gleicher Weise – in der Gebärmutter einer Frau entstanden sind. Auch negative Erscheinungsbilder, die die Erinnerungen an den Beginn der eigenen Existenz verhindern sollen, indem etwa Babys als unwichtig, ekelhaft und lästig bezeichnet werden oder heftige Ablehnung hervorrufen, verstehen wir als Abwehr dieser Gefühle, die ins Gegenteil verkehrt werden.

wünscht sich dieselben heftigen Gefühle als Erwiderung und ist deshalb über Zurückweisungen, Teilnahmslosigkeit oder oft auch nur unterschiedliche Wünsche verletzt und gekränkt. Ziel des psychoanalytischen Herangehens ist es, diese komplizierten Verschränkungen zu verstehen; hinter scheinbaren logischen Widersprüchen und Unvereinbarkeit den heimlichen Sinn zu erkennen und ihn den Akteuren bewusst zu machen. Wenn ich hier auf die Vielfalt der Beziehungen zwischen Eltern und Kind eingehe, will ich anmerken, dass es eben um ein Verstehen geht und nicht um normative Festschreibungen, Verhaltensregeln oder Schuldzuweisungen. Oft wurden Analysen der Beziehung als Vorwürfe oder Schuldzuweisungen an die Mütter und Väter missverstanden, als ob es eine Erziehung ohne Konflikte und Missverständnisse geben könnte.

Ich will hier nicht Regeln für eine gute oder „richtige" Erziehung aufstellen, sondern das breite Spektrum einer Erziehung zeigen, die „gut-genug" ist, um die Entwicklung des Kindes zu fördern.[2] Es geht darum, eine Haltung der Offenheit und Beobachtung zu fördern, die es ermöglicht, die Beziehung zwischen Baby und Eltern zu verstehen. Das Wissen, dass jede Mutter und jeder Vater „nicht aus seiner Haut heraus kann", d. h. selbst das Produkt seiner Lebensgeschichte ist, soll den Lesern helfen, eine milde und verständnisvolle Position auch sich selbst gegenüber einzunehmen. Der Leser fragt sich vielleicht, ob seine Erfahrungen und Erziehungspraktiken aus dem Rahmen der „Normalität" fallen. Um deutlich zu machen, wie breit und vielfältig die Beziehungsmuster zwischen Eltern und Kindern sind, will ich genauer auf zwei Familien eingehen und anhand dieser empirischen Fallbeispiele versuchen, das jeweilige Beziehungsmuster und die emotionale Struktur der Familie herauszuarbeiten. Wenn „Normalität" unter Anführungszeichen gesetzt wird, soll das auf das Wissen verweisen, dass es keine klare Grenze zwischen normal und abnormal, zwischen gut und pathologisch gibt. Die Phänomene, die bei Problemfamilien deutlich sichtbar werden, sind in Elementen auch bei „normal-neurotischen" Personen wirksam.

Auf einen weiteren Aspekt, der missverstanden werden kann, möchte ich hinweisen: Es ist die Hoffnung, eine allgemeingültige Beschreibung einer Familie zu erhalten. Gerade bei der engen Beziehung zwischen Kindern und Eltern spielt die Betrachterperspektive eine große Rolle. Die Beschreibung, die Einschätzung der Gefühle, Kränkungen, Freuden und Erfahrungen sind relativ im Sinn der Abhängigkeit, wer die Beschreibung gibt. So können etwa sechs Kinder dieselbe Mutter unterschiedlich sehen, als streng und fordernd, als liebevoll, verwöhnend oder als kalt und unbeherrscht. Die Beschreibung ist immer Re-

---

2 Die Bezeichnung „zureichend-gute" oder „gut-genuge" Mutter ist eine Übersetzung der Bezeichnung des Englischen Kinderarztes und Psychoanalytikers D. W. Winnicott, der den Begriff „good-enough mother" geprägt hat, um klar zu machen, dass keine Mutter nur gut ist, aber es genügt, wenn das Positive überwiegt (vgl. Winnicott 1983, 11).

sultat der Beziehung der erzählenden Person zu dem Objekt der Erzählung. Ebenso gilt das für die Umkehrung der Perspektive, wenn etwa dieselbe Mutter ihre Beziehung zu diesen sechs Kindern und die Atmosphäre der Familie beschreiben soll. Notwendigerweise unterscheiden sich diese Sichtweisen, da sie immer von der Phantasie, den Wünschen, Hoffnungen und der Grundstimmung beeinflusst werden. Dieselbe Person würde auch ihre Beziehung zum Vater oder zur Mutter unterschiedlich einschätzen, abhängig von der Situation oder ihrem jeweiligen Lebensalter. So könnte der Vater, der von der adoleszenten Tochter so kritisch abgelehnt wurde, von der erwachsenen Tochter viel liebevoller und nachsichtiger eingeschätzt werden.

Um ein Gleichgewicht zwischen dem Verstehen der Genese der Persönlichkeit eines Menschen und den verschiedenen theoretischen Konzepten herzustellen, wollen wir zunächst Kinder im Alter zwischen drei und vier Jahren vorstellen, um dann, soweit es die empirischen Daten erlauben, deren Lebensweg von der Geburt bis zu dem Beobachtungszeitraum darzustellen.

1.2 Perspektiven psychoanalytischer Babybeobachtung

Wie ist es denn prinzipiell möglich, bei kleinen Kindern Aussagen über ihre psychische Entwicklung zu machen? Bei Erwachsenen wurde von Freud der Weg über die Analyse der Träume und die freie Assoziation gefunden, um auf unbewusste Wünsche, Verdrängungen und Abwehrformen der Psyche, des „psychischen Apparats" schließen zu können. Kinder drücken durch ihr Spiel ihre Phantasien, inneren Konflikte und Abwehrformen aus, so dass das Verstehen des kindlichen Spiels einen Zugang zu ihrer inneren Welt ermöglicht. Auch die Interaktion mit den Eltern, ihr physischer Kontakt drückt ihre emotionale Nähe zu ihnen aus, im Blickkontakt, dem Aushandeln von Vorschriften und Regeln zeigt sich dem Beobachter die Qualität der Beziehung zwischen Eltern und Kind.

Um die Komplexität der Entwicklung dieser ersten Jahre nachvollziehbar zu machen, will ich gleichsam von der erreichten Station nach vier Jahren den Blick zurück auf den Beginn werfen. Die Hauptquelle der Daten und Beobachtungen zur psychischen Entwicklung des Menschen ist für die Psychoanalyse die Arbeit mit Patienten und Kindern mit Problemen oder Entwicklungsstörungen. Bei Störungen und Problemen werden Phänomene deutlicher sichtbar als bei normalen Beziehungen. Der Weg der psychoanalytischen Erkenntnis geht von der Psyche zum Körper. Im Lauf der Forschung ist sie zu den frühen Phasen der kindlichen Entwicklung und den Anfangsstadien der psychischen

Differenzierung von der körperlichen Funktionsweise vorgedrungen. Das „Ich ist vor allem ein Körperliches", formuliert Gaddini (1998) in Anlehnung an Freud und spricht von einem spiegelbildlichen Körper-Seele- und Seele-Körper-Kontinuum, je nach Blickwinkel und Forschungsansatz. Freud spricht davon, dass das Psychische letztlich immer auf das Körperliche bezogen ist. Die psychische Situation eines Kindes zeigt sich ganzheitlich, d. h. es sind nicht nur die verbalen Äußerungen von Bedeutung, sondern auch die „Sprache des Körpers". Ein Baby, das Probleme beim Essen hat, drückt aus, dass etwas nicht in Ordnung ist. Das könnte nun eine körperliche Erkrankung oder Fehlentwicklung sein, oder, wenn körperlich nichts gefunden werden kann, wäre es möglich, dass das Baby etwas über eine Störung in der Beziehung zur Mutter ausdrückt. Die Verwendung des Konjunktivs verweist auf die Vorläufigkeit der Annahmen. Es ist wichtig, offen für verschiedene Möglichkeiten zu sein. In der Falldarstellung von Max werden wir sehen, dass sein häufiges Schreien auch eine somatische Ursache hatte. Erst im Alter von 18 Monaten entdeckten die Ärzte bei einer Untersuchung zufällig eine chronisch entzündete Niere. Für die psychische Entwicklung von Max war aber bedeutsam, in welcher Weise seine Eltern mit dem für sie oft unverständlichen Weinen umgehen konnten.

Die Unterscheidung zwischen einem Verhalten einer Bezugsperson oder einem äußeren Ereignis und der emotionalen Bedeutung ist für das psychoanalytische Verstehen von zentraler Bedeutung. Die Betonung der „psychischen Realität" hat zu einem häufigen Missverständnis geführt, so als ob damit ausgesagt werde, die realen Ereignisse spielten keine Rolle – ein Vorwurf, der vor allem Melanie Klein und ihrer Gruppe gemacht wird. Es handelt sich aber eher um einen besonderen Blickwinkel, mit dem reale Ereignisse betrachtet werden. Wenn etwa ein Mann erzählt, seine junge Frau sei sexuell so erfahren, da sie bereits ab dem Alter von 13 Jahren jede Form sexueller Erfahrung gehabt habe, so würde ein Psychoanalytiker zunächst innehalten. Die im Alltagsbewusstsein vielleicht gängigen Annahmen, diese Frau sei sexuell besonders interessiert oder habe ein unproblematisches Verhältnis zu ihrem Körper, keine Angst vor dem anderen Geschlecht, sei selbstsicher und draufgängerisch, werden von einem Analytiker nicht geteilt. Ein Analytiker würde sich vielmehr fragen, welche Bedeutung so ein promiskuitives Verhalten haben könnte. Stellen diese „orgiastischen Erfahrungen" eine Abwehr ihrer Angst vor Nähe dar? Wie hat sie selbst Gruppensex erlebt? Hat sie Lust empfunden? Hat sie sich abgewertet gefühlt? Hat sie in dieser Art des körperlichen Kontakts eine Form der physischen Nähe gesucht, weil sie sich verloren und einsam gefühlt hat und mit niemanden reden konnte? Oder ist diese hektische sexuelle Betätigung eine Form gewesen, sich von bedrohlichen innere Gefahren abzulenken? Hat sie damit unbewusst ihre Angst vor einem psychischen Zusammenbruch überdeckt? Gibt es unter all den Sexualpartnern jemanden, der ihr wichtig war? Eine längere, emotional bedeutsame Beziehung? Wir würden eher annehmen, dass diese junge Frau Schwierigkeiten hat, sich und ihren Körper als etwas Wertvolles zu sehen, sich selbst als liebenswerte Person zu akzeptieren. Vermutlich stehen hinter den freizügigem Auftreten Ängstlichkeit und Unsicherheit, oft in dem ganz grundlegenden Sinn, dass sie nicht weiß, wer sie ist. Ein Innehalten wäre dann sehr bedrohlich, d. h. sie muss immer aktiv sein und sich durch ein riskantes Leben in permanente Spannung versetzen. Wenn ich von Unvoreingenommenheit spreche, was z. B. hinter einem „freien" sexuellen Verhalten stehen könnte, drücke ich damit aus, dass es nicht möglich ist, von einem bestimmten Verhalten auf dahinter liegende Gründe zu schließen. Man könnte sich auch fragen, warum der ältere Mann das erzählt. Will er mit seiner jungen Frau und ihrer Potenz prahlen oder zeigt er damit seine Unsicherheit und Angst, ihren Ansprüchen gerecht werden zu können? Die Vielzahl von Fragen verweist auf die unterschiedlichen Möglichkeiten unbewusster Konflikte, die sich hinter einem solchen Verhalten verbergen können, d. h. die geschützt werden müssen, um nicht bewusst werden zu müssen. Interessant ist, dass dieses Verständnis sich durchaus mit dem von lebenserfahrenen Personen deckt, die verstehen, dass ein wildes sexuelles Leben zeigt, dass diese Person nicht zufrieden ist.

Auch bei der Einschätzung der emotionalen Situation der Kinder und ihrer psychischen Entwicklung bieten die äußeren Faktoren nicht schon eine eindeutige Erklärung. So kann ein Kind, dessen Eltern sich früh scheiden ließen, in einem besseren emotionalem Zustand sein als ein Kind einer intakten Ehe, wenn der Vater depressiv ist oder die Mutter zwar zu Hause, aber emotional nicht erreichbar ist.

Bei der psychoanalytischen Babybeobachtung nach Esther Bick (Bick 1964, Miller et al 1989) geht es deshalb um das genaue Hinschauen, um das Aufnehmen der Details in der Interaktion, um die emotionale Qualität der Beziehung. Es kommt nicht so sehr darauf an, wie lange die Mutter stillt oder wie lange das Baby vom Vater aufgenommen und herumgetragen wird, sondern auf das emotionale Aufnehmen der Gefühle des Babys. Welche Qualität die Zuwendung der Eltern hat und wie das Baby darauf reagiert, können wir durch genaue Beschreibung zu ergründen versuchen. Erst die Reaktion des Säuglings auf den Kontakt mit den Eltern, die emotionale „Zwiesprache" kann uns Hinweise auf die Qualität der Beziehung zwischen Eltern und Säugling geben.

Um diese für viele vielleicht nur schwer nachvollziehbaren Annahmen besser verständlich zu machen, will ich verschiedene Beispiele anführen. Es handelt sich dabei um Teilergebnisse einer größeren Studie, die die Entwicklung von Kindern in den ersten vier Jahren untersucht.[3] Dabei wurden vier Elternpaare

---

[3] Die Untersuchung „Infant Observation: A Follow-up Study" wurde vom Fonds zur Förderung der wissenschaftlichen Forschung (FWF) finanziert und in London an der Tavistock Clinic durchgeführt.

und deren Kinder im Zeitraum von zwei Jahren wöchentlich ein Mal beobachtet. Diese psychoanalytische Ausbildungsmethode wird „Infant Observation", „psychoanalytische Säuglingsbeobachtung" genannt. Sie wurde von Esther Bick, einer englischen Psychoanalytikerin um 1950 in London entwickelt und stellt seither ein wichtiges Ausbildungselement für Psychoanalytiker und Psychotherapeuten dar. Aufgabe des Beobachters ist es, zunächst Kontakt zu einem Paar, das ein Baby erwartet, herzustellen, um die Erlaubnis zu bekommen, einmal pro Woche für den Zeitraum von zwei Jahren das Baby und seine Entwicklung zu beobachten. Es kommt darauf an zu lernen, alles möglichst genau aufzunehmen, was das Baby in seiner Umwelt betrifft. Es geht darum, die Rolle als Beobachter wahrzunehmen sowie offen für die Erzählungen der Eltern über ihre Situation mit dem Baby zu sein. Der Beobachter soll keine anderen Funktionen in der Familie wahrnehmen, keine Ratschläge, Kommentare, keine Deutungen oder Interpretationen geben und keine häuslichen oder freundschaftlichen Aufgaben übernehmen. In kleinen Seminargruppen mit einer Psychoanalytikerin werden die Beobachtungen, Eindrücke, Gefühle und Stimmungen des Beobachters besprochen und Hypothesen über die Entwicklung der Persönlichkeit des Babys aufgestellt. Ausführliche Berichte über diese Babybeobachtung nach Esther Bick liegen vor (Bick 1964, Briggs 1997, Diem-Wille u. a. 1998, Ermann 1996, Lazar u. a. 1986, 1991, 2000, Rustin et al. 1989, Reid 1997). In der Zeitschrift „Infant Observation" (1998–2002) werden vielfältige Fragen und Ergebnisse der psychoanalytischen Babybeobachtung diskutiert. Es handelt sich dabei nicht um eine künstliche Untersuchungssituation, sondern die Beobachtung soll in der natürlichen Umgebung der jungen Familie stattfinden.

In der Follow-up Studie untersuchte ich, ob die Hypothesen über die beobachteten Säuglinge mit deren weiterer Entwicklung übereinstimmten. Dazu las ich zunächst die schriftlich festgehaltene psychoanalytische Beobachtung, dann sprach ich mit dem/der Beobachter/in und dann diskutierten wir gemeinsam mit der Seminarleiterin der Babybeobachtungsgruppe. Erst dann nahm ich Kontakt zu den Eltern des beobachteten Kindes auf, das zu diesem Zeitpunkt vier Jahre alt war und bat sie, weitere Beobachtungen zu Hause und im Kindergarten durchführen zu dürfen. Nach Abschluss der Beobachtung führte ich mit jedem Elternteil einzeln ausführliche narrative Interviews durch. Bei einem narrativen Interview wird die befragte Person aufgefordert, anhand von wenigen offenen Fragen ausführlich zu diesen Themen aus ihrem Leben oder zu Ereignissen frei zu erzählen. Im Interview erzählten mir die Eltern, wie sie die Schwangerschaft, Geburt und die ersten Jahre der Entwicklung ihres Kindes erlebt hatten und welchen Einfluss die Geburt ihres Kindes auf ihr Leben und ihre eheliche Beziehung ausgeübt hat. Danach bat ich sie, mir zu erzählen, wie ihre Beziehung zu ihren Eltern als Kind gewesen sei. Die Erfahrung der Eltern und die mehrgenerative Perspektive stellt eine wichtige Ergänzung der durch die Beobachtung gewonnenen Daten über das Kind dar. Die Beschreibung der Gefühle der Eltern kann Hinweise dafür geben, ob die Hypothese der Beobachter mit der Selbstwahrnehmung der Eltern übereinstimmt. Auch Beispiele von autobiographischen Berichten sowie Fälle aus der klinischen therapeutischen Arbeit werde ich zur Illustration heranziehen.

1.3 Vom Kind zum Säugling und wieder zurück

Wenn wir den Weg der Entwicklung vom Säugling zum vierjährigen Kind in seiner Dramatik nachvollziehen wollen, kann ein Blick auf ein Kind im vierten Lebensjahr zeigen, wie enorm viel in diesen Jahren geschieht. Das Kind mit vier Jahren kann seine Körperfunktionen beherrschen, versteht die Sprache der Erwachsenen und kann seine Wünsche und Gefühle sprachlich ausdrücken. Dazu ist es notwendig, auf Erfahrungen zurückgreifen und symbolisieren zu können.

Das vierjährige Kind stellt bereits eine Persönlichkeit dar in der Art und Weise, wie es sich mit Menschen und Dingen beschäftigt, ob es schüchtern oder draufgängerisch ist, behutsam oder unachtsam seine Wünsche und Vorschläge äußert. Die Qualität der emotionalen Beziehung zu seinen Eltern und Geschwistern, seine Grundstimmung der Welt gegenüber ist ebenso wichtig wie seine Einstellung zu sich selbst, ob eher optimistisch (sich etwas zutrauen) oder zaghaft, unsicher und misserfolgsorientiert.

Die Darstellung des Verhaltens so verschiedener Kinder dient einem doppelten Anliegen: Zunächst geht es darum, real lebende Kinder vor dem Auge des Lesers lebendig werden zu lassen. So wird deutlich, wie groß die Unterschiede zwischen den einzelnen Kindern sind, deren Verhalten wir als durchaus „normal" einschätzen können. Es soll uns daran erinnern, dass jedes Kind eine einzigartige Person ist, mit einem besonderen Charakter, individuellen Haltungen und einer einmaligen Lebensgeschichte, die bereits die Art und Weise, wie dieses Kind die Welt erfährt, strukturiert. Das Aufzeigen von altersbedingten Entwicklungen des Kindes führt leicht in den Irrtum, es gebe eine richtige Entwicklung. Ich will zeigen, dass es eine Vielzahl von möglichen Entwicklungen gibt, jedoch nicht ohne jeweils darauf hinzuweisen, welche besonderen Chancen und Förderungen ein Kind erhält und welche besonderen Belastungen eine bestimmte Familienkonstellation oder Beziehungsqualität zu den Eltern birgt.

Zum anderen geht es darum, die Anwendung psychoanalytischen Denkens beim Verstehen der Psyche zu zeigen, indem versucht wird, hinter dem manifesten Verhalten auf dahinter liegende emotionale Befindlichkeit zu schließen, bzw. das Verhalten und das Spiel der Kinder als Zugang zu ihrer „inneren Welt" ernst zu nehmen. Das Bezugssystem der Interpretationen des kindlichen Spiels oder Verhaltens bezieht sich auf das Alltagswissen, es soll plausibel sein. Freud bezog sich auf das Wissen von Schriftstellern und Dichtern wie Shakespeare, die psychologische Wahrheiten in einer tiefen Weise verstanden haben. Ähnlich verfährt Wittgenstein, wenn er sagt: „A common-sense person, when he reads earlier philosophers, thinks – quite rightly – ‚Sheer nonsense'. When he listens to me, he thinks – quite rightly again – ‚Nothing but stale truism'. That is how the image of philosophy has changed." (Recollactions of Wittgenstein, 1984 MS 219.6)

In Anlehnung an Wittgenstein geht es mir in diesem Buch darum, die im Alltagswissen enthaltenen tiefen Einsichten explizit zu machen und die Aufmerksamkeit auf die sonst verborgen bleibenden Vorgänge im Hintergrund zu richten. Die Beschreibung des Beginns des Lebens bei Kelly und Max einerseits und die Berichte der Kindertherapien von Patrick, Malcolm und Joseph sollen diese tieferen Perspektiven hinter dem beobachteten Verhalten sichtbar machen.

Entwicklungsgeschichten von Kindern

Es folgt nun eine Reihe von kurzen Szenen, die ich im Rahmen meiner Beobachtungen von Kelly und Max niedergeschrieben habe sowie eine Interpretation dieser Daten. Eine ausführliche Darstellung der Kinder in unterschiedlicher Umgebung wie z. B. in der Familie und im Kindergarten scheint notwendig, um zu zeigen, dass es nicht um eine simple Kategorisierung von sicher oder unsicher gebunden oder eine Typisierung von gelungener Erziehung oder Problemkind handelt. Es geht vielmehr darum zu versuchen, die vielen Aspekte, Schichten und Mischungen der seelischen Wirklichkeit eines Kindes aufzuspüren. Beim Leser hoffe ich dadurch eine innere Offenheit zu fördern, auf die Besonderheiten der Persönlichkeitsentwicklung aufmerksam zu werden statt einfach eine Typisierung vorzunehmen. Ich beginne die Beschreibung des Verhaltens der Kinder im Alter von vier Jahren, gehe dann zur Geburt der Kinder, zu den Wünschen und Hoffnungen der Eltern vor der Geburt zurück, um dann den Entwicklungsprozess dieser Kinder in den ersten drei Lebensjahren aufzuzeigen. Dabei interessiert uns vor allem der psychische Aspekt, d. h. die innere Realität, die unbewussten Phantasien, die die Realitätswahrnehmung färben. Ich versuche, auf die Wechselwirkung zwischen realen Erfahrungen und der inneren Welt der Kinder einzugehen, indem ich zu verstehen versuche, welchen Einfluss die realen Erfahrungen, die förderliche und deprivierte Umwelt, die Interaktionsmuster der Eltern mit dem Kind, die bewussten und unbewussten

Vorstellungen der Eltern vor und nach der Geburt, die auf das Kind projiziert werden, auf die psychische Entwicklung des Kindes und dessen Persönlichkeitsentwicklung haben. Es geht eben um die Frage, ob und wie die Eltern in der Lage sind, ihr Baby zu akzeptieren, dessen affektive und kommunikative Bedürfnisse wahrzunehmen, diese aufzunehmen und zu beantworten. Über die Entwicklung der Persönlichkeit der Kinder kann ich nur Vermutungen anstellen, die ich durch die zahlreichen Beobachtungssequenzen plausibel zu machen versuche.

Bei den Dimensionen der Persönlichkeitsentwicklung beziehen sich die ersten vier auf die innere Welt, die drei weiteren Dimensionen auf die Interaktion mit den Eltern und anderen relevanten Personen. Die kurze Erläuterung der sieben Dimensionen ist eine grobe und vereinfachte Hinführung auf die im Buch ausführlich dargelegten psychoanalytischen Perspektiven der menschlichen Entwicklung. Die Beschreibung der gegensätzlichen Pole zeigt die Bandbreite der jeweiligen Dimension. Bei jedem Menschen gibt es Mischformen, gemischte Erfahrungen, die zwischen den extremen Polen liegen (Salzberger-Wittenberg 2002, Waddell 2002).

1. Dimension: Gibt es eine Basis guter innerer Objekte oder überwiegt eine Spaltung in einerseits idealisierte und andererseits gefährliche böse innere Objekte?

Die Psychoanalyse geht davon aus, dass die angeborene Kompetenz des Babys, mit einer liebevollen Mutter eine Beziehung einzugehen, sich nur dann entwickeln kann, wenn diese Präkonzeptionen durch reale Erfahrungen materialisiert werden. Eine wiederholt gemachte positive Erfahrung eines liebevollen Umsorgt- und Genährtwerdens ermöglicht es dem Kind, diese guten Erfahrungen zu verinnerlichen. Die Verinnerlichung dieser befriedigenden Erfahrungen ermöglicht es dem Baby nach und nach, diese Quelle des Guten in sich zu spüren, es durch immer wieder gemachte Erfahrungen als Teil seiner eigenen Persönlichkeit zu erleben, die es ihm auch möglich macht, die ebenso vorhandenen Frustrationen, Enttäuschungen und Zurückweisungen zu akzeptieren und auch bei sich die guten und bösen Gefühle wahrzunehmen. Überwiegen die guten Erfahrungen, so ist auch das Bild der Welt ein friedliches und optimistisches, dem ein grundlegendes Gefühl des Erwünschtseins und der Lebensfreude entspricht. Vereinfachend kann man sagen, dass der Glanz in den Augen der Eltern vom Baby als Bestätigung erlebt wird, erwünscht zu sein und Gutes in sich zu tragen.

Werden die Erwartungen des Babys nach Kommunikation, Aufgenommensein und Akzeptanz nicht erfüllt, so verkümmern diese Kompetenzen bzw. können sich gar nicht oder nur in verminderter Weise entwickeln. Fühlt sich das Baby emotional von den Eltern abgelehnt, können seine auf die Eltern projizierten Gefühle nicht aufgenommen, verdaut und in verträglicher Weise dem Baby zurückgegeben werden, so fühlt es sich schutzlos den eigenen Gefühlen und den feindlichen Elementen der Welt ausgeliefert. Es empfindet die Welt dann als einen gefährlichen und bedrohlichen Ort, vor dem es sich am besten zurückzieht. Sein eigenes Bild von sich ist ebenso böse und nicht liebenswert, wie das Baby die Reaktion der Eltern erlebt, die sich in deren Blick und Handlungen ausdrückt und in der Phantasie des Babys noch verstärkt als Ablehnung verinnerlicht wird. Es kann dann die eigenen guten und bösen Aspekte nicht integrieren, sondern neigt dazu, gut und böse als unvereinbare Gegensätze zu erleben, sowohl bei Personen der Umwelt als auch bei sich.

2. Wird die Persönlichkeit des Kindes akzeptiert und gefördert oder dominiert der Wunsch, das Kind nach den Vorstellungen der Eltern zu formen, ohne auf die Begabungen des Kindes einzugehen?

Ist es den Eltern möglich, das Kind als eigene, einzigartige Person zu sehen, die sie kennenlernen und deren besondere Fähigkeiten, Wünsche und Anlagen sie fördern wollen, so legen sie damit die Basis für Selbstvertrauen und gut koordinierte körperliche Bewegungen. Geben sie dem Kind Zärtlichkeit und Anregungen, können sie sich an den Entwicklungen des Kindes mitfreuen, so entwickelt das Kind Freude am eigenen Tun und kann Zuversicht zu den eigenen Fähigkeiten entwickeln. Auf der Basis einer sicheren emotionalen Beziehung zu den Eltern wird das Kind der Welt neugierig gegenüber stehen und seine Umgebung erforschen wollen. Trennung und Wiedervereinigung sind möglich, da es sich sicher und grundsätzlich geborgen fühlt. Das Interesse an der Welt zeigt sich beim Kind im kreativen Spiel, in dem Wunsch, die Umwelt zu erforschen und die Geheimnisse der Welt zu explorieren. Es wird Zuversicht und Ausdauer entwickeln, die es ihm ermöglichen, auch Enttäuschungen zu ertragen, ohne seine Wünsche gleich fallen zu lassen. Das freie Spiel stellt die wichtige Form der kindlichen Ausdrucksweise dar. Im Spiel kann es in symbolischer Form seine Gefühle, Konflikte und Wünsche darstellen. Selbstsichere Kinder, die gefördert wurden, können frei spielen, ihre Gefühle zeigen.

Den anderen Pol stellt die Situation eines Kindes dar, das von seinen Eltern nicht als das, was es ist, akzeptiert wird, dessen Existenz nur eine Belastung für die Eltern ist. Es wird dazu neigen, sich ängstlich an die Mutter oder den Vater anzuklammern, scheu und unsicher sein und sich nicht zutrauen, selbst etwas zu tun. Es hat ein tiefes Gefühl, nichts richtig zu machen, anders sein zu müssen, als es ist, um den Eltern zu gefallen. Es kann dann Verhaltensweisen entwickeln, die den Eltern gefallen, die aber nicht dem eigenen Wesen entsprechen, was Winnicott ein „falsches Selbst" oder Jacobs eine „Als-Ob-Persönlichkeit" genannt haben. Statt selbstsicher und zuversichtlich zu sein, fühlt es sich leer und kann keinen Bezug zu sich und seinem Körper herstellen, ist ungeschickt und tendiert dazu, sich zu verletzen. Wichtigstes Indiz für emotionale Hemmungen ist die Unfähigkeit eines Kindes zu spielen und fröhlich zu sein.

3. Reife Formen der Abwehr versus primitive Abwehrmechanismen.

Eine andere wichtige Dimension der Persönlichkeit bezieht sich auf die Art und Weise, wie die Person mit inneren, unerträglichen Impulsen und Affekten umgeht. In der Psychoanalyse spricht man von diesen inneren Mechanismen als „Abwehrmechanismen", die das Ich unbewusst einsetzt, um verbotene sexuelle und egoistische Wünsche und Impulse, unerträgliche Gefühle wie Scham, Aggression, Neid und Missgunst nicht bewusst werden zu lassen. Dabei wird zwischen frühen Abwehrformen und reifen unterschieden. Bei einer reifen Entwicklung ist das Kind in der Lage, Trauer zu zeigen und sich selbst beruhigen zu können. Es kann sich um andere Personen sorgen und Großzügigkeit entwickeln. Es kann seine Gefühle zeigen, und wenn es etwas Böses getan hat, es wieder gutmachen wollen.

Den anderen Pol stellt eine Persönlichkeit dar, die zu frühen Formen der unbewussten Abwehr greift, indem es unerwünschte Gefühle auf andere Personen projiziert und dort bekämpft. Es spaltet die Welt in gute, idealisierte Personen und Bereiche, denen böse und gefährliche Personen gegenüberstehen. Es kann sich nicht wirklich als getrennte Einheit sehen und bedarf der Beruhigung und Befriedigung durch andere Personen, ist abhängig und versucht, seine Bezugspersonen zu kontrollieren. Es bezieht alle Ereignisse der Welt auf sich, in einer egozentrischen Weltsicht. Es kann sich daher nicht um andere Personen sorgen und kümmern.

4. Dimension: Hat das Kind erfahren können, dass es mit seinen Gefühlen aufgehoben und emotional gehalten wurde (Containment) oder hat es eine eindringend dominante oder unzuverlässige Zuwendung erfahren?

Wenn die Eltern in der Lage sind, die vom Baby auf sie projizierten unerträglichen Gefühle aufzunehmen, zu verstehen und sie dann dem Baby in sprachlicher, sozusagen „verdauter", Form zurückzugeben, so ermöglichen sie dem Kind, diese Gefühle in sich aufzunehmen und zu integrieren. Es wird immer klarer seine positiven und negativen Gefühle erkennen, ausdrücken und später auch benennen können, was zu einer Reichhaltigkeit der Persönlichkeit führt. Es kann seine Abhängigkeit in der Rolle des Kindes einigermaßen akzeptieren und weiß, dass die Eltern für es sorgen. Diese Erfahrungen ermöglichen es dem Kind dann, sich selbst mit dieser Rolle zu identifizieren und auch andere zu bemuttern.

Den anderen Pol stellt eine Erfahrung dar, wo die Grenzen der Psyche des Kindes nicht akzeptiert werden, wo die Mutter und der Vater entweder für das Kind fühlen, dem Kind Gefühle und Verhaltensweisen aufdrängen wollen oder sich emotional vom Kind abwenden. Statt die Gefühle des Kindes aufzunehmen, weisen sie diese zurück, machen sich über das Kind lustig oder verhöhnen es. Oder die Eltern verlangen vom Kind eine Form der Zuwendung, die nicht kindgemäß ist, wenn sie etwa vom Kind die Zuwendung erwarten, die ihnen der Ehepartner nicht geben kann.

5. Dimension: Gibt es Erklärungen für Gebote und darf darüber verhandelt werden oder gibt es starre Regeln ohne Erklärung oder gar keine klaren Grenzen? Positiv für die Entwicklung des Kindes ist es, wenn die Eltern ihm erklären, warum es gewisse Dinge machen soll oder nicht tun darf. Ein geduldiges Erklären ermöglicht es dem Kind, den Sinn von Geboten und Verboten zu erkennen. Ein gemeinsames Aushandeln ermöglicht es dem Kind, auch seine Wünsche und Vorstellungen in den Lösungen wiederzufinden. Dieses Verhandeln stellt zugleich ein wichtiges Modell dar, wie das Kind dann mit anderen Kindern und mit Konflikten umgehen kann.

Den anderen Pol stellen starre Regeln und Gebote dar, die das Kind nicht verstehen kann. Es muss sich diesen unterwerfen, wird gedrillt, da nur äußerlich sichtbare Verhaltensweisen bestraft werden können. Es ist zweifelhaft, ob das Kind den Sinn dieser Forderungen versteht und diese Normen auch verinnerlichen kann. Ebenso schwierig ist es für ein Kind, wenn die Eltern zu schwach sind, um auf die Einhaltung von Regeln zu achten und diese auch durchzusetzen. Das Kind wird dann leicht zum Tyrannen, das alle nach seinem Willen herumkommandiert. Das Fehlen äußerer Grenzen kann auch bedrohlich sein, weil das Kind dann seinen eigenen Impulsen schutzlos ausgeliefert ist.

6. Dimension: Erhält das Kind Anerkennung und Lob oder wird die Entwicklung des Kindes eher beeinträchtigt?

Das kleine Kind ist in besonderer Weise von liebevoller Anteilnahme und Ermutigung abhängig. Erfährt es, dass die Eltern seinem Spiel Aufmerksamkeit zollen und sich an seinen körperlichen und geistigen Entwicklungen freuen können, so wirkt das stimulierend. Wird es von den Eltern mit Respekt und Humor behandelt, so kann es seine Fähigkeiten und Begabungen zeigen. Besonders die gemeinsamen Aktivitäten von Eltern und Kind, die in einer freudigen und entspannten Atmosphäre stattfinden, wie gemeinsam singen oder spielen, schwimmen oder laufen, vorlesen und Geschichten erzählen, verbindet das Kind dann mit lustvollen Erfahrungen und wird selbst diese Tätigkeiten ausüben wollen.

Den anderen Pol bilden Kinder, die eher nur als Anhang der Eltern erlebt werden. Sie sollen den narzisstischen Wünschen der Eltern dienen, werden nicht um ihrer selbst willen geliebt. Sensible Kinder erahnen oft die Wünsche der Eltern und orientieren sich dann weniger an ihren eigenen Ideen und Wünschen, sondern an den Vorstellungen der Eltern. Ihre Handlungen sind dann nicht kreativ und eigenständig, sondern wirken eher unecht und gekünstelt oder altklug. Auch Kinder, deren Eltern emotional nicht erreichbar sind, werden in ihrer Entwicklung gehemmt.

7. Dimension: Hat das Kind gute soziale Kontakte oder zieht es sich eher vor Gleichaltrigen und Erwachsenen zurück?

Ein selbstsicheres Kind wird Neugierde an anderen Kindern haben und mit ihnen spielen wollen. Ein offenes Zugehen auf andere Kinder, die Fähigkeit, Ideen einzubringen, was gemeinsam gespielt werden könnte, stellen den positiven Pol dar. Kinder, die ängstlich sind, ziehen sich eher vor Gleichaltrigen zurück. Ihre Hemmung und Ängstlichkeit wird von den anderen Kindern dann oft zum Anlass genommen, sie auszuspotten und auszuschließen. Ebenso ungünstig sind Versuche von Kindern, die Gruppe der Gleichaltrigen zu dominieren, andere Kinder einzuschüchtern, zu bedrohen und zu verletzen. Die einzige Art von sozialen Kontakten besteht dann darin, die kleineren Kinder das erleben zu lassen, was sie selbst als Kind erdulden mussten. Sie verbindet keine freundlichen Gefühle zu den anderen, statt dessen geht es um Macht und Triumph.

Diese genannten Dimensionen sollen lediglich als Orientierungshilfe beim Vergleich der Kinder dienen. Sie sind eng miteinander verbunden (vgl. Briggs 1997, Waddell 2002). Ich möchte nun zunächst auf die Darstellung der Kinder Kelly, Max und Patrick anhand der Beobachtungen eingehen und werde danach versuchen, ihr Verhalten anhand der sieben Dimensionen zu vergleichen.

Betrachtet man die Lebenssituation von Kelly, so kann diese zunächst als prognostisch schwierig eingeschätzt werden. Ihre Eltern ließen sich scheiden, als Kelly eineinhalb Jahre alt war. Kelly war ein ungeplantes Baby. Die Mutter wurde schwanger, als sie Kellys Vater drei Monate gekannt hatte. Die Scheidung erfolgte gegen des Willen des Vaters, der über ein Jahr um die Vormundschaft bei Gericht kämpfte. Da es während der Scheidung zu physischer Gewalt kann und die Mutter die Wohnung fluchtartig ohne Vorankündigung verließ, könnte man Kelly zur Risikogruppe rechnen – eine „Scheidungswaise", die emotional gelitten hat.

Sehr günstig scheinen zunächst die äußeren Bedingungen bei Max, dem zweiten beobachteten Kind. Seine Eltern waren schon einige Jahre verheiratet, bis sie sicher waren, sich jetzt gemeinsam einem Kind widmen zu können. Beide sind berufstätig, sie befinden sich in einer finanziell komfortablen Lage, wohnen in einem Einfamilienhaus in einer sehr guten Lage in London.

Auch die Eltern von Patrick haben sich dieses Kind zu diesem Zeitpunkt gewünscht. Sie waren bereits zwei Jahre verheiratet und ihre Beziehung war harmonisch. Patricks Geburt erfolgte spontan. Er war ein Baby, das gut trank, rasch die Nacht durchzuschlafen lernte. Wir werden sehen, dass die äußeren Bedingungen wohl wichtige Rahmenbedingungen darstellen, aber keine Prognosen für die emotionale Entwicklung eines Kindes gestatten.

Nun zur Beschreibung der Kinder.

Das Mädchen Kelly

Das Mädchen, das ich Kelly nenne, ist ein hübsches, blondes Kind. Sie hat ein ansteckendes Lachen, ist einfallsreich und nützt ihre Kreativität. Ihr Vater ist Versicherungsagent in London, ihre Mutter ist als Unternehmensberaterin tätig. Kelly war 18 Monate alt, als sich ihre Eltern scheiden ließen. Kelly lebt bei ihrer

Mutter, hat aber regelmäßigen Kontakt zu ihrem Vater. Sie hatte viel physischen Kontakt mit ihrer Mutter. Während ihre Mutter mir erzählte, dass sie am nächsten Tag beruflich verreisen werde, lehnte sich Kelly an sie und die Mutter strich ihr über das Haar. Kelly war sehr aufmerksam und nahm jede Anregung der Mutter bereitwillig auf. Hier eine Sequenz von der zweiten Beobachtung:

„In ihrem Zimmer ging Kelly gerade auf ihr Kinderhaus aus Plastik zu, das voller Puppen und anderen Spielsachen war. Sie nahm eine Puppe heraus, nannte den Namen der Puppe und legte sie ins Gitterbett. Als sie an mir vorbeiging, sah sie mich an und sagte freundlich: ‚Spielen wir Vater, Mutter, Kind. Ich bin die Mutter und du bist der Vater.' Ohne auf eine Antwort zu warten, wandte sie sich ihrer Puppe zu und sprach mit ihr. ‚Nun, Darling, wie war denn dein Tag? Bei mir war viel los, ich hatte viel zu tun, aber jetzt bin ich so froh, wieder bei dir zu sein.' Während sie sprach, hielt sie die Puppe nahe an ihren Körper, lachte und sprach wie eine erwachsene Frau zu ihrem Baby. Dann legte sie die Puppe vorsichtig ins Bettchen, deckte sie mit einer Decke zu und ging zurück zu ihrem Teddybär."

Wenn man Aussagen über die innere Welt des Kindes macht, so kann man nur vom beobachteten Verhalten Rückschlüsse auf das innere Erleben ziehen. Was sehen wir hier bei Kelly? Wenn sie im Spiel selbstverständlich die Mutter für ihre kleine Puppe ist, so zeigt sie uns, dass sie mit ihrer Mutter identifiziert ist, auch eine Mutter sein will. Mir teilt sie die Rolle des Vaters zu und drückt somit ihr inneres Bild von einem elterlichen Paar aus, das sich um das Baby kümmert. Zu ihrem „Baby" (Puppe) verhält sie sich im Spiel zärtlich und liebevoll. Da ihre Mutter am nächsten Tag wegfährt, scheint sie zwei Gefühle auszudrücken, die des Babys und die der Mutter. Sie scheint auch ihre Babywünsche darzustellen, sich sozusagen bemuttern zu lassen. Wie Anna Alvarez sagt: „Die Imagination/Vorstellung ist ein großer Heiler und ein großes Gebiet der möglichen Entwicklung" (Alvarez 1992, 81).

In der Einbeziehung des Vater zeigte sie, dass sie eine starke und verlässliche Beziehung zu ihm hat. Hier ein Ausschnitt von der zweiten Beobachtung von Kelly bei ihrem Vater:

„Beim Öffnen der Türe erklärte mir der Vater, dass sie gerade beim Vorlesen einer Geschichte seien. Er setzte sich auf das Sofa. Kelly kuschelte sich an ihn und schnurrte wohlig wie eine Katze. Er legte seinen rechten Arm um sie, zog sie noch ein bisschen näher zu sich. Kelly legte ihren Kopf auf seine Brust, und er begann zu lesen. Es schien eine vertraute Stellung für beide zu sein. Der Vater hatte eine angenehm tiefe Stimme. Er las die Geschichte wie ein Hörspiel, indem er verschiedenen Personen eine unterschiedliche Stimme gab, manchmal wisperte er etwas in Kellys Ohr. Dazwischen warf er auch mir einige Male einen Blick zu … Während der Vater las, kuschelte sich Kelly an die Brust des Vaters, reagierte auf seine Erzählung mit Lachen und Freude, wandte ihren Kopf mir zu und lächelte mich freundlich und verschmitzt an. Ich erwiderte ihr Lächeln."

Wenn ich das Vorlesen beobachte, ist es deutlich eine drei Personen-Situation – beide beziehen mich ein und laden mich ein, ihre Freude beim Lesen zu teilen. Es ist fast so, als ob Kelly die Beobachterin als Ersatz für eine Mutter nimmt, die sie und den Vater zusammensein lässt und die Nähe der beiden in einer gewissen Distanz akzeptiert. Es herrscht eine entspannte und glückliche Atmosphäre und ich fühle mich nicht ausgeschlossen.

Da wir keinen direkten Zugang zur inneren Welt von Kelly haben, können wir nur ihr Verhalten interpretieren. Wenn sie im Spiel die Puppenmutter ist, können wir annehmen, dass sie ein inneres Bild einer Mutter hat, die sich um ihr Kind kümmert. Sie war fähig, die Scheidung der Eltern zu verkraften, und kann sich innerlich auf zwei vertraute Umgebungen, die der Mutter und die des Vaters, einstellen. Ich würde also davon ausgehen, dass sie überwiegend gute Erfahrungen mit der Mutter und dem Vater gemacht hat, so dass sie stabile gut elterliche Objekte verinnerlicht hat.

In allen Beobachtungen von Kelly gibt es viele Beispiele, wie sie ihre Imagination im Spiel nützen kann, indem sie neue Regeln erfindet und kreativ ist. Sie kann ihre Wünsche ausdrücken und hat eine Menge Ideen. Sie hat eine reizende Fähigkeit, sich mit neuen Dingen zu beschäftigen. Sie kichert und freut sich am Spielen. Ich möchte ein Beispiel bringen, wie sie ihren Einfallsreichtum nützt, um mit Ängsten umzugehen. Während der Beobachtung mit dem Vater zeigte er mir ihr Zimmer, an dessen Tür ein Schild klebte mit der Aufschrift: „KELLYS ZIMMER: Monster draußen bleiben!" Als ich sie fragte, was das bedeutete, erklärte sie es mir, indem sie in die Küche ging und mir ein Bild zeichnete:

„Während sie malte, fragte sie ihr Vater, was das sei. Sie hatte eine große Figur, ein Monster gezeichnet. Sie erklärte welcher Teil der Kopf sei, dann nannte sie jeden Teil, den sie gerade zeichnete: Das sind die Augen, die Nase und der Mund. Er fragte, ob es ein liebes Monster sei. Kelly sagte: ‚Nein, ein böses', aber lachte dabei schelmisch. Dann zeichnete sie eine Spinne, die aber mehr wie eine Blume aussah, und sagte, das Monster werde sie fressen. Ihr Vater erklärte ihr, dass eine Spinne acht Beine hätte und schwarz sei. Während er das sagte, nahm er einen schwarzen Stift und zeichnete eine Spinne in ein Eck. Kelly sah ihm genau zu, lachte, wartete, bis er fertig war, zählte mit ihm die acht Beine, als er sie gezeichnet hatte. Dann nahm sie einen roten Stift und strich die Spinne durch und erklärte, dass das Monster sie verspeise. Ihr Vater schien das Spiel auch zu genießen und fragte sie, ob er eine neue Spinne zeichnen sollte. Sie nickte dazu, und der Vater zeichnete eine neue Spinne in das andere Eck. Und wieder wurde es vom Monster verschlungen. Nun schlug der Vater, der von Kellys Reaktion angefeuert wurde, vor, er werde nun eine große Spinne zeichnen. Er nahm einen lila Stift und machte eine riesige. Sie sah ihm interessiert zu, wartete, bis er fertig war, und sagte dann: ‚Schau, was ich jetzt mache!' Dabei nahm sie den Stift, den er weggelegt hatte, und zeichnete über die riesige Spinne drüber. Der Vater protestierte und sagte, diese Spinne sei zu groß, um verspeist zu werden, das Monster hätte gar nicht so einen großen Mund. Kelly lachte nur und machte dem Monster einen größeren Mund. Als ihr Vater noch einmal meinte, der Mund sei noch immer zu klein, malte sie einen riesigen Mund."

Abbildung 1: Zeichnung von Kelly

Diese Sequenz zeigt, wie es Kelly gelingt, ihre Phantasiewelt mit ihrem Vater zu teilen, und zwar in einer spielerischen Form, die beide genießen. In gewisser Weise zeichnen sie gemeinsam. Die Spinne können wir als Ausdruck ihres Gefühls der Bedrohung verstehen. Aber das Monster kann die Spinnen auffressen und sich so der bedrohlichen Gefühle entledigen. Kelly hat mir erzählt, dass das Monster so hungrig sei, dass es alle Spinnen verschlingen könne. Der riesige

Mund des Monsters kann auch auf ihre Angst hindeuten, dass sie vom Monster gefressen werden könnte. Am Ende der Beobachtung schenkte Kelly mir das Bild und bezog mich dadurch ein. Meine Gegenwart bewirkte vielleicht auch, dass sie so eng mit ihrem Vater zusammensein konnte.

Generell scheint Kelly Regeln zu akzeptieren. Sie hört zu, was ihre Mutter zu ihr sagt. Der Ton der Mutter ist meist freundlich und sanft. Sie erklärt Kelly auch, warum sie etwas tun kann oder nicht tun kann. Zum Beispiel will Kelly kurz vor dem Abendessen etwas malen. Die Mutter erklärt ihr, dass sie in zehn Minuten schlafen gehen wird und dass nicht einmal genug Zeit wäre, alle Malsachen heraus zu räumen. Sie bietet Kelly statt dessen an, mit Plastilin zu spielen oder ein Steckspiel zu machen. Kelly hört aufmerksam zu und entscheidet sich dann dafür, noch mit Plastilin zu spielen.

Auch der Vater achtet darauf, dass sie sich an Regeln hält, und versucht, ihr das in spielerischer Form verständlich zu machen. Als Kelly ihn auffordert, ihr drei Blatt Papier zum Zeichnen zu bringen, und dabei versäumt, „Bitte" zu sagen, legt er die Hand an sein Ohr, schaut sie an und wartet. Kelly versteht ihn sofort und fügt lachend ein lautes „Bitte, Papi" hinzu. Beide Eltern scheinen nach Möglichkeit ihre Wünsche zu erfüllen und erklären ihr, wenn etwas nicht geht.

Wenn die Erwachsenen ihre dringlichen Wünsche nicht aufnehmen können, gerät Kelly aus der Fassung. Sie richtet ihre negativen Gefühle auf die Beobachterin. Der Konflikt bezieht sich auf Kellys Wunsch, den Vater im Spiel mit einzubeziehen. Die Szene ereignet sich, nachdem die Mutter, Kelly und ich zwei Spiele zusammen gespielt hatten:

„,Was jetzt?' fragte die Mutter und Kelly wollte, dass wir aufstehen und einen Kreis bilden sollten, um zu singen: ‚Ein Bauer will 'ne Frau ...' Kelly sagte, ich solle in der Mitte stehen. Wir sangen und ich wählte sie. Sie war begeistert, aber anschließend sagte die Mutter, wir könnten nicht weiter machen, da wir dafür mehr Kinder bräuchten; sie sollte sich etwas anderes ausdenken. Kelly wollte Vater, Mutter und Kind spielen, jemand sollte die Mutter sein. Niemand sagte etwas, und als Kelly mehrere Male fragte, sagte die Mutter, sie sei zu müde, um aufzustehen. Das begründete die Mutter damit, dass sie heute in ihrer Gymnastikstunde gewesen sei und ihr die Beine weh täten. Als Kelly darauf bestand und dann sah, dass sie damit keinen Erfolg hatte, wurde sie ärgerlich, warf der Mutter vor, ihr das Spiel kaputt zu machen und versteckte sich hinter dem Sofa. Die Mutter versuchte, sie zu beruhigen, indem sie andere Spiele vorschlug, aber Kelly war beleidigt und wollte nicht mehr spielen."

Diese Sequenz zeigt die Grenzen der Mutter, auf Kellys Gefühle und Wünsche einzugehen. Wenn wir daran denken, dass Kelly den ganzen Tag mit dem Vater verbracht hatte, können wir Kellys Wunsch, ein Spiel mit einer ganzen Familie zu spielen, als Beleg sehen, ihre innere Situation symbolisch auszudrücken. Vermutlich ist es für die Mutter zu schmerzlich, an den abwesenden

Vater erinnert zu werden. Die Mutter schien Kellys Spiel wörtlich genommen und sich nicht nur des Spiels wegen angegriffen gefühlt, sondern sich auch dem Vorwurf ausgesetzt gesehen zu haben, sie habe die ganze Familie zerstört. Kelly gibt nicht leicht auf. Sie kann zwar ihren Wunsch verändern, aber ihre Mutter kann nicht darauf eingehen.

Was geschah, als Kellys Gefühle nicht aufgenommen (contained) wurden?

„Sie war gekränkt und ärgerlich und ging hinauf in ihr Zimmer. Die Mutter ging ihr nach ein paar Minuten nach, und ich folgte ihnen. Die Mutter erklärte mir, dass Kelly sich oft so verhalte, wenn sie den ganzen Tag mit den Vater verbracht hätte. Kelly lag bäuchlings auf ihrem Bett, sie schaute ärgerlich drein, weinte aber nicht. Die Mutter setzte sich neben sie aufs Bett und erklärte ihr noch einmal, dass drei Frauen nicht Vater, Mutter, Kind spielen wollten ... und sie bezog mich ein, erklärte Kelly, dass ich da sei, um sie beim Spielen zu beobachten. Ich stand bei der Türe und beobachtete beide. Jeden Vorschlag der Mutter, mit dem Puppenhaus zu spielen oder mit dem Kaufmannsladen, wies Kelly ab und sagte: ‚Nein, will ich nicht!' Dann wechselte die Mutter das Thema und fragte sie, was sie essen wolle, und meinte, dass sie hungrig und müde sei. Kelly akzeptierte die vorgeschlagene Champignonsuppe. Die Mutter ging in die Küche und ließ uns beide alleine. Kelly war wütend auf mich, sie erklärte mir ärgerlich, dass sie nichts spielen wollte und dann, dass ich gehen sollte: ‚Geh weg!', schrie sie mit ärgerlicher Stimme."

Wir sehen wieder, dass die Mutter nicht auf Kellys Trauer und Verletzlichkeit eingehen kann. Selbst in einer Situation, in der sie verletzt und traurig ist, will die Mutter, dass sie für mich spielt, so dass ich sie beobachten kann; in anderen Worten, um mir zu nützen. Erst als die Mutter das Thema wechselt und sie auf einer Babyebene anspricht, indem sie ihr die Champignonsuppe anbietet, gibt es eine Versöhnung. Die Mutter kann sehen, dass sie ein müdes, hungriges, kleines Mädchen hat, das umsorgt und gefüttert werden will. Kelly ist es andererseits nicht möglich, ihre Enttäuschung und ihre Trauer zu zeigen. Sie scheint zu bemerken, dass ihre Mutter nicht mit ihrem provokanten Benehmen fertig werden kann, deshalb ärgert sie sich über mich. Ich bin dann die Person, die im Stich gelassen wird, die ausgeschlossen ist wie der Vater. Ich soll spüren, wie es für sie ist, nicht mit ihm sein zu können.

Diese kurzen Beschreibungen der Szenen des Umgangs von Kelly mit ihrer Mutter und ihrem Vater zeigen ein Kind, das eine gute, vertrauensvolle Beziehung zu beiden Eltern hat, aktiv spielt und sozial sensibel ist. Für beide Eltern scheint Kelly in ihrem Leben einen großen Raum einzunehmen. Sie können ihr zeigen, wie wichtig sie für sie ist, welche Freude und Bereicherung ihre Existenz darstellt.

Obwohl Kellys Situation als potentiell problematisch einzuschätzen ist, zeigt sie in der Beobachtung kein auffälliges Verhalten. Im Gegenteil, sie ist sozial gut integriert, aufgeweckt, voll Zuversicht dem Leben gegenüber, aufnahmefähig und voller kreativer Ideen. Sie spielt gerne, zeichnet und kann Anregungen der Eltern gut annehmen. Sie zeigt in Form von physischen Berührungen, aber auch durch ihr Verhalten, wie liebevoll sie beiden Eltern zugetan ist. Allerdings gibt es auch Hinweise darauf, dass sie fröhlich und unterhaltend sein soll, so als ob sie die beiden allein lebenden Elternteile zu trösten habe. Für ihre traurigen, ärgerlichen oder enttäuschten Gefühle gibt es wenig Verständnis. Das ausführliche Beobachtungsmaterial aus den ersten beiden Lebensjahren und später im Alter von vier Jahren wird uns helfen, die Bedingungen ihrer guten Entwicklung trotz widriger Umstände nachzuvollziehen.

Der Junge Max
Max ist das einzige Kind einer deutschen Mutter und eines englischen Vaters. Beide haben eine mehrjährige psychoanalytische Therapie gemacht, die ihnen geholfen hat, ihre Zweifel, ob sie je Kinder bekommen könnten, zu überwinden. Max ist ein ernstes, sehr intelligentes Kind, das sich lieber alleine mit seinen Büchern beschäftigt als mit Freunden spielt. Er ist sprachlich sehr gut entwickelt. Die Familie lebt in einem vornehmen Stadtteil von London. Ich beschreibe den Eindruck von Max beim ersten Vorgespräch:

„Als ich ankam, öffnete die Mutter die Türe, begrüßte mich auf Deutsch und gab mir die Hand. Max stand hinter ihr, lief aber sofort weg, so dass ich ihn kaum sehen konnte. Die Mutter meinte, er solle ‚Hallo' sagen, aber er kam nicht."

Max, der zum Zeitpunkt der ersten Beobachtung über fünf ist, ist sehr schüchtern. Er läuft weg wie ein scheues Tier und kommt erst gegen Ende meines Besuchs wieder zum Vorschein. Er kann dann nur mit der Mutter sprechen, indem er ihr ins Ohr flüstert.

Das Verhalten von Max ist immer wieder verwirrend und widersprüchlich. Er ist überdurchschnittlich intelligent, in der Vorschule bei weitem der Beste, er löst in Mathematik schon Aufgaben der nächsten Klasse, doch emotional ist er verletzlich wie ein sehr kleines Kind. Die geringste Frustration bringt ihn zum Weinen oder dazu, die Fassung zu verlieren. Die große Diskrepanz zwischen seinem kindlichen, ängstlichen Verhalten und seiner Selbständigkeit und Intelligenz ist auffallend. Dieses Festhalten an sehr frühkindlichem Verhalten scheint mit einem oralen Bedürfnis zusammenzuhängen. In allen Beobachtungen ist er ständig damit beschäftigt, etwas im Mund zu haben. Wenn er an einem Eis am Stiel schleckt, scheint er ganz zu versinken.

Max sagt, er erinnere sich nicht an die Beobachterin, die ihn im Zeitraum von zwei Jahren wöchentlich einmal beobachtet hat und ihn auch im dritten und vierten Lebensjahr einige Male besucht hat. Dies ist um so auffälliger, als alle anderen untersuchten Kinder sich nicht nur deutlich an ihre Beobachterin erinnern konnten und deren Geschenke herzeigten, sondern mich in dieser Person wiedererkannten. So ging Kelly und ein anderes Kind davon aus, dass ich mit dem männlichen Beobachter von früher verheiratet sei.

„Als ich ankam, lutschte Max an seiner Eistüte. Ich sprach zunächst Englisch, aber die Mutter wechselte zu Deutsch. Ich begrüßte Max und richtete ihm und der Mutter liebe Grüße von Sylvia, der Beobachterin, aus. Die Mutter fragte Max, ob er sich noch an Sylvia erinnern könnte, er verneinte. Dann erinnerte sie ihn, dass sie ihm so ein schönes Geschenk mitgebracht hatte, aber er konnte sich nicht erinnern. Dieses Mal sah Max mich an und schien weniger Angst zu haben ...

Als die Mutter und Max das Buch fertig angeschaut hatten, erinnerte die Mutter ihn, dass er ‚sein Buch' fertig machen wollte, und er stimmte zu. Die Mutter nahm einen Stoß von Papieren und zeigte mir, was er bereits früher gemacht hatte, während er nach oben ging, um die Malsachen zu holen. Er hatte eine Geschichte geschrieben und Zeichnungen gemacht. Die Mutter ging dann auch hinauf. Sie suchten farbiges Papier, eine Schere, Kleber. ‚Was noch?', fragte die Mutter und Max antwortete: ‚Einen Hefter'. Sie nickte und nahm ihn aus einem Schrank. Es geschah alles ganz ruhig, ohne Stress, die Mutter machte das meiste, und Max sah ruhig zu und überprüfte, ob sie etwas vergessen hatte. Max sprach immer nur zu seiner Mutter, er bezog mich nie in die Unterhaltung mit ein.

Auf dem Weg hinunter in die Küche wollte sich Max die verschiedenen Farben der Papiere anschauen. Er sagte seiner Mutter, er wolle nur rotes Papier, und sie antwortete ruhig, dass da ja ein rotes sei. Er drang darauf, dass es ‚dunkelrot' sein müsse. Die Mutter zeigte ihm die Farbe und er meinte beruhigt: ‚Ja, das ist meine Lieblingsfarbe'. In der Küche legte die Mutter eine Zeitung als Unterlage auf den Küchentisch. Max hatte inzwischen den Kleber aufgeschraubt und er berührte damit die Zeitung, was die Mutter zu der Feststellung veranlasste: ‚Wie gut, dass der Tisch geschützt ist'. Ihre Stimme war ruhig und sanft, es war nicht klar, ob sie zu ihm oder zu sich selbst sprach. Es war ein Gegensatz zwischen der Art, wie die Mutter für Max alles vorbereitete, als ob er ein ganz kleines Kind wäre, und dem Buch als Produkt von ihm, wo er eine lange Geschichte geschrieben und gezeichnet hatte. Er weiß alles und kontrolliert alles, was sie macht, aber lässt sie alles vorbereiten. Als er sie beobachtete, wie sie alles vorbereitete, aß er ununterbrochen. Nachdem er mit seinem Eis fertig war, nahm er kleine Schokoladezuckerl, die er ununterbrochen in seinen Mund schob. Wenn er eines verlor, hob er es sorgfältig vom Boden auf. Er wusste immer genau, wie viele hinunter gefallen waren und suchte, bis er alle gefunden hatte. Die Mutter faltete das Papier in vier Teile und schnitt es. Während Max sie beobachtete, erklärte sie ihm, was sie gerade tat. Er war nicht ungeduldig oder wollte es selbst tun. Im Gegenteil: bevor sie etwas tat, fragte sie ihn, ob er es tun wolle, das Papier schneiden etc. Da er nicht reagierte, machte sie es selbst. Erst nachdem sie das dritte Papier geklebt und geheftet hatte, übernahm er es. Die Mutter beobachtete ihn. Da er es alleine konnte, ging sie wieder zum Abwaschen zurück. Max war ganz in seine Arbeit vertieft, nur unterbrochen vom Essen von Weintrauben oder Smarties. Als er das Papier aufkleben wollte, kam die Mutter zu ihm. Er reichte ihr den Kleber und meinte, es sei sehr schwer. Sie erklärte ihm, dass der Kleber einige Zeit nicht gebraucht worden und deshalb trocken geworden sei. Sie ermutigte ihn, es selbst zu versuchen, da er aber keine Anstalten machte, fuhr sie fort, die Seiten anzukleben ...

Nachdem die Mutter ihn drei Mal gefragt hatte, ob er mir die Geschichte vorlesen wollte, ließ er es schließlich zu, dass sie es tat, nachdem er sie gewarnt hatte, dass die Geschichte auf Englisch geschrieben sei."

Die Geschichte lautet: „Es war Ferdinands Geburtstag, aber er musste zur Schule gehen. Das war schwer für ihn, da er so lange auf seine Geburtstagsparty warten musste. Als seine Freunde kamen, bekam er viele Geschenke und er blieb lange auf, bis seine Mutter und sein Vater auch schlafen gingen." Er hatte die Geschichte ganz alleine geschrieben, es waren viele Fehler drinnen, er schrieb es nach dem Gehör, manchmal musste er der Mutter helfen, ein Wort zu verstehen.

Auffallend ist, wie ernsthaft Max ist. Es gibt kein Lachen oder ein fröhliches Hin und Her, keinen physischen Kontakt. Die Mutter verhält sich eher wie eine Lehrerin, die ihm hilft, seine Aufgabe zu erfüllen. Max verhält sich die ganze Zeit so, als ob ich nicht anwesend sei.

Seine sozialen Fähigkeiten sind eher unterentwickelt, er scheint so nah bei der Mutter zu sein und wirkt innerlich unfrei, in Kontakt mit anderen Kindern oder Erwachsenen zu treten. Er scheint mich als eine Person zu sehen, die dumm ist oder kein Englisch versteht. Er ist ein äußerst begabtes und ehrgeiziges Kind, für das es unerträglich zu sein scheint, etwas nicht zu wissen. Max ist kein glückliches Kind, das Freude am Spielen hat. Er bringt seine Mutter dazu, ihm Vorschläge zu machen, was er spielen soll, ihn nach der Schule zu fragen, was los gewesen sei. Es erinnert eher an eine Unterhaltung zwischen einer Mutter und einem adoleszenten Kind, bei der das Kind passiv ist, damit die Mutter mit ihren Fragen hinter ihm her ist. Alles ist vernünftig, es gibt wenig Raum für Spaß.

Sein „Babyteil", jener Teil von ihm, der seine Wünsche aus der Babyzeit lebendig hält, scheint in seinem Mund lokalisiert zu sein. Aber es wirkt nicht so, als ob ihm der Geschmack oder die Beschaffenheit des Essens wichtig sei, es scheint mehr um das Besitzen und Einverleiben zu gehen. Die Mutter scheint diese Spaltung in eine erwachsene, gescheite Person und ein abhängiges, passives Baby nicht zu bemerken. Seine Passivität ist erstaunlich, es ist so, als ob er und die Mutter in seiner Vorstellung eine Person seien. Er ist nicht ungeduldig, es wirkt so, als ob er in seiner Phantasie alles durch seine Mutter macht. Immer wenn die Mutter mich als eine dritte Person einbeziehen will, stößt er mich weg, schließt er mich aus. Dieses Verhalten können wir als Hinweis verstehen, dass er vielleicht denkt, eine dritte Person könnte seine phantasierte Einheit mit der Mutter bedrohen. Es ist zu fragen, ob es sich bei Max um eine Pseudoselbständigkeit handelt, die seine Mutter nicht sehen will.

Seine große Angst vor seiner latenten Aggression wird in einer Beobachtung deutlich, bei der sein Freund Alexander da ist.

„Alexander hatte einen Gummipfeil in der Hand, er dreht sich zur Eingangstüre und schießt. Der Gummipfeil heftet an der Türe, was Alexander erfreut, er lacht und holt ihn. Dann war Max dran, der ein bisschen nervös war und nicht genau zielte. Als er schoss, traf er mit dem Pfeil die Türe, aber der Pfeil fiel herunter. Als Max wieder den Gummipfeil genommen hatte, stand Alexander so nahe bei ihm, dass das Gewehr los ging und Alexander am Auge traf. Alexander war überrascht, weinte aber nicht, sondern rieb sich das Auge, während Max weinend zu seiner Mutter lief und schrie, er habe ihn nicht verletzen wollen, es sei von alleine los gegangen. Nachdem die Mutter Alexander angeschaut hatte, der nicht weinte, beruhigte sie Max, indem sie ihm sagte, dass der weiche Teil des Gummipfeils Alexander getroffen hatte. Max ließ sich nur schwer beruhigen."

Max ist in Panik, als er Alexander unabsichtlich am Auge getroffen hat. Wie können wir sein lautes Weinen und Schreien verstehen, das so im Gegensatz zum Verhalten von Alexander steht, der nicht weint und Max auch keine Vorwürfe macht? Max scheint enorme Angst zu haben, etwas angestellt zu haben: Alex verletzt zu haben. Vielleicht war er auch neidisch auf seinen Freund, der besser geschossen hatte. Alexander scheint ein robustes Kind zu sein. In der weiteren Beobachtung spielte Alexander mit Spielsachen von Max, seiner Autobahn, seinen Tieren, während Max immer zu seiner Mutter lief, um ihr etwas zu sagen oder sie zu fragen, was er spielen solle. Sie spielten jedoch nicht zusammen, entwickelten keine Geschichte. Max war immer derjenige, der Alexander alles erklärte. Als sie mit den Dinosauriern spielten, hielt Max eine kleine Vorlesung über die Arten der Dinosaurier, nannte die verschiedenen, sehr komplizierten Namen und erklärte, wovon sie sich ernährten und warum sie ausgestorben seien. Er wollte immer derjenige sein, der alles wusste und alles bestimmte. Als Alexander das Krokodil auf den Berg stellen wollte, nahm Max es immer wieder weg und stellte es dorthin, wo er wollte, und gab eine Erklärung, warum das so sein müsse. Er benützte seine Intelligenz, um oben zu sein, die anderen sollten ihn bewundern, stellten vermutlich in seiner Vorstellung seine Dienerschaft dar. Es war so, als ob Max sich mit einem überlegenen Vater identifizieren würde, der kein Mitgefühl für jemanden hatte, der etwas nicht wusste. Er wusste auch enorm viel über Sagen und Märchen. Später beim Fernsehen vermutete Max, der Film handle von Prinz Eisenherz. Als es ihm klar wurde, dass es um König Arthur und seine Tafelrunde ging, überspielte er seine falsche Vermutung, indem er Alexander alles erzählte, was er über König Arthur wusste. Alexander ist ein normal neugieriges Kind, das an mich Fragen stellte, meine Meinung hören wollte, mit mir Blickkontakt hielt und mir seine Spielsachen zeigte.

In einer Beobachtung von Max und seinem Vater zeigte sich sein rasches Umkippen in ein kindliches Verhalten. Er und Alexander saßen schweigend beim Fernsehen, weit von einander entfernt. Als im Film ein Geist erschien, lief Max plötzlich in die Küche, um eine Dose Keks zu holen. Als sein Vater ihm nicht erlaubte, die ganze Dose zu nehmen, sondern ihm ein paar Keks herausnehmen ließ, begann er zu weinen.

„Max beginnt zu schreien, als ob er in Panik sei: ‚Ich kann nicht! Ich kann nicht! Ich versäume etwas vom Fernsehen.' Zunächst versuchte der Vater ihm zu helfen, die Dose zu öffnen, aber Max bewegte sich weinend auf die Türe zu. Der Vater versuchte ihn zu beruhigen, indem er ihm sagte, er werde ihm die Keks ins Wohnzimmer bringen. Max beruhigte sich nicht und schrie: ‚Aber bald!' und lief weg, so als ob er verfolgt würde."

In dem Moment, wo er vielleicht Angst vor dem Geist im Fernsehen hat und den inneren Raum dann mit Essen füllen will, um sich zu beruhigen, erträgt er nicht die geringste Verzögerung. Er will nicht vom Fluss des Fernsehens verlieren, so als ob er dann abgeschnitten sei. Die Geister, die kommen und verschwinden, sind für Max vermutlich unkontrollierbar und deshalb ängstigend. Der Vater scheint sich über die Reaktion von Max Sorgen zu machen, vielleicht etwas von der darunter liegenden Angst zu verstehen. Als Max Angst hat, bittet er Alexander, ihn zu umarmen, aber es ist eine kurze rein physische Berührung. Max scheint zu verstehen, dass Alexander etwas hat, was er nicht hat: Wärme und Anteilnahme. Max sagt als Geist: „Mir ist kalt, umarme mich", was der Freund bereitwillig tut. Die Beziehung zwischen den Buben ist kühl. Die Identität von Max scheint darauf zu beruhen, dass er mehr weiß als alle anderen. Ein Eindruck, der sich bei der Beobachtung in der Vorschule noch verfestigt.

Die Klasse hatte am Vortag einen Ausflug in ein Piratenmuseum gemacht. Heute hatten die Kinder die Aufgabe, ein Bild und eine kurze Geschichte zu schreiben. Die Klasse schaute wie eine Mischung von Kindergarten und Schule aus, in der es verschiedene Abteilungen mit Spielsachen, Sandkiste, Bücher und Geräten gab. Es gab ein „Nachdenk-Buch", in das die Kinder ihre Ideen und Geschichten schreiben konnten (in Phantasierechtschreibung), ein Arbeitsbuch, in dem sie Übungen zu jeweils einem Buchstaben machten und ein Sachbuch, in das sie Zeichnungen machten und korrekt geschriebene Worte festhielten.

Max saß an einem Tisch mit vier anderen Kindern. Jeder hatte ein Blatt vor sich, auf dem die Lehrerin einige wichtige Worte geschrieben hatte, die sie beim Aufsatz verwenden sollten. Die anderen Kinder hatten drei Sätze als Geschichte geschrieben. Max hatte eine mehr als doppelt so lange Geschichte geschrieben:

„Meine Piratengeschichte

Vor langer Zeit war ein Pirat genannt schwarzer Pirat. Er lebte auf einem Schiff. Eines Tages kam ein Kapitän mit seiner Besatzung an Bord. Er wollte Schwarz töten. Schwarz, der Pirat, sah sie. Die Mannschaft von Schwarz, dem Piraten, kam an Bord. Er bekam alle Fahnen. Aber die Mannschaft von Schwarz wurde getötet. Aber der Kapitän wurde nicht getötet. Er kämpfte weiter. Er kämpfte mit seinem Säbel. Beide töteten sich gegenseitig."

Die Rechtschreibung war nicht leicht zu erkennen, sie wird daher im Englischen Original wiedergegeben:

„My Pirate Story (Von der Lehrerin vorgeschrieben)

A long time ago. There was a Pirate collt black birate. Hh livt in a shif. One day a captain with his crooe came a logn. He was planing to cile black. Black biyte saw them. Black biytes crooe came on boord. He got all the treg. But the captain's crooe ocilde but the captain didnte get killt. But the captain foort on. He foort on with a cutlas. they both cild them silws. by thesilvs.

Die Worte „Ship", „island", „aye aye captain", „cutlass", „cannon", und „land ahoy" waren am Blatt angegeben, indem neben dem Wort der Ausdruck gezeichnet war.

Beide Leistungen, sowohl die Zeichnung als auch die Geschichte, sind außergewöhnlich für ein vierdreiviertel Jahre altes Kind. Sie stechen aus den Arbeiten aller anderer Kindern hervor.

Sowohl auf der Zeichnung als auch in der erzählten Geschichte ist „Black" (Schwarz), der Pirat, allein. Der Pirat ist alleine auf einem Schiff. Wenn wir das Schiff als Symbol für die Mutter verstehen, steht der Pirat wohl für Max selbst. In der Zeichnung drückt Max so seinen Wunsch aus, ganz allein mit der Mutter zu sein. Die anderen interessieren ihn nicht. Auf der Zeichnung existiert sonst kein anderes Leben, nur das Vogelnest weist auf mögliche andere Lebewesen hin. Beim Zeichnen ist er ganz von seiner Tätigkeit in Anspruch genommen, er zeichnet für die Lehrerin, die anderen Kinder beachtet er nicht, nur ihr zeigt er zweimal die Zeichnung. In der Geschichte ist er, als Pirat, auch einsam, aber beschäftigt. Die anderen Kinder bedeuten ihm nichts, sie sind nur dazu da, seine Zeichnung zu bewundern, da er sie alle haushoch übertrifft. Als die Lehrerin fragt, von wem diese Zeichnung sein könnte, ist klar, dass sie nur von Max stammen kann. Andere Kinder haben nur Kritzeleien oder sehr einfache Zeichnungen gemacht. Die Bezeichnung der Teile auf der Zeichnung mit Worten stammt von der Lehrerin; da Max schon sehr früh mit seiner Zeichnung fertig geworden ist, wollte sie ihn noch weiter beschäftigen. Außer beim Kampf der Mannschaften in der Geschichte, die wohl für die anderen Kinder stehen, sind die anderen Kinder irrelevant. Max als Pirat ist isoliert, er hat eine autistische Abkapselung, die intensive Beziehung besteht zur Mutter, die als Schiff dargestellt wird. Auch im Umgang mit der Lehrerin, auf die er seine Beziehung zur Mutter überträgt, wird seine auß-

Abbildung 2: Zeichnung des Piraten von Max

ergewöhnliche Position klar. Er ist der Kapitän des Schiffs, des Klassenzimmers – alles ist unter seiner Kontrolle. Gibt es eine Idee eines ausgeschlossenen Vaters? Fühlt er sich als Pirat, der den Vater vertrieben hat? Deutet der Kapitän, der ihn besiegen will, auf den verdrängten ödipalen Vater hin? Was verbirgt sich im Vogelnest? Eng verbunden ist Max mit der Lehrerin, die ihn besonders fördert. Für sie zeichnet er, ihr will er seinen Aufsatz und seine Zeichnung zeigen. Er schaut sich nicht die Zeichnungen der anderen Kinder an, er interessiert sich nicht für sie. Seine Geduld, wenn er auf die Lehrerin warten und sich anstellen muss, weist darauf hin, dass er auf niemanden eifersüchtig sein muss, weil er so eine herausragende Position der Lehrerin gegenüber hat. Niemand kann sich mit ihm vergleichen. Er steht über allen anderen. Er ist der Star, er blickt auf die anderen herunter. Wenn die anderen Kinder sein Bild bewundern, scheint er es nicht wahrzunehmen, nur auf die anerkennenden Worte der Lehrerin reagiert Max.

Seine Isolation und Einsamkeit wird nur kurz unterbrochen, wenn sie gemeinsam ein Lied singen. Beim Singen ist er involviert wie die anderen. Beim Essen spricht er kein Wort mit seinem Nachbarn. Beim Zeichnen ist er so konzentriert, dass alles andere zu versinken scheint, er wendet keinen Blick einem anderen Schüler zu, nur die Lehrerin behält er im Auge, auf sie wirft er immer wieder einen Blick. Die Mitschüler scheinen ebenso wenig wichtig zu sein wie ich als Beobachterin. Viele der Kinder haben zu mir Kontakt aufgenommen, mich angesprochen, mich gefragt, ob ich auch Lehrerin werde. Haben mir ihre Zeichnung gezeigt und mich angelächelt, sind zu mir hergekommen, haben mich begrüßt. Max schien kaum Notiz von mir zu nehmen. Nur als ich mich am Ende der Beobachtung von ihm verabschieden kam, lächelte er geschmeichelt, da die anderen Kinder seine Sonderstellung bemerkten. Wenn ein anderes Kind etwas tut, wie z. B. ein Bub, der einen Rechner bedient, schaut Max schweigend zu, bis er es versteht, und tut es dann selbst. Es wird kein Wort und kein Blick gewechselt. Wenn er sich Hände waschen geht, geht er ernst und erledigt seine Aufgabe ohne eine Ablenkung und ohne mit anderen Kindern zu lachen oder sich anzuschubsen, wie es die anderen Kinder tun. Er ist auffallend anders, ernst, rasch und effizient. Max spielt nicht, sondern er beschäftigt sich mit Dingen sehr ernsthaft. Auffallend ist das fast vollständige Fehlen jedes physischen Kontakts sowohl zu Hause der Mutter und dem Vater gegenüber und ebenso seinen Kameraden gegenüber.

Das Verhalten beider Kinder, das von Kelly und das von Max, weisen auf ihre innere Welt hin, die wir zu verstehen versuchen. Beide fallen in das Spektrum des normalen Verhaltens und zeigen doch enorme Unterschiede.

Wenn ich von „normaler Entwicklung" spreche, könnte es so klingen, als ob sich eine kindliche Entwicklung ohne Zutun der Eltern vollzieht. Ich will hier zeigen, wie kompliziert und anspruchsvoll die Erziehung eines Kindes ist, welche hohen Anforderungen sie an die Eltern stellt, welches hohe Maß an Geduld, Liebe, Umgang mit Konflikten es bedarf, wie sehr die Eltern ihre Bedürfnisse zugunsten des Kindes zurückstellen müssen, um dem Kind ein positiv gestimmtes Hineingehen in die Welt zu ermöglichen. Gleichzeitig kann man sehen, wie robust Kinder sind. Wenn die positiven Erfahrungen der Akzeptanz und Liebe überwiegen, können viele Entbehrungen und Probleme der Eltern verkraftet werden. Auch bei Eltern, die sich sehr um ihr Kind bemühen, können solche Probleme auftauchen, die eine psychotherapeutische Hilfe notwendig machen. Betrachten wir nun das Verhalten eines Kindes mit großen emotionalen Problemen.

Patrick
Ein Junge, den ich Patrick nenne, war 3½ Jahre alt, als sich seine Eltern auf Anraten der Kindergärtnerin an mich wandten. Der Test bei der Psychotherapeutin hatte seine durchschnittliche Intelligenz trotz widerwilliger Einsatzbereit-

schaft bestätigt. Er zeigte ein massiv aggressives Spielverhalten. Er wird als völlig halt- und strukturlos bezeichnet. Er befindet sich noch im Kritzelstadium und kann keine erkennbaren Figuren oder Dinge zeichnen.

Seine Mutter hatte nach der Geburt seiner kleinen Schwester vor mehr als einem Jahr wieder zu arbeiten begonnen. Im ersten Vorgespräch erzählten seine Eltern, dass er sich weigere, in den Kindergarten zu gehen. Im Kindergarten sei er ganz isoliert, er habe keinen Freund, er sei sehr aggressiv. In der Nacht wache er schreiend auf und sei kaum zu beruhigen. Mit Worten könne er sich gut ausdrücken, doch beim Zeichnen kritzle er nur. Besonders der Vater sei oft in Machtkämpfe mit Patrick verwickelt, bei denen Patrick den Vater bis zur Weißglut reize, indem er überhaupt nicht folge oder provokant das Gegenteil mache. Die Eltern wüssten oft nicht mehr, was sie mit ihm tun sollten.

Ich vereinbarte mit den Eltern, Patrick zweimal zu sehen und dann mit den Eltern zu überlegen, ob eine Therapie für ihn sinnvoll sei. In der ersten Stunde konnte er sich nicht von seiner Mutter trennen, er hing an ihr oder saß auf ihrem Schoß. Patrick kritzelte etwas auf seinen Block, dann zerschnitt er ein Stück Spagat in keine Stücke. Er bedrohte die Mutter mit der Schere, versuchte ihre Kleider zu zerschneiden, was sie verhinderte. Nach einer halben Stunde gestattete er der Mutter, ins Wartezimmer zu gehen, und spielte kurz mit seinen kleinen Autos. Als zwei Autos einen Zusammenstoß hatten, begann er haltlos wie ein kleines Baby zu schluchzen. Er lief hinaus zur Mutter, schlang die Arme um ihren Hals und ließ sich kaum beruhigen.

In der zweiten Therapiestunde erklärte die Mutter Patrick, dass sie ihn nach 50 Minuten wieder abhole, was er akzeptierte. Während der Stunde war er ganz anders als in der Gegenwart der Mutter, mehr wie ein Kind seines Alters. Patrick setzte sich zum Tisch und versuchte zu zeichnen, d. h. er kritzelte herum. Dann entdeckte er den Kleber, nahm ihn. Mit einem Blick auf mich drückte er Kleber auf das Zeichenblatt. Als ich beschrieb, wie er viel Kleber hier auf das Zeichenblatt geben möchte und vielleicht auch sich selbst hier an mich kleben wolle, drückte er immer mehr Kleber aufs Blatt. Er schmierte mit seinen Finger mit großer Lust herum. Dann brach er absichtlich die Spitzen der Buntstifte ab. Er hatte einen grausamen Gesichtsausdruck, als er mit aller Gewalt alle Spitzen abbrach. Ohne Mitleid brach er zuerst die Spitzen der neuen Stifte ab, warf sie im Raum herum, dann brach er sie ab, indem er sie mit seinem Fuß zertrat. Ich deutete ihm, wie er mir zeigen wolle, wie aus den schönen neuen Stiften nutzlose kaputte Stifte würden und dass er sich selbst vielleicht so kaputt fühle. Er schien meine Stimme gar nicht zu hören, wurde immer aufgeregter und grausamer. Er hörte nicht auf, bis alle Stifte zerbrochen waren. Ich sagte, dass er mir zeigen wolle, wie es in seinem Kopf ausschaue, wenn alles durcheinander und kaputt sei. Als ich ihm sagte, dass er herausfinden wolle, ob ich mich von ihm abwenden und ihm nicht gestatten werde wiederzukommen, wenn er so einen Durcheinander herstellt, änderte er plötzlich sein Verhalten. Wie zufällig kam er ganz nahe zu mir, lehnte sich vertrauensvoll an meine Beine. Ich sagte ihm, dass er mir zeige, dass er sich jetzt verstanden gefühlt hatte, indem er ganz nahe zu mir kam. Ich würde mit seinen Eltern sprechen und vorschlagen, dass er regelmäßig kommen solle. Wie die Eltern mir im nächsten Gespräch sagten, hatte er erzählt, dass ich ihn am T-Shirt gezogen und ihn fest geohrfeigt hatte, als er schlimm war.

Das Spielverhalten von Patrick zeigt seine innere Welt, in der Chaos herrscht, was ich als Ausdruck seiner Hoffnungslosigkeit verstehe. Er macht im Therapiezimmer Mist, weil er sich als Mist fühlt, als jemand, den jeder wegwerfen will. Die Geschichte, die er seinen Eltern erzählt, weist darauf hin, dass er vielleicht von seinem Vater öfter geschlagen wird. Statt die Malstifte zur Kommunikation einzusetzen, zerbricht er sie. Es ist so, als ob neben ihm nichts Schönes oder Neues Bestand haben dürfte. Das Zerbrechen versetzte ihn in einen lustvollen Zustand, so als ob sein Verstand nicht zum Denken, sondern nur zum Zerstören bereit wäre. Als ich seine Hoffnungslosigkeit und Verzweiflung anspreche und seinen Wunsch wiederzukommen verstehe, drückt er mit seinem ganzen Körper, den er freundlich an mich lehnt, aus, dass er sich in Kontakt mit mir fühlt.

Seine Stunden haben gleich von Anfang an eine enorme Bedeutung für ihn. Er bittet mich, ihm einen Kalender zu zeichnen, wo jene Tage, an denen er zu mir kommt, eingezeichnet werden sollen. Er zeigt, dass er keine Zusammenhänge herstellen will, sondern alles in kleine Teile zerschneidet. Er macht aus dem Zimmer ein Chaos, er lebt in einer dummen, kaputten Welt, in der er nichts tun kann, außer alles kaputt zu machen. Die Tatsache, dass ich neben ihm blieb und mich nicht von ihm abwendete, ist enorm wichtig. Er sieht mich als jemanden, der ihm helfen will zu verstehen, was in seinem Kopf vorgeht. Er hat kaum Toleranz etwas zu lernen. Er möchte alles gleich können. Wenn es nicht geht, stürzt alles zusammen. Er hat kein Vertrauen, es später tun zu können. Er kann nicht warten, sondern überspielt seine Unsicherheit, indem er mich und seine Mutter herumkommandiert, als ob er alles bestimmen könnte.

In die dritte Therapiestunde kam Patrick mit drei Blättern voller weißer Etiketten. Er teilte mir mit, dass er sie von seiner Großmutter bekommen habe. Er wollte sie den anderen Kindern schenken. (Es gibt neben seiner Lade noch drei andere Laden in der Kommode, die er mit anderen Kindern, die in Therapie kommen, verbunden hat.) Ich sagte ihm, dass er mir zeigen wolle, wie freundlich er heute sei, vielleicht auch weil ich letzte Stunde die Verwüstung des Zimmers ausgehalten habe und bei ihm geblieben sei. Als er die Lade öffnete, sah er den Kalender, den ich für ihn gezeichnet hatte, und er ersuchte mich, einen Kreis um den heutigen Tag zu machen, was ich tat und dazu sagte, dass er genau wissen wolle, wo er heute sei und wie viele Stunden er noch bis zu seinem Urlaub kommen könne. Patrick zeichnete eine Linie, klebte dann drei Etiketten darüber. Ich sagte: „Kann es sein, dass du gemischte Gefühle den anderen Kindern gegenüber hast, die du zudecken willst". Er riss die Etiketten wieder runter und fragte mich dabei: „Was hast Du mit dem Durcheinander gestern gemacht? Hast du es weggeworfen?"

Seine Frage verweist auf seine Annahme, dass ich so wie er sein könnte. Dass ich nämlich die Zerstörung wegräume und alles vergesse, um es am nächsten Tag wieder tun zu können, ohne an die Folgen zu denken. Die Geschenke für die anderen Kinder sollen die viel bedrohlicheren Gedanken an neue Babys, an andere Kinder zudecken, um seine traumatischen Erfahrungen mit seiner Schwester zu verdrängen, diese nicht spüren zu müssen.

Diese kurzen Beschreibungen zeigen drei ganz unterschiedliche Kinder, wobei es interessant ist zu erforschen, wie sie zu dem geworden sind, was sie jetzt sind. Wie verlief die Schwangerschaft und Geburt? Wie haben sich ihre Eltern ihnen gegenüber verhalten? In welcher Umgebung sind sie aufgewachsen? Welche Probleme, Schicksalsschläge oder förderliche Bedingungen haben auf sie eingewirkt?

Bevor ich zu den drei Familien komme, um den Beginn der Beziehungen zwischen Eltern und Kindern während der Schwangerschaft, Geburt und den ersten drei Lebensjahren zu beschreiben, will ich die Unterschiedlichkeit der beschriebenen Kinder anhand der sieben Dimensionen der Persönlichkeitsentwicklung nachzeichnen.

1. Dimension: Basis guter innerer Objekte oder Spaltung in idealisierte und gefährliche innere Objekte

Kelly scheint eine gute, warme Beziehung zu beiden Eltern zu haben. Im Spiel übernimmt sie die Rolle der liebenden Mutter ihrer Puppe gegenüber, was ich als Hinweis auf ein verinnerlichtes gutes Mutterbild verstehe. An den Vater kuschelt sie sich beim Vorlesen, sie schließt mich durch Blickkontakt ein und beide genießen es. Kelly steht der Welt optimistisch und aufgeschlossen gegenüber.

Max hat eine sehr enge Beziehung zu seiner Mutter, doch verweist seine Ernsthaftigkeit und Ängstlichkeit auf eine teilweise unsichere innere Welt. Zur emotionalen Stabilisierung braucht Max häufig eine orale Befriedigung, indem er etwas isst, lutscht oder in den Mund steckt. Er scheint zu fürchten, dass sich etwas rasch in etwas Bedrohliches verwandeln könnte. Mit seiner Intelligenz versucht er, die Gefahren der Welt zu kontrollieren.

Bei **Patrick** hat sich trotz einer positiven Entwicklung in den beiden ersten Lebensjahren die Situation später so verschlechtert, dass seine Eltern therapeutische Hilfe in Anspruch nahmen. Der rasche Erfolg in der Therapie lässt vermuten, dass es in ihm eine Basis einer guten inneren Mutter gab, die dann von anderen Konflikten überlagert wurde. Zu Beginn der Therapie versinkt er im

Chaos, ist hoffnungslos und verzweifelt. Die Welt ist für ihn bedrohlich und ängstigend, in der Nacht wird er von Alpträumen heimgesucht.

2. Dimension: Akzeptanz der Persönlichkeit des Kindes oder Formung nach den Vorstellungen der Eltern

Kellys Selbstsicherheit lässt vermuten, dass ihre Eltern sie schon sehr früh als selbständige Person respektiert haben. Kelly hat Vertrauen in ihre Fähigkeiten, hat vielfältige Interessen und Ideen, die sie im Spiel lustvoll verwirklicht. Sie scheint sich der Liebe und Zuwendung beider Eltern bewusst zu sein. Sie ist ausdauernd und zuversichtlich, auch Hindernisse überwinden zu können. Kelly scheint auch die frühe Trennung ihrer Eltern verkraftet zu haben und kann zu beiden Eltern eine liebevolle Beziehung aufrechterhalten.

Max zeigt auch große Ausdauer und hat viele kreative Ideen, deren Durchführung aber zu etwas Schwerem, Ernsthaftem wird und ihm wenig Freude zu vermitteln scheint. Er scheint unter Druck zu stehen, sich zu beweisen, was er kann. Trennungen sind für ihn schwierig. Max wechselt zwischen Phasen der Selbständigkeit und Überlegenheit und Phasen der Ängstlichkeit, bei denen er sich hinter der Mutter versteckt.

Patricks Selbständigkeit, die vermutlich in den ersten beiden Lebensjahren existiert hatte, ist zum Zeitpunkt des Therapiebeginns tief erschüttert. Er zweifelt daran, ob er überhaupt erwünscht ist, klammert sich an seine Mutter und will sie nicht weggehen lassen. Aufmerksamkeit erregt er, indem er schwierig ist, Wutausbrüche hat und sich auf den Boden wirft und brüllt. Er kann seine Gefühle kaum symbolisch ausdrücken, kann nicht zeichnen, sondern kritzelt wild herum.

3. Dimension: Reife Form der Abwehr oder primitives Abwehren

Bei **Kelly** sehen wir reife Formen der Bewältigung von Affekten, wenn sie in ihrer Zeichnung ihrer Angst vor Monstern spielerisch Ausdruck verleihen kann. Als ihr Wunsch, im Spiel eine vollständige Familie darstellen zu dürfen, nicht erfüllt wird, fällt sie auf frühe Abwehrformen zurück. Sie wird zum kleinen Baby, das zu allem nein sagt und das Böse auf die Beobachterin projiziert, die statt ihr das Gefühl des Ausgeschlossenseins fühlen soll. Es ist auch eine Tendenz sichtbar, tiefe, schmerzliche Gefühle hinter hyperaktiven und aufregenden Spielen zu verbergen.

Max versucht seine Ängste durch Intellektualisierung und Besserwisserei zu meistern. Er nützt seine hohe Intelligenz, um möglichst viel zu lernen, um in der Vorschule alles zu wissen und überlegen zu sein. Wenn das nicht gelingt, bricht sein erwachsenes Verhalten zusammen, er weint und läuft zu seiner Mutter oder zu seinem Vater. Besonders seine dunklen Gefühle wie Neid und Aggression scheint er nur schwer integrieren zu können. Er verliert die Fassung, wenn er denkt, er habe seinen Spielkameraden verletzt.

Patrick zeigt, wie er seinen destruktiven Impulsen ausgeliefert ist. Die Fähigkeit, Dinge zu zerstören, alles in ein Chaos zu verwandeln, scheint eine bevorzugte Lustquelle geworden zu sein. Wenn er beginnt, die Buntstifte zu zerbrechen, kann er nicht mehr aufhören. Er ist sich nicht sicher, ob die anderen Personen gefährlich und böse sind oder idealisierte gute wie die anwesende Mutter, an die er sich klammert. Dann kippt die Stimmung aber, und er attackiert auch die anwesende Mutter mit der Schere. Er liebt es zu schmieren, was auf eine frühe Entwicklungsstufe verweist.

4. Dimension: Aufnehmen der kindlichen Gefühle durch die Eltern (Containment) oder Abweisung

Kelly dürfte oft erfahren haben, dass die Mutter und der Vater auf sie und ihre Gefühle eingehen können und ihr helfen, auch ihre bösen Gefühle anzunehmen. Ein schwieriger Bereich scheint die Trennung und die damit verbundenen Schuldgefühle der Mutter zu sein. Kellys Mutter kann die schmerzlichen Gefühle von Verlust und Trauer ihrer Tochter oft nicht aufnehmen und verstehen. Es gelingt jedoch beiden Eltern, viel Raum in ihrem Leben für Kelly zu schaffen.

Obwohl **Max** viel Zuwendung von beiden Elternteilen erfährt, scheint er Schwierigkeiten zu haben, seine guten und böse Gefühle zu integrieren. Er dürfte sich als Mittelpunkt der Welt sehen und er erbringt einzigartige Leistungen, um eine Sonderposition einzunehmen. Es scheint ihm schwer zu fallen, sich um andere Personen zu sorgen.

Patrick sieht sich im Zentrum einer gefährlichen und bedrohlichen inneren und äußeren Welt, in der niemand ihn versteht. Seine Mutter versucht ihn eher zu manipulieren als seinen Schmerz, sein Unglück, seine Eifersucht und seinen Neid zu verstehen. Patrick versucht immer wieder, seine Analytikerin wie seinen Vater zu provozieren und bis zur Weißglut zu reizen. Fühlt er sich jedoch verstanden und emotional berührt, so drückt er das durch körperliche Nähe und Berührung aus. Er scheint tief überzeugt zu sein, unerwünscht und unerträglich zu sein.

5. Dimension: Erklärung für Gebote oder starre Regeln

Bei **Kelly** begleiten beide Eltern das Setzen von Regeln mit einer kindgerechten Erklärung. Dabei gehen sie nach Möglichkeit auf die Wünsche Kellys ein und versuchen, eine gemeinsame Lösung zu finden. Es ist klar, dass auf die Einhaltung der Regeln geachtet wird, wobei aber eher humorvolle Hinweise verwendet werden als scharfe Zurechtweisungen.

Bei **Max** setzen die Eltern auch klare Grenzen, doch scheinen beide Eltern Probleme zu haben, auf deren Einhaltung zu achten. Beide Eltern meinen, sie seien zu nachgiebig und zu wenig konsequent mit Max.

Bei **Patrick** klaffen die Erziehungsmethoden der Eltern weit auseinander. Die Mutter versucht, Patrick mit Versprechungen und Geschichten dazu zu bringen, etwas zu tun, wobei diese Versprechungen dann oft nicht eingehalten werden, sodass unklar ist, was wirklich gilt. Der Vater scheint entweder strenge Regeln aufzustellen und ein Folgen aufs Wort mit Nachdruck (Brüllen, Schlagen) durchzusetzen oder Patrick zu verspotten, wenn er nicht das tut, was der Vater will. Sehr rasch verstricken sich Patrick und sein Vater in Machtkämpfe.

6. Dimension: Anerkennung und Lob oder Beeinträchtigung der Fähigkeiten
Bei **Kelly** scheint eine Bandbreite ihrer Fähigkeiten von den Eltern gefördert zu werden, nämlich ihre intellektuellen ebenso wie ihre musikalischen, tänzerischen und schauspielerischen Fähigkeiten. Manchmal ist es nicht klar, ob Kellys Talente gefördert werden oder ob ihre Mutter und ihr Vater Kelly brauchen, um sie aufzuheitern und sie von ihren Sorgen abzulenken. Kellys Spiel bekommt dann eine überdrehte Qualität. Sie setzt auch ihren Charme und ihren Humor ein, um ihren Willen durchzusetzen. Kelly bekommt von ihrer mütterlichen Großmutter viel Zuwendung und Förderung.

Max wird von beiden Eltern in seinen intellektuellen Fähigkeiten sehr gefördert. Er besitzt eine kleine Bibliothek mit Kinder- und Sachbüchern, die ihm die Eltern oft vorlesen. Schreiben und Basteln ist etwas, was ihn mit seiner Mutter verbindet. Er hat ein großes Wissen angehäuft, das er benützt, um besser als die anderen Kinder zu sein. Sein großer Ehrgeiz und sein Perfektionismus lassen seine Aktivitäten weniger als ein Spiel erscheinen, sondern geben ihnen etwas Ernstes.

Patrick scheint nie genau zu wissen, ob ein Lob seiner Mutter ernst gemeint ist oder als Beruhigung eingesetzt wird. Er ist sich sicher, dass er nichts gut kann. Sein Großvater mütterlicherseits ist gerne mit ihm zusammen, er bastelt und werkt mit ihm, wobei Patrick geschickt ist. Beim Ballspielen mit seinem Vater dürfte es eher um Konkurrenz gehen, wobei der Vater alles besser können will, was Patrick zu Wutanfällen bringt, wenn er verliert.

7. Dimension: Gute soziale Kontakte oder sozialer Rückzug
Kelly ist der Mittelpunkt der Kindergruppe, sie hat viele Ideen, sodass die Kinder gerne mit ihr spielen. Sie kann gleich Kontakt zur Beobachterin herstellen und Aktivitäten zur Freude aller initiieren. Ihre Fröhlichkeit und Unbekümmertheit wirken ansteckend.

Max beschäftigt sich eher alleine. Er beobachtet die anderen Kinder, nimmt aber selten Kontakt zu ihnen auf. Er scherzt nicht und hat keinen physischen Kontakt zu ihnen. Nur beim Singen kann er sich in die Gemeinschaft integrieren.

Patrick ist ein Außenseiter, der abgelehnt und verspottet wird, sodass er sich schließlich weigerte, in den Kindergarten zu gehen. Vor anderen Kindern hat er entweder Angst oder er bedroht sie. Er weiß oft nicht, womit er sich beschäftigen soll, da er in seiner Ausdrucksweise gehemmt ist.

Kehren wir an den Anfang zurück, um die vielen Schritte und Aufgaben zu beschreiben, die das Baby und seine Eltern machen müssen, um eine gesunde Entwicklung zu ermöglichen, und zu verstehen, wo die Kommunikation zwischen Eltern und Baby zu Problemen führt. Es geht nun darum, die Entwicklung der

Psyche und ihre Differenzierung vom Körper zu beschreiben, wie das Baby über die Beziehung zu seinen Eltern Zugang zum Verstehen der Welt erlangt.

1.4 Geburt: Von der Leibesfrucht zum Neugeborenen oder: Vom imaginären zum realen Baby

Durch die Geburt wird das Kind von der Mutter getrennt. Nach der langen Phase der Schwangerschaft, der Zeit der Hoffnung und Ungewissheit, der Freude und Angst, folgt die kurze Periode der Niederkunft, eine Zeit der Schmerzen, aber auch der Befreiung für Mutter und Kind. Die letzte Phase der Schwangerschaft ist oft recht beschwerlich für die Mutter. Auch der Fötus hat wegen seiner Größe weniger Platz, sich zu bewegen. Emotional wandelt sich die Vorstellung von der Gebärmutter als schützender Container zum Bild eines Gefängnisses, in dem das Kind eingesperrt ist. Seit der Antike gilt es in der Heilkunst in Nachfolge von Hippokrates und Galenus als unumstößliche Tatsache, dass das Kind, zumindest in der ersten Phase der Niederkunft, eine aktive Rolle spielt. Es beschließt selbst, wann es „an die Tür klopft", um von Mutter Natur herausgelassen zu werden. Die Geburtshelferin wird als „Türsteherin" verstanden, die von außen der Mutter hilft, den Mutterleib zu öffnen, wenn dies nötig wird. Gefühlsmäßig erfolgt die erste lebenswichtige Zusammenarbeit von Mutter und Kind. Erst dann kann das Kind von der Mutter in Empfang genommen werden (vgl. Gelis 1989).

Wenn wir Geburt als gemeinsamen Akt des Zusammenspiels von Mutter und Baby betrachten, stellt sich die Frage: Was heißt es für das Baby? Es verlässt den schützenden, nährenden „Mutterkuchen", der ihm Nahrung und Geborgenheit vermittelte. Die Temperatur war genau seiner eigenen Körpertemperatur angepasst, die Nahrungsaufnahme vollzog sich permanent, ohne Frustration und Hungergefühl. Beim auf die Welt kommen gibt das Baby diese Existenz in der Mutter auf, wo es warm und geborgen gehalten wurde. Freud spricht vom „ozeanischen Gefühle", das er als Erinnerung an das Glücksgefühl und die Geborgenheit im Mutterleib versteht. Das Baby hat keine Vorstellung davon, was es heißt, hungrig zu sein, zu frieren oder sich allein zu fühlen. Nachdem das Baby durch Ausscheidung von Hormonen bei der Mutter die Wehen ausgelöst hat, kommt diese Welt in Bewegung, heftige Kontraktionen erschüttern das gesamte System, bis es schließlich durch den Geburtskanal gepresst wird und herauskommt. In den ersten Minuten muss das Kind atmen, um leben zu können, oder es stirbt. „Die völlig veränderten Verhältnisse nach der Abnabelung führen vermutlich zur Desorganisation von eventuell schon entstandenen taktilen und räumlichen Anordnungen der Selbsterfahrung beim Säugling", meint Krejci (1999, 24). Das Neugeborene zeigt jedoch nur kurze Zeit Unbehagen, wenn es liebevoll empfangen wird.

Die Geburt kennzeichnet also für beide, für Mutter und Baby, einen radikalen Wechsel und einen Verlust des vertrauten Zusammenseins. Gleichzeitig wird die Geburt schon von beiden ersehnt, da erst dann die Mutter ihren Körper wieder mehr für sich und das Baby mehr Raum zum Bewegen hat. Aber dieser dramatische Wechsel ist so radikal, dass es einige Zeit dauert, bis Mutter und Kind diese Umstellung verarbeitet haben und die neue Beziehung eine vertraute geworden ist. Mutter und Kind müssen einander nach der Abnabelung wiederfinden.

Das Heraustreten aus der schützenden Hülle des mütterlichen Körpers, der dem Fötus Wärme, Geborgenheit und Nahrung zur Verfügung gestellt hatte, erfordert vom Neugeborenen eine große Anpassungsleistung, die jedoch an die Erfahrungen des Fötus im Mutterleib anschließen kann. Schon im Mutterleib übt das Kind das Aufnehmen von Fruchtwasser und das Entleeren. Die Geräusche der mütterlichen Stimme, das Schlagen des Herzens und alle inneren Geräusche der körperlichen Verarbeitung stellen für den Fötus die vertraute Umgebung dar.

Fragt man nach der Bedeutung der körperlichen Erfahrung, so gehe ich davon aus, dass bereits die Erfahrungen im Mutterleib für den Fötus eine wichtige Lernerfahrung darstellen. Über dieses erste, primitive „Lernen" ist noch wenig bekannt. Sorgfältige Beobachtungen des Fötus im Mutterleib beweisen eine unerwartete frühe motorische und sensorische Aktivität. Vergleiche der Bewegungen des Fötus im Mutterleib und nach der Geburt, wie sie Piontelli durchgeführt hat, zeigen charakteristische Interaktionen von Zwillingen, wobei ein Zwilling der aktivere, beweglichere war und der andere der reagierende, passivere. Filmaufnahmen der Ultraschalluntersuchung und der Aufzeichnungen der Bewegungen der Zwillinge kurz nach der Geburt sowie im Alter von sechs Monaten und einem Jahr bestätigen die Konstanz der für dieses Zwillingspaar typischen Interaktionsformen (Piontelli 1992).

Der Fötus ist in der Lage, schwierigere Körperbewegungen, wie etwa einen Purzelbaum im Uterus durchzuführen, als das Neugeborene nach der Geburt. Der Zeitpunkt der Geburt wird vom Fötus im geeigneten Moment aktiv durch Ausstoßen von Hormonen in Gang gesetzt. Bei einem abgestorbenen Fötus erfolgt die Geburt nicht spontan, sondern sie muss eingeleitet werden.

Diese neun Monate dauernde Erfahrung, von einer warmen und weichen Membran gehalten zu werden, wird von Gaddini als „physiologisches Lernen" bezeichnet, das dem psychischen Lernen als Differenzierung der Körpererfahrung vorausgeht. Diese Berührung in der intrauterinen Situation kann demnach als Erfahrung einer räumlichen Abgrenzung verstanden werden. Da es dem fötalen Organismus an psychischen Wissen um sich selbst mangelt, wird der durch die Uteruswand verstärkte Amnionsack nach Gaddini als physiologisches Funktionsmodell zur Grundlage eines bei der Geburt vorhandenen Basiswissens einer Begrenzung. Klar grenzt sich Gaddini von Missverständnissen ab, dem Fötus ein Bewusstsein/Ich zuzuschreiben, wenn er sagt: „Natürlich sind wir weit entfernt von der Möglichkeit eines ersten Selbstbildes mit einem Innenraum, der von Grenzen umschlossen wird, die ihn von einem unbegrenzten äußeren Raum trennen; aber ein Merkmal des psychischen Lernens ist von Anfang an ein *psychischer* Gebrauch des Gedächtnisses, der mit dem Geburtsvorgang an Bedeutung gewinnt" (Gaddini, 1998, 26). Die enge Verschränkung von körperlicher and seelischer Funktionsweise und der Differenzierung des Psychischen aus dem Körperlichen ist schon vor der Trennung des Fötus von der Mutter bei der Geburt anzunehmen. Die Geburt selbst bedeutet eine Verstärkung des Differenzierungsprozesses der psychischen Funktion, die notwendigerweise „mit einer Intensivierung des psychischen Erlernten der physiologischen Funktionsweise einher geht", meint Gaddini. Trotz der Betonung der Bedeutung der intrauterineren Erfahrung bleibt für ihn aber die „Unterordnung der Psyche unter den Körper weiter bestehen", bis nach dem zweiten postnatalen Lebensmonat.

Die Geburt als „auffallende Zäsur", wie sie Freud 1925 genannt hat, bringt eine Reihe plötzlicher und einschneidender Veränderungen in der körperlichen Funktionsweise des Babys und eine unsichtbare in der psychischen Verarbeitung. Das grelle Licht und die Kälte statt der gleichbleibenden Umwelt im Mutterleib, das eigenständige Atmen, die Sekretionen und Ausscheidungen sind nicht mehr auf die schützende Umwelt des Uterus bezogen. Die Stimme der Mutter, der Rhythmus ihres Herzschlags stellen für das Neugeborene etwas Vertrautes dar. Das Atmen, die Nahrungsaufnahme mit dem Mund, die Temperaturschwankungen sind neue und verwirrende Eindrücke. Das Gefühl des Hungers, das Stillen als Befriedigung schlechthin, die mit Lustgefühlen verbunden ist, vermittelt das Gefühl des Sattseins als Wiederherstellung des intrauterineren Wohlgefühls. Das Herbeirufen der Mutter durch den Schrei des Babys und die Befriedigung durch das Füttern stellen Erfahrungen einer gelungenen Kommunikation dar. Diese erste Erfahrung des Trinkens an der Mutterbrust stellt für Bion den Urtyp des menschlichen Kontaktes dar. Es gebe nicht nur den Saugreflex, sondern die Prädisposition des Wissens um das Zusammenpassen von Mund des Säuglings und Brustwarze der Mutter. Mund und Brustwarze stellen für Bion die Urform des Verbindens („linking") dar und damit auch den Ausgangspunkt des Denkens als Zusammenkommen von Wahrnehmung und Gedanke (Bion 1962). Das Baby ist dabei auf fremde Hilfe angewiesen, auf eine Person, die kommt und das Baby herausnimmt, es berührt und ihm die

Brust oder die Flasche reicht. Freud geht im „Entwurf einer Psychologie" von einer physiologischen Funktion des Überlebens und der Bedürfnisbefriedigung, die zu einer Verständigung wird, aus. Er sagt: „Der menschliche Organismus ist zunächst unfähig, die spezifische Aktion herbeizuführen. Sie erfolgt durch *fremde* Hilfe, indem durch die Abfuhr auf dem Weg der inneren Veränderung ein erfahrenes Individuum auf den Zustand aufmerksam gemacht wird. Diese Abfuhrbahn gewinnt so die höchst wichtige Sekundärfunktion der *Verständigung*, und die anfängliche Hilflosigkeit des Menschen ist die *Urquelle* aller *moralischen Motive*" (Freud 1985, 402).

Wir können die Situation des Neugeborenen nicht verstehen, wenn wir nicht auch die emotionale Situation der Eltern betrachten. Für die Eltern bedeutet die Geburt die Ankunft des neuen, des realen Kindes. Alle Gedanken der Mutter kreisen um die Geburt; wie wird der Eintritt des Kindes in die Welt erfolgen? Nach der Geburt wird das Kind von seiner Mutter getrennt, „indem die Nabelschnur feierlich durchschnitten wird" (Gelis 1989). Diese physische Trennung erfordert eine intensive emotionale Auseinandersetzung, die auf verschiedenen Ebenen abläuft. Besonders die erste Geburt stellt für die Frau eine ängstigende Situation dar. Wie ist es möglich, dass ein so großes Wesen sich durch den schmalen Geburtskanal durchzwängt? Werde ich die Wehen erkennen? Wie werde ich mit diesen Schmerzen umgehen? Wird die Geburt normal erfolgen oder wird es Komplikationen geben? Wie wird mein Baby aussehen? Werde ich es lieben können? Wird es gesund und vollständig ausgebildet sein? Es ist ein bedrohliches Gefühl, sich den Kräften der Natur zu überlassen. Zusätzlich werden archaische Vorstellungen und Ängste aktiviert: Wird mein Körper auseinanderbrechen? Werde ich auseinanderfallen?

Die Phantasien der Eltern gegenüber dem vorgestellten Baby, das erste Hinweise auf seinen Charakter gegeben hat, indem es sich im Körper der Mutter heftig bewegt oder auf bestimmte Reize wie Musik oder Geräusche reagiert hat, müssen sich nun an der Realität bewähren. Das Ende der Schwangerschaft, die für viele Frauen der Inbegriff der Vollständigkeit und der Einheit mit dem Fötus mit Stolz und Freude verbunden war, wird abrupt eingeleitet. Verfolgende Ängste können bei dem Gedanken auftauchen, was geschähe, wenn das Baby den Leib der Mutter nicht verlassen könnte? Glück und Stolz über die Schwangerschaft kann in Bedrohung und in das Gefühl, eingesperrt und gefangen zu sein, umschlagen. Es existiert auch das Gefühl, total vom Baby abhängig zu sein. Gefühle aus dem Anfangsstadium der Schwangerschaft werden aktiviert, nämlich die Angst, dem Kind weh zu tun, ihm zu schaden, oder die Angst, vom Kind bei der Geburt getötet oder beschädigt zu werden. Tatsächlich sind Leben und Tod im Geburtsakt eng miteinander verknüpft, obwohl das Risiko für Mutter und Kind durch die moderne Medizin radikal vermindert wurde.

Das Neugeborene wird körperlich und emotional von der Mutter und dem Vater erwartet. Ähnlich wie Gaddini die Begrenzung der Gebärmutter als Funktionsmodell der Grenze des Ichs versteht, kann man die Gedanken, Hoffnungen, Erwartungen und Ängste dem Baby gegenüber als einen „psychischen Raum" (Britton) in den Eltern verstehen, in dem das Baby aufgehoben ist. In diesem psychischen Raum sind nicht nur liebevolle, positive Gefühle und Gedanken, sondern ebenso Ängste, Befürchtungen und Sorgen der Eltern enthalten. In den Gedanken der Eltern hat sich bereits eine Beziehung zu dem imaginären Baby entwickelt, an das Hoffnungen, Wünsche, Befürchtungen und Erwartungen geknüpft werden. Das heißt, dass das Neugeborene schon eine „emotionale Geschichte" hat. Ist es ein Kind, auf das die Eltern sehnsüchtig jahrelang gewartet haben und dem sie dann nach Erfüllung ihres Wunsches den Namen „Desiree", die Ersehnte, gegeben haben? Ist das Baby ungeplant, aber erwünscht? Ist es mit Gewalt bei einer Vergewaltigung gezeugt worden und bedeutet für die Mutter Schande und schmerzliche, demütigende Erfahrungen? Ist es das Baby von blutjungen Eltern, die die Schwangerschaft unbewusst als Mittel eingesetzt haben, sich von ihren Eltern lösen zu können? Die Motive der Eltern, die zur Schwangerschaft geführt haben, sind wohl bedeutsam für das Baby, lassen aber keine Prognosen für den weiteren Lebensweg zu. So kann ein ungeplantes Baby schon während der Schwangerschaft oder während der ersten Lebensmonate für die Eltern zur großen Quelle von Freude und Glück werden, es erfolgt gleichsam eine Aussöhnung mit dem Baby, das sich gegen den Willen der Eltern ins Leben gedrängt hat. Im Alltagswissen ist das Wissen um den Einfluss der Stimmung, Gedanken und Gefühle der Mutter, aber auch des Vaters auf das Baby geläufig. Der Blickkontakt, das Sehen ist von enormer Bedeutung. In den Berichten über die Geburt steht das erste Anschauen des Neugeborenen immer im Mittelpunkt, gefolgt vom Fühlen des Kindes auf der Haut und dem ersten Trinken. Beim Blickkontakt wird die enge Verschränkung und die Erweiterung auf eine dritte Person deutlich. Das Baby, das in die Augen der Mutter blickt, sieht darin nicht nur die Mutter, sondern die Freude der Mutter, wenn sie ihr Baby anschaut. Das Baby nimmt als Selbstbild den glücklichen Blick der Mutter in sich hinein. Es sieht sich selbst so, wie es die Mutter anblickt. Winnicott spricht vom „Glanz in den Augen der Mutter", aber es nimmt ebenso die Sorge, Ablehnung und Angst auf.

Kellys Geburt

Eltern, die zur Geburt befragt wurden, erzählen ihre Eindrücke. Beginnen wir mit den Eltern von Kelly. Kellys Mutter sagt:

„Als sie heraußen war, legten sie sie mir an die Brust, ich meine, ich bat darum. Sie hat nicht getrunken, wissen Sie. Sie hat ein bisschen geweint. Ich habe sie gebeten, die Nabelschnur erst durchzuschneiden, wenn sie nicht mehr pulsiert. Sie haben gewartet und dann die Nabelschnur durchgeschnitten. Dann haben sie sie abgerieben und auf dem Tisch mit Rotlicht untersucht."

Kellys Mutter hatte die Hebamme gebeten, die Nabelschnur erst abzuschneiden, wenn sie nicht mehr pulsiere, um Kelly noch die maximale Versorgung zum Start im Leben mitzugeben. Sie betont, dass sie die Schwestern gebeten hat, Kelly an ihre Brust zu legen. Die Schilderung des Vaters vermittelt mehr von dem dramatischen Geschehen, wenn er sagt:

„Es war großartig, als sie sie an die Brust gelegt hatten, dann säuberten sie sie und wogen sie. Ich bekam sie zum Halten. Das war wunderbar. Nicht nur wegen des Dramas, von dem ich gerade gesprochen hatte, es war so eine Erleichterung. Ich war so erfreut, sie schien O.K. zu sein. Ich weinte, es war wirklich nett. Die Hebamme sagte, sie habe noch nie ein Kind gesehen, dass so sehr ihrem Vater ähnelt. Ich sagte: ‚Nein, bitte sagen Sie nicht, sie sieht so aus wie ich'. Glücklicherweise hat sie nicht viel von mir, ich bin froh darüber."

Kellys Vater scheint seiner Frau nicht nur physisch enorm geholfen zu haben, sondern auch emotional die Sorge und die Angst sowie die Erleichterung gespürt zu haben. Kellys Mutter betonte auch, wie hilfreich es war, ihn bei sich zu haben. Er saß Rücken an Rücken mit ihr und wärmte ihren Rücken, hielt ihre Hand. Er war sehr gut, sagte sie. Er hielt Kelly und weinte, weil er so gerührt war, sein Kind in den Händen zu halten. Mit der Anwesenheit des Vaters ist die Geburt zugleich ein verbindendes Erlebnis für das Paar.

Über die eigentliche Geburt spricht vor allem Kellys Mutter voller Groll. Die ersten Wehen hatte Kellys Mutter überraschend drei Wochen vor dem errechneten Geburtstermin, drei Tage nach Beginn ihrer arbeitsfreien Zeit. Sie hatten geplant, ins Spital zu gehen, weil das bei der ersten Geburt empfohlen wurde. Eine Hausgeburt stand nie zur Diskussion. Kellys Mutter gibt eine lange detaillierte Beschreibung der Geburt, deren letzten Teil ich genau wiedergebe:

„Ich setzte mich auf, an der Bettkante, der Arzt schaute mich an. So an der Bettkante wollte ich sitzen bleiben. Jedenfalls, als ich mich aufsetzte, merkte ich, dass ich die Beine nicht runtergeben konnte. Das hat mich irritiert und deshalb sagte ich: ‚Nein, das will ich nicht, ich will so nicht gebären.' Aber sie bestanden darauf und ich gab nach. Deshalb war ich ein bisschen irritiert, aber plötzlich konnte ich den Kopf spüren. Kurze Augenblicke, denn während der Wehen spürt man nicht wirklich, was passiert. Sobald ich den Kopf spüren konnte, zwischen erster und zweiter Phase, dachte ich, ich müsste die Atmung ändern und das tat ich, niemand hat es bemerkt. Und dann 10 oder 20 Minuten später sagte jemand: ‚Übrigens, sie können jetzt pressen' (lacht). Es war wirklich ... er (der Arzt) sah nicht, was geschah. Also hatte ich wirklich mehr Schmerzen, als notwendig war, aber ich dachte, ich tue das Richtige. Also drückten sie, und ich war noch immer auf dem Bett in dieser schrecklichen

Position, die ich nicht wollte. Und sie ermutigten mich nicht, mich aufzusetzen oder sonst etwas. Ich fand das Pressen recht schwierig. Da sagte ich: ‚Ich will nach Hause' (lacht). Dann sagten sie: ‚Wir müssen ihnen einen Dammschnitt machen'. Ich sagte: ‚Nein, ich will das nicht.' Ich bin trotzig und starrköpfig geworden zu dem Zeitpunkt. Schließlich sagten sie: ‚Noch zwei Presswehen, wenn Sie den Kopf nicht herausbekommen, machen wir einen (Schnitt)'. Ich sagte: ‚Das wäre nicht geschehen, wenn ihr mich aufsetzen gelassen hättet.' Sie mussten mich schließlich schneiden. Aber das Ärgste war das Nähen nachher. Das war das Ärgste an der ganzen Sache."

Kellys Mutter ist nach wie vor böse über das Verhalten der Ärzte und hat sich vorgenommen, bei einer zweiten Geburt ihren Willen durchzusetzen. Sie weigerte sich auch, eine Injektion zu bekommen, damit die Plazenta herauskommt. Sie mussten die Blase mit einem Katheter entleeren, dann löste sich die Plazenta. Danach musste sie lange auf einen Arzt warten, der sie nähte. Dieses Warten erlebte sie als demütigend, da alle Leute vorbei gingen. Danach war sie damit beschäftigt, den genauen Geburtstermin niederzuschreiben, um ein exaktes Horoskop für Kelly erstellen zu können. Kelly wurde um 11.12 Uhr geboren. Erfreut erzählt sie, dass die Krankenschwestern erstaunt waren, dass sie, während sie aufs Genähtwerden wartete, bereits ein detailliertes Horoskop für ihre Tochter erstellte.

In der Schilderung von Kellys Vater steht die Sorge um Kellys Gesundheit im Vordergrund. Seine Anwesenheit bei der Geburt war eine Selbstverständlichkeit, da er mit seiner Frau zu den Geburtsvorbereitungskursen gegangen war, wo die Hilfe der Ehemänner bei der Geburt geübt wurde. Und jede Woche wurde eine Phase der Geburt besprochen, gemeinsam Übungen gemacht. Er sagt:

„Ich glaube, was die Geburt betrifft, hatten wir falschen Alarm die Nacht vorher, dann kamen wir zurück und dann gingen wir wieder hinein. Es gab ein Problem zwischen drei und vier Uhr in der Früh. Der Hinterkopf von Kelly war so groß, sie konnten ihn nicht herausbringen. Deshalb mussten sie eine Hebamme rufen, die meine Frau schnitt. Das war schrecklich. Ich hasste das Ganze, es war so fürchterlich, es war schrecklich anzuschauen... Sobald wir sahen, dass Kelly lebte, war es O.K. Aber als wir all den Schrecken sahen, die Krankenschwestern und die Hebamme sahen einander besorgt an, Blut überall und alles. Meine Frau, die mit einer Schere ganz grob geschnitten wurde, das war viel brutaler als ich mir das je vorgestellt hatte. Ich weiß nicht, warum es so war, aber es war O.K. Alles war gut, aber zu dem Zeitpunkt war es nicht nett, überhaupt nicht. Es war schrecklich, weil wir nicht wussten, ob Kelly am Leben war. Wir hofften, aber wir waren nicht sicher. Es war nur ein paar Minuten, aber es schien eine lange Zeit, es war ein schrecklicher Moment."

Die Schilderung der kritischen Momente bei der Geburt stellt die Gefahr jeder Geburt, Leben oder Tod des Kindes, in den Mittelpunkt. Es ist nicht möglich, den Verlauf der Geburt vorherzusagen. Erst wenn das Kind draußen ist und atmet ist ein positiver Abschluss gegeben. Bis dahin bleibt eine enorme Spannung und Sorge.

Diese emotional unterschiedliche Beschreibung, wobei das Neugeborene selbst lieb, die Ärzte, Krankenschwestern und Hebammen jedoch unfreundlich, lieblos, inkompetent und sorglos dargestellt werden, bedarf einer Erklärung. Sicherlich ist es wichtig, zunächst kritisch die realen Rahmenbedingungen der Entbindung im Spital zu betrachten, die Vorbereitung und Unterstützung der Schwangeren. Tatsächlich hat sich durch die Frauenbewegung und die Kritik an den Praktiken der Ärzte vieles geändert. So wird die liegende Position der Gebärenden heute für Mutter und Baby als ungünstig betrachtet. Die Niederkunft im Knien, Stehen oder Sitzen entspricht physiologisch viel besser den Bedürfnissen der werdenden Mutter (vgl. Kitzinger 2000, 168., Gelis 1989, 189).

Die Geburt stellt den Abschluss der ersten Lebensphase im Körper der Mutter dar. Im psychologischen Sinn hat das Baby bereits eine lange Geschichte in den Gedanken der Eltern. Wie sieht die Geschichte von Kelly aus? Welche Überlegungen haben ihre Eltern angestellt, bevor es zur Befruchtung der Eizelle gekommen ist? Wie haben die Eltern die Schwangerschaft erlebt? Welche Vorstellungen haben sie mit der Elternschaft verbunden?

Kellys Mutter beschreibt den Beginn der Schwangerschaft recht forsch, sie erzählt:

„Es war ein Unfall ... Wir haben nie darüber gesprochen, Kinder zu haben. Es war wirklich eigenartig, sobald meine Periode ausblieb, wußte ich es ... mir war übel. Ich machte einen Schwangerschaftstest und weckte ihn um sieben Uhr früh und sagte: ‚Er ist positiv und übrigens, ich bekomme das Baby egal, wie du dich entscheidest'. Ich wusste, dass ich sie bekommen wollte, zu diesem Zeitpunkt."

Ihre Schilderung klingt so brüsk, so als ob es nur ihre Entscheidung wäre und keine gemeinsame. Das Baby wird als etwas beschrieben, was sie haben will, was ihr gehört. Sie führt auch ihr Alter von 27 Jahren an, warum sie nicht warten wollte. Gleichzeitig scheint sie doch erfreut gewesen zu sein über seine Reaktion. Kellys Vater sagte, er habe schon daran gedacht, mit ihr ein Baby zu haben, und fragte sie, ob sie ihn heiraten wollte. Sie heirateten und fuhren nach Paris auf Hochzeitsreise.

Auf die Frage, wie die Schwangerschaft für sie gewesen sei, sagte sie spontan: „Großartig. Ich war sehr glücklich, schwanger zu sein." Sie fügt hinzu, dass sie keinen sexuellen Kontakt hatten, aber sie habe sich darüber keine Sorgen gemacht, weil er sehr fürsorglich und zärtlich gewesen sei. Er massierte täglich ihre Beine und freute sich schon sehr auf das Baby. Sie meinte, er wolle, dass sie sich auf das Baby konzentriere und hatte Verständnis für ihre Situation gehabt.

Kellys Vater spricht von der Schwangerschaft als erfreulichem Ereignis, er sagt:

„Ich war erfreut, sehr erfreut, als ich davon erfuhr... Ich nehme an, zu der Zeit war es erfreulich und trotzdem... es war ein Wendepunkt für mich, wo ich mich disziplinieren musste weil ich dachte, ich dürfe weniger selbstsüchtig sein und mehr das Kind lieben, mich mehr um die Bedürfnisse des Kindes kümmern... Wenn du ein Kind hast, hast du sein Leben in der Hand... du hast die Verantwortung."

Die große Verantwortung als Vater und der Wunsch, diese Aufgabe gut zu erfüllen, sind seine ersten Gedanken. Kellys Vater bezeichnet die Schwangerschaft als Wendepunkt in seinem Leben, eine neue Dimension, die ihn verändert. Sie ereignete sich zu dem Zeitpunkt, wo er begann, sich vorstellen zu können, Vater zu werden. Obwohl die Beziehung zu seiner Frau ab diesem Zeitpunkt sehr schwierig wurde, betrachtet er die Geburt seiner Tochter als das wichtigste Ereignis in seinem Leben.

Die Phase der Schwangerschaft beschreibt er als sehr schmerzliche Zeit:

„Also, als sie schwanger war, fühlte sie sich nicht gut und wies mich sexuell zurück. Wir hatten nie Sex während sie schwanger war und auch nicht nachdem Kelly geboren war... Meine Haltung dazu war, wenn das geschieht dafür, dass mein Kind geboren wird, dann ist es etwas, das ich zahlen muss. Ich meine, die Tatsache, dass sie mich zurückwies, war nicht lustig, aber ich akzeptierte es als Teil der neuen Verantwortung."

Auffallend ist nicht nur die unterschiedliche Beschreibung, sondern auch die Tatsache, dass Kellys Mutter sich nicht bewusst ist, wie schmerzlich sich ihr Mann zurückgewiesen gefühlt hat. Später sagt er, dass er sich immer danach gesehnt habe, mit einer schwangeren Frau Sex zu haben. Für ihn stellte diese Ausgrenzung etwas dar, was er respektieren musste, er wollte sich seiner Frau nicht aufdrängen. Ausführlich spricht er über all die Sorgen, die er sich gemacht hat:

„Es war besorgniserregend, wenn die Schwangerschaft fortschreitet, denkst du, hoffentlich geht alles gut, verläuft die Geburt gut, und ist das Kind O.K., wird körperlich alles in Ordnung sein. Da ist viel, über das man sich Sorgen machen kann."

Einerseits stimmt es, was Kellys Vater sagt, dass sich alle Eltern darüber Sorgen machen, ob alles mit ihrem Kind in Ordnung sei. Vermutlich hat sein Gefühl, so grausam aus der ehelichen Intimität verdrängt worden zu sein, dazu beigetragen, seine Sorgen zu vergrößern. Eine Beziehung zu Kelly als Fötus empfand ihr Vater unmittelbar, nachdem er von ihrer Existenz erfahren hatte. Er konnte sich das sofort vorstellen und erlebte die Ultraschall-Untersuchungen faszinierend. Er fand es auch beruhigend zu sehen, dass physisch alles in Ordnung war. Beide wollten nicht das Geschlecht erfahren, sondern sich überraschen lassen. Auf der realen Ebene nahmen beide gemeinsam an Einführungskursen für Eltern teil und lasen gemeinsam viele Bücher über Baby und Schwangerschaft.

Was bedeutet diese Ausgangssituation für Kelly? Zunächst schienen die positiven Aspekte wichtig gewesen zu sein. Es ist klar, dass sie für beide Eltern eine enorm große Bedeutung hat. Die Schwangerschaft scheint der Anfang vom Ende der Paarbeziehung gewesen zu sein, die Eltern ließen sich unter dramatischen Umständen scheiden, nachdem sie einen heftigen Kampf um das Sorgerecht geführt hatten. Was Kelly vielleicht selten erleben wird ist eine funktionierende Paarbeziehung.

Da wir die Schwangerschaft als Teil der Geschichte des Neugeborenen betrachten, soll auf deren emotionale Bedeutung eingegangen werden.

Schwangerschaft

Schwangerschaft stellt nicht nur eine fundamentale biologische Umstellung des Körpers dar, sondern sie betrifft ebenso die Psychodynamik der inneren Welt der schwangeren Frau. Es werden tiefe Persönlichkeitsschichten aufgewühlt, da sich die Perspektiven von der kindlichen zur mütterlichen umgestalten. Unbewältigte Konflikte mit den eigenen Eltern und unerfüllte Hoffnungen werden sowohl auf der bewussten als auch auf der unbewussten Ebene wiederbelebt, verfolgende Ängste, Angst vor der Auflösung von Körpergrenzen und vor invasivem Eindringen werden durch die dem real in der Gebärmutter der Frau wachsenden Fötus zugeschriebene Bedeutung in der Phantasie der Frau wiederbelebt. Unbefriedigte Wünsche aus der frühen Kindheit und Hoffnungen, Rivalität und das Gefühl des Ausgeschlossenseins in der ödipalen Konfiguration sowie frühe Trennungserfahrungen beeinflussen den Umgang mit der Schwangerschaft. Der grösste Teil dieser inneren Umgestaltungsarbeit bleibt unbewusst und zeigt sich zum Teil in großer Müdigkeit und Erschöpfung, die das Niederhalten und Verdrängen dieser psychischen Fragen erfordert.

Wie stark eigene frühe Erfahrungen durch die Schwangerschaft lebendig werden, zeigt Oriana Fallaci (1979) in ihrem Buch „Briefe an ein nie geborenes Kind". Sie beschreibt zunächst ihr Gewahrwerden eines „Du": „Heute Nacht erfuhr ich, dass du da bist: ein Tropfen Leben, dem Nichts entkommen", diese Erkenntnis war "in diesem Dunkel ein Strahl von Gewissheit", aber es war, „als würde einem eine Kugel in die Brust geschossen". Die eigene Ambivalenz wird auf das Kind projiziert, wenn sie sich fragt: „Wenn du nun gar nicht geboren werden möchtest? Wenn du es mir eines Tages zum Vorwurf machen und mich anschreien würdest: ‚Wer hat dich denn gebeten, mich zur Welt zur bringen?'" Dann spricht sie von ihrer Einstellung zum Leben: „Das Leben ist so eine Mühsal, Kind. Ein Krieg, der sich Tag für Tag wiederholt, und seine Momente der Freude sind kurze Parenthesen, für die man einen schrecklichen Preis zahlt"

(Fallaci 1979, 7). Dann bittet sie „den Tropfen Leben" um ein Zeichen, einen Hinweis dafür, dass er leben will. Hier verknüpft sie ihr Gespräch mit dem Fötus mit der Erinnerung an ihre Mutter und sich. „Weißt du, meine Mutter wollte mich nämlich gar nicht. Ich habe aus Irrtum begonnen, in einem Augenblick der Unaufmerksamkeit anderer. Und damit ich nicht geboren würde, löste sie jeden Abend eine Medizin im Wasser auf und trank sie weinend. Trank sie bis zu jenem Abend, als ich mich in ihrem Leib bewegte und ihr einen Fußtritt gab, um ihr zu bedeuten, dass sie mich nicht wegwerfen sollte ... Einige Monate darauf rollte ich mich siegreich in der Sonne, und ob das nun gut oder schlecht gewesen ist, weiß ich nicht" (Fallaci 1979, 8).

Die großen emotionalen Gegensätze, ihre Sehnsucht und Furcht davor, Mutter zu werden, teilt sie mit dem Fötus. Sie ist sich unsicher, ob das Leben für ihr werdendes Kind ein Geschenk oder eine Belastung wäre. In diesem imaginärem Zwiegespräch erleben wir, wie Fallaci sich von ihrem Kind Antworten auf ihre Fragen, Trost und Unterstützung erwartet, so als ob sie umgekehrte Rollen hätten. Die inneren Schwierigkeiten und die äußeren Ereignisse machen es nicht möglich, dass Fallaci dieses Baby lebend zur Welt bringen kann, wie es bereits im Titel als „nie geborenes Kind" anklingt.

Ich verstehe die Schwangerschaft auch als psychische Vorbereitungszeit für die Übernahme der neuen Aufgabe und Verantwortung als Mutter, die ein Abschiednehmen von der vertrauten Zeitstruktur für die Frau selbst und die Paarbeziehung bedeutet. Wie radikal die Veränderung tatsächlich ist, kann in der Phantasie der werdenden Eltern kaum vorweggenommen werden. Dem neuen Baby psychischen Raum in den Gedanken der Eltern zu geben ist der erste wichtige Schritt zu einem neuen emotionalen Prioritätensetzen. Pines spricht von der ersten Schwangerschaft als „Zeit der Krise der weiblichen Identität", da es ein ‚point of no return' sei, egal, ob das Baby geboren werde oder die Schwangerschaft mit einem Abortus oder einem Schwangerschaftsabbruch ende (Pines 1993,60). Die innere Auseinandersetzung mit der Schwangerschaft bleibt im weiteren Leben der Frau ein wesentlicher Bezugspunkt.

Fällt die Schwangerschaft in die Zeit einer Psychoanalyse, so besteht die Chance, so meine ich, diese heftige Umgestaltung der inneren Welt reflektierend zu begleiten. Der psychische innere Raum, der durch die reflektierende Distanzierung in der Analysandin entstehen kann, ermöglicht es ihr – unter günstigen Bedingungen –, die unbewältigten Konflikte, die sie in der Übertragung zur Analytikerin herstellt, zu verstehen und dabei mehr mit ihrer eigenen Lebendigkeit in Kontakt zu kommen, indem sie ihre Gefühle des Ärgers, der Trauer und des Verlustes ausdrücken kann. Raphaela-Leff spricht von einer „besseren Zugänglichkeit" früherer Erfahrungen und einem durchlässigeren Bewusstsein während der Schwangerschaft, die prä- oder postnatale Psychotherapie ungewöhnlich fruchtbar/erfolgreich machen kann" (1997, 125).

Die Zeit der Schwangerschaft wurde von verschiedenen Analytikerinnen als emotional besonders wichtige Zeit betrachtet.[4] Helene Deutsch (1944) und andere (Chertok, Bonnaud, Borelli, Donnet und Revault D'Allones 1969, Jessner, Weigert und Fay, 1970) betonten die massive Regression in dieser belastenden Zeit. Sie meinten, schwangere Frauen seien schutzbedürftiger, abhängiger, bräuchten besondere Zuwendung, seien mehr auf sich selbst bezogen und emotional labiler und hätten körperliche Symptome wie Schwindel, Übelkeit, ein Gefühl der Schwere, Magenprobleme, Anschwellen der Beine, Gewichtszunahme, die alle die normale Funktionstüchtigkeit beeinträchtigen. Es ist nicht ganz klar, ob die genannten Autorinnen einen Zusammenhang zwischen den körperlichen Symptomen und dem psychischen Erleben herstellen. Kestenberg (1956) jedoch betonte die Chance einer integrativen Kraft während der Schwangerschaft (Women treating Women 1984, 21).

Maxens Geburt

Max ist der erste Sohn einer aus Deutschland stammenden Frau. Der Vater von Max ist Engländer. Sie leben in einem sehr guten Viertel von London in einem Einfamilienhaus mit Garten. Die Geburt beschreibt die Mutter folgendermaßen:

„Ach, die Geburt (seufzt), die Geburt war alles in einem: schrecklich und wunderbar."

Sie erzählt dann, dass sie sich lange überlegt hatten, wie sie die Geburt organisieren wollten, ob es im Spital oder zu Hause sein sollte. Es gab viele Überlegungen, ob sie eine gute Hebamme bekommen würde. Sie entschieden sich dann gegen das staatliche Gesundheitswesen, sagte sie, für eine private Hebamme und einen praktischen Arzt. Sie war sich bewusst, dass sie damit gegen die Empfehlungen des National Health Service (NHS) handelte, die beim ersten Kind von der Heimgeburt abraten. Sie beschreibt ihre Stimmung damals:

„Ich fühlte mich strotzend vor Gesundheit und fit, so eine Ich-schaffe-es-leicht-Stimmung. Ich hatte tatsächlich Träume, in denen ich mein Baby einfach heraus atmete. Ich war sehr zuversichtlich. Ich dachte, nichts kann schief gehen."

Bereits an dieser Stelle wird ein Wunschdenken sichtbar, ein Verleugnen der zu erwartenden Schmerzen und Anstrengungen, fast so, als ob etwas in ihr gar nicht mit der Realität der bevorstehenden Trennung vom Baby in Berührung

---

4 Ich spreche von Psychoanalytikerinnen, da sich meine Erfahrungen und die Diskussion auf Erfahrungen von weiblichen Analytikerinnen mit schwangeren Patientinnen beziehen. Auch die mir bekannte Literatur behandelt die Übertragung auf eine Analytikerin. Es wäre besonders interessant, diese Erfahrungen mit den Erfahrungen männlicher Analytiker zu vergleichen.

kommen wollte. Das Risiko, vor dem der Health visitor gewarnt hatte, hatte sie in den Wind geschlagen. Die eigentliche Geburt beschreibt sie im Weiteren:

„Das Komische war, dass ich extrem lange und schwere Geburtswehen hatte, nicht im Sinn von Komplikationen (räuspert sich). Aber ich hatte, glaube ich, einen Tag und einen halben Tag und selbst dann war ich noch nicht richtig offen ... Ich war erschöpft und fast verzweifelt zu diesem Zeitpunkt. Der nette australische Arzt, der sich um mich kümmerte, spielte Gitarre und war sehr entspannend. Als er mich dann untersuchte, sagte er: ‚Sie müssen ins Spital, weil sie eine Rast brauchen. Wissen sie, sie könnten noch drei Tage so weitermachen. Große Wehen, aber keine Öffnung.' Ich war total verwundert und konnte es nicht glauben, das war ein schmerzlicher Punkt, weil ich fühlte, was ich auch tue, ich werde dieses Baby nicht produzieren, oder es kommt nicht in der richtigen Weise. Es war sehr, sehr frustrierend."

Sie erklärt ihren Widerwillen gegen das Spital mit der Tatsache, dass ihre Eltern und ihr Bruder Spitalsärzte waren und sie mit denen nichts zu tun haben wollte. Darüber hinaus wurde ihre Mutter im Spital so nachlässig behandelt, dass ein Kind starb, und sie konnte sich nicht durchsetzen. Sie wollte es unbedingt alleine, ohne Spital machen. Sie denkt dann weiter über ihr Gefühl während der versuchten Hausgeburt nach und sagt:

„Komischer Weise, war es irgendwie nicht ganz real. Ich hatte eine nette Hebamme und einen freundlichen Arzt, aber es lag etwas Unwirkliches in der Luft. Ich konnte mir nicht vorstellen, dass ich wirklich ein Baby haben würde. Ich konnte die Wehen nicht mit dem Baby verbinden, ich war zu Hause. Und dann war ich so erschöpft, ich hatte einen Kreuzstich (Epiduralanästhesie) und schlief sofort tief ein. Und innerhalb der nächsten Stunden öffnete ich mich total. Also muss es etwas mit mir zu tun gehabt haben, etwas in mir, das es zurückhielt."

Sie beschreibt die weiteren Ereignisse:

„Die Ärzte waren unfreundlich und unkooperativ. Sie waren entweder vorwurfsvoll oder schienen darauf zu warten, doch einen Kaiserschnitt machen zu müssen. Aber die Hebammen waren wirklich, wirklich gut, sehr hilfreich. Und sie gaben mir das Gefühl, ein Gefühl der Realität. Sie halfen mir, sozusagen: Wenn du es tun kannst, dann tu es jetzt und sei glücklich. Es klingt erstaunlich, aber sobald ich wusste, dass ich es wirklich tun konnte, hatte ich Vertrauen ... Ich war überrascht, es war d a s Erlebnis meines Lebens."

Erst im Spital schien Maxens Mutter sich mit der Realität der Geburt auseinandergesetzt zu haben. So als ob sie nicht glauben wollte, dass ihr Baby bereit sei, sich von ihr zu trennen und ein eigenes Leben haben könnte. Nur wenn sie schläft, d. h. ihre Steuerung ausgeschalten ist, können die Wehen ein Öffnen des Muttermundes bewirken, vorher scheint sie sich unbewusst dagegen gewehrt zu haben.

Maxens Vater beschreibt die Geburt zu Hause als Punkt, wo seine Frau und er zunächst unterschiedlicher Meinung waren, aber sie setzte ihren Wunsch durch. Er ließ sich von ihren Argumenten überzeugen, suchte eine gute Hebamme, und danach war er beruhigt.

„Die Geburt selbst war sehr aufregend. Es war eine sehr, sehr lange Phase der Geburtswehen ... Ich glaube, Max wurde um 10.00 Uhr Morgens an einem Freitag geboren, und die ersten Wehen kamen am Mittwoch in der Früh."

Die Entscheidung, doch ins Spital gehen zu müssen, in dieses „sterile, aseptische Spital", war enttäuschend und die Geburt stand noch bevor. Die Ärzte bezeichnet der Vater als nicht hilfreich, was eine ziemliche Spannung verursachte. „Alles war kalt und unfreundlich, die Ärzte machten taktlose Bemerkungen."

Die Haare von Max sah sein Vater eine Stunde vor der tatsächlichen Geburt, solange dauerte es, bis er ganz heraußen war.

Max dann wirklich zu sehen war „ein wunderbares Gefühl. Ein ganz wunderbares Gefühl", sagt sein Vater. „Unmittelbar, nachdem meine Frau ihn hatte, während sie genäht wurde und die Nachgeburt versorgt wurde, ich würde sagen, innerhalb von 20 Minuten nach der Geburt." Für beide war es klar, dass der Vater bei der Geburt dabei sein sollte, „sie wollte sehr, dass ich dabei bin, ich glaube, es war keine Frage."

Das Glück, Max dann wirklich bei sich zu haben, beschreibt Maxens Mutter sehr ausführlich.

„Dann, als Max herauskam, legten sie ihn gleich auf mich, auf meinen Körper, noch bevor sie ihn gewaschen hatten, das war sehr gut ... Er brauchte nichts, er war ganz er selbst. Er hatte keinen verdrückten Kopf oder sonst etwas. Er war fein ... Ich war eine Nacht im Spital, das war sehr gut. Es war ein riesiger Raum mit zwanzig Müttern mit Neugeborenen. Man würde denken ein schreckliches Durcheinander. Aber es war absolut friedlich. Es gab viele Schwestern, und das Baby war jeweils neben dem Bett der Mutter. Ich hatte ihn die ganze Nacht bei mir, glaube ich. Ich schlief nicht, ich war so glücklich (lacht), das war etwas ganz Besonderes, ich fühlte mich so geborgen mit all diesen Neugeborenen. Es war ganz friedlich, wenn ein Baby weinte, kam gleich jemand, um sich darum zu kümmern."

Nach der positiven Geburt ohne Komplikationen schien Maxens Mutter die Situation im Spital als beruhigend erlebt zu haben, weil alles strukturiert war. Sie konnte Max die ganze Nacht bei sich haben. Die objektive Situation eines großen Zimmers mit zwanzig Müttern, die man als belastend ansehen könnte, wird im Gegenteil als Verstärkung der Gemeinsamkeit erlebt, als friedlich und Geborgenheit vermittelnd. Letztlich hatte sie im Gegensatz zu ihrer Mutter eine natürliche Geburt mit einem gesunden Baby.

In beiden Berichten sehen wir eine Spaltung in einen guten und einen bösen Teil, das Spital wird als bedrohlicher, unfreundlicher Ort beschrieben. Nach der Geburt kann die Mutter von Max sich wieder mit dem Spital aussöhnen, das ihr geholfen hat, das Baby wirklich herauszupressen. Selbst der große Saal mit den vielen Neugeborenen stellt für sie keine Belastung dar, im Gegenteil, sie scheint ihr Glück mit all den anderen Müttern zu teilen. Wenn wir die Schwangerschaft als krisenhafte innere Umgestaltung beschrieben haben, so wird verständlich, dass die inneren, bösen Gedanken, Gefühle der Rivalität zu den eigenen Eltern und die Ambivalenz dem Baby gegenüber einen Ort suchen, wo sie untergebracht werden können. In einer historischen psychoanalytischen Untersuchung über den Zusammenhang von Hexenglaube, Sexualität und Religion gelangte Lyndal Roper zu der Auffassung, dass die inneren bösen Anteile der Gebärenden, die aus unerledigten Konflikten mit der eigenen Mutteer stammen, oft auf die Hebamme projiziert werden. Die Hebamme wird dann zum Bösen schlechthin, was im Mittelalter in der Zuschreibung von Hexenkünsten gipfelte, die mit dem Tod auf dem Scheiterhaufen bestraft wurden (Roper 1997, 2012f).

Patricks Geburt

Die Geburt von Patrick, den ich als Kind mit großen Problemen vorgestellt habe, der kaum Zutrauen zu sich und seinen Fähigkeiten besaß, verlief ohne große Probleme. Patrick war ein erwünschtes Kind, die Eltern waren schon zwei Jahre verheiratet, als die Mutter schwanger wurde. Patrick wurde im Spital geboren, es war eine spontane Geburt. Beide Eltern hatten sich schon auf das Baby, ihr erstes Baby, gefreut. Es war eine natürliche Geburt ohne Komplikationen. Da über die Kinder, die in Therapie kommen, keine Interviews mit den Eltern durchgeführt wurden, ist über Patricks Geburt nur wenig bekannt, da sie problemlos verlief.

Die körperlichen Fähigkeiten des Neugeborenen

Die körperlichen Fähigkeiten des Neugeborenen wurden von Brazelton in einem „Test für Neugeborene" (Neonatal Behavioral Assessment Scale, NBAS) zusammengestellt, der die Reaktionen und Reflexe des Kindes messen soll. Ein weiterer wichtiger Aspekt des NBAS ist es, den Eltern die erstaunlichen Fähigkeiten des Neugeborenen vor Augen zu führen und so das Vorurteil eines hilflosen Bündels, das vollständig von den Erwachsenen abhängig ist und keine Fähigkeiten besitzt, zu widerlegen. Das Neugeborene wird in allen sechs Bewusstseinszuständen untersucht: im Tiefschlaf, im flachen Schlaf, halbwach, hellwach, quengelig und weinend (Brazelton 1995, 44ff).

1. Zunächst wird das Neugeborene getestet, wie es unangenehme Reize ausblenden kann.

Als störender Reiz wird eine Taschenlampe zwei Sekunden auf die geschlossenen Augenlider des Kindes gerichtet. Es fährt zusammen und fängt an, sich zu bewegen. Sobald diese Reaktion abklingt, wird ein zweites und dann ein drittes Mal bis zehntes Mal geleuchtet. Bei dem ersten Lichtreiz schreckt das Baby auf und setzt seinen ganzen Körper in Bewegung; Arme und Beine zucken, aber normalerweise werden diese Bewegungen bei jeder Wiederholung schwächer. Beim vierten Lichtreiz bewegt es sich in der Regel kaum noch oder gar nicht mehr. Es atmet wieder tief und regelmäßig, der Gesichtsausdruck ist gelöst. Dieselbe Prozedur wird mit einer Rassel und dann mit einer Glocke durchgeführt. Normalerweise wird die Reaktionsbereitschaft herabgesetzt, um Umgebungsreize auszufiltern. Manche Kinder, die bei der Geburt einer besonders großen Belastung ausgesetzt waren, können störende Reize zunächst nicht ausschalten, sie haben ein „bloß liegendes" Nervensystem, das sich aber innerhalb von einigen Tagen in einer behüteten Umwelt normalisiert.

2. Der Übergang von einem Schlafzustand in einen halbwachen und wachen Zustand wird beobachtet. Wenn das Baby nur langsam von einem in den anderen Zustand überwechselt und eine zeitlang im Wachzustand oder im Schlaf verharren kann, beweist es damit bereits eine großartige Fähigkeit, seine Welt zu regulieren. Wenn es von einem Bewusstseinszustand in den anderen taumelt und nicht imstande ist, in einem zu verweilen, wird es die geduldige Hilfe der Eltern brauchen, um sein Verhalten regulieren zu lernen. Das Baby, das hilflos von einem Bewusstseinszustand in den anderen driftet, ist ein Spielball seines empfindlichen, unreifen Nervensystems, oft müssen sie sich von den Medikamenten erholen, die die Mutter bei der Geburt genommen hat.

3. Durch das Streicheln der Fußsohle auf der Innenseite greifen die Zehen nach dem Finger des Arztes. Beim Streichen über den seitlichen Fußrand strecken sich die Zehen *im Babinski-Reflex*.

4. Wenn das Neugeborene nach den beiden Zeigefingern des Arztes greift, kann er es langsam in eine Sitzposition hochziehen. Der Kopf hängt dem Baby dabei im Nacken, aber es gibt sich große Mühe, ihn mit Hilfe der Schultermuskeln in die Senkrechte zu bekommen. Sobald es dann sitzt, bekommt es große Puppenaugen und beginnt, um sich zu blicken. Die Eltern sind ganz begeistert von den Fähigkeiten ihres Kindes. Falls der Kopf des Neugeborenen weiterhin nach hinten hängt und es ihn nicht aufrichten kann, wird der Muskeltonus genauer untersucht. Die Reaktion des Schultergürtels beim Hochziehen in die Sitzposition kündigt an, wie gut das Baby auf die Bemühungen der Eltern ansprechen wird.

5. Um *den Schreitreflex* auslösen zu können, beugt der Arzt den Oberkörper des Babys über seine Hand leicht nach vorne und setzt seine Füße fest auf das Bett auf. In einer Art langsamem Trott wird es zuerst mit dem einen Fuß, dann mit dem anderen einen Schritt machen. Das zeigt den Eltern, welche enormen

Entwicklungsmöglichkeiten in diesem vollkommenen kleinen Wesen schlummern. Ein Baby, das während der Geburt Blut verloren hat oder schwache Reaktionen zeigt, bedarf bestimmter Fördermaßnahmen.

6. Der wichtige *Schutzreflex* wird getestet, indem dem Kind ein Tuch über den Kopf gelegt wird. Wenn das Kind den Kopf nach hinten beugt und die Hände hebt, um das Tuch wegzuschieben, erhalten wir zwei Hinweise, dass es sich um ein ausgetragenes Kind mit einem intakten Nervensystem handelt. Falls es zu früh geboren wurde oder durch Medikamente, die der Mutter verabreicht wurden, noch zu stark beeinträchtigt ist, kann es diese Bewegungen nicht ausführen.

7. Eine Berührung auf einer Seite des Mundes löst beim Neugeborenen das *reflektorische Brustsuchen* aus, auch *Suchreflex* genannt. Es dreht den Kopf in die Richtung und sucht mit dem Mund nach der vermeintlichen Brust. Wenn der Arzt dem Baby den Finger zum Saugen gibt, reagiert das Baby in dreierlei Weise. Die Zungenspitze leckt an dem Teil des Fingers, der den Lippen am nächsten ist. Der hintere Teil der Zunge massiert den mittleren Teil des Fingers. Und schließlich wird das Kind anfangen, die Fingerspitze fast in die Speiseröhre einzusaugen. Bei einem gesunden Neugeborenen dauert es nicht lange, bis diese drei Vorgänge ineinander greifen. Bei einem früh geborenen Kind nimmt das mehr Zeit in Anspruch, es kann oft noch nicht an einer Flasche saugen und muss dann über einen Schlauch ernährt werden.

8. Wenn der Kopf des Neugeborenen seitwärts gedreht wird, zeigt es den *asymmetrischen Halsreflex* und nimmt die sogenannte „Fechterstellung" ein: Dreht der Arzt den Kopf nach links, biegt sich der Körper nach rechts weg, der linke Arm streckt sich, der rechte beugt sich oben zum Kopf. Das Baby lernt, seitenungleiche Bewegungen auszuführen. Solche Reflexe sind schon während der Wehen von Nutzen. Die Kontraktionen der Gebärmutter bringen das Kind dazu, den Kopf zur Seite zu drehen und damit eine Reflexserie auszulösen. Es krümmt und windet sich und trägt so, indem es die Gebärmutter stimuliert, seinen Teil zur Entbindung bei.

9. Wenn der Arzt dem Neugeborenen einen roten Ball in etwa 30 bis 40 Zentimeter Entfernung vor die Augen hält, fixiert es ihn allmählich. Es verfolgt die Bahn des Balls nach rechts und links und sogar bis zu einem Winkel von 30 Grad nach oben. Die Folgebewegungen der Augen sind ruckhaft, und der Kopf dreht sich langsam von einer Seite zur anderen. Wenn es in dieser Weise auf einen Sehreiz konzentriert ist, hellt sich das ganze Gesicht auf und der ganze Körper ist beteiligt. Das Sehen eines menschlichen Gesichts macht den Gesichtsausdruck beim Sehen lebhaft und aufmerksam. Die Reaktion auf ein Gesicht ist stärker als auf alle anderen Gegenstände, es kräuselt sich der Mund und in der oberen Gesichtshälfte treten mimische Bewegungen auf, als wolle es nachahmen, was es sieht. Auf die menschliche Stimme reagiert das Baby mit großer Neugierde.

10. Wenn der Arzt das Neugeborene an der Seite des Rückrats entlang streicht, während er das Kind mit seiner Hand unter seinem Bauch hält, beugt es den ganzen Körper zu dieser Seite hin. Dieser Schwimmreflex, die sogenannte *Galant-Reaktion*, geht auf unsere amphibischen Ahnen zurück. Wird das Kind auf den Bauch gelegt, zieht es die Beine an und beginnt mit Kriechbewegungen. Beim Kriechreflex hebt es den Kopf, um ihn zu drehen und vom Bettzeug wegzukommen, und versucht, die Faust in den Mund zu nehmen, bevor es sich in eine bequeme Position kuschelt.

Die von Brazelton beschriebenen Reaktionen des Neugeborenen vermitteln einen Eindruck von den Fähigkeiten des Babys unmittelbar nach der Geburt. Es wird darauf hingewiesen, dass das Neugeborene die stärksten Reaktionen auf ein menschliches Gesicht und eine weibliche Stimme zeigt. Ebenso wie über diese körperlichen Fähigkeiten verfügt das Neugeborene über emotionale Fähigkeiten, über Blickkontakt und physische Berührung, den Geruchsinn und das Hören eine erste Beziehung zur Mutter aufzunehmen.

Sieht man die Filme über die Neugeborenen, die im Wasser wie kleine Fische schwimmen, ihren Körper so durchstrecken, dass sie an der Hand des Arztes stehen können, so wird man nachdenklich, was die psychische Einheit, das Ich des Neugeborenen betrifft. Wir wissen von der Arbeit mit gestörten Kinder, deren innere Welt einem Chaos gleicht, dass sie enorme Probleme haben, ihren Körper zu koordinieren. Ihre Unfähigkeit, klar zu denken oder Ordnung in ihre Gefühle zu bringen, zeigt sich immer in ihrem körperlichen Auftreten, sie sind ungeschickt, tolpatschig – insgesamt wirken sie eher abstoßend oder Mitleid erregend. Im Laufe der analytischen Arbeit, und zwar in dem Maß, wie sie sich vom Analytiker verstanden fühlen und beginnen, ihre Gefühle sprachlichen Äußerungen zuzuordnen und sie zu verstehen, ändert sich auch ihr Körper. Das oft verlangsamte Wachstum wird durch einen Entwicklungsschub abgelöst, sie wachsen und sie beginnen zu klettern, Sessel und Erhöhungen zu besteigen. Statt sich ängstlich fernzuhalten, hinzufallen und sich zu verletzen, beginnen sie, Freude an ihrem Körper zu entwickeln. Der Brazelton-Test für Neugeborene demonstriert eindrucksvoll, zu welchen körperlichen Leistungen ein Neugeborenes fähig ist. Die Bewegung in einer Flüssigkeit stellt sicherlich andere Bedingungen dar als die Bewegung in der Luft sowie der Verlust einer Begrenzung durch ein Objekt. Vermutlich beruht in dieser radikalen Veränderung der Geburt die tiefste Angst vor einer katastrophalen Veränderung, einer „Angst vor Selbstverlust", wie sie Ranke im „Geburtstrauma" angesprochen hat. Die Loslösung bei der Geburt verlangt in der kindlichen Psyche den Übergang von einem Funktionsstadium zu einem anderen, wie Gaddini sagt, „vom Stadium der Nicht-Integration zu dem der tatsächlichen Autonomie" (Gaddini 1998, 42).

Eine emotionale Hilfestellung bei der Bewältigung des abrupten Wechsels bei der Geburt ist daher von enormer Bedeutung. Der Übergang vom Leben in der Gebärmutter zum Leben in der Welt wird für Mutter und Neugeborenes erleichtert, wenn physisch und emotional ein Kontakt auf den verschiedenen Ebenen der Sinneswahrnehmungen ermöglicht wird. Die befragten Mütter erzählten, wie beglückend es für sie war, ihr Baby in den Armen halten zu können, es anzuschauen und berühren zu können. Der Kontakt über den Mund, das Saugen an der Brust, stellt den Kontakt mit dem mütterlichen Körper wieder her, die Berührung der Haut vermittelt wieder die Erfahrung der Wärme und der Grenze, das Hören der Stimme der Mutter ist schon durch die Zeit der Schwangerschaft vertraut und hilft, die anderen Geräusche der Umgebung, die erschreckenden und beruhigenden, verarbeiten zu können. Das Sehen, der Blickkontakt ist von enormer Bedeutung, da die Augen und die Mimik sehr differenziert Gefühle ausdrücken können (Licht ist besonders interessant – als neue Qualität?). Das Schmecken der Vormilch bringt eine neue Qualität ebenso wie das Riechen des Geruchs der Mutter.

Welche Konsequenzen für die Arbeit mit werdenden Eltern oder jungen Eltern ergeben sich aus dieser Beschreibung der emotionalen Bedingungen von Schwangerschaft und Geburt?

1.5 Unterstützungssysteme zur Zeit der Geburt

Aus den Ausführungen über den Beginn des Lebens wird deutlich, dass eine Hilfestellung und eine Förderung des Neugeborenen immer die Eltern-Kind-Einheit im Blick behalten muss. Während dieser sensiblen Zeit der Vorbereitung auf das neue Baby bedarf die werdende Mutter der emotionalen Unterstützung. Es ist auffallend, dass sich die Geburtsvorbereitung und Begleitung der Eltern primär auf die körperlichen Aspekte der Umstellung richten. Es gibt ein Schwangerschaftsturnen, Atmungs- und Entspannungstrainings, Informationen über eine gesunde Ernährung, Positionen bei der Geburt und der körperlichen Betreuung des Baby. Ausgeklammert wird eine Hilfestellung bei der emotionalen Umstellung. Es wäre wichtig, den werdenden Eltern bei der psychischen Vorbereitung auf die Elternschaft zu helfen und sie zu ermutigen, gemeinsam mit ihrem Partner über die widersprüchlichen Gefühle, Ängste und Hoffnungen zu sprechen. Da in jeder neuen Familie zwei unterschiedliche „Familiensysteme" zusammenkommen, gilt es, diese zu erforschen. Die Art und Weise, mit Kindern umzugehen, die Regeln, Normen und Rituale des Alltags, des Festefeierns, des Umgangs mit Konflikten ist immer unterschiedlich. Die werdenden Eltern, die sich oft erst selbst kurz zuvor von den eigenen Eltern abgenabelt haben, gehen oft von der Fiktion aus, jetzt ganz neu beginnen zu können. Es wäre hilfreich, ihnen beizustehen, wenn sie entdecken, dass sie Aspekte ihrer Mutter oder ihres Vaters verinnerlicht haben, auch wenn sie deren Verhaltensweisen immer kritisiert oder abgelehnt haben. Die latente Suche nach dem Bild, wie sie selbst als Vater oder Mutter sein wollen, sollte bewusst gemacht werden und mit dem Partner besprochen werden. Es ist oft überraschend und bedrohlich zu erleben, welche tiefen Schichten der Persönlichkeit die Schwangerschaft in Bewegung bringt. Diese Bewegung der inneren Welt stellt aber zugleich eine enorme Chance der Persönlichkeitsentwicklung dar, die ungelöste Konflikte mit den eigenen Eltern an die Oberfläche bringt. Pound et al. (1985) warnen davor, nicht nur die gegenwärtige Beziehung der Schwangeren zu ihrer Mutter im Auge zu behalten, sondern auch die früheren Stadien der Beziehung. Das Bild, das die werdende Mutter von ihrer Mutter aufgenommen hat, beeinflusst sie. Die Schwangerschaft stellt auch eine Chance dar, die Beziehung zu den eigenen Eltern auf eine neue Basis zu stellen, in ein Terrain einzutreten, das bis dahin nur der älteren Generation vorbehalten war.

Aus der Eltern-Kleinkind-Therapie wissen wir, dass frühe Verlusterfahrungen der werdenden Eltern, die nicht besprochen und nicht betrauert worden sind, häufig als Probleme der Beziehung Baby-Eltern sichtbar werden. Der frühe Tod eines Elternteils, unversöhnte, nicht integrierte Konflikte zu einem Elternteil werden auf das neue Baby übertragen, das unter der Last der elterlichen Projektionen körperliche Symptome produziert, die wir als Hilfeschrei verstehen können.

Zu verstehen, dass gerade während der Schwangerschaft die werdende Mutter und der werdende Vater einem Überschwemmtwerden von gemischten Gefühlen ausgesetzt sind, kann schon enorm beruhigend sein. Entlastend ist es zu wissen, dass es normal ist, sich nicht nur auf das neue Baby zu freuen, sondern Momente zu haben, wo man diese Schwangerschaft hasst, das Baby wegschmeißen möchte, Angst hat, verdrängt zu werden, keine Zeit mehr für sich und den Partner zu haben. Eifersucht und Rivalität fühlen zu dürfen und darüber sprechen zu dürfen, kann dazu beitragen, diese negativen Gefühle vielleicht nicht verdrängen zu müssen. Ganz im Gegenteil, wir wissen, dass Frauen und Männer, die diese aggressiven Gefühle zeigen können oder sie in der Sorge um Missbildungen, Tod oder Verlust des Fötus indirekt zeigen, emotional robuster sind. Es hat eine karthartische Wirkung, sich seine positiven und negativen Gefühle eingestehen zu dürfen. Überraschender Weise kann dann die Freude, der Stolz über das von den werdenden Eltern gezeugte Lebewesen viel ungestörter ausgedrückt werden.

Eine weitere wichtige Dimension bedeutet die Hilfestellung für einen sanften Übergang von dem Leben im Körper der Mutter in die Außenwelt. In den letzten hundert Jahren wurde das Baby nach der Geburt von der Mutter sofort getrennt – oft ohne einen physischen Kontakt zu gestatten und in ein getrenntes Zimmer gebracht. So beschreibt Montagu diese Praxis in den USA folgendermaßen: „Sobald das Kind geboren ist, wird die Nabelschnur durchschnitten, es wird seiner Mutter gezeigt und dann von einer Schwester in einen Raum gebracht, den man ‚Säuglingsstation' nennt, vermutlich weil das einzige, was dort nicht geschieht, eben das Säugen ist. Hier wird es gewogen, gemessen, seine physischen und übrigen Eigenschaften verzeichnet, ein Bändchen mit einer Nummer um sein Handgelenk gebunden, und dann legt man es in ein kleines Bett, in dem es sich den Jammer vom Herzen brüllen kann" (Montagu 1971, 54). Gerade wenn der Körper der Mutter, ihr Geruch, ihre Wärme und ihre Brust dem Baby Orientierungshilfe sein können und der einzige Bezug zu seiner vorherigen Existenz sind, wird es getrennt, obwohl diese Trennung sowohl den emotionalen Bedürfnissen der Mutter als auch des Neugeborenen zuwiderläuft. Die Mutter möchte nun das Produkt der neun Monate Schwangerschaft und der Anstrengung des Geburtsvorganges sehen und kennenlernen, seinen Körper untersuchen und spüren, seine Bewegungen fühlen und seine Reaktion auf das Gehaltenwerden erleben. Das Baby, das an die Brust der Mutter gelegt wird, sucht mit seinem Kopf die Brustwarze, um zu trinken. Eine Mutter berichtete von ihrem Neugeborenen, das, noch mit der Nabelschnur mit ihr in Verbindung stehend, ihr an die Brust gelegt wurde und sofort trank. Als sie mit der rechten Brust fertig war, begann es zu weinen. Erst als der Vater ihr vorschlug, das Neugeborene auch an die linke Seite anzulegen, tat sie es. Das Baby trank die Vormilch und schlief ein. Es bedurfte der Hilfestellung des Vaters, die Verständigung zwischen Mutter und Neugeborenen zu ermöglichen. Es ist auch zu fragen, ob im Baby bereits ein Vorwissen von zwei Brüsten vorhanden ist.

Das Neugeborene sofort nach der Geburt berühren und in den Armen halten zu können ist auch für die Mütter sehr wichtig. Diese neue Art des Zusammenseins bekräftigt ein psychosomatisches Band; die Bereitschaft zum Stillen ist bei den Müttern, die das Neugeborene gleich bei sich behalten dürfen und nicht getrennt werden, viel größer (vgl. Richter und Stauber 1990, Uexküll et al 1994).

1.6 Theorien zum Anfangsstadium des Ich

Ziel dieser Einführung ist es, immer wieder einen Zusammenhang zwischen den alltäglichen Erfahrungen mit kleinen Kindern und den psychologischen Theorien über die frühesten Entwicklungen von Kleinkindern herzustellen. Dieser Überblick über die wichtigsten psychoanalytischen Entwicklungstheorien ist vor allem für jene Leser gedacht, die ihnen vertraute theoretische Konzepte in einen Kontext zu anderen Theorien stellen wollen. Ich versuche deshalb, die vier grundlegenden Positionen in ihrem Selbstverständnis darzustellen und dann die Kritik an diesen Positionen aus der Perspektive der anderen Theorien anzuschließen.

Unterschiedliche Konzepte über die Existenz einer Persönlichkeit des Babys liegen nicht nur den Theorien, sondern auch dem Alltagshandeln zugrunde. Die Erfahrungen der Mütter von der Geburt sind beeinflusst von den impliziten Annahmen, die diese über das neue Baby haben. Schreiben sie ihrem Baby bereits eine eigene Persönlichkeit zu? Oder ist es ein Bündel, das man nach Belieben weglegen und nehmen kann, ohne dass es Empfindungen hat? Die Beschreibung der Eindrücke von der Geburt der Mütter von Kelly und Max zeigen, wie wichtig es für sie war, ihr Baby bei sich zu haben, diesen neuen Menschen kennen zu lernen, seinen Körper zu untersuchen, ihn zu streicheln und sich gleichzeitig zu vergewissern, ob alles vollständig ausgebildet ist. Max und Kelly werden als Personen begrüßt und willkommen geheißen. In der Schilderung der Praxis in den gynäkologischen Abteilungen der Krankenhäuser in den USA in den 50er Jahren wird dagegen das Baby wie ein Bündel betrachtet, das gesäubert, untersucht und von der Mutter getrennt wird, als ob Mutter und Baby kein Bedürfnis hätten, physisch in Kontakt zu bleiben. Das Baby wird behandelt, als ob es keine Gefühle und Empfindungen hätte, als ob es genüge, alle vier Stunden zum Füttern gebracht zu werden.

Betrachten wir die Einstellung zum Kind in verschiedenen historischen Epochen, so wird von Historikern ein düsteres Bild gezeichnet: Kindestötung, Einschränkung der Bewegungsfreiheit durch verschiedene Vorrichtungen, Schlagen, sexueller Gebrauch von Kindern und Trennung von den Eltern (Badinter, 1980, de Mause, 1974). Es würde den Rahmen unserer Darstellung sprengen, auf die problematische Grundthese von Badinter ausführlich einzugehen, dass man erst ab dem letzten Drittel des 18. Jahrhundert von einer „Mutterliebe" sprechen könne, da in den Jahrhunderten zuvor die meisten Kinder der Mittel- und Oberschicht zu Ammen weitergegeben wurden (Badinter 1980, 113).

Im Unterschied zum Tier schauen sich Mutter und Baby nach der Geburt direkt an. Der suchende Blick des Kindes begegnet den Augen der Mutter oder des Vaters – er vermittelt ihnen den Kontakt zu einem Wesen, das auf Anregungen reagiert, an der Brustwarze zu trinken beginnt, sich vom Klang der Stimme der Mutter beruhigen lässt. Die Mutter und der Vater sehen das Kind an, streicheln es, sprechen zu ihm, als ob es schon alles verstehen könnte. Die Fähigkeit des Säuglings, mimisch Gefühle auszudrücken, ist angeboren. Die Eltern versuchen, die ausgedrückten Gefühle zu verstehen und zu deuten. Die Eltern setzen somit ein Konzept eines Du/eines Wesens, mit dem sie in Interaktion treten, dessen Reaktionen sie als Antwort auf ihre Hinwendung verstehen. Dieses erste

„Gespräch" mit dem Neugeborenen, das im Alltagsverständnis als selbstverständlich betrachtet wird, hat im wissenschaftlichen Diskurs zu einer Vielzahl unterschiedlicher Konzepte geführt.

In diesem Band soll versucht werden, verschiedenen Forschungsansätze zu den ersten Lebensjahren zu berücksichtigen, die im deutschsprachigen Raum nur zum Teil bekannt sind. Weiter will ich die unterschiedlichen Konzepte für ein vertieftes Verständnis der Beziehung zwischen Mutter und Säugling sowie unsere Vorstellungen über die Geburt der Psyche des Säuglings in einer Zusammenschau fruchtbar machen.

In den Jahren seit 1930 haben sich im anglo-amerikanischen Raum einige bedeutende Analytiker mit der frühen Entwicklung in den ersten Lebensjahren des Kindes beschäftigt. In London führte die analytische Arbeit von Melanie Klein mit sehr kleinen Kindern – im Alter von zweieinhalb bis drei Jahren – zur Formulierung wichtiger Annahmen über die emotionale Entwicklung im ersten Lebensjahr. In „kontroversiellen Diskussionen"[5] (King and Steiner 2001), die nach dem Tod von Sigmund Freud sehr hitzig geführt wurden, beschäftigten sich Vertreter der Theorien Melanie Kleins und des Kreises um Anna Freud mit dem unterschiedlichen theoretischen Konzept der Persönlichkeitsentwicklung im ersten Lebensjahr sowie mit unterschiedlicher Technik der Kinderanalyse. In einer psychoanalytisch orientierten Säuglingsbeobachtung nach Esther Bick wurde im Rahmen der Ausbildung zur Kindertherapie versucht, Säuglinge in ihrer natürlichen Umwelt, d. h. in ihrer Familie und in der Interaktion mit ihren Eltern, über den Zeitraum von zwei Jahren zu beobachten, um ihre Entwicklung zu studieren. Winnicott, als Vertreter der „Independent Group", die zwischen den Kleinianern und Freudianern stand, war ebenso in die Diskussion involviert und entwickelte eigene wichtige Beiträge, etwa das Konzept eines „Übergangsobjekts". Bowlby war stärker an einem biologischen Entwicklungskonzept orientiert, das die emotionale „Bindung" zwischen Mutter und Säugling ins Zentrum rückt, wobei Erfahrungen von Trennung, Tod und Verlust im Leben der Eltern des Säuglings besondere Aufmerksamkeit geschenkt wird.

In Frankreich entwickelte sich um Lebovici eine Forschungsrichtung, die eine analytische Arbeit mit Mutter und Baby ermöglichte, in der den unbewussten Projektionen der Mutter auf den Säugling nachgegangen wurde. Diese Forschungsrichtung wurde von F. Dolto, Eliacheff und Szejer weitergeführt.

In den USA führte vor allem eine Gruppe um Margaret Mahler mit der Theorie von der „Symbiose und Individuation" das Konzept des „primären

---

5 Die kontroversiellen Diskussionen zwischen Anna Freud und Melanie Klein, die zwischen 1941 und 1945 in der Britischen Psychoanalytischen Gesellschaft stattfanden, gehören zu den ertragreichsten und für die Entwicklung der Psychoanalyse befruchtensten Auseinandersetzungen (King/Steiner 2001).

Narzissmus" von Freud fort. Selma Fraiberg in Ann Arbour (USA) widmete sich der Erforschung der ersten Beziehung zwischen Mutter und Säugling und entwickelte eine Eltern-Kleinkind-Therapie.

Neue Anregungen gehen von der „empirischen Säuglingsforschung" um Daniel Stern, Brazelton und Craemer aus, die durch eine Video unterstützte Forschung über die Aktivität des Säuglings neue Erkenntnisse bringt.

In Deutschland wurde vor allem von Lichtenberg und Kächele versucht, das Bild eines aktiven Säuglings durch empirische Forschung zu belegen, deren Ergebnisse Martin Dornes in dem bekannten Buch „Der kompetente Säugling" zusammengefasst hat.

In meinen Ausführungen werde ich versuchen, wichtige Erkenntnisse der unterschiedlichen Forschungsrichtungen für das Verstehen der frühen Beziehung des Säuglings zu den primären Bezugspersonen, Mutter und Vater, fruchtbar zu machen. Die teilweise heftigen Kontroversen werden nur erwähnt, um auch die unterschiedliche Reichweite der Theorien zu berücksichtigen.

Innerhalb der Säuglingsforschung, die in den letzten zehn Jahren eine enorme Differenzierung erreicht hat, gibt es gegensätzliche Haltungen in Bezug auf die wissenschaftliche Zugangsweise. Die empirische Säuglingsforschung um Stern und Cramer geht wohl von einem psychoanalytisch orientierten Verständnis der Persönlichkeit aus, beobachtet aber nicht Alltagssituationen. Sie definiert sechs körperliche Zustände des Säuglings, wobei die Stufe vier, die „wache Aktivität", als optimale Ausgangsbasis für Lernen und Interaktion betrachtet wird, d. h. als Phase während der Experimente durchgeführt werden können. In den ersten Wochen nach der Geburt werden sechs verschiedene psychische und körperliche Zustände des Säuglings unterschieden: 1. regelmäßiger Schlaf mit geschlossenen Augen und regelmäßiger Atmung; 2. unregelmäßiger Schlaf mit Bewegung der Glieder und des Gesichts; 3. Schläfrigkeit: die Augen sind offen, aber sonst gibt es keine Aktivität; 4. wache Aktivität: die Augen glänzen und verfolgen Objekte, die sich bewegen; 5. wache Aktivität mit diffusen motorischen Bewegungen des ganzen Körpers; 6. Unbehagen, das sich durch Schreien ausdrückt (Mussen u. a. 1990, 103).

Die psychoanalytische Säuglingsbeobachtung nach Esther Bick (1964) versucht, möglichst wenig an dem alltäglichen Leben des Säuglings in seiner Familie zu verändern, während von Studenten über den Zeitraum von zwei Jahren regelmäßige, wöchentlich einstündige Beobachtungen durchgeführt werden. Es geht bei der Beobachtung darum, die Beziehung zwischen dem Säugling und seinen Eltern zu beschreiben, die sich im Verhalten der beobachteten Personen zu einander zeigt.

In der analytischen Arbeit mit sehr jungen Kindern – zwischen 2½ und vier Jahren – hat Melanie Klein in der Beobachtung ihres spontanen Spiels Einsichten in ihre Phantasiewelt gewonnen, die zur Weiterentwicklung des Verständnisses der emotionalen Entwicklung der ersten Lebensjahre beigetragen hat.

Die Konzeption von Bowlbys Bindungstheorie wurde von Ainsworth um den Test „Fremde Situation" erweitert, ein empirisches standardisiertes Testverfahren, das in der empirischen Forschung zur Messung der Qualität der emotionalen Bindung zwischen Eltern und Kleinkind verwendet wird.

Zwischen diesen genannten Positionen gibt es eine rege Diskussion um grundlegende Konzepte und um deren Relevanz für die psychoanalytische Praxis, es wird dabei zwischen einem „klinisch rekonstruierten Säugling" durch die freie Assoziation im analytischen Setting und einem „beobachteten Säugling" in der empirischen Forschung unterschieden.

Die psychoanalytischen Theorien stellen kein in sich geschlossenes Ganzes dar. Sie bauen zwar alle auf derselben Basis auf, wie die Grundannahme eines Unbewussten, die vielfachen Motive für eine Handlung, die große Bedeutung der ersten Lebensjahre und die Ambivalenz der Gefühle. In der sprachlichen Fassung der einzelnen Phänomene unterscheiden sie sich von einander. Es existieren manchmal unterschiedliche Begriffe für ähnliche Sachverhalte. Manchmal werden von einzelnen Richtungen Klarstellungen und Einsichten formuliert, die breite Zustimmung finden. Wer sich weniger für die verschiedenen Theorien der ersten Entwicklungsphase interessiert, kann gleich zum nächsten Kapitel weitergehen.

Der Versuch, theoretisch das Stadium der Psyche des Neugeborenen zu fassen, führte zu sehr unterschiedlichen Annahmen. Einigkeit herrscht darüber, dass man nur versuchen kann, plausible Annahmen zu formulieren, da es zum subjektiven Erleben des Neugeborenen keinen direkten Zugang gibt, sondern nur Schlüsse aus seinem Verhalten gezogen werden können. Ich will hier die vier wichtigsten Konzepte diskutieren:

– Die Annahme, dass es von Geburt an einen rudimentären Ich-Kern gibt, dessen psychische Mechanismen in Analogie zum biologischen Aufnehmen/Ausscheiden funktionieren, wie es Klein, Bion und Bick formuliert haben.
– Die Annahme, dass das Ich sich erst nach einigen Monaten aus dem Es entwickelt, da es zunächst in einem objektlosen, autistischen Zustand der Selbstverliebtheit existiert, in einer Symbiose mit der Mutter, wie es Freud, Mahler und Pine postulieren.
– Von biologischen Programmen der Wahrnehmung und Gefühlsqualitäten des subjektiven Erlebens des Neugeborenen, das „temporale Gefühlsgestalten" erzeugt, sprechen Vertreter der empirischen Säuglingsforschung wie Stern, Cramer, Dornes, Kestenberg.
– Die Annahme, dass das Kind eine Neigung habe, eine Bindung zu entwickeln, die Qualität der Bindung hänge von der elterlichen Umgebung ab (Bowlby).

Ich will diese vier unterschiedlichen Konzepte kurz vorstellen und ihre wechselseitige Kritik wiedergeben.

Rudimentärer Ich-Kern

Klein (1946) meint, dass das Neugeborene von Geburt an über einen rudimentären Ich-Kern verfügt, der zwischen einem Zustand der Desintegration und einem relativen Zusammengehaltenwerden schwankt. In einer primitiven Weise kann es zwischen Ich und Nicht-Ich unterscheiden, gute und schlechte Empfindungen, Phantasien über Hineinnehmen und Ausstoßen haben. Es will herausfinden, ob die Phantasie über eine angeborene Meinung (Präkonzeptionen) mit deren Verwirklichung übereinstimmt. Die Angst auseinanderzufallen bestimmt den Zustand des Säuglings und seinen Wunsch gehalten zu werden, in Kontakt mit der Brustwarze, den Augen, der Haut der Mutter zu sein, um sich ganz und zusammengehalten zu fühlen. Der rasche Wechsel von Befindlichkeiten zeichnet die früheste Lebensphase aus, die Stimmungen schwanken zwischen Liebe und Geborgenheit bei Anwesenheit des Objekts (Mutter oder Pflegeperson) und Angst, Hass und Wut bei Abwesenheit – unterbrochen von Phasen des Schlafes und der Phase der Aktivität. Durch das Hineinnehmen der Qualität seiner Beziehung zu Teilen der äußeren Objekte (Stimme, Augen, Brust, Haut der Mutter oder des Vaters) könne es eine innere Welt aufbauen, auf die sich das Ich bezieht und die mit der äußeren in Beziehung steht. Ähnlich wie Kant eine a-priori existierende Anschauungsform von Raum und Zeit postuliert, in der das Denken möglich wird, geht Bion (1962) auf ein vorausgesetztes Wissen einer emotionalen Verbindung zwischen Subjekt und Objekt aus, dessen Urform sich im Zusammenpassen von Mund des Säuglings und Brustwarze der Mutter darstellt. Im realen Erleben des Genährtwerdens erhält das Neugeborene die Erfahrung des In-sich-Hineinnehmens der Milch, der Liebe und Wärme der Mutter. Die Abwesenheit des geliebten Objekts vermittelt eine emotionale Erfahrung, die nach Bion zugleich Ausgangspunkt des Denkens ist, da in der Phantasie eine halluzinatorische Wunscherfüllung (Freud) erfolgt, um seine Bedürfnisse zu befriedigen. Mit Ferenczi (1924) wird angenommen, dass das befriedigte Neugeborene sich in seinem ersten Schlaf in seiner bisherige Existenzform wähnt, sich also in den Mutterschoß zurück träumt.

In Analogie zum Erlernen der Körperfunktionen wird dieses auch als Modell des Psychischen verstanden: Einverleiben der Nahrung wird zu Hineinnehmen (Introjektion) von Gefühlen, Ausscheiden der Exkremente, Erbrechen wird zum Ausstoßen (Projektion), das Verschließen der Augen zur Verleugnung, das Wegdrehen und Abwenden zur Abweisung. „Die Entsprechung zwischen konkreter Einverleibung und Ausstoßen als Ausdruck von oraler und analer Triebimpulsen einerseits und Introjektion und Projektion als Vorgänge auf der psychischen Ebene, die ebenfalls mit oralen und analen Triebimpulsen verbunden sind, ist paradigmatisch", fasst Krejci die Analogie der körperlichen Erfahrungen und des psychischen Erlebens zusammen (Krejci 1999, 37).

Kritik am Konzept eines rudimentären Ich-Kerns ab der Geburt
Obwohl einige Ergebnisse der empirischen Säuglingsforschung Annahmen von einem aktiven Neugeborenen, wie sie bei Klein und Bion beschrieben werden, stützen, wendet sich die Kritik gegen die Annahme der Fähigkeit zu phantasieren und zu träumen, Beziehungen zu einem Menschen (Mutter) herzustellen. Dornes wendet sich gegen diese Annahme unbewusster Phantasien beim Säugling, indem er Klein eine „Romantikerin in Bezug auf den Phantasiebegriff" nennt, die auf eine „Vorstellung beseelter Körperprozesse" zurückgehe (Dornes 1997, 100). Obwohl Dornes durchaus auf die Primitivität der Phantasien eingeht, die Isaacs (1948) als eine non-verbale, non-visuelle, somatisch erlebte Phantasie zu beschreiben versucht, kann er sie nur als „Matrix von Bildern/Phantasien sehen, die Empfindungen inhärent seien". Gleichzeitig betont Dornes den Vorteil, mit diesem Konzept der unbewussten Phantasien den cartesianischen Leib-Seele-Dualismus vermeiden zu können (Dornes 1997, 101, Fußnote).

Stern sagt: „Ich denke, dass das Konzept angeborener oder primärer Phantasien überflüssig ist, wie der Säugling ... ausgesprochen rasch Repräsentationen jener Erfahrungen bildet, zu denen seine Natur ihn hinführt" (Stern 1995, 80). Er fügt dann wohl hinzu, dass man „diesen Aspekt seiner Natur mit dem Begriff ‚Präkonzeption' kennzeichnen könnte", unterscheidet das aber vom Begriff „Phantasien". Stern dreht die Chronologie um, wenn er sagt, dass in der Begegnung des Kindes mit der Welt sich Repräsentanzen bilden, deren subjektiver Aspekt später das Phantasieleben bestimmen.

Es ist schwer, meint Stern, der Konzeption zu folgen, dass dem Körper und seinen Impulsen ein angeborenes Wissen bereits inhärent ist, sodass körperliche Sensationen als eine Art postulierten (phantasierten) Handelns erlebt werden.

Symbiose mit der Mutter: Primärer Narzissmus

Freud nahm an, dass man bei Säuglingen erst nach sechs Monaten von einem Ich sprechen könne, das sich durch eine Differenzierung vom Es gebildet habe. Vorher verfüge das Baby lediglich über eine Filter zur Abwehr unerträglicher Reize, einen „Reizschutz" (Freud 1920), es reagiere ausschließlich nach dem Lust-Unlust-Prinzip, d. h. es sucht nach Befriedigung. In der Schrift „Zur Einführung des Narzissmus" (1914) schließt Freud auf ein Stadium des primären Narzissmus, das der Objektliebe vorausgeht. Den primäre Narzissmus bezeichnet Freud als ein Stadium, das sowohl der Bildung des Ichs als auch der Objektbeziehung vorausgeht und vom Autoerotismus gekennzeichnet ist. Der primäre Narzissmus wird unterschiedlich verstanden, einmal als Stadium zwischen dem Autoerotismus und der Objektwahl oder als ein objektloses undifferenziertes Stadium, das also dem Autoerotismus vorausgeht und dem intrauterinen

Zustand nahe ist. Freud stützt sich dabei auf drei Quellen: Auf Rückschlüsse vom schriftlichen Bericht eines psychotischen Mannes (Schreber), bei dem die Libido von äußeren Objekten abgezogen wird und sich dem Ich zuwendet, auf die Beobachtung von kleinen Kindern und auf Berichte über „primitive Völker", bei denen magische Gedanken (Zauberei) vorherrschen. Um Konflikte nicht aufkommen zu lassen, verfüge das Baby über einen Filter, der Reize und überwältigende Stimuli nicht heranlasse. Auch Freud war der Ansicht, dass Narzissmus und Psychose in einem Entwicklungsstadium wurzeln, das den reifen Objektbeziehungen vorausgeht. Der Säugling sucht nach Befriedigung und Lust, die ihm die nährende Mutterbrust geben kann. Ist sie nicht vorhanden, so kann sich der Säugling – jedenfalls für eine kurze Zeit – diese Befriedigung durch eine „halluzinatorische Wunscherfüllung" (Freud 1900, 539) suchen, indem es sich an die bereits erlebte Befriedigung durch die Verknüpfung des Erlebnisses des Gestilltwerdens und dessen Verbindung mit der Bedürfniserregung erinnert. Gleichzeitig spricht Freud auch von den Eltern, die in ihrem Baby ihre unerfüllten Wunschträume wiederbeleben, und sich wünschen, es könnte diese erfüllen.

Mahler schlägt vor, die Phase des primären Narzissmus in zwei Teilphasen zu unterteilen. In den ersten Wochen sei das Kind unfähig, „die Mutter als Vermittlerin wahrzunehmen", deshalb könne man von einer Stadium *absolutem primären Narzißmus* sprechen, den Mahler als „normalen Autismus" bezeichnet (Mahler 1979, 16). Sie vergleicht diesen Zustand nach einem Bild von Freud mit einem Vogelei als Modell eines geschlossenen psychischen Systems, das die Ernährungsbedürfnisse *autistisch* erfüllen kann (Mahler 1979,13). Danach beginne das Kind, die Mutter verschwommen als Teilobjekt wahrzunehmen. Mahler spricht dann von einer „symbiotischen Phase" (Mahler 1979,13).

Kritik am Konzept des „primären Narzissmus" und am „normalen Autismus"

Kritik am Konzept von Freud, dass das Neugeborene über mehrere Monate in einem Zustand des primären Narzissmus sei, äußerte Melanie Klein (1952). Es „impliziere einen Zustand in dem außer der Libido ... keine Impulse, Phantasien, Ängste und Abwehren bei ihm vorhanden sind oder keinen Bezug auf ein Objekt haben ..." (Klein 1952). Segal und Bell bezeichnen dieses Konzept zwar als ein höchst unbefriedigendes Konzept, das zeige, dass Freud in dieser Schrift an die Grenzen der Triebtheorie gekommen sei, implizit „vermitteln seine Schriften jedoch ein lebhaftes Bewusstsein einer inneren Welt" (Segal und Bell 2000, 197). Auch beim narzisstischen Rückzug von Psychotikern komme es zu einen „Rückzug auf verinnerlichte Objekte", meinen Segal und Bell (2000, 210). Es existiere eben von Geburt an eine Form der Beziehung zu einem anderen Menschen (Objekt).

Von der empirischen Säuglingsforschung werden die Experimente, bei denen der Säugling von Geburt an auf Bewegung reagiert oder den Geruch der eigenen Mutter von anderen unterscheiden kann, als Widerlegung des Konzepts des „normalen Autismus" verstanden.

Die Hauptkritik von Daniel Stern richtet sich gegen die Rekonstruktion der Vergangenheit durch Erzählungen von erwachsenen Patienten und älteren Kinder: Es habe keine Untersuchungen von Babys über mehrere Jahre gegeben, um die Hypothesen des „normalen Autismus" oder primären Narzissmus untersuchen zu können (Stern 1985, 23). Diese Theorien seien retrospektiv und pathologisierend, da sie von psychischen Störungen einer späteren Entwicklungsphase ausgingen (Stern 1985, 19). Dornes wendet sich gegen den „rekonstruierten Säugling", dem er das Modell Freuds und Mahlers zuordnet, da sie einen „Mythos" konstruieren und den Säugling mit Begriffen der Erwachsenen beschreiben (Adultomorphismus) (Dornes 1997, 24).

Empirische Säuglingsforschung (angeborene Fähigkeit zur Differenzierung zwischen Selbst und Objekt)

Die empirische Säuglingsforschung geht von der Basisannahme einer Existenz eines Selbst aus, das lange vor einem Selbstbewusstsein und Sprache entstanden ist (Stern, 1985, 6). Dieses Selbst umfasst Aktivität, körperliches Zusammenhalten (Kohärenz), erste Zeiterfahrung und Intentionalität. Die Annahme von präverbalem subjektivem Leben und Erfahrung versuchen Stern und andere durch Experimente zu belegen. Da der Säugling nicht befragt werden kann, werden ihm Gegenstände, wie z. B. Gesichter einer Frau und seiner Mutter, gezeigt und seine visuellen Präferenzen gemessen, d. h. welches Gesicht schaut er länger an. Die zeitliche Dauer des Anschauens wird als Beweis für die Fähigkeit betrachtet, zwischen beiden Gesichtern unterscheiden zu können. Stern unterscheidet zwischen vier verschiedenen Stadien des Selbst und der sozialer Beziehungen: Den Zeitraum zwischen der Geburt und dem Alter von zwei Monaten bezeichnet er als „emergent self" (auftauchendes Selbst), ein „core self" (Kern-Selbst) bildet sich zwischen zwei und sechs Monaten, ein „subjective self" (subjektives Selbst) im Alter zwischen sieben bis fünfzehn Monaten, danach schließlich ein „verbal self" (verbales Selbst) an (Stern 1985, 11).

Kritik am Konzept der empirischen Säuglingsforschung

Der von Stern als wichtigsten Beitrag betrachtete Punkt der Beziehung zwischen Mutter und Baby seit den ersten Momenten des Lebens sei nicht neu. Die ich-zentrierte Haltung des Babys verweist auf die Anerkennung der Existenz einer anderen Person, was „die Kleinianer seit mehr als einem halben Jahrhundert behauptet haben", indem sie die Intuition von Klein, ihre Hypothesen und Beobachtungen benützten, meint Riccardo Steiner (2000, 8).

Die Hauptkritik richtet sich auf die kurze Zeitspanne, in der die Experimente durchgeführt werden, nämlich die der Phase der „aktiven Aufmerksamkeit", die optimal für das Lernen ist, aber nicht beanspruchen kann, die wesentlichen Gefühle und Stimmungen des Baby entstehen zu lassen. Gerade während des Gefüttertwerdens oder während des Weinens ist der Säugling heftigen Affekten, Wünschen und Phantasien ausgesetzt, die eher ausgeklammert werden. Deswegen wirken die Ergebnisse, bezogen auf die Affekte, flach und oberflächlich, da tiefere Gefühle nicht einbezogen werden. Auffallend ist, dass die empirische Säuglingsforschung die Ergebnisse der psychoanalytischen Babybeobachtung (Bick 1964, Miller 1989), die seit 60 Jahren durchgeführt wird, nicht berücksichtigt. In seinem Buch „Die Mutterschaftskonstellation" missversteht Stern die Baby-Beobachtung nach Bick als „therapeutische Funktion" und nennt sie eine Therapieform (Stern 1995).

Eine prinzipielle Kritik an der empirischen Säuglingsforschung formuliert Green, der die psychoanalytische Konzeption der intrapsychischen Konflikte von der beobachtbaren Interaktion zwischen Mutter und Baby unterscheidet (Green 2000, 66).

Fonagy spricht mit großer Wertschätzung von Sterns Werk, beklagt aber das Fehlen des Benennens von Eigenschaften des kindlichen Verhaltens, die dann einem bestimmten Verhalten im Erwachsenenalter zugeordnet werden können. Ein weiterer Mangel stellt die fehlende Integration seiner wesentlichen theoretischen Konzepte, dem „schemata of ways-of-being-with" und dem „inneren Arbeitsmodell" dar (Fonagy 2001, 121).

Bindungstheorie: angeborene Verhaltensweisen

Die von Bowlby entwickelte Theorie geht davon aus, dass die wesentliche emotionale Bindung zwischen Säugling und Mutter durch die physische Anwesenheit der Mutter entsteht. Angelehnt ist dieses Verständnis an die Tierverhaltensforschung vor allem von Konrad Lorenz, der die „Prägung", d. h. das Festlegen des Anerkennens der Mutter, als angeborenes Verhaltensmuster bei Graugänsen experimentell beweisen konnte. In Analogie wird dem Säugling die angeborene Neigung zugeschrieben, die Nähe einer Person zu suchen, die ihm Wärme, Geborgenheit und Nahrung gibt und ihm so seine Angst vor Trennung, Hunger und Einsamkeit nimmt. Es handelt sich dabei um angeborene Verhaltensweisen, die ein evolutionäres Erbe darstellen (Bowlby 1969). Die Mutter wird demnach vom Säugling als „sichere Basis" betrachtet. Das Ziel ist jedoch nicht die Mutter als Person, sondern deren physische Nähe, die später durch ein psychologisches Ziel der Sicherheit ergänzt wird. Frühe Trennung von der Bezugsperson stellt demnach eine Unterbrechung des lebensnotwendigen sozialen Bandes dar.

Die Qualität der Bindung an die Bezugsperson kann unterschiedlich sein. Anhand von experimentellen Situationen konnte Mary Ainsworth, eine Mitarbeiterin von Bowlby, eine Messskala entwickeln, die zwischen „sicher gebundenen", „unsicher-vermeidendem Bindungsstil" und „unsicher-ambivalenten Bindungen" unterscheidet (Ainsworth et al. 1978).

Die Bedeutung von frühem Verlust durch Tod oder Trennung stellt einen weiteren wichtigen Punkt in der Bindungstheorie dar, den Bowlby von Melanie Klein übernahm.

Kritik an der Bindungstheorie
Bowlbys Theorie wurde als reduktionistisch kritisiert. Vor allem sein Vergleich des Menschen mit Graugänsen und Vögeln irritierte seine Kollegen. „Was bringt es, eine Gans zu analysieren?", fragte Hanna Segal provokant (Segal 1989). Obwohl Bowlby als Analytiker tätig war, maß er der inneren Realität, dem Ödipuskonflikt und der Phantasie, fast keine Bedeutung bei. Die klinischen Beispiele, die er anführt, stammen aus der Arbeit seiner Kollegen, da er sich vorwiegend als Forscher und Verwalter sah. Sein Biograph Holmes schreibt im Kapitel über Bowlby und die innere Welt: „Träume finden sich nicht in seinem Werk, und er war überwiegend mit beobachtbarem Verhalten und kaum mit der inneren Welt beschäftigt" (Holmes 1993, 127).

Die Annahme, dass die inneren Arbeitsmodelle eine lineare Abbildung der äußeren Realität darstellen, wird der klinischen Erfahrung der analytischen Arbeit nicht gerecht, die zeigt, wie streng und grausam das Über-Ich der Kinder, das eine Verzerrung der realen Eltern darstellt, entwickelt ist. Im Gegensatz zu Freud und Klein bezog Bowlby die Unterschiede der Persönlichkeit der Babys in seine Überlegungen nicht mit ein, da er die Bindung als Reaktion auf die reale Erfahrung des Kindes sah. Holmes, ein wichtiger Vertreter der Bindungstheorie, bemerkt: „Es ist wichtig zu sehen, dass Klein wie Freud annahmen, dass es konstitutionelle Unterschiede zwischen Kindern gebe, ein Punkt, den Bowlby zu übersehen neigte" (Holmes 1993, 131).

Die Renaissance der Bindungstheorie geht darauf zurück, dass prominente Analytiker wie Fonagy (Fonagy 1999, 2001) und Psychotherapeuten wie Holmes (1993, 1996, 2001) eine Integration derselben in die psychoanalytische und psychotherapeutische Forschung durchgeführt haben.

2 Das erste Lebensjahr

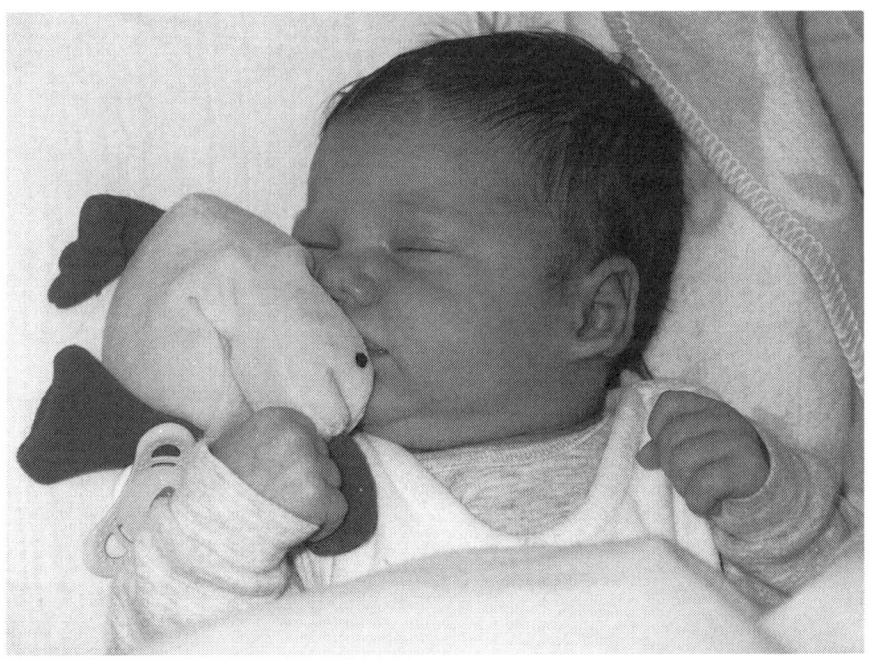

Nach neun Monaten der Schwangerschaft ist das neue Baby geboren worden. Bevor wir uns mit den dramatischen körperlichen und seelischen Entwicklungen des Babys und der Entstehung der Beziehung zu der pflegenden Person beschäftigen, wollen wir einen Blick auf die Turbulenzen werfen, die es in seiner engeren und weiteren Umgebung hervorruft. Die Geburt eines erstgeborenen Babys macht das Paar zu Vater und Mutter und deren Eltern zu Großeltern. Wenn es schon Geschwister hat, vergrößert es die Familie, seine Geschwister werden alle in eine neue Position gedrängt. Die Veränderungen der Position in der Familie, der Generationen und die neuen Aufgaben bringen nicht nur reale Anforderungen in Bezug auf die Lebensgestaltung, es finden auch emotionale Umgestaltungsprozesse statt. Es muss Platz geschaffen werden für alle Gegenstände, die ein Baby in unserer modernen Gesellschaft braucht, wie einen Stubenwagen, ein Gitterbett, einen Wickeltisch und eine Babybadewanne. Es ist erstaunlich und verwirrend, wie viele neuen Gegenstände benötigt werden, um das Baby von einem Ort zum anderen zu transportieren, es warm zu halten und zu pflegen. Die Bereitstellung dieser Gegenstände wird meist schon vor der Geburt organisiert, oft erst zu einem Zeitpunkt, in dem das Baby auch schon außerhalb des Mutterleibes überlebensfähig wäre: Symbolisch wird bereits für das neue Wesen Platz geschaffen. Noch gravierender als die äußeren Vorbereitungen sind die erforderlichen seelischen Umstellungen der verschiedenen Generationen.

2.1 Veränderungen in der Familie durch die Geburt eines Babys

Durch das neue Baby werden die Eltern der Eltern zu Großeltern gemacht. In dieser Formulierung wird deutlich, dass diese selbst nichts beitragen können, sondern abwarten müssen, ob ihre Kinder selbst Kinder bekommen wollen. Selbst wenn es ein lang ersehnter Wunsch gewesen ist, ein Enkelkind zu bekommen, ist es überraschend, welche intensiven widersprüchlichen Gefühle dadurch aufgewühlt werden. Die große narzisstische Freude, die Familie weiterleben zu sehen, und damit den unbewussten Wunsch, unsterblich zu sein und in den Kindern und Enkelkindern weiter zu leben, erfüllt zu bekommen, wird von bedrohlichen Gefühlen begleitet. Die Großeltern müssen sich mit der Tatsache abfinden, nicht mehr im „reproduktionsfähigen" Alter zu sein, diese Position an die Kinder abtreten zu müssen. Die oft unbewussten Wünsche, selbst ein Baby zu bekommen, die Rivalität mit der Tochter oder Schwiegertochter können sich in unterschiedlicher Weise zeigen. Oft berichten werdende Großmütter von bedrohlichen Träumen, in denen die Tochter oder Schwiegertochter Opfer eines Gewaltverbrechens wird, das die Träumerinnen mit aller Gewalt vergeblich zu verhindern versuchen, worauf sie dann das verwaiste Baby selbst aufnehmen müssen. Solch einen oder ähnliche Träume, bei denen die Großeltern sich dann um das Baby kümmern müssen, verstehe ich als Ausdruck unbewusster Rivalität und Neid auf die werdende Mutter, der das Baby in der Phantasie geraubt werden soll. Im Traum wird der innere Konflikt dargestellt, in dem ein Teil der Großmutter die werdende Mutter beschützen will, ein anderer Teil ihr dieses Glück der Mutterschaft aber nicht gönnt. In vielen Menschen lebt die Angst, dass das Bewusstwerden aggressiver oder beschämender Gefühle alle positiven Gefühle und die liebevolle Anteilnahme vernichten könnte. Gerade das Gegenteil ist wahr. Je mehr diese Wünsche, eigentlich selbst Eltern werden zu wollen, und die Trauer um das Ende dieser kreativen Möglichkeit bewusst werden dürfen, desto ungestörter können die Großeltern ihre Kinder bei der neuen Aufgabe unterstützen. Die Darstellung der Rivalität im Traum oder in Gesprächen mit einer Person des Vertrauens wirkt meist sehr entlastend und ermöglicht es den Großeltern, sich an die Zeit zu erinnern, in der sie selbst Kinder bekommen haben. Vielleicht gibt es auch einiges, das sie damals gerne anders oder besser gemacht hätten. So ein Bezug zu früheren eigenen Erlebnissen macht die Großeltern dann offener dafür, ihren Kindern bei all den neuen Aufgaben zu helfen. Werden die Rivalitätsgefühle und der Neid auf das neue Elternpaar verdrängt, so werden diese Gefühle oft in Handlungen umgesetzt, die beweisen sollen, dass der „Großvater" oder die „Großmutter" noch nicht zum „alten Eisen" gehören. Männer nehmen sich eine jüngere Frau und zeugen selbst noch ein Baby oder stürzen sich so in die Arbeit oder gesellschaftliche Verpflichtungen, dass sie keine Zeit für die neue Familie haben. Sie haben große Probleme, ihr Alter zu akzeptieren und der großen Bereicherung durch die neue Aufgabe als Großeltern gewahr zu werden.

Ähnlich heftige Gefühle werden oft im Freundeskreis eines Paares, das ihr erstes Kind bekommt, hervorgerufen. Freunde, die selbst den Wunsch haben, ein Baby zu haben, werden sich in Vorfreude eng mit den werdenden Eltern verbunden fühlen, um aus ihren Erfahrungen zu lernen. Ihr unbewusster Neid und ihre Rivalität wird gemildert durch die Hoffnung, selbst einmal so etwas zu erleben. Für Freunde, die schon die Hoffnung aufgegeben haben, Vater oder Mutter zu werden, ist die Anteilnahme an der Elternschaft und die Trauer um vergangene Möglichkeiten aber oft so schmerzlich, dass sie oft den Kontakt zu den werdenden Eltern abbrechen müssen.

Da wir uns mit den Gefühlen der Eltern und des Babys in den verschiedenen Entwicklungsstadien des ersten Jahres ausführlicher beschäftigen wollen, soll hier nur kurz auf die Gefühle der Geschwister bei der Geburt eines neuen Babys hingewiesen werden.

Emotionale Reaktion der Geschwister

Geschwister des Neugeborenen müssen sich ebenso mit turbulenten Gefühlen auseinandersetzen wie Eltern und Großeltern. Je kleiner das Kind ist, desto schmerzlicher ist es, von seinem Platz verdrängt zu werden, den phantasierten Besitz der Mutter und den besonderen Platz des kleinsten Kindes aufgeben zu müssen. Kinder, die bereits andere Geschwister haben, haben diese Erfahrung schon gemacht und gelernt, den Platz zu teilen, die früheren Rivalitätsgefühle werden aber wieder aktiviert. Sind die Kinder noch sehr klein, unter zwei Jahren, können sie ihre Befürchtungen oft noch nicht so gut in Worten oder im Spiel ausdrücken oder werden nicht so gut verstanden. Wut, Enttäuschung und Angst vor der ungewissen Zukunft und die Überzeugung, dass sich die Eltern nun ein neues Baby anschaffen, das braver, besser oder lieber ist, als es sich selbst sieht, lassen große innere Spannungen entstehen. Diese Spannungen führen oft dazu, dass nur wenig ältere Geschwister kurz nach der Geburt des neuen Babys hohes Fieber bekommen, ohne dass eine körperliche Ursache gefunden werden kann. Ist dieses Kind bei Verwandten untergebracht, wird es rasch nach Hause geholt und erholt sich dann, da die liebevolle Pflege die unbewussten Befürchtungen widerlegt, ungeliebt und weggegeben zu werden. Das Kind erlebt dann, dass es die Liebe der Eltern nicht verliert, sondern für alle Kinder Platz genug ist. Objektiv ist dies eine sehr belastende Zeit, und jede Hilfestellung von Verwandten oder Freunden ist dabei von Belang. Wenn Eltern in der Lage sind, die Befürchtungen und die Eifersucht des älteren Kindes zu verstehen und mit ihm darüber zu sprechen, fühlt sich das ältere Kind auch mit seinen bösen Gefühlen akzeptiert. Darf es an der Pflege des Babys teilnehmen, indem es ein Fläschchen mit Tee halten oder beim Wickeln zuschauen darf und spricht die Mutter mit ihm über das Baby, so kann es sich mit den pflegenden Eltern identifizieren und langsam auch eine positive Beziehung zum Baby aufbauen. Sehr früh reagieren kleine Babys mit Interesse auf ihre älteren Geschwister, indem sie ihnen nachschauen, alle Bewegungen mit den Augen verfolgen und später lächeln und Freude zeigen, wenn das ältere Kind vorbeikommt. Die Intensität der Eifersucht hängt gewiss von der Qualität der Beziehung des älteren Kindes zu den Eltern ab, aber es ist wichtig zu wissen, dass jedes Kind auch eifersüchtig ist und Angst hat, vom neuen Baby verdrängt zu werden.

Die emotionale Beziehung zwischen Baby und Eltern

Das erste Lebensjahr ist von enormer Bedeutung für die weitere körperliche und seelische Entwicklung. Es werden die Grundlagen der Persönlichkeit geformt, so wie beim Hausbau das Fundament des Hauses entscheidend für die Stabilität und Belastbarkeit des gesamten Bauwerkes ist. In den ersten Monaten und Jahren müssen aus unreifen, nicht integrierten Gefühlen und Körperwahrnehmungen eine Wahrnehmung der realen Welt, der Trennung von inneren und äußeren Empfindungen, das Denken und die Beziehung zu den Eltern entwickelt werden. Die Eltern oder eine konstante Bezugsperson haben die Aufgabe, dem Säugling zu helfen, die rohen und primitiven archaischen Gefühle und Körperwahrnehmungen in Einklang zu bringen und zu ordnen. Auch wenn der Säugling bereits über viel mehr Fähigkeiten verfügt, als man Jahrhunderte lang angenommen hat, bleibt er zum Überleben auf Erwachsene angewiesen. Er kann sich nicht selbst ernähren und bewegen, sondern ist davon abhängig, dass jemand ihn wärmt, für Nahrung und sein körperliches Wohlbefinden sorgt. Dieser körperlichen Betreuung entsprechen auch emotionale Hilfestellungen, sich im Körper und in der Welt in Bezug auf sein Liebesobjekt zu orientieren. In den ersten drei Monaten erfolgt eine „soziale Geburt", indem das Baby über seine Beziehung zur Mutter oder zu einer Pflegeperson (Primärobjekt) eine Beziehung zur Welt aufbaut. In diesen ersten dramatischen Monaten wird der Grundstein zu einer Struktur und inneren Ordnung gelegt, wenn es der Mutter gelingt, die archaischen Ängste des Säuglings aufzunehmen, zu verstehen und sie dem Säugling in modifizierter Form zurückzugeben. Wir können diesen Prozess mit der ägyptischen Mythologie vergleichen, dem Abwenden vom Chaos und von der Dunkelheit hin zur Ordnung und zum Licht. Das Baby, das ohne Fürsorge der Übermacht seiner Bedürfnisse und Ängste zu verhungern und zu sterben ausgeliefert ist, erlebt sich sozusagen vom Chaos bedroht. Die Bedürftigkeit und Verletzlichkeit des Babys wurde von Esther Bick in einem einprägsamen Bild ausgedrückt. Bick meint: „Wenn das Baby geboren wird, befindet es sich in der Lage eines Astronauten, der in den Weltraum hinaus geschossen wurde, ohne Raumanzug ... Die vorherrschende Angst des Babys ist es, auseinanderzufallen oder sich aufzulösen. Man kann das beim Zittern eines Säuglings beobachten, wenn ihm die Brustwarze aus dem Mund genommen wird oder wenn man ihn auszieht" (Bick 1986, 296).

Dem Raumanzug des Astronauten, der für ihn Sauerstoff und Wärme bereitstellt, entspricht die liebevolle, emotionale Zuwendung der Eltern und das physische und emotionale Halten des Säuglings. Der Sauerstoff zum Überleben und der Schutz vor dem schwerelosen Zustand ist der Fähigkeit der Mutter vergleichbar, seine Gefühle aufzunehmen und ihm ihr Verstehen zu zeigen. Es ist wichtig zu verstehen, dass es nicht vorrangig um die physische Betreuung geht.

Durch Verinnerlichung der bewahrenden und schützenden Anteilnahme der Mutter entwickelt das Baby in seiner Psyche einen positiven Kern, ein „gutes inneres Objekt", auf das es immer wieder Bezug nehmen kann. Gleichzeitig bleiben diese ersten Erfahrungen mit den chaotischen Kräften in jeder Person in den tiefsten Schichten der Persönlichkeit erhalten, sie bildet gleichsam einen „psychotischen Kern", der gewöhnlich in den guten Erfahrungen aufgehoben ist.

René Spitz (1945) hat bei Säuglingen im Waisenhaus, die leiblich optimal versorgt wurden, aber keine konstanten, emotional verfügbaren Bezugspersonen hatten, eine Mangelsituation festgestellt, die er „Hospitalismus" genannt hat, die bis zum Tod des Kindes führen kann.

Dieser Angst des Babys auseinanderzufallen entspricht die Sorge der Eltern, das Kind könnte sterben, sie könnten nicht gut genug ihre Aufgabe als Eltern wahrnehmen. Auch wenn die lebensbedrohlichen Gefahren für Mutter und Baby, die extrem hohe Kindersterblichkeit, der Tod der Mutter bei der Geburt oder durch das Kindbettfieber durch die moderne Medizin zurückgedrängt wurden, bleibt die erste Zeit des Lebens eine bedrohte. Der Körper des Neugeborenen beherrscht die neuen Aufgaben noch nicht, die frühen Ängste sind intensiv. Besonders die ersten drei Lebensmonate sind besonders sensibel. Wenn das Baby gedeiht, sich gut entwickelt, zunimmt und immer stärker auf die Eltern reagiert, tritt das Baby in eine neue Entwicklungsstufe. Wir wollen uns daher zunächst mit der Entwicklung in den ersten drei Lebensmonaten beschäftigen.

2.2 Die ersten drei Monate

Die ersten Tage nach der Geburt stellen für Mutter und Baby eine schwierige Zeit dar. Beide müssen sich mit der endgültigen körperlichen Trennung und dem damit verbundenen Verlust der Einheit abfinden. Der Wechsel der Lebensbedingungen bei der Geburt bedeutet zugleich die erste Trennungserfahrung für Baby und Mutter. Jede neue Lebensphase bedingt das Abschiednehmen von der vorhergegangenen Situation, da neue Umstände gemeistert werden müssen. Auch wenn die neue Phase mehr Möglichkeiten und Entwicklungspotential hat, müssen Mutter und Baby emotional mit der Ablösung aus der vertrauten körperlichen Verbundenheit fertig werden, das neben der Freude über die Geburt unbewusst auch traurige Gefühle aufkommen lässt. Wir sprechen vom Wochenbett-Blues der Mutter, die trotz aller Freude über das neue Baby um den Verlust dieser körperlichen Verbundenheit trauert.

In den ersten drei Monaten gelingt es dem Neugeborenen, mit Hilfe eines konstanten Liebesobjektes – Mutter und Vater oder eine pflegende Person –

seine Sinnesorgane zu gebrauchen und die Wahrnehmungen von außen und innen zu differenzieren, indem es eine liebevolle Beziehung, eine emotionale Bindung aufbaut. Diese Aufgabe scheint zunächst simpel und einfach zu sein, doch wer selbst schon ein Baby gehabt hat, weiß, dass die ersten Monate enorm anstrengend sind. Das hat nicht nur damit zu tun, dass das Neugeborene oft gefüttert und gewickelt, gebadet und herumgetragen werden muss. Was diese frühe Phase so anstrengend macht ist, dass die Eltern den rohen und widersprüchlichen Gefühlen des Babys ausgeliefert sind. Es wechselt von Momenten des Glücks, der Entspannung und des Sattseins zu verzweifeltem Weinen, wobei es aus voller Brust schreit, sich aufbäumt und nicht zu beruhigen ist. Dieses Umschlagen von wachem Wohlbefinden oder ruhigem Schlaf in verzweifeltes Weinen erfolgt oft übergangslos. So wie mancher Leser sich wohl jetzt fragt, ob so ein kleines Lebewesen wirklich verzweifelt, unglücklich und voller Destruktivität sein kann, so fragen sich auch die Eltern, was sie getan haben, um so einen plötzlichen Umschwung der Stimmung im Baby herauszufordern. Es ist daher wichtig zu verstehen, dass jeder Säugling mehr oder weniger stark zwischen dem Gefühl der Geborgenheit und der Angst vor einem Auseinanderfallen hin und her schwankt. So wie wir im späteren Leben Angst haben, dass „uns die Decke auf den Kopf fällt" oder wir den „Boden unter den Füßen verlieren", sich unser Selbstwertgefühl auflöst, so fühlt sich das kleine Baby in Situationen von Hunger, Durst, Krankheit und Kälte oder Müdigkeit von feindlichen Mächten im Inneren und im Äußeren umgeben. Solange es noch nicht zwischen innen und außen unterscheiden kann, fühlt es sich rasch bedroht. Die Phasen der Ruhe und Wachsamkeit und des tiefen Schlafs sind labil und können rasch in Angst umschlagen. Die Abhängigkeit von einer stabilen Person, deren Liebe und Zuneigung ist für die körperliche und geistige Entwicklung von zentraler Bedeutung. Es ist für die Eltern wichtig zu verstehen, dass auch bei bester Pflege und tiefer Zuneigung dieses Schwanken zwischen Glück und Verzweiflung, Geborgenheit und Verfolgung auftauchen kann, und dass die Aufgabe der Eltern darin besteht, ihrem Kind durch wiederholte liebevolle und positive Erfahrungen eine Möglichkeit zu geben, die Enttäuschungen, Ängste und Frustrationen zu bewältigen. Da das Kind von Anbeginn an vor der Aufgabe steht, seine Unterscheidung von der Mutter und die Angst zu meistern, dass es sie verlieren könnte, sind Phasen der Verzweiflung und Angst unvermeidbar. Überwiegen die positiven Erfahrungen, so kann das Kind diese verinnerlichen und lernt allmählich, sich selbst zu beruhigen.

Viele Eltern werden es nach dieser Beschreibung als ihre Aufgabe verstehen, immer liebevoll, freundlich und verständnisvoll zu sein. Das wäre aber ein Missverständnis, denn ähnlich wie die Säuglinge sind auch die Eltern in dieser Entwicklungsphase enormen Stimmungsschwankungen ausgeliefert. Sie müssen sich nicht nur mit der neuen Lebenssituation auseinandersetzen, mit ihren eigenen Hoffnungen und mit der Angst, als Eltern nicht gut genug zu sein, sondern sie nehmen auch bewusst oder unbewusst die Ängste und Gefühle des Säuglings auf. Gelingt es den Eltern, ein weinendes Baby zu beruhigen, es zu füttern, seine Aufmerksamkeit auf sich zu ziehen oder zum Einschlafen zu bringen, so ist das zugleich für sie eine Belohnung, eine „narzisstische Zufuhr". Das Erleben, wie sie das Baby beruhigen können, vermittelt die Bestätigung, als Eltern gut genug zu sein. Gelingt es aber nicht, das Baby rasch zu beruhigen, ihm aus seiner Verzweiflung und Angst herauszuhelfen, fühlen sich die Eltern rasch hilflos und verzweifelt. Diese Hilflosigkeit kann dann leicht in Wut, Hass, Selbstvorwürfe und Mutlosigkeit umschlagen. Schwierig kann die Situation werden, wenn sich die Eltern wünschen, ihr Baby solle nie weinen, immer nur glücklich und zufrieden sein. Das panische Schreien des Babys, das sich schwer beruhigen lässt, hat eine durchdringende Qualität, es fährt den Eltern unter die Haut und kann durchaus den erwachsenen psychischen Teil der Eltern bedrohen, so dass sie sich selbst in einer hilflosen und bedrohten Situation empfinden. Wenn sich das Baby nicht beruhigen lässt, haben fast alle Eltern den Impuls, auch zu schreien oder das Baby anzuschreien. Wenn sie ihre Fassung verlieren und das Baby anbrüllen: „Ich halte das nicht mehr aus, sei endlich still", sehen die Eltern, wie ihr Baby erschrickt und vielleicht eine Sekunde innehält, um dann nur noch verzweifelter loszubrüllen. Psychologisch ist es gut zu verstehen, dass das Baby diese primitiven Gefühle in jedem von uns weckt: Es geht dann darum, in sich eine gute und beruhigend wirkende Kraft und die Zuversicht zu finden, sich selbst und das Baby beruhigen zu können. Schreien die Eltern zurück, so vermitteln sie dem Baby das Gefühl, mit seiner Destruktion erfolgreich gewesen zu sein, die starken Eltern hilflos gemacht zu haben, und das macht seine Angst nur noch größer. Manchmal ist es hilfreich zu erkennen, dass man im Moment selbst an die Grenze der Beherrschung gekommen ist und lieber das Baby jemandem anderen gibt oder darauf vertraut, dass es sich vielleicht alleine beruhigen kann, was in vielen Fällen durchaus gelingt. Es ist für Eltern von besonderer Bedeutung zu verstehen, dass jeder Vater und jede Mutter Momente hat, wo sie das Baby hassen, ihm oder ihr alles zu viel wird und man am liebsten das Baby wieder zurückschicken würde – zumindest für ein paar Stunden, um sich erholen und ausruhen zu können. Deshalb ist es wichtig, ein soziales Netz etwa von Großeltern oder Freunden zu haben, die die Eltern unterstützen.

Ein wesentlicher Faktor ist auch, ob die Eltern es dem Baby zutrauen, sich alleine zu beruhigen, sich in den Schlaf zu weinen, wenn es genug Zuwendung und Fürsorge tagsüber erlebt hat.

Ich bin von der Annahme ausgegangen, dass die frühen Lebenserfahrungen der Grundstein für die weitere Entwicklung der Persönlichkeit darstellen. Wie kann man sich das konkret vorstellen? Die ersten Erfahrungen sind körperlich vermittelt. Die Psychoanalyse hat uns ermöglicht zu verstehen, dass es der ersten Liebe zwischen Eltern und Baby bedarf, um dann als Erwachsener zu einer romantischen Liebesbeziehung zwischen Mann und Frau fähig zu sein. In der erwachsenen Liebe erinnern wir uns an die körperlichen Erfahrungen der Liebe zur Mutter und auch zum Vater. Die Liebe zwischen Mutter und Baby ist der Grundstein der späteren erwachsenen Liebesfähigkeit. Man kann nicht lieben, ohne erlebt zu haben, wie man geliebt worden ist. Wenn jemand als Baby nicht geliebt wurde (von den Eltern oder einer anderen konstanten Bezugsperson) ist es schwierig, sich als Erwachsener zu verlieben; es ist nicht unmöglich, aber es wird vermutlich eine schmerzliche Liebe sein, die kein Gefühl der beglückenden Einheit zwischen zwei Personen vermittelt.

Erforschen des Körpers

Wir können diese Analogie zwischen den Erfahrungen der ersten Lebensmonate und dem Wiederaufleben in der romantischen Liebe anhand zahlreicher Phänomene studieren. So spielt es bei Verliebten eine große Rolle einander kennenzulernen, und zwar ihre Persönlichkeit ebenso wie ihren Körper. Die Art und Weise, wie ein verliebter Mann und eine verliebte Frau den Körper des anderen erforschen, jeden Körperteil liebevoll anschauen, berühren, streicheln und jede Besonderheit einer Körperform kommentieren, um den Körper in jedem verborgenen Detail kennenzulernen, erinnert sehr an das erste Erforschen des Körpers des neugeborenen Säuglings. Die Eltern berühren die Beine, die Füße, kommentieren die Bildung der Zehen, der Arme, Beine und der besonderen Form des Kopfes. Der Schnitt der Augen, die Form der Nase wird erforscht, oft versuchen die Eltern, Beziehungen zwischen dem neuen Lebewesen und ihren Körpern herzustellen, versuchen eine Ähnlichkeit zu sehen. Über einen langen Zeitraum machen sie sich mit dem Körper des Säuglings vertraut, finden Wörter für seine Besonderheiten. Diese Form der intensiven Beschäftigung ist für beide Seiten – Eltern und Säugling – von enormer Bedeutung. Die liebevolle, staunende Entdeckungsreise über den Körper vermittelt ein Aufnehmen und Erleben der Körpergrenzen in einer liebevollen Berührung, d. h. beides gleichzeitig, das Getrenntsein als ein getrenntes Lebewesen und zugleich einen freudigen Kontakt. Die Eltern sind ja auch „Erzeuger" (im Einklang mit der Natur oder mit Gott) dieses kleinen Wunderwerks Mensch. Beobachten wir Eltern im Umgang mit dem Körper eines Neugeborenen, so fällt auf, dass sie dabei immer intensiven Blickkontakt zum Kind suchen. Das Baby, dessen Körper liebevoll betrachtet und gestreichelt wird, „wartet" geradezu auf diesen Blickkontakt, es bildet sich ein eigener Rhythmus heraus. Das führt uns zur zweiten Analogie zwischen Verliebten und der frühen Beziehung zwischen Eltern und Baby: eine besondere Qualität des Blickkontaktes.

Das Fehlen eines Blickkontaktes, einer liebevollen Beschäftigung mit dem Körper des Babys lässt bei ihm ein Gefühl des Fremdseins dem eigenen Körper gegenüber entstehen. Dies zeigt sich später in schlechter Koordination der Bewegung und ungeschicktem Verhalten. Auch in Phasen der Verliebtheit ist enger physischer Kontakt ein Ausdrucksmittel der Liebe und Verbundenheit, eine Trennung oder physische Unerreichbarkeit wird als schmerzlicher Mangel erlebt.

Blickkontakt

Die Körpersprache der Liebe drückt sich darin aus, körperliche Nähe zu suchen. Verliebte erkennt man daran, dass sie einander schweigend tief in die Augen blicken, die Gesichter ganz nahe halten, die Sprechweise verändern, sich küssen, umarmen und das Gesicht und die Hände des anderen halten. In allen anderen Begegnungsformen Erwachsener ist das lange wortlose Schauen nicht gestattet, es wird als aufdringlich oder aggressiv erachtet. Längeres gegenseitiges Anschauen ist entweder Zeichen großer Intimität oder Aggression, das vor dem Beginn eines Kampfes stattfindet (Stern 2001, 219). Das ständige Vermeiden von Blickkontakt ist ein typisches Zeichen innerer Konflikte oder Teilnahmslosigkeit und wirkt irritierend. Als kurzes Nichtanschauen kann es auch als Strafe eingesetzt werden: „Ich schaue dich gar nicht mehr an."

Sprache der Liebenden

Auch die Sprache von Liebenden verweist auf die ersten Erfahrungen des Eltern-Kind-Paares. Eltern, die mit dem Baby sprechen, entwickeln eine „Babysprache", bei der hohe Laute überwiegen, die von Wiederholungen und rhythmischen Betonungen gekennzeichnet sind. Auch Verliebte entwickeln eine besondere Sprache, wobei bestimmte Worte oder Gesten eine neue Bedeutung annehmen können, die mimische Ausdrucksweise wird übertrieben, einer reagiert auf das Verhalten des anderen. Es ist, als ob sie ganz auf einander bezogen seien. Auch Liebende bewegen sich gerne synchron zueinander, wobei sie sich aufeinander zu und auseinander bewegen, also in symbolischer Weise auf die Trennung und das Zusammenkommen eingehen (vgl. Person 1988). Scharfe Laute, eine laute Stimme mit einem ärgerlichen Ton können ein Baby zum Weinen bringen.

„Das Baby liegt in den Armen der Mutter, die Mutter nähert sich dem Gesicht des Babys auf ca. 20 cm und blickt lächelnd in die Augen des Babys. Das Baby ist vollständig auf den Blick der Mutter konzentriert, nur das Schauen zählt, so als ob es die Mutter noch näher zu sich ziehen wollte. Als sich die Mutter langsam nähert, wird ihr Lächeln breiter und sie berührt mit ihrer Nase sanft die Nase des Babys. Das Baby blickt gebannt in die Augen der Mutter und öffnet seinen Mund erwartungsvoll, dabei greift es nach der Kette der Mutter und hält sie fest. Sobald die Nase der Mutter das Baby berührt, wird das Lächeln des Babys breiter, es öffnet den Mund und gibt ein beglücktes „Oh" als Antwort. Auch das Lächeln der Mutter wird breiter, ihre Augen leuchten vor Glück. Während der Kopf der Mutter langsam zurückgeht, lässt das Baby die Kette der Mutter los und blickt sie weiter erwartungsvoll an. Es ist eine Spannung voller Erwartung, fast wie eine Aufforderung, dass sich die Mutter noch einmal nähern soll. Die Mutter wartet ein bisschen, am Höhepunkt der Spannung kommt sie langsam wieder näher und reibt ihre Nase zwei Mal an der des Babys, dieses „antwortet" mit jeweils einem „Oh, Oh"-Laut. Dann geht der Kopf der Mutter wieder zurück, sie beugt sich vor, küsst das Baby auf die Stirn und schaukelt es, wobei sie es fest an sich drückt und in ihren Armen wiegt und ein Lied summt." (Beschreibung einer Sequenz des BBC Videofilm: „Talking Cure" über Infant Observation).

Diese kleine Szene dauert nicht einmal zwei Minuten und zeigt einen intensiven, befriedigenden Dialog zwischen Mutter und Baby mit einer Aufwärmphase, einer dramatischen Entwicklung, einem Höhepunkt und einem Ende. Mutter und Baby sind in Harmonie mit einander. Daniel Stern hat den Begriff „in tune" dafür geprägt – in Harmonie sein. Es bedarf fast einer Videoanalyse, um die unzähligen Botschaften zu erkennen, die zwischen Mutter und Baby ausgetauscht werden. Wichtig ist die positive Spannung, die dabei entsteht, ein Gefühl des Verstandenseins und des wechselseitigen Anerkanntwerdens. Als die Mutter über ihr Gefühl befragt wird, sagt sie: „Immer, wenn er mich so anlächelt, sprüht ein Feuerwerk vor Freude in meinem Bauch."

Schon erstaunlich früh kann das Baby seine Liebe ausdrücken, wenn es die Brust der Mutter streichelt, ihren Pullover festhält, ihr über das Gesicht fährt. Um in Harmonie mit dem Säugling zu kommen, ist es wichtig, ihn behutsam anzufassen und ihm Zeit zu geben, sich auf den Blick, die Bewegung einzustellen. Rasche Bewegungen, schrille Laute, rasche Änderungen kann ein Säugling noch nicht nachvollziehen. Rasche, heftige Bewegungen, die es dem Säugling nicht gestatten zu reagieren, verweisen auf heftige Gefühle der Erwachsenen, die damit vielleicht ihr Gefühl, ausgeschlossen oder verdrängt zu werden, ausdrücken.

Psychische Entwicklung

Wenn ich in dieser frühen Phase von der psychischen Entwicklung des Säuglings spreche, gehe ich davon aus, dass die mentalen Operationen nach dem

Modell der körperlichen Funktionen geformt werden. Am Beginn des Lebens steht ein ständiges Hin und Her zwischen Zuständen der Desintegration und ersten Integrationserfahrungen. Die erste Strukturbildung der Persönlichkeit des Neugeborenen liegt in den ersten guten und schlechten Erfahrungen, durch die seine Angst vermindert oder gesteigert wird. Die erste gelungene Vereinigung besteht zwischen dem Mund des Babys und der Brustwarze (oder dem Sauger der Flasche). Bion geht von der emotionalen Erwartung der Brust (Präkonzeption) aus, die sich mit jeder realen Erfahrung immer stärker zu einer ersten Konzeption verfestigt. Dies ist mit dem Erlebnis der Befriedigung verknüpft. Beim Saugen ist der gesamte Organismus des Babys einbezogen, es ist auch durch einen Blickkontakt mit der Mutter verbunden und versucht, sich an der Kleidung der Mutter oder an ihrer Hand festzuhalten, so dass alle Sinne einbezogen sind. Verbunden ist das Saugen mit einer Erleichterung und einer Befriedigung des Hungergefühls, das heißt eines Mangels, den es erst seit der Geburt ertragen muss. Es saugt Befriedung, Liebe und Geborgenheit ein, und wir nehmen an, dass es auch psychisch mit der Milch diese Liebe und Befriedigung aufnimmt.

Wenn es dagegen unangenehme Gefühle wie Hunger, Langeweile oder Einsamkeit verspürt, versucht es, diese loszuwerden, indem es strampelt und schreit, um diese Unlust aus seinem Körper herauszubringen, und es sendet zugleich auch Zeichen als Kommunikation aus. Freud hat das Zappeln und Schreien des Säuglings mit der halluzinatorischen Wunscherfüllung in Verbindung gebracht, durch die der Säugling seiner zunehmenden Spannung zu entkommen versucht. Es hängt nun sehr davon ab, wie die Umwelt auf diese Mitteilung des Säuglings reagiert, ob seine Botschaft ankommt. Ist die Mutter in der Lage, die Gefühle des Säuglings aufzunehmen und zu verstehen, so wird sie zum Behälter seiner ihn überwältigenden Gefühle und Ängste. Hat sie den inneren Raum, um darüber nachzudenken, diese Ängste gleichsam psychisch zu verdauen und diese dem Säugling in modifizierter Form zurückzugeben, so nimmt der Säugling nicht nur die Mutter, die sich ihm zuwendet, in sich auf, sondern auch ihre Art, Gefühle zu verdauen, zu benennen und mit ihm zu kommunizieren. Bion bezeichnet dieses Modell der Kommunikation als „container", d. h. Behälter für die Gefühle des Babys (Bion 1962).

Wie eng die Verbindung zwischen körperlichen Entwicklungen und emotionalem Erleben ist, zeigt sich in jeder Phase der körperlichen Veränderung, wie der Pubertät, der Schwangerschaft, der Menopause, des Alterns. Eine vom Willen der Person nicht beeinflussbare körperliche Veränderung bringt uns mit diesen ersten, archaischen Gefühlen in Verbindung, die eine tiefe Verunsicherung und Bedrohung aufsteigen lassen. Je stabiler die inneren guten Objekte sind, desto eher können wir uns diesen Prozessen überlassen, ohne dagegen anzukämpfen. In der Pubertät löst die sexuelle körperliche Reifung, die ohne Zustimmung der Person gleichsam als eine über den Jugendlichen hereinbrechende Veränderung geschieht, Verunsicherung und Angst aus. Auch die Angst vor dem Altern und davor, ein Pflegefall zu werden, kommt daher, dass man die erreichte Unabhängigkeit – bei der Nahrungsaufnahme, den Ausscheidungsvorgängen, der Körperpflege usw. – wieder abgeben muss und in eine hilflose Position wie ein Säugling zurückgestoßen wird (Teising 2000, 7).

Persönlichkeit des Babys

Wie die realen Eltern auf das Baby reagieren, ist von großer Bedeutung. Sind die Eltern in der Lage, ihr Baby als eigenständige Person zu sehen? Kann sich die Mutter als getrennte Person sehen, die sich dem Baby zuwendet, oder „verschmilzt" sie mit dem Baby, indem sie es mit sich herumträgt, es ihm nicht zutraut, sich auch alleine zu beruhigen oder einzuschlafen?

Der Aufbau einer Beziehung eines Säuglings zu seinen Eltern wird von deren Fähigkeit beeinflusst, den Säugling als einzigartiges Wesen mit einer eigenen Persönlichkeit und einem eigenen Schicksal wahrzunehmen. Peter Fonagy weist darauf hin, dass diese Fähigkeit der Eltern, ihr Neugeborenes zu sehen, einen wichtigen Faktor in der Entwicklung darstellt. Die Eltern fördern oder hindern seine Entwicklung, wenn sie dem Baby neben einer engen Verbundenheit von vornherein auch Raum für seine Eigenständigkeit geben oder es zu vereinnahmen versuchen. Ihre Phantasien über ihr Baby beeinflussen ihr Verhalten dem Kind gegenüber (Fonagy 1996). Ist es der Mutter nicht möglich, ihrem Baby ein Eigenleben zuzugestehen, so wirft das enorme Probleme auf.

Die Persönlichkeit und das Temperament sind bei jedem Baby von Geburt an verschieden. Etwa 50 % werden als „einfache Babys" bezeichnet, wenn sie maßvoll aktiv und anpassungsfähig sind. 25 % aller Babys fallen in die Kategorie zarter Gesundheit („delikate Babys") und 25 % gelten als robust (Thomas and Chess 1977). Brazelton betont, wie wichtig es ist, auf die Besonderheit jedes Babys einzugehen. Eine Mutter erzählt von ihrem ersten Kind, einer Tochter, die sehr sensibel war. Beim Trinken an der Brust war sie leicht abgelenkt. Jedes Geräusch veranlasste sie, das Saugen zu unterbrechen. Danach war es schwierig, sie zum Weitertrinken zu ermutigen. Es durften auch kein helles Licht oder viel Bewegung im Raum sein. Sie brauchte bei jedem Anlegen mehr als eine Stunde. Bei der Geburt ihres Sohnes, zwei Jahre danach, machte sich die Mutter Sorgen, wie sie das Stillen mit zwei Kindern schaffen sollte. Ihr kleiner Sohn war dagegen robust und durch nichts zu stören. Beim Trinken an der Brust ließ er sich weder durch Geräusche noch durch das Streicheln der Schwester auf seinem Kopf oder ihr Spielen ablenken. Er hatte die Brustwarze fest im Mund, legte immer wieder Pausen ein, war aber ständig mit den Augen in Blickkontakt mit der Mutter.

Die individuellen Unterschiede zwischen Babys sind ein wichtiger Faktor dafür, wie gut es gelingt, zwischen den Eltern und dem Baby eine Beziehung zu schaffen. Die ersten Wochen dienen dem Kennenlernen des Babys und dem Vergleich des imaginären Babys, das sich die Eltern während der Schwangerschaft vorgestellt haben, mit dem realen Baby, das sie nun in Händen halten. Glücklicherweise ist durch die Schwangerschaft die Fähigkeit der Eltern, sich auf ihr Baby einzulassen und es zu verstehen, besonders groß. Je mehr Eltern ermutigt werden, die Besonderheiten und die Antworten des Babys zu verstehen, desto stärker wird die frühe Beziehung sein. Doch jeder Elternteil hat Grenzen, wie er sein Baby verstehen kann. Sehr aktive und willensstarke Kinder können für energiegeladene Eltern eine Freude und Stolz sein, für eher sensible und ängstliche Eltern könnte dasselbe Kind bedrohlich sein, ihnen das Gefühl vermitteln, ihm nicht gewachsen zu sein. Ein stilles Baby, das langsam auf Zuwendung reagiert und mehr Zeit braucht, sich auf einen Blickkontakt einzulassen, mag für besorgte Eltern, die sich fragen könnten, ob mit ihrem Baby alles in Ordnung sei, ein Problem sein. Robuste Babys können auch bei unsicheren Müttern Zuversicht erwecken, wenn sie sich selbst einen Zugriff auf die Brustwarze verschaffen, sobald sie im Arm der Mutter liegen. Andere Babys bedürfen der geduldigen Hilfe der Mutter, um die Brustwarze festhalten zu können. Gewöhnlich dauert es einige Tage, bis Eltern und Baby einen vertrauten Umgang gefunden haben. Die Eltern können meist nach dem dritten Tag das Weinen ihres Babys von dem anderer unterscheiden. Für manche sensible Babys sind gleichzeitige Reize zu viel und bringen sie zum Weinen. Wenn sie visuellen Reizen ausgesetzt sind oder Geräusche hören, können sie nicht trinken. Es ist dann wichtig zu erkennen, dass dieses Baby sich in einem abgedunkelten Raum ohne zusätzliche Geräusche ganz auf das Trinken konzentrieren muss.

Wie gut es gelingt, eine adäquate Verständigung zwischen Eltern und Baby herzustellen, hängt also sowohl von der Persönlichkeit des Babys ab als auch davon, wie es von den Eltern behandelt wird. Behandeln die Eltern das Baby überwiegend einfühlsam und liebevoll oder kalt und ablehnend. Es spielt eine Rolle für die psychische Entwicklung der Persönlichkeit, wie es gefüttert, gepflegt, wie mit ihm gespielt und gesungen wird, wie die Eltern sein Weinen und seine Angst aufnehmen können. Anders wird sich ein Baby entwickeln, das überwiegend vernachlässigt wird, das sich als Bürde und Last der Eltern fühlt, dessen Weinen und Ängste mit Schreien der Eltern oder Weglegen beantwortet wird. Wie bereits weiter oben ausgeführt, kommt es immer zu Mischungen von einfühlsamen Eingehen und Überforderung der Eltern, es kommt darauf an, welche Haltung überwiegt im Sinn einer „zureichend guten Bemutterung" (good-enough mothering). Für die psychoanalytische Perspektive spielt aber nicht nur die emotionale Reaktion der Umwelt eine Rolle, sondern ebenso wichtig ist die Verarbeitung und Reaktion des Babys darauf, d. h. wie es auf die

Behandlung der Eltern reagiert. Eine berühmte englische Psychoanalytikerin beschreibt die unterschiedliche Reaktionen von Kindern: „Manche Säuglinge und kleine Kinder scheinen von ganz früh an auf jede Unterbrechung und Frustration mit großer Ängstlichkeit zu reagieren, andere scheinen Spannungen und Schwierigkeiten leichter zu tolerieren; andere werden schnell ärgerlich explodieren, andere sind geduldiger, manche werden sich darin fügen und sich zurückziehen" (Joseph 2001). Diese Reaktionen sind deshalb unterschiedlich, weil die Kinder Ereignisse unterschiedlich erleben. So kann das Wartenmüssen für ein Kind eine unerträgliche Frustration sein, die es wütend macht, dasselbe Warten kann von einem eher phlegmatischen Kind ohne Probleme ertragen werden. Wichtig zu verstehen ist aber, dass diese unterschiedliche Erfahrung auch das Bild, das sich das Kind von den Eltern macht, beeinflusst und deshalb zu unterschiedlichen „inneren Objekten" als innere Bilder der Eltern führt. Das innere Bild der Eltern wird daher nicht nur von den realen Handlungen der Eltern, sondern ebenso von den gefühlsmäßigen Reaktionen des Kindes darauf gefärbt. Das wütend reagierende Kind kann die Mutter, die es warten lässt, als grausam und kalt erleben, während das tolerante Baby dieselbe Verhaltensweise noch als freundlich einschätzt, wenn es später aufgenommen und gehalten wird.

Es wird viel darüber nachgedacht, welche Veranlagungen dazu führen, dass frühe Störungen im Säugling entstehen, wie etwa Autismus, wo es zu einem totalen Rückzug von der Welt kommt, oder psychotische Störungen mit Wahnvorstellungen und einer Sicht der Welt als feindlich und destruktiv. Wir nehmen heute an, dass es eine biologische Disposition gibt für grosse Ängstlichkeit, massiven Neid und Destruktivität, wo Verzweiflung, Hass und Gewalt gegen jede Art von Verbindungen vorherrscht, gemischt mit großer Verletzlichkeit und einem Kontrollbedürfnis. Alles, was nicht exakt den Wünschen entspricht, wird als ungerechte Zurückweisung empfunden. Ergänzend dazu vermutet man auch eine ungünstige Umwelt, Eltern, die die besondere Sensibilität und Verletzlichkeit des Babys gemischt mit Kontrollbedürfnis nicht verstehen oder es zurückweisen, sowie ein Unvermögen, die in die Mutter projizierten Gefühle des Babys aufzunehmen (vgl. Bion 1959, Riesenberg-Malcom 2001).

Thomas Mann hat in seinem Roman „Buddenbrooks" (1930) in einfühlsamer Weise gezeigt, wie die enttäuschten Erwartungen des Vaters, Thomas Buddenbrook, seinem Sohn Hanno gegenüber zu einer Vergiftung der Vater-Sohn-Beziehung führen. Der heiß ersehnte männliche Nachfolger, Hanno, soll aktiv und unternehmungsfreudig und nicht zart und sensitiv sein. Im siebenten Kapitel lesen wir: „Thomas Buddenbrook war in seinem Herzen nicht einverstanden mit dem Wesen und der Entwicklung des kleinen Johann." Die Sensitivität und Musikalität, die Johann von seiner Mutter Gerda geerbt hat, ist dem Vater ein Dorn im Auge. Es entfremdet ihm seinem Sohn, wie eine feindliche Macht, der das Gegenteil eines starken und praktisch gesinnten Mannes darstellt, mit kräftigen Taten nach außen, nach Macht und Eroberung strebend. Die Versuche des Vaters, gegen diese fremde Macht zu kämpfen, den kleinen Sohn als „Kamerad" anzusprechen, ihn beim Essen kleinen Prüfungen zu unterziehen, um ihn härter zu machen, schlagen fehl. Hanno reagiert mit einem schmerzlichen Sichzusammenziehen, einem scheuen Blick, der nicht einmal das Gesicht des Vaters erreicht, stumm bleibt und zu weinen beginnt. „Grenzt sein träumerisches Wesen", so fragt sich der Vater, „nicht manchmal geradezu an Unzurechnungsfähigkeit?" (Mann, 1930, 501). Gottschalch weist in seiner Analyse der Vater-Sohn Beziehung darauf hin, dass Thomas Buddenbrook in Hanno seine eigenen Schwächen, die er nicht wahrhaben will, weil sie eine Gefahr für ihn darstellen, projiziert (Gottschalch, 1977, 135).

Füttern: Stillen oder Fläschchen?

Das Stillen des Babys kann für Mutter und Baby eine so intensive lustvolle Erfahrung besonderer Qualität sein, dass man von einem „Still-Paar" spricht. Auch körperlich sind Mutter und Baby beim Trinken an der Brust eng aufeinander bezogen. Es ist wichtig, das Stillen nicht nur als Kontakt zwischen Mund und Brustwarze zu sehen, sondern als ein Berühren der Haut – dem frühesten und sensitivste Organ –, das Montagu (1980) als „Seele der Haut" bezeichnet. Die Muttermilch ist das ideale Nahrungsmittel für das Baby, kein Baby ist allergisch gegen Muttermilch. Muttermilch hat viele Vorzüge, das Mengenverhältnis von Eiweiß und Zucker sind genau richtig, sie ist angereichert mit Antikörpern, die nach der Geburt das Immunsystem des Babys stärken. Stillen setzt also die Infektionsgefahr herab. Die Muttermilch kann vom Baby fast vollkommen verdaut werden, sodass es nicht unbedingt jeden Tag Stuhlgang haben muss. Flaschenkinder haben gewöhnlich jeden Tag Stuhl. Schon die Vormilch der ersten beiden Tage nach der Geburt, das Kolestrum, und die Erstmilch, die etwa acht Tage dauert, passt optimal für den Verdauungsapparat des Babys: Sie sind so abgestimmt, dass der Säugling allmählich imstande ist, mit diesen Substanzen – vor allem den Eiweißkörpern – fertig zu werden. Wie eng die körperliche Reaktion der Mutter und des Säuglings verbunden sind, zeigt der *Einschießreflex (let-down reflex)*. Wenn das Kind zu saugen beginnt, löst die Berührung der Haut der Mutter Nerven-Impulse aus, die über die Nervenbahnen zur Hirnanhangsdrüse (Hypophyse) gelangen, die ihrerseits ein Hormon (Oxytocin) in den Blutstrom ausschüttet. Wenn das Hormon die Drüsenstruktur der Brust erreicht, die Zellen stimuliert, die die Blasen und Milchgänge umgeben, dehnen sich die Gänge aus. Das bewirkt ein stärkeres Fließen der Milch in die Hohlräume hinter der Brustwarze, etwa dreißig bis neunzig Sekunden, nachdem das

Kind zu saugen begann. Dasselbe Hormon sorgt auch für das Zusammenziehen der Gebärmutter und damit zu einer rascheren Wiederherstellung des normalen Zustandes. Durch das Hypophysenhormon Prolaktin, das die Milchsekretion stimuliert, werden möglicherweise auch Gefühle rezeptiver Passivität und Zufriedenheit geweckt (Lidz 1974, 195f). Viele Mütter berichten von einem besonderen Glücksgefühl beim Stillen des Babys, das durchaus die Qualität einer Lustempfindung hat. Auch das Baby scheint große Befriedigung zu empfinden. Wer das verzückte Lächeln eines gestillten, eingeschlafenen Säuglings sieht, kann das Bild unschwer mit der entspannten sexuellen Befriedigung in Verbindung setzen.

Das Trinken an der Brust erfordert vom Baby ein stärkeres Saugen, das die Muskulatur des Mundes stärkt, mit einer stärkere Anstrengung verbunden ist, die zu einer tieferen Befriedigung und Entspannung beim Sattsein führt. Brustkinder haben später meist eine deutliche Aussprache, da ihre Muskeln in der Mundregion gut entwickelt sind.

Soweit zur Beschreibung der äußeren Realität und der körperlichen Phänomene des Stillens.

Liest man die Beschreibung der physiologischen Entsprechung der Bedürfnisse des Babys beim Trinken an der Brust und den Möglichkeiten der Mutter, die Muttermilch anbieten zu können, so wirkt es wie eine ideale Abstimmung. Darüber hinaus produziert die Mutter die Muttermilch in ihrem Körper, sie ist immer in der idealen Temperatur, die Zusammensetzung ist optimal, sie ist praktisch und kann überall verabreicht werden ohne jegliche Hilfsmittel. Alles scheint simpel und eindeutig positiv. All diese Beschreibungen klingen fast wie ein Werbetext, alles scheint von der Natur zum Besten eingerichtet zu sein.

Ob es jedoch zu einem gelungenen Aufeinander-Bezogensein von Mutter und Baby beim Stillen kommt, hängt von der emotionalen Situation der Mutter ab. Wir dürfen nicht vergessen, dass die Beziehung zum Baby von ihren eigenen frühkindlichen Erfahrungen gefärbt ist. Es gilt zu verstehen, dass auch bei einem tiefen Wunsch, das Baby zu stillen, immer bewusst oder unbewusst Ängste mitschwingen. Die bewussten Ängste betreffen die Frage:

– Werde ich genug Milch haben oder wird mein Baby verhungern?
– Wird meine Milch gut und nahrhaft sein oder zu dünn oder giftig?

Die eher unbewussten Ängste betreffen die phantasierte Aggressivität des Babys, wie:

– Wird mich das Baby aussaugen?
– Bin ich noch eine Frau, wenn ich stille?
– Wird mich das Baby beißen, mir weh tun?
– Wird mir das Stillen körperlich oder geistig schaden?

Das Grundthema dieser Ängste besteht in der bangen Frage der Mutter: Ist das Gute in mir so stark, dass ich das Baby nähren und am Leben halten kann, oder dominiert das Böse, Rivalisierende, sodass das Baby verhungert, nicht genug bekommt oder gar vergiftet wird? Dem Baby werden (meist unbewusst) all jene aggressiven Gefühle zugeschrieben, welche die Mutter ihrer Mutter gegenüber hatte, wenn sie ihr alle geheimen Schätze in ihrem Körper wegnehmen wollte. Nur in den seltensten Fällen gelingt das Stillen beim ersten Baby ohne Probleme. Der physische und emotionale Kontakt zwischen Mutter und Baby kann bereichernd sein; andererseits bedeutet es auch, dass der Körper der Mutter nicht ihr allein gehört, dass sie beim Essen, Trinken oder Rauchen auch an das Baby denken muss, wie während der Schwangerschaft. Sie ist einerseits freier, mit dem Baby wegzugehen, weil sie die Nahrung immer dabei hat, andererseits ist sie stärker gebunden, weil sie das Baby braucht, um ihre Brust zu leeren. Um mit all diesen widersprüchlichen Gefühlen umgehen zu können, brauchen die jungen Mütter eine Hilfestellung und Ermutigung von Seiten der Hebamme, der Kinderschwester, des Kinderarztes und ihres Mannes. Die emotionale Unterstützung durch den Vater des Kindes spielt eine große Rolle. Kann der Vater seinem Kind eine so intensive und ihn ausschließende Beziehung zur Mutter gönnen? Kann er seine Rivalität und seinen Neid zugunsten der Liebe zu seinem Kind in Grenzen halten? Kann er seine Frau weiterhin als sexuell interessante Partnerin begehren oder fürchtet er sich vor den milchgebenden Brüsten? Wie bei der Familie von Max sichtbar wurde, hat der Vater von Max das Stillen seiner Frau sehr unterstützen können, weil seine Frau für ihn dadurch noch begehrenswerter geworden ist. Die Reaktion des Vater stellt eine förderliche, unterstützende oder eine erschwerende Komponente dar.

Man darf auch nicht dem Irrtum erliegen zu meinen, jedes „Still-Paar" sei ein glückliches Paar, das keine Probleme habe. Wenn wir beobachten, wie das Baby gestillt wird, können wir Einblick in die Beziehung zwischen Mutter und Kind erhalten. Wie hält die Mutter das Baby? Sicher, ruhig und fest oder unsicher wie ein rohes Ei, das sie fallen lassen könnte? Hat die Mutter beim Stillen Blickkontakt mit dem Säugling oder ist sie mit anderen Dingen oder Gedanken beschäftigt? Berührt die Mutter das Baby, streichelt sie es und spricht leise mit ihm oder wendet sie sich emotional ab? Wie legt die Mutter das Baby an? Auch beim Stillen spielt die Haltung der Mutter eine ebenso große Rolle wie das Temperament des Babys: Ist das Baby ein guter Trinker, findet es selbständig die Brustwarze und stellt einen festen Kontakt her oder ist es eher ein kraftlos saugendes Baby, das immer wieder die Brustwarze verliert? Auch beim Stillen kommt es darauf an, ob es Mutter und Baby gelingt, einander kennenzulernen und eine gemeinsame Form des Stillens zu entwickeln und auftretende Krisen gemeinsam zu bewältigen. Die Angebote von Stillgruppen sind sehr hilfreich. Auch praktische Hinweise, wie sie Brazelton (1992) gibt, wie etwa, dass das Stillen nicht mehr als 20 Minuten dauern soll und dass manche Kinder so rasch trinken, dass sie in ein paar Minuten satt sind, können zu einer Minderung der Angst beitragen.

Wenn ein Stillen aus verschiedenen Gründen nicht möglich ist, kann das Füttern mit dem Fläschchen erfolgen. Wichtiger als die Frage: Brust oder Flasche ist das emotionale Eingehen der Mutter auf das Baby. Es ist wichtig, das Baby beim Füttern im Arm zu halten und Anteil zu nehmen, da es nicht nur Milch, sondern auch die Liebe der Mutter aufnimmt. Ein gut und stabil gehaltenes Baby kann auch beim Füttern mit der Flasche mit der Nahrung Liebe und Geborgenheit aufnehmen. Ein Stillen oder Füttern ohne emotionalen Kontakt wird dem Baby eine flache emotionale Qualität der Beziehung vermitteln. Es geht aber nicht darum, ob eine Mutter manchmal während des Stillens mit etwas anderem beschäftigt ist, sondern um die grundlegende Qualität der Beziehung einer „zureichend-guten Mutter", bei der die positiven Erfahrungen überwiegen.

Eine Beobachtung einer Szene einer stillenden Mutter mit ihrem zweiten Sohn, der 25 Tage alt ist:

„Clemens liegt auf dem Bauch und beginnt, die Füße gegen den Bauch zu ziehen. Als er zu raunzen anfängt, nimmt ihn die Mutter heraus und meint, er sei wahrscheinlich noch hungrig, weil er nicht so viel getrunken habe. Sie setzt sich auf eine Matratze und legt ihn an der linken Seite an. Er hat die Augen noch geschlossen, die Mutter legt ihn halb gedreht in ihre Armbeuge und hilft ihm mit der Hand sachte, die Brustwarze in den Mund zu nehmen. Er liegt ganz ruhig, als ob er noch schlafen würde, trinkt aber mit kräftigen, regelmäßigen Saugbewegungen. Sein kleines Gesicht entspannt sich, er ist ganz aufs Saugen konzentriert. Manchmal entstehen schmatzende Geräusche, wenn er Luft schluckt. Die Mutter bemerkt, dass sie die Zeit ausnützt, während der ältere Bruder schläft, da kann sie sich ganz um Clemens kümmern. Die Mutter beugt sich über ihn, sodass ihre langen Haare ihn wie eine Bild umrahmen, sie blickt ihn zärtlich an, murmelt leise, ob es ihm schmeckt, ob er doch noch hungrig war. Als er nicht mehr trinkt, legt sie ihn über ihre Schulter, wo er den Kopf auf die Schulter legt und weiter schläft. Als er sich zu bewegen beginnt und wieder raunzt, legt sie ihn noch einmal links an. Er trinkt und drückt gleichzeitig. ‚Wenn es nicht oben herauskommt, dann unten', meint die Mutter. ‚Man hört es ganz laut', sagt sie und lacht dabei. Er trinkt und schläft mit der Brustwarze im Mund ein, er wirkt verträumt und satt. Die Mutter lässt ihn, streichelt ihn sanft mit einem Finger über die Wange, ist mit dem Kopf über ihn gebeugt und schaut ihn bewundernd an."

In dieser Szene sehen wir Mutter und Baby in einer Liebesszene, bei der die Nahrungsaufnahme fast in den Hintergrund tritt. Die Mutter kann Clemens während des Tages nicht so viel Aufmerksamkeit schenken, wie sie möchte, da sie sich auch um ihren älteren Sohn kümmern muss, der sehr eifersüchtig und weinerlich ist. Deshalb, so erzählte sie, benütze sie die Zeit während des Mittagsschlafes des Großen und die Zeit am Abend, um sich ganz Clemens zu widmen. Clemens scheint gar nicht ganz aufzuwachen, es ist so, als ob sein Traum von der Brust durch eine reale Erfahrung mit der Brust einfach weitergehen würde. Die Haare der Mutter hüllen ihn ganz ein, ihre sanfte Stimme und ihr Finger auf seiner Wange beruhigen ihn.

Die Qualität der Beziehung zwischen der Mutter und dem Baby kann trotz Stillen distanziert und unverbunden sein. Dazu eine Szene einer Beobachtung von Michael:

Die Mutter erzählt der Beobachterin, dass sie sich, obwohl sie vereinbart hatte, dass sich ihr Mann am Wochenende um ihn kümmert, jede Nacht um Michael kümmern muss, weil ihr Mann ein neues Geschäft aufmacht. Sie nimmt Michael aus dem Korb, obwohl er noch sehr verschlafen ist und kaum einen Ton von sich gegeben hat.

„Du kannst noch warten, bis ich den Fernseher umgestellt habe.' Sie nahm ein Handtuch. Michael hatte zu weinen aufgehört, als sie aufgestanden war, und nahm hungrig ihre Brust, als sie sie ihm anbot. Er saugte einige Minuten eifrig, hing wie eine Klette an ihr. Die Mutter starrte ihn ausdruckslos an und sagte dann, dass sie froh sei, einen Videorecorder zu haben, da das Fernsehen um Mitternacht aufhört, mit dem Video kann sie auch in der Nacht fernsehen ... Sie sagte, es war nett während der Ferien, als alle Michael herumtragen wollten ... Sie sah wieder fern, dann setzte sie Michael auf ihre Knie, drehte ihn um und klopfte ihn auf den Rücken, während sie weiter auf den Bildschirm schaute. Sein Kopf rollte auf eine Seite, und er nickte ein" (Rustin 1989, 16).

Das Stillen erfolgt bei Michael fast maschinell, die Mutter kann sich nicht auf Michael konzentrieren, sie wirkt deprimiert, überfordert und erschöpft. Sie beklagt sich über ihren Mann, der sie zu wenig unterstützt. Sie scheint ihr Bedürfnis fernzusehen als Konkurrenz zu Michaels Bedürfnis, gefüttert zu werden, aufzufassen. Es wirkt, als ob sie selbst jemand brauche, der sich um sie kümmert. Sie scheint den Kontakt zu ihren inneren Bild einer liebenden Mutter verloren zu haben. Michael hängt an ihr wie eine Klette, sie lässt es über sich ergehen, dass er saugt. Sie scheint an der Grenze ihrer Belastbarkeit zu sein.

Um zu verstehen, welche tiefgreifende Auswirkung eine emotional kaum erreichbare Mutter auf die Entwicklung der Persönlichkeit des Babys und seine Körperwahrnehmung haben kann, möchte ich eine Sequenz einer Analyse beschreiben, die eine ähnliche Qualität zeigt. Michael kann vermutlich keinen emotional sicheren Kontakt zu seiner überforderten und depressiven Mutter herstellen, aber er wird körperlich gut versorgt und lebt in einem geregelten familiären System. Da uns keine weiteren Beobachtungen von Michaels Entwicklung zur Verfügung stehen, sind wir auf Vermutungen angewiesen. Vielleicht wird er sich als Erwachsener unsicher fühlen und nicht wissen, wer er ist, ob sein Körper wirklich zu ihm gehört – also eine tiefe Verunsicherung, für die es scheinbar keinen Grund gibt, da seine äußere Versorgung und Pfege ausreichend zu sein schien. Es ist etwas Diffuses, was schwer zu fassen ist.

Dieser Verweis soll nicht dazu dienen, Müttern ein schlechtes Gewissen zu machen, wenn sie sich nicht immer voll und ganz dem Baby widmen können. Das wäre ein Missverständnis. Es geht bei dem Beispiel nicht darum, eine Beziehung zu einer Mutter darzustellen, die manchmal unerreichbar ist, sondern ein Baby zu verstehen, das sich nie oder fast nie angenommen gefühlt hat und keinen emotionalen Kontakt zur Mutter oder einer anderen Person herstellen konnte. Gleichzeitig soll betont werden, wie wichtig es ist, jungen Müttern im ersten Jahr zu helfen, mit den neuen Aufgaben vertraut zu werden, und nicht zu übersehen, dass viele junge Mütter emotional überfordert und daher weniger kontaktfähig sind.

Die Patientin P. kam wegen Panikattacken in die Therapie. Ihre Mutter war nach ihrer Geburt deprimiert gewesen, sie hatte sich Sorgen gemacht, dass mit ihrem Baby etwas Grundlegendes nicht stimmen könnte (sie dachte an ein Down Syndrom), weil es viel mehr schlief als ihre ältere Tochter. Die Patientin begann in Lauf der Analyse zu bemerken, wie unsicher sie oft war, ob sie es war, an die sich jemand wendete. Sie erzählte von einem Gespräch mit ihrem Chef: „Mein Chef kam zu mir und begann mit mir ein Gespräch über die Fachhochschule. Ich bemerkte, dass ich sofort annahm, er wolle gar nicht mit mir sprechen, sondern lieber mit der neuen Kollegin. Erst als mir das klar war, bemerkte ich, dass ich unaufmerksam und geistesabwesend gewesen war und immer zu der neuen Kollegen hinübergeschaut hatte. Er sprach ganz angeregt mit mir. Erst als ich mir dachte, dass er nicht mit mir reden würde, wenn er nicht wollte, konnte ich das Gespräch für mich nützen".

Diese kurze Szene zeigt nicht nur die tiefe Überzeugung der Patientin, sie könne nicht gemeint sein, ihr könne die Aufmerksamkeit nicht gelten, sondern auch den unbewussten inneren Mechanismus, den sie zu bemerken begonnen hatte. Sie selbst benahm sich so, dass ihre Befürchtung wahr werden sollte, um dies dann als Beweis zu verstehen, dass wirklich niemand an ihr interessiert sein könnte. In dem Moment, als ihr das bewusst wurde, konnte sie das Gespräch für sich nutzen, d. h. die Hoffnung haben, der Chef wolle wirklich mit ihr sprechen. Auch in der Analyse war sie immer ängstlich, ob ich wirklich zuhöre, ihr wirklich meine Aufmerksamkeit schenken konnte. Es bedurfte sechs Monate, um diese Angst deutlich zu machen, so dass sie sich erst dann entschließen konnte, sich auf die Couch zu legen. Als sie dann den Mut aufgebracht hatte, sich hinzulegen, spürte sie ihre Angst, nicht zu wissen, ob ich wirklich zuhörte, weil sie mein Gesicht, meine Miene und mein Reagieren auf ihre Erzählung nicht überprüfen konnte – wie ein Baby, das immer auf der Hut sein muss, dass es die Aufmerksamkeit der physisch anwesenden Mutter nicht verliert, die von ihren eigenen Gedanken, Sorgen und Ängsten beansprucht wird. Sie berichtete auch von einem gestörten Körpergefühl: „Oft renne ich an Gegenstände an, habe eine schlechte Koordination mit meinem Körper oder weiß gar nicht, wann ich hungrig bin." Sie war zehn Jahre lang Leistungsturnerin, um ihren Körper mehr zu spüren, bemerkte aber erst in der Analyse, dass sie langsam ein Gefühl für sich, für ihren Körper, für ihre Körpergrenzen entwickelte und sexuell empfindsam und genussfähig wurde. Als sie mit ihrer Mutter über ihre mangelnde sexuelle Lust sprach, empfahl ihr die Mutter, halt von Zeit zu Zeit so zu tun, als ob sie Lust hätte, damit der Freund sie nicht verlasse.

Ratschläge von Kinderärzten können beruhigend wirken, wenn sie Hinweise geben, wie die Mutter erkennen kann, dass ihr Baby genug Nahrung bekommen hat, wie es richtig zum Aufstoßen gehalten wird etc. Früher galt eine starre Vier-Stunden-Regel beim Füttern, von der man ganz abgegangen ist, da Kinder ihren eigenen Rhythmus entwickeln: Das Problem beim Füttern nach den Bedürfnissen des Babys hat sich nun auf einen anderen Bereich verlagert. Manche Mütter wissen nun nicht mehr, welches Weinen auf Hunger und welches Weinen auf andere Bedürfnisse zurückzuführen ist. Oft wird dem Baby die Brust angeboten, obwohl es erst vor einer Stunde getrunken hat und durch sein lustloses Herumspielen zeigt, dass es noch gar nicht hungrig ist. So mag es hilfreich sein, als Orientierungshilfe zu hören, dass etwa 2–3 Stunden zwischen den Fütterungen liegen sollen und ein Baby von sechs Wochen mit etwa sechs Mahlzeiten pro Tag auskommt. Es wird auch geraten, das Baby vor dem Schlafengehen der Eltern noch einmal aufzuwecken und zu füttern, um es an eine längere Nachtruhe zu gewöhnen (vgl. Brazelton 1992).

Schlafen und Einschlafen

Eine große Aufgabe der Eltern besteht darin, dem Baby zu helfen, mit seinen verschiedenen Bewusstseinszuständen umzugehen. Können die Eltern ihrem Baby zutrauen, selbst einzuschlafen, sich selbst zu beruhigen. Sicherlich spielt dabei das Temperament des Babys eine große Rolle. Manche Babys haben weniger Schwierigkeiten, vom Zustand des Wachseins oder vom quengeligen Wachzustand in den Schlaf zu sinken. Oft sind jedoch weniger die Temperamentszustände der Babys von Bedeutung als die unterschiedliche Wahrnehmung einer bestimmten Verhaltensweise durch die Eltern und deren Reaktion. So kann ein Baby, das wimmert, unruhig wird, zappelt und wieder einige gequälte Laute von sich gibt, von manchen Eltern als müdes Baby gesehen werden, das Ruhe braucht, um einzuschlafen. Andere Eltern meinen, das Baby leidet, ist einsam, will herausgenommen und herumgetragen werden. Wenn das Baby aufgenommen wird, beruhigt es sich zunächst. Manche Babys schlafen auf dem Arm ein, andere werden rasch wieder unruhig. Ein müdes Baby herumzutragen ist oft der Beginn eines aufreibenden und unbefriedigenden Verhaltensmusters. Manche Babys schlafen wohl auf dem Arm ein, beginnen aber zu weinen, wenn sie ins Bett gelegt werden, sodass die Eltern meinen, sie müssten sie jetzt wieder herausnehmen – ein Zyklus, der sich einige Male wiederholen kann.

Der Wunsch, das Baby möge an der Brust oder im Arm einschlafen, entspricht der Phantasie des Säuglings, das harmonische Leben in der Gebärmutter fortzusetzen. Noch stärker als dem Wunsch des Babys entspricht das Einschlafen an der Brust dem Wunsch der Mutter, allmächtig zu sein, ihrem Baby eine idyllische, gute, nährende Welt zu schaffen. Dabei wird jedoch eine wichtige Aufgabe der Eltern außer acht gelassen, nämlich dem Baby zu helfen, seine eigenen Kräfte zu entwickeln. Es sind die Bewegungen der Mutter/des Vaters, die Arme, der Körper, die Wärme, die rhythmischen Bewegungen, die es zum Verlassen der aktiven Zeit in die Phase des Schlafes bringt. Brazelton (1992) meint, dass alle Kinder mehr oder weniger Probleme haben einzuschlafen. Der Daumen dagegen ist etwas, was sich das Baby selbst nehmen kann, um sich zu beruhigen.

Mit dem Herumtragen oder dem Einschlafen an der Brust wird eine Abhängigkeit geschaffen, die das Kind seiner Möglichkeit beraubt, sich selbst zu beruhigen, Zuversicht zu entwickeln, sodass es auch dann, wenn es in der Nacht aufwacht, alleine wieder einschlafen kann. Schläft es in seinem Bettchen ein, so ist dies bereits ein vertrauter Ort.

Der Schlafzyklus wechselt von Phasen des Tiefschlafs zu Phasen des leichten Schlafs oder REM-Schlafs (nach „rapid eye movements" – schnelle Augenbewegung), in denen man träumt. In diesem Zustand ist die Atmung unregelmäßig und flacher, das Baby macht Suchbewegungen, es zuckt zusammen oder wacht auf. Auch Erwachsene haben diese Schlafphasen in einem Rhythmus von vier Stunden und haben es gelernt, nach einem kurzen Aufwachen (an das man sich oft gar nicht erinnert) sich umzudrehen und wieder einzuschlafen. Von Fachleuten wird daher empfohlen, das Baby nach dem Füttern und Aufstoßen, wenn es ruhig geworden, aber noch wach ist, in den Stubenwagen oder in sein Gitterbett zu legen, bei ihm zu bleiben, ruhig zu sprechen oder zu singen. So wird die Umgebung für das Baby vertraut, und es findet sich in der Nacht eher zurecht.

Dem Baby zu helfen, diese kleine Frustration von der Brust weg ins eigene Bett auszuhalten, ist nach dem Füttern am günstigsten, weil das Baby befriedigt ist und mit der Milch auch die gute Erfahrung der Wärme und Zuwendung aufgenommen hat. Allerdings erfordert es von der Mutter die Bereitschaft, immer wieder diese beglückende und befriedigende Situation zu beenden und dem Baby selbständig das Einschlafen zu ermöglichen. Bei Säuglingen, die nur an der Brust einschlafen können, sind es meist die Mütter, für die diese kleine

Trennung unerträglich schmerzlich ist. „Ich halte es nicht aus, wenn das Baby weint", lautet die Begründung. Es ist also weniger die Angst, dass das Baby nach der Befriedigung diese Frustration nicht ertragen kann, sondern der Mutter fällt es schwer, diese intensive Nähe aufzugeben, obwohl sie weiß, dass sie diese in ca. 4 Stunden beim nächsten Stillen wieder herstellen kann. Bei diesen Mini-Trennungen ist die Hilfe des Vaters von großer Bedeutung. Kann er seine Frau oder Partnerin ermutigen, das Baby ein bisschen loszulassen?

Es gibt sicherlich individuelle Unterschiede, robuste Babys, die Frustration besser ertragen und sich selbst beruhigen können, und sensible Babys, die Frustration nur schwer aushalten. Aber gerade für diese Babys kann es verhängnisvoll sein, wenn die Mutter meint, ihm jede Frustration ersparen zu müssen, weil es dann noch schwerer Zuversicht in die eigenen Fähigkeiten entwickelt. Eine Mutter, die meint, ihr Baby stundenlang zum Einschlafen herumtragen zu müssen, kann tatsächlich selbst bald mit ihren Nerven am Ende sein, weil sie keine Zeit für sich hat. Eine Mutter, die sich wenigstens kurz Zeit für sich nimmt, kann sich wieder auf das Baby freuen. Mütter, die sich ihre positiven und negativen Gefühle dem Kind gegenüber eingestehen und darüber mit ihrem Mann sprechen können, finden das Weinen ihres Babys gewöhnlich erträglicher als Mütter, die sich ihre aggressiven Gefühle dem Baby gegenüber nicht eingestehen können. Das Weinen wird dann unbewusst so verstanden, als ob die Überforderung, die Frustration und Wut über die Anforderungen des Babys dieses bereits verletzt hätte. Jedes Weinen wird dann zu einem Vorwurf, keine gute Mutter zu sein (vgl. Daws 1989).

Eine „zureichend-gute Mutter" kann die positiven und anstrengenden Aspekte des Babys sehen und weiß, dass auch das Baby die Grenzen der Eltern akzeptieren und die Frustration in kleinen Dosen verdauen lernen kann. Die Befriedigung und der Ansporn für alle Betroffenen sind enorm groß, wenn es den Eltern gelingt, ihr Baby alleine einschlafen zu lassen. Es wächst die Zuversicht, dass es auch für einige Zeit ohne Vater/Mutter auskommen bzw. langsam ein inneres Bild einer guten Mutter entwickeln kann, ohne der permanenten physischen Präsenz der Mutter zu bedürfen. Auch für die Eltern ist es beruhigend zu wissen, dass sie ihrem Baby bereits so viel mitgegeben haben, dass sie auch wieder Zeit für einander haben können.

Es ist wichtig zu wissen, dass die meisten Babys in der Zeit von der 3.–12. Woche am Ende des Tags für ca. 1–1$\frac{1}{2}$ Stunden quengelig werden. 85 % der Babys sind da nur kurz durch Herumtragen, Füttern, Spielen und andere Ablenkungen zu beruhigen. Brazeltons Empfehlungen lauten:

„Ich rate Folgendes: Gehen sie zu ihrem Baby. Probieren sie sämtliche Kniffe aus, die sie kennen, um festzustellen, ob es irgend etwas braucht. Nehmen sie es hoch und tragen sie es umher... Geben Sie ihm warmes Wasser, damit es die Luft loswerden kann, die sich im Magen angesammelt hat. Aber tun sie nicht zu viel ... Überprüfen Sie, ob es auf ihre Besänftigungsversuche reagiert, oder überlassen Sie es gleich sich selbst. Die Quengelphase dauert normalerweise ein bis zwei Stunden, doch daraus kann leicht ein Martyrium von vier bis sechs Stunden werden, falls die Eltern zu ängstlich sind und das ohnehin überlastete kindliche Nervensystem mit ihren Hantierungen und mit anderen Reizen bombardieren" (Brazelton 1992, 91).

Diese Ratschläge sollen verhindern helfen, dass aus dem guten Motiv, das Baby zu beruhigen, ein Martyrium für Eltern und Baby wird, weil die Eltern das Quengeln nur schwer ertragen. Bei einer Untersuchung zeigte sich, dass nach dieser Quengelphase die Kinder länger schliefen und besser ausgeruht waren. Das Wissen, dass die meisten Babys diese Phase haben, macht es vermutlich für die Eltern leichter, dies gemeinsam mit ihrem Baby zu überstehen, ohne die gesamte Beziehung damit zu belasten.

Wir wollen nun sehen, wie die ersten drei Monate von den Beobachtern und von den Eltern von Kelly und Max beschrieben wurden.

2.3 Entwicklungsgeschichte der Kinder Kelly und Max

Die ersten drei Monate von Kelly

Wie ich bei der Beschreibung der Geburt erwähnt habe, bekam Kelly schon im Alter von einer Stunde ihr Horoskop erstellt, nämlich während ihre Mutter darauf wartete, genäht zu werden. Kelly war drei Wochen vor dem Geburtstermin, Mitte August, geboren worden. Sie wog fast 4 kg (7 Pfund und 4 Unzen). Kelly hatte eine leichte Gelbsucht gehabt. Der Beobachter beschrieb Kelly bei seiner ersten Beobachtung:

„Mein erster Blick fiel auf Kelly, die schlafend in ihrem Körbchen lag, ein alternativ aussehendes „Moses-Körbchen", das in der Mitte des Wohnzimmers stand. Sie lag auf einem gelben Lammfell ... Kelly schlief bereits seit vier Stunden nach dem Mittagessen, das war ihr eingespielter Rhythmus bei Tag. Während der Nacht schlief sie offensichtlich länger ... Während ihre Augen geschlossen blieben, gähnte sie und ließ den Mund offen, ihre Zunge machte Bewegungen, als ob sie etwas schmeckte. Sie hob ihre Hände zum Gesicht und rieb sie vor den Augen. Ihre Mutter bemerkte, dass sie sich im Gesicht gekratzt hatte ... Als die Mutter von der Geburt erzählte, wurden Kellys Bewegungen ruhiger, als ob sie auf die vertraute Stimme reagierte."

Für Kelly ist, wie für alle Babys, die vertraute mütterliche Stimme ein Halt, der sie ruhiger macht und der sie emotional „zusammenzuhalten" scheint. Es scheint zunächst so, als ob sie mit ihrer Zunge etwas Unangenehmes aus sich herausbringen wollte. Kellys Mutter hatte sich neben den Stubenwagen gelegt, um sich auszuruhen und gleichzeitig Kelly beim Schlafen zuzuschauen. Die zärtlichen Blicke der Mutter auf das Baby sind eine wichtige Form zur Herstellung eines Kontaktes. Das Aussehen der Babys, ihre zarte Haut, der Flaum von Kopfhaaren, die winzige Nase, die kleinen Ohren haben für die Eltern eine stimulierende Wirkung. Wie ein kleines Wunderwerk wird es daher bestaunt und liebevoll betrachtet. Neugeborene ziehen eine menschliche Stimme allen anderen Geräuschen vor und bevorzugen dabei eine weibliche Stimme. Das Hören der mütterlichen Stimme scheint einen beruhigenden Einfluss auf Kelly und ihre unruhigen Gedanken zu haben.

Dem Beobachter erzählt die Mutter, wie viel sie selbst isst und wie schnell die Zeit vergangen ist, in der ihre Mutter sich um sie und den Haushalt gekümmert hat, damit sie sich in Ruhe um Kelly kümmern konnte. Sie erwähnt, wie sehr sie ihre Arbeit vermisst. Sie sei sehr sensibel, bei der kleinsten Kleinigkeit sei sie zu Tränen gerührt. Eine Tante hatte Kelly einen Stoff-Teddy-Bär geschenkt, den letzten, den sie selbst genäht hatte, weil sie nun schon zu alt dazu sei.

„Während die Mutter von der Geburt erzählte, öffnete Kelly ihre Augen, runzelte die Stirn und stieß einen Schrei aus. Ihre Mutter erzählte weiter von den ersten Tagen... Als die Mutter ans Telefon ging und sprach, entspannte sich Kellys Gesicht merklich, da sie ihre Stimme besser hören konnte. Kelly bewegte sich unruhig hin und her und stieß einen Schrei aus, was die Mutter daran denken ließ, dass sie hungrig sein könnte. Die Mutter nahm Kelly aus dem Korb und legte sie an die Brust, wobei Kelly den Pullover der Mutter mit einer Hand fest hielt und regelmäßig saugte."

Schon nach drei Tagen sind Babys in der Lage, den Geruch der Milch ihrer Mutter von der einer anderen Frau zu unterscheiden, wie MacFarlane (1975) in einem Experiment festgestellt hat. Den Babys wurden mit Muttermilch getränkte Tücher hingelegt, und sie wendeten sich dem Tuch zu, das mit der Milch ihrer Mutter getränkt war. Bei Kelly sehen wir, dass ihre Mutter sich nach dem Wünschen von Kelly beim Stillen gerichtet und sich sehr rasch ein vier Stunden Rhythmus entwickelt hat. Kelly trinkt mit Appetit, hat eine gute Verdauung und entwickelt sich, wie die Großmutter mütterlicherseits feststellt, prächtig. Der Wunsch der Großmutter, eine wichtige Rolle in der ersten Zeit nach der Geburt in der Familie einzunehmen, scheint gut zu den Wünschen von Kellys Mutter gepasst zu haben, sich selbst von ihrer Mutter verwöhnen zu lassen. Gerne überließ sie ihr die Arbeit im Haushalt.

Der Beobachter beschreibt das Wechseln der Windeln als Kelly 7 Wochen alt war:

„Sobald das Hemdchen ausgezogen war, verlor Kelly die Fassung. Sie lag schräg abgewinkelt ganz nackt und weinte eindringlich. Die Mutter suchte nach einem neuen Hemdchen bei der gebügelten Wäsche und meinte, sie müsse nach oben gehen, ein neues holen... Als die Mutter zurückkam, sprach sie beruhigend zu Kelly: ‚Wozu die Aufregung? Ich bin ja da, da ist schon ein sauberes Hemdchen...'. Die Mutter zog Kelly das Hemdchen an, wobei Kelly zappelte. Sie cremte Kellys Genitalien ein, wobei sich Kelly mit einem durchdringenden Aa-Laut beklagte. Die Mutter versuchte, ihr jetzt eine lange Hose anzuziehen, aber Kelly hatte beide Beine starr gerade gestreckt. Die Mutter bat sie, ihre Beine abzubiegen, aber Kelly hielt sie gestreckt, bis die Mutter ihre Beine abbog, um ihr die Hose anziehen zu können. Als sie mit dem Anziehen fertig war, schlug die Mutter Kelly vor, ihr die Brust zum Trinken zu geben, um sich von ihrem Koller zu erholen. Als sie Kelly an die Brust legte, nahm Kelly rasch die Brustwarze und saugte."

Obwohl der Beobachter eine detaillierte Beschreibung eines fassungslosen Babys gibt, wirkt es eher wie eine angemessene Reaktion, wie sich Kelly emotional zusammenhält, wenn sie ohne Kleider ist. Kellys Mutter ist emotional erreichbar und kann sie beruhigen. Kellys Mutter ist in gewisser Weise mit Kellys Zerbrechlichkeit und Angst in Kontakt. Kelly schien sich mehr aufgeregt zu haben als die Mutter, die zuversichtlich war, dass sie das Ankleiden beenden konnte. Die Tatsache, dass Kelly anschließend sofort die Brustwarze nehmen kann, interpretiere ich als Hinweis auf ein verinnerlichtes Bild einer guten Mutter. Der Beobachter scheint sich mit dem Baby identifiziert zu haben und wünscht sich, dass die Mutter von Kelly diese schmerzliche Erfahrung der Angst beim Ausziehen der Kleider fernhalten können soll, wenn er schreibt: „Mutter und Baby sind nicht in Harmonie" (out of tune). Im Alter von 12 Wochen hat Kelly mehr Zutrauen in die Funktion ihrer Haut, sie zusammenzuhalten. Wenn sie ausgezogen wird, hält sie Blickkontakt zur Mutter und bläst Luft aus dem Mund, sodass lustige Laute entstehen, die die Mutter imitiert.

Die Sichtweise der ersten Monate aus der Perspektive der Eltern von Kelly:

Die Mutter von Kelly beschreibt das Heimkommen nach der Geburt folgendermaßen:

„Ich wollte nur nach Hause. Als ich zur Türe des Spitals hinausging, dachte ich: ‚Mein Gott, jetzt bin ich auf mich selbst gestellt. Niemand sagt mir, was ich tun soll.' Aber meine Mutter kam am nächsten Morgen an und rettete mich (lacht). Nachher war ich blutarm und sehr müde. Meine Mutter sagte: ‚Du kümmerst dich nur ums Baby', und sie kümmerte sich um alles andere, das Saubermachen, das Kochen, das Bügeln, die Wäsche. Sie blieb zwei Wochen. Es war großartig. Jeden Nachmittag ermutigte sie mich, mich hinzulegen, wenn Kelly schlief. Das war eine große Hilfe."

Die Hilfe ihrer Mutter konnte sie zu diesem Zeitpunkt gut annehmen. Sie, die überstürzt mit 17 Jahren von zu Hause ausgezogen war, schien es zu genießen, nun auch wie ein Baby versorgt zu werden. Die Hilfe ihres Mannes konnte sie weniger gut annehmen. Wenn er die Windeln wechseln wollte, wurde sie beim Zuschauen so ungeduldig, dass sie ihn wegschickte. Wenn er in der Nacht Kelly zu sich nahm, wenn sie weinte, hielt sie es kaum aus. Sie sagte:

„Wenn sie wie alle Babys Blähungen hatte, legte er sie sich auf die Brust, was sie sehr mochte, und sie schlief ein. Aber ich wusste, dass er sich umdrehen und sie runterfallen würde, deshalb konnte ich nie einschlafen. So nahm ich sie lieber zu mir."

Die Befürchtungen von Kellys Mutter scheinen mehr von einer unbewussten Konkurrenz mit ihrem Mann zu stammen als von realen Erlebnissen. Sie wollte die einzig wichtige Person in Kellys Leben sein. Sie kann durchaus sehen, dass ihr Mann bereit war, mehr für Kelly zu tun, als sie Kelly wieder zu sich nahm. Kelly wurde gestillt, was für beide eine Quelle großer Freude und Lust war. Die Mutter sagte:

„Ich wollte sie immer stillen. Ich liebte das Stillen. Ich meine, ich genoss es. Ich hatte keine Absicht, es aufzugeben, weil ich glaube, es gibt ihnen einen guten Start. Sie war ein großes, gesundes Baby und mochte keine feste Nahrung, bis sie 6 Monate alt war ... Ich nahm sie überall mit und stillte sie."

In ihrer Beschreibung wird deutlich, dass das Stillen für die Mutter eine wichtige Quelle der Befriedigung war, sie konnte aller Welt demonstrieren, welch eine wunderbare Mutter sie war, wie prächtig sich ihr Baby entwickelte. Das gute Gedeihen von Kelly vermittelt ihr die Bestätigung, eine gute Mutter zu sein, die ihr Baby gut ernährt, eine nahrhafte Milch zu haben, die wichtigste Person im Leben ihrer Tochter zu sein.

Kellys Vater beschrieb die erste Zeit nach der Geburt als hektisch. Da Kelly drei Wochen zu früh geboren wurde, war er mit dem Umbau des Hauses noch nicht fertig. Gleich nach der Geburt lief er nach Hause, um das letzte Zimmer fertig zu machen und alles zu säubern. Auch für ihn war die Anwesenheit seiner Schwiegermutter hilfreich. „Sie weiß alles über Babys, was wir nicht wussten. Sie hat uns viele gute Ratschläge gegeben, das war extrem hilfreich. Wir waren beide auch sehr müde."

Er selbst bezeichnete sich nicht als hilfreich, da er Kelly ja nicht stillen konnte. Das Einzige, was Kelly in der Nacht beruhigte, war, sie an die Brust zu legen, dann schlief sie ein. „Unglücklicherweise suchten wir meistens Zuflucht bei der Brust", meinte er bedauernd. Aber beim Windelwechseln war er da. „Ich wechselte vermutlich mehr Windeln als jeder andere Mann auf der Welt. Jeder war verwundert, dass ich es so bereitwillig tat ... Ich machte es gerne, ich konnte nicht verstehen, warum es die Leute so schrecklich finden ... Du trägst dazu bei, dass sich das Baby bequem und gut fühlt, es ist gute Arbeit."

Da Kellys Vater aus verschiedenen Bereichen verdrängt wurde, bedeutet für ihn zumindest das Windelwechseln eine sinnvolle Aufgabe, mit der er dazu beitragen konnte, dass Kelly sich wohl fühlte. Vater zu sein, war für ihn eine ganz wichtige Sache. „Es war großartig und auch erzieherisch ... Die alte Redewendung, dass das Kind ein Vater für den Mann ist ... Man bekommt kein Wissen, aber man lernt doch viel, wenn man ein Kind hat. Man lernt sich kennen, man lernt seine Grenzen kennen und wie müde man sein und trotzdem funktionieren kann. Ich konnte verstehen, warum Leute mit 20 Kinder bekommen, statt wie ich mit 41 Jahren. Sie haben mehr Energie."

Beide Eltern sind interessiert an Kelly, sie ist der Mittelpunkt ihres Lebens. „Kelly ist das wichtigste, was in meinem Leben geschehen ist, das am meisten beglückende und befriedigende Ding", meinte ihr Vater. Mutter zu sein ist wesentlicher Teil der Identität der Mutter geworden. Sie haben Respekt vor Kellys Persönlichkeit. Trotz Schwierigkeiten in der Ehe blieben sie in ihren elterlichen Funktionen Kelly liebevoll zugetan. Ihre Liebe und Humanität ermöglicht Kelly einen guten Start.

Die ersten drei Monate von Max

Nach dem Versuch einer Hausgeburt war Max nach 16 Stunden doch im Krankenhaus geboren worden.

Bei der ersten Beobachtung ist die Mutter von Max sehr bequem angezogen, da sie, wie sie sagte, „die meiste Zeit noch im Bett" verbringt.

„Das Schlafzimmer war matt beleuchtet, Max lag in der Mitte des Doppelbetts, das den ganzen kleinen Raum ausfüllte. Die Mutter legte sich neben ihn und sprach mit ihm leise, streichelte über seine Arme und Beine. Dann schob sie ihre Brust zu seinem Mund, und Max schnappte danach. So blieben sie zusammen 45 Minuten lang, nur von kurzen Pausen unterbrochen, wenn Max einschlief. Als Max einschlief, streichelte seine Mutter sachte über seine Wangen. Die Sozialarbeiterin hatte ihn ‚Kartoffelesser' genannt, weil er so intensiv trinkt."

Die Beobachterin schreibt, dass die Mutter die ersten Wochen mehr oder weniger mit Max im Bett verbracht hat. Da sie einem striktem vierstündigen Fütterungsplan, wie ihn ihre Mutter praktiziert hatte, sehr kritisch gegenüber stand, wollte sie Max nach seinem Bedürfnis füttern. Max wird als hungriges Baby beschrieben, das 45 Minuten trinkt, obwohl zu fragen ist, ob ein Baby wirklich 45 Minuten an der Brust trinken kann. Es scheint wenig Raum zwischen Mutter und Baby zu existieren. Darf Max Raum für sich haben? Es ist unklar, wer die lange Fütterungen und das enge Zusammensein im Bett braucht. Ist es eher die Mutter, die so lange stillen will, oder Max? Ob hier die Wünsche der Mutter auf das Baby übertragen werden? Es scheint eine Verwirrung zu herrschen, wer wieviel Nähe braucht. Die Mutter hat der Beobachterin erzählt, dass sie gerne die Nacht im Spital geblieben sei, weil sie zusehen konnte, „wie die Schwestern die

Neugeborenen beruhigen konnten". Es klingt fast so, als ob die Mutter gerne von ihnen gelernt hätte, wie man Babys beruhigt. Ihre Mutter hatte einige Babys verloren, und sie scheint auch Sorge zu haben, dass sie ihr Baby verlieren könnte. Die Mutter möchte ganz auf Max und seine Bedürfnisse eingehen, sich ihm ganz widmen. Max hatte schon bei der Geburt dieselbe Haarfarbe wie die Mutter. Erst nach sechs Wochen beginnt sich die Mutter die Fütterungszeiten aufzuschreiben und entdeckt zu ihrer Überraschung, dass Max regelmäßig bei Tag alle drei Stunden trinkt, regelmäßig um 18.00 Stuhl hat.

Im Interview berichteten die Eltern von Max ausführlich über die ersten drei Monate.

Nach der enthusiastischen Schilderung der ersten Wochen beschrieb die Mutter von Max eine mühsame Zeit. Immer wieder klang die belastende Beziehung zu ihrer eigenen Mutter an. Auf die Frage, wie das Stillen war, antwortete sie:

„Meine Mutter fand es sehr schwierig, sie hatte verschiedene Probleme damit. Ich hatte überhaupt keine Probleme, es war schön … Ich erwartete Probleme, aber es gab keine … Ich hätte ihn ewig stillen können. Ich stillte ihn 8 Monate voll."

Sie schien das Stillenkönnen als Triumph über ihre Mutter erlebt zu haben. Sie konnte es viel besser, wie bei einem Wettkampf. Zugleich scheinen auch ihr Neid auf die Mutter und ihre weiteren Geschwister eine Rolle gespielt zu haben. Es ist, als hätte das Stillen einem doppelten Zweck gedient: Max mit Milch zu versorgen und ihrer Mutter zu demonstrieren, dass sie die bessere Mutter sei. Nur in einem Nachsatz zu der Freude zu stillen meinte sie, sie sei auch sehr „angehängt" gewesen, angekettet an ihren Stuhl, unbeweglich.

Die ersten beiden Wochen waren voll Glück.

„Wir hatten eine private Hebamme, die die ersten zehn Tage zu uns nach Hause kam … Wir hatten eine gute Beziehung, sie war eine große Hilfe. Es gab so viele Dinge, die ich wissen wollte, sie war wirklich so eine Mutterfigur für mich … Ich konnte sie so alltägliche Dinge fragen, etwa was ich tun soll, wenn er einen Ausschlag hat. Sie zeigte mir eine nette Art der Babymassage … Offen gesagt, fand ich es sehr schwierig, als sie uns verließ. Ich war recht traurig, als sie nur mehr selten, nur zu Besuch zu uns kam."

„Ja, ich erinnere mich, die erste Woche war ein großes Glücksgefühl … was ich danach so schwierig fand, war sein ununterbrochenes Weinen. Plötzlich hatte ich das Gefühl, von einem gewalttätigen Ärger überwältigt zu werden. Ich kontrollierte mich, aber ich war stocksauer wegen seiner Art, Dinge zu wollen, obwohl ich dachte, ich hätte ihm schon alles gegeben, aber er wollte mehr."

Die Mutter von Max beschreibt ihre Gefühlsschwankungen zwischen Glück und tiefem Ärger, ihr Baby nicht befriedigen zu können. Vermutlich war die erste Woche so besonders beglückend und friedlich, weil sie sich bei der täglich eine Stunde kommenden Hebamme so geborgen gefühlt hatte. Brazelton weist darauf hin, dass besonders bei Frauen, die ein gespanntes Verhältnis zu ihrer Mutter haben, die Hebammen und Kinderärzte diese mütterliche Funktion übernehmen. Diese Hebamme schien auch der Mutter Sicherheit gegeben zu haben, sie konnte die aus der Kindheit stammenden Gefühle der Mutter aufnehmen. Ihr Wegbleiben scheint die Mutter von Max leer und hilflos gemacht zu haben, als ob sie verlassen worden wäre. Vermutlich war Max nur unsicher als getrenntes Wesen etabliert, weil ihn die Mutter eng bei sich haben wollte und ihn bei jedem Unbehagen die Brust bot. Wir erfahren, dass sich Max leichter beruhigte, wenn ihn der Vater aufnahm. Das enge Zusammensein von Mutter und Baby in den ersten Wochen, die die Mutter von Max mehr oder weniger im Bett verbrachte, weist auch auf ihren Wunsch hin, mit Max eng verbunden zu bleiben, als ob es für sie schwer gewesen wäre, ihn als getrenntes Wesen zu akzeptieren. Die Babymassage, mit der die Hebamme die Mutter vertraut gemacht hat, stellt eine gute Lösung dar. Die Massage überbrückt die Erfahrung der getrennten Einheit für Max, die er über seine Haut als Grenze des Körpers erlebt. Der Mutter gibt es die Gelegenheit, eine neue Form des Kontaktes durch die Berührung mit ihrer Hand zu erfahren. Babys genießen gewöhnlich die Massage, die gleichmäßigen, liebevollen Bewegungen, die meist unter einer warmen Rotlicht-Lampe durchgeführt werden. Psychologisch hilft das Massieren der Mutter, sich nicht nur über die überaus enge Verbindung ihrer Brust mit dem Mund des Säuglings in Kontakt zu setzen, sondern eine klarer getrennte Form zu wählen, wobei auch die Augen der Mutter und ihre Stimme eine wichtige Rolle spielen.

Ihr Mann nahm sich zwei Wochen Urlaub, um bei ihr und Max bleiben zu können. Er übernahm das Kochen und alle anderen Dinge des Haushalts. Die Gegenwart ihrer Mutter betrachtete sie nicht als Hilfe, obwohl diese nach dem Urlaub von Maxens Vater eine Woche nach London kam. Diesen Besuch der Großmutter von Max nennt sie einen „Anstandsbesuch", um ihren „großmütterlichen Stolz zu zeigen". Ihre Sehnsucht nach einer mütterlichen Hilfe und Unterstützung klang dennoch durch, auch wenn sie davon sprach, dass sie den „Ratschlägen ihrer Mutter nicht getraut" habe. Die Hilfe ihres Mannes konnte sie jedoch gut annehmen.

Dem Vater von Max fällt es schwer, sich an die ersten Monate mit Max zu erinnern. So ausführlich und bewegt er die Geburt von Max beschrieben hatte, so wenig hat er „klare Erinnerungen" an die erste Zeit zu Hause. Er sprach von den praktischen Dingen, dass er sich zwei Wochen Urlaub genommen hatte und lernen musste, die alltäglichen Verrichtungen im Haushalt zu erledigen. Die Frage, ob seine Mutter geholfen habe, weist er fast empört zurück. Beide seien sich einig gewesen, weder seine noch ihre Mutter um Hilfe zu bitten.

„Ich habe keine klare Erinnerungen an die ersten Monate, außer dass ich sehr müde war... Die erste Zeit war sehr zerstückelt, Max weinte ziemlich viel, wir dachten, er hätte Koliken. Er war ein unruhiges Kind, würde ich sagen ... Ich erinnere mich, gedacht zu haben, wie fundamental Max alles verändert hatte. Es verschlug mich in eine Welt, die recht unterschiedlich war von der vorherigen. Und meine Zeit war von einer Reihe von intensiven Aktivitäten in Anspruch genommen ... Es gab keine Kontinuität zwischen vorher und nachher, alles war total verändert ... Für mich war es eine unglaubliche Bestätigung als Mann, als Erwachsener, Vater eines Kindes in einer Familie zu sein. Also ich denke, es muss wirklich eine gute Erfahrung gewesen sein."

Die Ausführungen vom Vater von Max sind sehr kontrolliert. Er kann sich kaum an diese erste Zeit erinnern. In der Schwangerschaft scheint er alles ideal und wunderbar gesehen zu haben, während das wirkliche Baby ihm seine Grenzen gezeigt zu haben scheint. Sein Entschluss, den auch seine Frau geteilt hat, ohne Hilfe beider Eltern auszukommen, verweist auf die gespannte Beziehung, die auch Maxens Vater zu seiner Mutter hat. Emotional scheint Max den Vater zu einem „Mitglied der Erwachsenenwelt" gemacht zu haben. Er war – vermutlich wegen unbewusster Schuldgefühle seinem Vater gegenüber – überzeugt gewesen, unfruchtbar zu sein. Die Geburt und das Gedeihen von Max scheint ihn in einen reifen Erwachsenen verwandelt zu haben, der für eine Familie sorgen kann.

„Wichtig war die Zuneigung zum Kind ... Ich fühlte mich sehr ungeschützt, dass meine Identität nicht mehr unter meiner Kontrolle war und man Max nicht schützen kann."

Maxens Vater sorgte sich sehr um die Gesundheit des Babys, er bezeichnete sich selbst als ängstlichen Vater. Er hatte Angst, Max könnte sterben und ihm so wieder weggenommen werden. Er war Max und vor allem seiner Frau dankbar, ihm diese Erfahrungen ermöglicht zu haben. Überhaupt hat das Baby, nach Ansicht des Vaters, die Beziehung sehr bereichert. Er sagte:

„Unsere Beziehung war ein bisschen schal geworden, die ‚Kanonen waren eingerostet'. Dann kam die Schwangerschaft, die war sehr gut. Die Ereignisse der Geburt haben ein sehr starkes Band zwischen uns entstehen lassen. Wir fühlten uns sehr nahe, dass wir das gemeinsam erlebt hatten. Insgesamt hat es unsere Beziehung verbessert, auch die sexuelle Beziehung intensiviert. Unsere sexuelle Beziehung im Jahr nach der Geburt war sicherlich wesentlich besser als im Jahr vor der Schwangerschaft."

Sehr deutlich weist Maxens Vater auf die Bedeutung für ihn und seine Frau hin, ein Kind zu haben. Max zu haben, ihn zu betreuen und ihn wachsen zu sehen, stellt – neben all den Ängsten – eine wichtige Dimension und Bereicherung im Leben des Vaters und in der ehelichen Beziehung dar.

Da wir zu den ersten Monaten von Patrick keine Daten haben, soll eine andere Familie beschrieben werden, die in den ersten drei Monaten nach der Geburt große Probleme hatte und deshalb eine Eltern-Kleinkind-Therapie in Anspruch nahm.

2.4 Entwicklungsgeschichte der Kinder in Therapie

Schwierigkeiten in der Eltern-Kleinkind-Beziehung: Lea und ihre Eltern

Das klinische Beispiel bezieht sich auf die analytische Arbeit mit Eltern und Neugeborenen im Spital, die auf die Lernfähigkeit des Fötus im Mutterleib und dem körperlichen Ausdruck seiner Gefühle hinweist. Szejer, eine französische Psychoanalytikerin, beschreibt den Fall von *Lea, dem kleinen Mädchen, dem der Vorname fehlt*.

„Die Mutter hatte das Kind durch Kaiserschnitt zur Welt gebracht, und zwar unter recht problematischen Umständen. Sie war mit Zwillingen schwanger gewesen, eine gewollte Schwangerschaft ... (In der Klinik) entdeckte man, dass eines der Zwillinge eine Missbildung aufwies ... und es nur eine ganz geringe Lebenserwartung hätte. Die Eltern entschlossen sich sehr spät – erst zwei Wochen vor dem Geburtstermin – den Fetizid (Tötung des Fötus) durchführen zu lassen. Die Mutter bestand dann auf einem Kaiserschnitt, um das tote Kind nicht sehen zu müssen. Die Eltern konnten sich auch auf keinen Vornamen für das lebende Baby einigen, so dass die Geburtsurkunde nicht ausgestellt werden konnte. Diese Schwierigkeit der Namengebung war eine Möglichkeit für die Analytikerin, ihre Hilfe anzubieten, was die Eltern annehmen konnten. Szejers Hypothese war, „dass die Eltern ihrem Kind keinen Namen geben konnten, weil seine tote Schwester keinen Namen erhalten hatte. Sie war gewissermaßen eine ‚lebendige Tote', und darum mussten sie unbedingt beiden Kindern Namen geben" (Szejer 1999, 43).

Noch vor dem Erscheinen der Analytikerin hatten die Eltern das tote Kind Sophie genannt und seine überlebende Schwester Lea. Sie beschreibt ihre Intervention, indem sie beim Hereinkommen in Gegenwart der Eltern zu Lea folgendes sagt: „Deine Schwester Sophie, die im Schoß deiner Mutter war, ist gestorben. Deshalb hast du schon vor der Geburt gespürt, dass sie sich nicht mehr bewegt. Und deshalb siehst du sie jetzt nicht, und du wirst sie auch nie wiedersehen. Du kannst dir die Erinnerung an sie bewahren, aber sie wird nicht mehr an deiner Seite sein."

Szejer beschreibt, wie erstaunt die Eltern waren, dass sie zu dem Neugeborenen sprach, da ihnen die Ärzte nur ausweichende Antworten gegeben hatten. Drei Tage später war Leas Lage kritisch, sie hatte Gewicht verloren. Es war auch eine Missbildung entdeckt worden, nämlich eine Verwachsung zweier Zehen. Beim zweiten Besuch sagte die Therapeutin in Anwesenheit der Eltern zu Lea: „Lea, mir scheint, dass du gern zur Welt kommen wolltest, aber dass du dich noch nicht recht zum Leben entschlossen hast und deshalb auch nichts essen willst. Aber man muss essen, um zu leben. Du hast eine Missbildung unten am Fuß, aber die ist bei weitem nicht so schlimm wie die Missbildung, an der deine Schwester gelitten hat. Du kannst daran nicht sterben, man muss dich nur später einmal operieren, und dann wird dein Fuß ganz normal sein".

Danach gab sie der Mutter und den Krankenschwestern den Ratschlag, Lea der Mutter auf den Bauch zu legen, um ihren Herzschlag zu hören und ihre Haut zu fühlen. Die Hypothese zu Leas Reaktion beschrieb Szejer folgendermaßen: „Lea war zutiefst verstört, der Tod ihrer Zwillingsschwester hinderte sie daran, sich selbst als lebend zu begreifen. Um einen beruhigenden Zusammenhang zwischen der Zeit vor und nach der Geburt herstellen zu können, brauchte sie Bezüge zur Zeit vor der Geburt – eben den Geschmack und den Geruch der Mutter..., da ihr durch den Kaiserschnitt in den ersten Augenblicken die Mutter gefehlt hatte ... nur so konnte sie die Trauer um ihre Schwester zu einer ‚Sache des Lebens' machen, statt sich der todbringenden Identifikation mit ihr zu überlassen."

Schon nach wenigen Tagen hatte Lea beschlossen, ‚ihre Haut zu retten'. Sie fing an, selbständig an der Brust zu trinken, und zwar so reichlich, dass sie zwei Wochen später die Entbindungsstation verlassen konnte (Szejer 2000, 44).

Diskussion:
Zunächst ist wichtig, dass die Intervention der Analytikerin hilfreich war, indem sie der Mutter geholfen hat, um ihr totes Kind zu trauern und Lea wirklich anzunehmen. Über die theoretischen Erläuterungen kann man unterschiedlicher Meinung sein. In dieser Fallgeschichte wird dem Gespräch mit Lea die größte Bedeutung der Annahme beigemessen, sie „habe die Initiative ergriffen" und sich zum Leben entschlossen. Vernachlässigt wird der enge Bezug zu den Eltern, die ihre Entscheidung, den missgebildeten Fötus zu töten, emotional zunächst noch nicht verarbeiten konnten. Sie versuchten, die Tatsache des toten Fötus zu verdrängen; sie gaben Sophie zunächst keinen Namen. Die Mutter wollte das tote Kind nicht sehen und ließ sich in Vollnarkose das zweite Kind herausholen. Zunächst geht es in der Therapie darum, dieses Verhalten der Mutter zu verstehen, diese Gedanken der Trauer um ihr Baby, ihre Schuldgefühle und ihr Gefühl, ein kaputtes Kind gemacht zu haben, zu begreifen. Erst wenn die Analytikerin über diese Zusammenhänge nachdenken kann, ist sie in der Lage, diese auszusprechen. Auch wenn die Deutungen direkt an Lea gerichtet waren, so waren sie doch auch für die Eltern bestimmt. Die Deutung ist eine Beschreibung des Geschehens, d. h. die Analytikerin hilft der Mutter, den Tatsachen ins Auge zu sehen. Schon das Angebot, bei der Namensfindung zu helfen, scheint dazu beigetragen zu haben, dass die Eltern zwei Namen wählen konnten, einen für das tote und einen für das lebende Kind. Das Verhalten der Mutter weist darauf hin, dass sie sich und ihren Körper vielleicht als giftig, als

gefährlich betrachtet, vor dem sie Lea schützen muss, so als ob sie sich als Mörderin fühlt, die auch noch das zweite Kind umbringen könnte. Vermutlich hatte sie Angst, das zweite Kind könnte nicht nur die Missbildung an den Zehen, sondern auch den lebensbedrohlichen Defekt der Schwester haben. Der Hinweis der Analytikerin, dass es sich um eine harmlose und korrigierbare Missbildung handle, könnte eine Veränderung der Einstellung der Mutter ihrem Baby gegenüber hervorgerufen haben, als ob sie vorher Angst gehabt hätte, ihr Herz an das Neugeborene zu hängen, wenn es ihr in ein paar Tagen wieder weggenommen werden würde. Ich weiß nichts über die innere Welt der Mutter, ihre Schuldgefühle und Strafphantasien. Ich vermute jedoch, dass die Deutungen der Analytikerin der Mutter geholfen haben, ihre Trauer um das tote Kind zu fühlen, ihre Ängste der Missbildung wegen aufgehoben zu fühlen und daher Lea nicht weiter mit exzessiven Projektionen zu bombardieren, so dass diese sich der Brust und der Milch zuwenden konnte. Daws weist darauf hin, wie wichtig es bei Totgeburten oder spontanen Abgängen des Fötus ist, die Identität des Kindes durch einen Namen und ein Bestattungsrituals zu symbolisieren. Das ermöglicht den Eltern, den Verlust des Babys zu begreifen und zu trauern (Daws 1989, 240). Bourne und Lewis betonen, wie schwierig es ist, um ein totes Baby zu trauern, da es eher als „non-event", als Nicht-Ereignis, erlebt wird. Die Vermischung von Geburt und Tod sind verwirrend, schmerzlich und enttäuschend (Bourne und Lewis 1984, 31).

Die französische Schule der Psychoanalyse nach Lacan, die sich mit den ersten Erfahrungen des Neugeborenen beschäftigt hat, stellt das Wort, die Sprache und den Augenkontakt in den Mittelpunkt ihrer therapeutischen Arbeit mit Neugeborenen. Szejer schreibt:

„Es ist die Stimme, durch die das Baby für den anderen seinen symbolischen Ausdruck findet, weil es ihm auf diese Weise repräsentiert, vokalisiert und zugesprochen ist. Durch die Stimme anderer Menschen wird das Neugeborene vom bloßen Körper zu einem Wesen von symbolischer Geltung. Mehr noch als das Durchtrennen der Nabelschnur markiert die Stimme den Eintritt ins Leben. Erst durch sie wird der Körper des Kindes benannt, gekennzeichnet und gepriesen" (Szejer, 2000, 37).

Die Stimme, das Benennen des Neugeborenen mit einem Namen bedeutet den Eintritt in die Gesellschaft, in die Menschheit, die mit dem Durchtrennen der Nabelschnur konkret wird. Doch die Konzentration auf die Sprache, so meine ich, bedarf einer Ergänzung oder Vertiefung auf den psychischen Raum des Sprechers. Mit Bion gehe ich davon aus, dass es in der Kommunikation zwischen Säugling und Mutter um die Qualität des emotionalen Aufnehmens der körperlich ausgedrückten Gefühle des Babys geht. Die Mutter, die innerlich Raum hat, die Gefühle des Babys aufzunehmen, darüber nachzudenken, sie gleichsam psychisch zu „verdauen", sie dann in Worte zu fassen und dem Baby in aufnehmbarer Weise zurück zu geben, ermöglicht dem Säugling ein Hineinnehmen dieser sprachlich vermittelten Benennung seiner Gefühle. Die Kommunikation beschränkt sich aber nicht auf die Sprache, der wesentlich größere Bereich der emotionalen Mitteilung ist nonverbal. In der Betonung, dem Rhythmus des Sprechens, dem mimischen Ausdruck, dem Hautkontakt, dem Blick kann das Baby die feinen Nuancen heraushören und erfühlen, die dann die emotionale Besetzung eines Wortes, die emotionale Qualität, die mit dem Hören einer Stimme verbunden wird, bestimmt. In den klinischen Beispielen können wir deutlich die Relevanz des inneren Raums, des Verstehens des Problems des Mutter-Kind-Paares nachvollziehen, die ausschlaggebend dafür sind, ob das Baby oder Kleinkind auf Worte der Analytiker reagiert oder nicht.

Therapeutische Hilfe vor der Geburt: Joseph

In seltenen Fällen gelingt es der Mutter, therapeutische Hilfe während der Schwangerschaft in Anspruch zu nehmen, sodass eine befürchtete und tatsächlich drohende postnatale Depression abgewendet werden kann. Es ist bekannt, dass oft während einer Therapie oder einer Psychoanalyse Frauen ihren Wunsch und ihre unbewussten Ängste, schwanger zu werden, bearbeiten können, sodass sie während ihrer Therapie tatsächlich schwanger werden, wie es auch bei der Mutter von Max geschah. Ich möchte die „emotionale Geburtsvorbereitung" von Joseph beschreiben, dessen Mutter, Frau J., gleichsam von ihrer zweijährigen Tochter zur Analytikerin „gebracht" wurde.

Frau A. kam wegen ihrer fast zweijährigen Tochter in die Eltern-Kleinkind-Therapie, weil ihre Tochter Victoria so schlecht aß. Die Mutter sagte, sie müsse ihr den ganzen Tag mit dem Löffel nachlaufen, sonst würde sie überhaupt nichts essen. Als die Mutter zur ersten Therapiestunde kam, sah ich ein freundliches, zartes, aber sehr gewandtes kleines Mädchen, das den Raum erforschte, gleich mit mir Kontakt aufnahm und selbständig spielte. Mir war aufgefallen, dass die Mutter irritiert war, als mir Victoria Holzklötze zum Halten gab und mich bat, ihr zu helfen, die Schürze der Puppe aufzumachen. Die Mutter war im sechsten Monat schwanger und hatte Angst, bei der Geburt des zweiten Kindes nicht mehr so viel Zeit für Victoria zu haben. Auf meine Frage, ob sie denke, Victoria könne verhungern, antwortete sie wie aus der Pistole geschossen: „Ja. Deshalb habe ich so Angst." Während die Mutter erzählte, dass Victoria nie Appetit habe, öffnete Victoria den Rucksack, nahm einen Plastiksack, in dem Weintrauben waren, heraus und forderte unmissverständlich von der Mutter, ihn aufzumachen, weil sie eine Traube essen wolle. Die Mutter reagierte unwillig und meinte: „Du isst es ja nicht, du spielst nur herum damit." Als sie Victoria eine Weintraube in den Mund stecken wollte, drehte Victoria den Kopf zur Seite und wollte die Traube selbst in die Hand nehmen. Unwillig gab die Mutter nach, Victoria steckte die Traube in den Mund und lutschte sie, sie schob sie von einer Backe in die andere. Die Mutter wollte sie wieder herausnehmen, worauf Victoria fast erstickte, da sie sie rasch zu schlucken versuchte. Auf meinen Hinweis, wie selbständig Victoria hier spiele und wie gerne sie selbst das Essen mit ihrer Hand in ihren Mund geben wolle, fühlte sich die Mutter kritisiert und reagierte unwillig. So etwas sage ihre Mutter auch. Überhaupt esse Victoria bei ihrer Mutter viel besser. Am liebsten wolle Victoria immer bei ihrer Großmutter bleiben, wenn sie abgeholt werde, weine sie und sei untröstlich. Zu meiner Deutung, dass sie Angst habe, ihre Mutter könne ihr Victoria wegnehmen, nickte sie. Beruhigend war für sie zu hören, dass sie die Mutter sei und bestimmen könne, wie oft sie ihre Mutter mit Victoria besuchen wolle.

In der zweiten Stunde berichtete die Mutter, dass das Essensproblem sich fast aufgelöst habe, Victoria könne zeigen, was sie essen wolle. Das Hauptproblem sei jetzt, dass sie so einen Hass auf ihre Mutter habe, sie ihr Victoria nicht zum Aufpassen bringen wolle, obwohl das eine Entlastung für sie sein könne. Dass Victoria jeden Abend bis 23 Uhr aufbleibe, störe sie nicht, weil sie den Abend mit ihr genieße, da ihr Mann im nächsten Zimmer bis Mitternacht arbeite.

Meine Hinweise, dass sie nie von dem neuen Baby spreche, rief bei ihr nur ein Achselzucken hervor. „Nein, ich denke nie an das neue Baby. Es ist so, als ob ich nicht schwanger wäre. Ich spüre nichts", sagte sie. Es wurde klar, dass die Mutter diese Schwangerschaft nicht gewollt hatte. Sie war zwei Jahre vor Victoria schwanger gewesen, habe dieses Baby aber verloren. Nach sechs Monaten sei sie wieder schwanger geworden, aber es sei eine Eileiterschwangerschaft gewesen. Sie sei in einem sehr kritischen Zustand gewesen und musste operiert werden. Damals sei sie in Therapie gegangen und wieder schwanger geworden. Sie sei sehr ängstlich gewesen, wurde als Risikoschwangerschaft eingestuft und freigestellt. Ihre Arbeit gehe ihr sehr ab. Sie hatte geplant, wenn Victoria zwei Jahre alt sei, wieder arbeiten zu gehen und habe sich schon sehr darauf gefreut. Als sie wieder schwanger geworden sei, reagierte sie verzweifelt und wollte abtreiben. Ihr Mann wollte unbedingt das Baby, habe ihr aber freigestellt zu entscheiden. Da sie auch zwei Kinder haben wollte, habe sie Angst vor einer Schwangerschaftsunterbrechung gehabt, weil sie befürchtete, später nicht mehr schwanger werden zu können. Sie habe aber absolut kein Gefühl für das Baby, sitze zu Hause herum, Victoria sei die einzige, die sie aus ihrem Trübsinn herausholen könne. Wenn ich sie beobachtete, wie sie mit Victoria umging, sah es nach großer Mühe und eher wie eine Pflichtübung aus. Victoria wandte sich immer zunächst mir zu, und erst als ich nicht darauf einging, bat sie ihre Mutter, ihr zu helfen, oder die Mutter rief sie zu sich, um ihr etwas zu helfen. Am Ende der fünften Stunde war klar, wie ernst ihre Befürchtung war, dass nach der Geburt alles im Chaos versinke, sie zusammenbrechen könnte, ihr Mann und ihre Mutter würden sich um die Kinder kümmern. Sie entschied sich, eine vierstündige Analyse zu beginnen, da sie Angst vor einer postnatalen Depression hatte.

Erst in den ersten Stunden der Analyse wurde deutlich, wie negativ ihr Bild von sich und der Welt war. Eigentlich fühlte sie sich von Feinden umgeben, ihre Mutter wolle ihr Victoria wegnehmen. Sie selbst habe ihren Mann einer Freundin ausgespannt, indem sie sich ganz anderes gegeben habe als sie tatsächlich sei. Ihr Mann liebe sozusagen eine „andere Frau", d. h. die, für die sich ausgegeben habe. Sie müsste eigentlich ausziehen, was sie jetzt oder nach der Geburt machen wolle. Sie hatte sich emotional von ihrem Mann und sogar von ihrem geliebten Hund abgewendet. Ihr Mann meinte, dass Victoria 90 % ihrer Liebe, er als ihr Mann 8 % und der Hund 2 % ihrer Zuwendung bekomme. Sie stellte lakonisch fest, dass das stimme.

Ihre Gefühle mir und der Analyse gegenüber waren widersprüchlich. Sie war emotional fast unzugänglich und widerwillig, gleichzeitig waren ihr die Stunden zu kurz, am Ende jeder Stunde meinte sie, jetzt habe es erst richtig begonnen. Sie fühlte sich gezwungen zu kommen, weil sie nicht in die Psychiatrie wollte, weil dann ihre Mutter Victoria ganz auf ihre Seite ziehen würde. Das Bearbeiten ihres tiefen Mißtrauens mir und der ganzen Welt gegenüber war essentiell. Sie war überzeugt, dass sie niemand verstehen könne. Nachdem sie nach einer Woche akzeptierte, dass sie hier bei mir einen Platz habe, konnte sie sich mehr auf Victoria freuen. Nach der zweiten Woche lief Victoria erstmals auf sie zu, als sie diese von der Großmutter abholte.

Wieder war es so, als ob sie nicht wüsste, dass sie schwanger sei. Der Bauch war ihr nur lästig, sie hatte den Eindruck, ihr Körper sei von einer fremden Macht besetzt. Sie könnte nicht an ihr Baby denken, es herrschte nur Leere in ihren Gedanken. Sie kam pünktlich zu den Stunden und fand die Trennung über das Wochenende schwierig. Sie erinnerte sich, wie sie mit 14 von ihrem Bruder verdrängt wurde und hatte Angst, Viktoria ähnliches anzutun. Sie hatte große Angst vor dem Chaos nach der Geburt. Meine Deutung, dass ich für sie die Existenz ihres werdenden Babys in meinen Gedanken lebendig halten sollte, rief ein heftiges Gefühl in ihr hervor. Am Nachmittag desselben Tages konnte sie mit Freude erstmals Babykleider einkaufen gehen. Sie konnte auch zu ihrem Bruder freundlich sein. Danach sprach sie von ihrer Angst, von der Analyse abhängig zu werden, so wie sie total von ihrer Mutter abhängig war, bis sie geheiratet hatte. In der letzten Woche vor der Entbindung erinnerte sie sich an ihre schlechte Beziehung zu ihrem Vater, der Alkoholiker war und nie Kinder haben wollte. Ihre Mutter habe gelitten und sich bei ihr als der ältesten Tochter ausgeweint, und sie habe dann mit dem Vater gestritten. Als er krank wurde, besuchte sie ihn als einzige der Familie jeden Tag. Sie konnte sich nicht mit ihm aussprechen, aber er habe ihr gesagt: „Ich habe viel falsch gemacht mit dir." Sie war traurig und konnte um den toten Vater trauern. Am Nachmittag ging sie zur Ultraschall-Untersuchung und sah zum ersten Mal das Gesicht des Babys, das bis dahin immer versteckt war. Sie durchfuhr eine jähe Freude und sie wusste, dass alles mit dem kleinen Sohn gut sein werde. Ihr Versuch, mit ihrem Mann nach einem Namen für ihren Sohn zu suchen, schlug fehl. Die Entbindung erfolgte eine Woche nach dem Termin. Es war eine spontane Geburt, die ohne Komplikationen verlief. Nach der Geburt kam sie noch drei Mal, brach aber die Analyse ab, weil sie es mit den beiden kleinen Kindern nicht managen konnte.

Diskussion:
In der ersten Woche der Analyse wird fühlbar, dass sie hinter einer Betonwand versteckt ist, kaum mehr Kontakt zur Umwelt hat und nur schwer erreichbar ist. Nur die Vorstellung, ganz in die Niedergeschlagenheit zu versinken, die sie schon während der Schwangerschaft stundenlang auf einen Sessel sitzen ließ, an die Wand starrend ohne Gedanken, machte ihr Angst. Sie wollte Victoria nicht verlieren. Victoria stellt vermutlich ihr eignes, lebendiges Ich dar, das kämpfte, in der Welt zu bleiben und nicht in eine Depression zu versinken. Die Tatsache, dass das zweite Kind ein Sohn werden würde, dürfte ihre unerledigten Konflikte mit ihrem verstorbenen Vater und ihre verdrängte Eifersucht ihrem jüngeren Bruder gegenüber aktualisiert haben, was zugleich Angst und Schuldgefühle hervorrief. Ihre Angst vor ihren dunklen Seiten war so groß, dass sie die Analyse nach der guten Geburt nicht weiterführen wollte. Auf den Namen „Joseph" konnten sie sich lange nicht einigen.

2.5 Theorien zur psychischen Entwicklung des Babys in den ersten drei Monaten

Obwohl es verschiedene Konzepte über die Entwicklung des Säuglings in den ersten drei Monaten gibt, stimmen alle in zwei Punkten überein: Einmal wird von allen der Zeitpunkt – zwei bis drei Monate nach der Geburt – als bedeutungsvoll in der Entwicklung betrachtet. Zum zweiten ist man sich darüber einig, dass niemand wissen kann, was der Säugling erlebt; Wissenschafter können nur Theorien und Annahmen entwickeln, um sie plausibel zu begründen. Auch eine genaue Beobachtung – durch einen Anwesenden oder mit Hilfe einer Videoaufzeichnung – kann keinen direkten Einblick in die Gefühle, Stimmungen und Wahrnehmungsformen des Säuglings geben. Man kann nur Rückschlüsse von beobachtetem Verhalten auf mögliche Gefühle ziehen. Unterschiedlich wird vor allem die Bedeutung der Aggression gesehen sowie die Fähigkeit, sich zu anderen Personen in Beziehung zu setzen.

Ich will die wichtigsten Unterschiede der vier vorgestellten Konzepte, der britischen Psychoanalyse nach Melanie Klein, der psychoanalytischen nach Anna Freud, der empirischen Säuglingsforschung nach Stern und der Bindungstheorie nach Bowlby darstellen. Um die unterschiedlichen Standpunkte deutlich sichtbar zu machen, ist ein gewisses Maß an Schematisierung nicht ganz zu vermeiden. Diese kurze Diskussion soll eher den Charakter einer Einführung in unterschiedliche psychoanalytische Theorietraditionen haben und zur weiterführenden Auseinandersetzung und Vertiefung motivieren.

Entwicklung des rudimentären Ich-Kerns zu einer „inneren Welt" des Babys

Die Unterschiedlichkeit des psychischen Erlebens in den ersten drei Monaten wurde von Melanie Klein klar formuliert. In dieser ersten Zeit beginnt der Säugling, zu den wichtigen Personen seiner Umwelt eine Beziehung aufzubauen, die jedoch nicht auf die gesamte Person, sondern nur auf Teilaspekte einer Person bezogen ist. Die Stimme der Mutter, ihr Gesicht, ihre nährende Brust werden mit den befriedigenden und liebevollen Erfahrungen verbunden und deshalb als „gut" erlebt. Diese Teilaspekte einer Person – „Teilobjekte" – werden in der vom Säugling aus Phantasie und Erlebnis verbundenen Form in seine innere Welt hinein genommen, wobei die psychischen Vorgänge in Analogie zu den Körpervorgängen des Einverleibens und Ausscheidens verstanden werden. D. h. die „guten inneren Teilobjekte" stellen keine Abbildung des real Erlebten dar, sondern sind immer von der Phantasie, den Wünschen und primitiven Gefühlen des Säuglings modifiziert. Diese Beziehungen zu guten, liebevollen Aspekten der Mutter und des Vaters lassen das Bild einer guten, friedlichen und schützenden Welt entstehen, in der das Baby sich geborgen und aufgehoben fühlt. Wichtig ist dabei, dass sich diese positive Stimmung nicht nur auf die Zeit des physischen Kontaktes mit den Eltern bezieht, sondern angenommen wird, dass das Hineinnehmen der befriedigenden Erfahrungen es dem Baby ermöglicht, sich in seiner Vorstellung mit diesen guten inneren Teilobjekten in Verbindung zu setzen, um sich zum Beispiel selbst zu beruhigen und einzuschlafen.

Von dieser positiven, friedlichen Welt völlig abgetrennt erscheint der Zustand der Angst, der Verzweiflung und der Bedrohung auseinander zu fallen. Die Abwesenheit der Mutter, das Getrenntsein wird als böse und verfolgend erlebt. Es wird angenommen, dass der Säugling das Gefühl des Hungers nicht als einen Teil seines Körpers erlebt, sondern als einen von außen eindringenden Schmerz. Diese negativen und bedrohlichen Gefühle werden im konkretistischen Denken ebenso mit Aspekten der Mutter oder des Vaters in Verbindung gebracht, die dann als „böse" erlebt werden. Erschwerend kommt hinzu, so wird angenommen, dass der Säugling diese guten und bösen Aspekte als „Teilobjekte" von einander getrennt empfindet und daher fürchtet, alle guten Beziehungen seien verloren gegangen. So kann die nährende Brust als abwesende in eine böse, gefährliche Brust verwandelt werden. Um zu verstehen, welche heftigen Gefühle, Hass und Destruktivität im Säugling aktiviert werden, ist es wichtig, sich zu vergegenwärtigen, dass das kleine Kind sich als Mittelpunkt der Welt fühlt und mit aller Macht will, dass seine Wünsche und Gedanken sofort erfüllt werden. Der Wunsch, die Brust zu seiner Verfügung zu haben, soll sofort und vollständig erfüllt werden. Sie soll ihm ganz gehören, er will sie kontrollieren, es gibt noch keinen Gedanken, dass eine andere Person auch Bedürfnisse hat und nicht jederzeit zur Verfügung stehen will und kann. In diesem Absolutheitsanspruch sind Bedürfnisse nie befriedigbar, es entsteht immer eine größere oder geringere Frustration, die erst schrittweise verkraftet werden kann. Zunächst ruft diese ungeduldige Unersättlichkeit des Begehrens bei einer Verzögerung Wut hervor. Sicherlich gibt es Unterschiede, die vom Temperament des Babys abhängen. Manche sind geduldiger als andere. Auch ermöglicht eine liebevolle Zuwendung dem Kind, nach und nach mit der Erfüllung seiner Wünsche zuwarten zu können. Ein brüllender Säugling wird sich daher zunächst vielleicht von der Brust abwenden, sich durchstrecken und weiter verzweifelt weinen, bis es der Mutter durch Geduld und liebevolles Streicheln und Sprechen gelingt, dem Baby Zutrauen zu geben, eine gute Brust voller Milch vor sich zu haben, von der es trinken kann.

Dieser innere Mechanismus der Trennung in gute und böse Aspekte nennt man „Spaltung", eine frühe Abwehrform, die uns aber Zeit unseres Lebens vertraut bleibt. Der Wunsch, die Welt in nur gute, idealisierte Personen und Bereiche und in das „Reich des Bösen" zu unterscheiden, beruht auf diesen frühen Erfahrungen. In den als gut bezeichneten Personen, Ideologien oder Vorhaben müssen dann keine negativen, einschränkenden Aspekte gesehen werden. Alles Böse wird dann nur bei den anderen, als feindliches Vorhaben, beim politischen Gegner, bei Ausländern oder Juden gesehen. Im Märchen finden wir die absolute Trennung von guten und bösen Aspekten in Figuren wie der guten Fee, des liebevollen Königs und der bösen Hexe oder der neidischen Stiefmutter verkörpert. Ebenso wie das Baby die Umwelt in gut und böse trennt, empfindet es sich selbst entweder als gut, freundlich und voll Liebe oder als böse, gefährlich, voll Hass.

Die Erkenntnis, dass die als gut oder als böse gesehenen Aspekte zu derselben Person, der Mutter oder dem Vater gehören, erfolgt langsam und stellt einen wichtigen Schritt in der Entwicklung dar, der in der Zeit bis zum dritten Lebensmonat stattfindet. In dem Maß, als das Kind die Mutter und den Vater als gut und böse sehen kann, beginnt es, auch sich selbst als eine Person zu sehen, die gute und böse Gedanken, Gefühle und Phantasien hat. Damit wird die Angst geringer, die einzelnen Teile der Persönlichkeit können langsam integriert werden.

Die Entdeckung dieser beiden unterschiedlichen inneren Reaktionsweisen ermöglichte einen Zugang zu frühen, bis dahin therapeutisch nicht zugänglichen psychischen Störungen, den Psychosen, die ein Steckenbleiben in diesen frühen Erlebnisformen sind. Heftige Stimmungsschwankungen, tiefe Verwirrung zwischen innen und außen, akute Panik und Hasszustände, gefolgt von massiv forderndem Verhalten, Größenphantasien und Dominanzstreben können als typische Merkmale der psychotischen Erkrankung verstanden werden, weshalb dafür der Begriff der „paranoid-schizoiden Position" geprägt wurde. „Position" deshalb, weil es dabei nicht um eine Entwicklungsphase geht, die von einer späteren abgelöst wird, sondern um eine „Stimmung" im Sinn einer Erlebnisform, die latent erhalten bleibt, auch wenn sie durch eine reifere Form später aufgehoben wird. Diese reife Form ermöglicht, nicht nur in Schwarz-Weiß-Kategorien, sondern differenziert zu denken, die Bedürfnisse und Wünsche anderer Personen neben den eigenen zu beachten und Verantwortung für seine Handlungen zu übernehmen. Diese reife Form des Denkens und Fühlens wird „depressive Position" genannt. Die Terminologie ist nicht glücklich, da sie leicht zu Missverständnissen führt, als sei damit eine pathologische, depressive Grundstimmung gemeint. Bezeichnet ist damit jedoch eine Akzeptanz der eigenen guten und bösen Anteile sowie die Verantwortung für liebevolle und aggressive Impulse mit der Möglichkeit der Wiedergutmachung. Das Erreichen dieser reifen Form ist allerdings nicht als Endstadium gedacht, sondern es wird angenommen, dass wir mehr oder weniger zwischen diesen beiden Positionen hin und her schwanken, wobei wir besonders in Krisensituationen, Phasen der Trennung oder Konflikten dazu tendieren, in die archaischen Formen des Denkens und Fühlens zurückzufallen.

Dieses Verständnis vom Beginn des Lebens, wonach gute und böse Aspekte, Liebe und Hass, Neid und Dankbarkeit, Zerstörung und Bereicherung in der Psyche zusammenkommen, hat heftigen Widerspruch hervorgerufen. Man sah die „Unschuld des Kindes" bedroht. Für keine andere Theorie ist es jedoch möglich, die Ursachen tiefer psychischen Störungen zu erklären. Obwohl das Böse immer eine besondere Attraktivität hat und im familiären, politischen und wirtschaftlichen Bereich neben Liebe, Förderung und Wohltaten ebenso Gewalt, Verbrechen und Destruktivität Raum haben, ist es schwer, beides – „Eros" und „Todestrieb" – als Elemente des Psychischen von Beginn an zu akzeptieren. Es gibt ein großes Bedürfnis der Erwachsenen, ein Neugeborenes als rein und unschuldig zu sehen.

Primärer Narzissmus: Symbiose mit der Mutter – Entwicklung des Ich aus dem Es

Ich habe schon darauf hingewiesen, dass Freud am Beginn des Lebens ein Stadium des „primären Narzissmus" annimmt, das der Liebe zu anderen Personen, der „Objektliebe", vorausgeht. Von Beginn des Lebens an, so meint Freud, sucht das Baby, Unlust zu vermeiden und Lust zu gewinnen. Als erogene Zone wird der Mund, die Schleimhaut, die Zunge und die Lippen bezeichnet, die beim Trinken, aber auch beim Wonnesaugen („Ludeln") aktiviert wird. Ein gleichzeitig auftretendes Zupfen am eigenen Ohr des Babys oder einer anderen Person dient demselben Zweck und wird mit voller Aufmerksamkeit vollzogen (Freud 1905, 87). Heute würden wir der Haut eine ähnliche Bedeutung beimessen, die durch die Berührung, Streicheln oder eine andere Bewegung stimuliert wird, wie es Montagu (1980) in „Körperkontakt" beschreibt.

Margarete Mahler hat diese Phase des „primitiven Narzissmus" in zwei Subphasen unterteilt, nämlich in den „normalen Autismus" und in die „symbiotische Phase" ab dem Alter von zwei Monaten. Sie nimmt an, der Säugling verfüge über eine „Reizschranke", die ihn auf sich selbst bezogen sein lasse und das Wahrnehmen der Existenz der Mutter und anderer Personen verhindere, und spricht daher von einer selektiven Interesselosigkeit oder einer Vermeidungshaltung gegenüber menschlichen Reizen. Die Symbiose des Säuglings mit der Mutter beinhalte eine „illusorische Vorstellung einer gemeinsamen Grenze der beiden in Wirklichkeit getrennten Individuen", meint Mahler (1979, 15). Während des dritten Monats beginne sich ein „Körper-Ich" mit zwei Selbstrepräsentanzen herauszubilden, eine dem Inneren des Körpers zugewandt und eine, die zur Abgrenzung des Körpers diene. Die nach innen gerichtete Selbstrepräsentanz bilde den Ausgangspunkt des „Selbstgefühles", die nach außen gerichtete diene der Abgrenzung des Selbst von anderen Personen (Objekten). Über seine Beziehung zur Mutter als Primärobjekt lerne der Säugling dann, die reale Welt der Objekte kennen. Deshalb nimmt Mahler an, dass Lernen erst ab dem dritten Lebensmonat möglich sei, während in „der quasi vorgeschichtlichen Phase magischer halluzinatorischer Omnipotenz die Brust oder die Flasche zum Selbst gehören" (Mahler 1979, 18).

In Auseinandersetzung mit der geäußerten Kritik, dass der Säugling von Geburt an Neugier, Suche nach Reizen, Lust an Bemeisterung und Kontaktaufnahme äußere, gab es eine Modifikation der Symbiosetheorie. So schlägt Pine (1990, 1994) vor, statt von einer symbiotischen Phase von „symbiotischen Momenten" zu sprechen, in denen sich das Baby besonders vor und nach der Fütterung befände. In anderen Momenten sei es durchaus in der Lage, zwischen Selbst und Objekten zu unterscheiden. Baumgart (1991) versteht den Begriff „Symbiose" als klinischen Begriff, als ein narratives Schema, das den Patienten ihre Verschmelzungswünsche zu konzeptualisieren hilft. Es beziehe sich daher nicht auf eine entwicklungspsychologische Phase im Alter von zwei bis fünf Monaten, sondern sei eine Metapher, die es uns erlaubt, sich mit dem Patienten über die Vergangenheit zu verständigen.

Empirische Säuglingsforschung: „allmählich auftauchendes Selbst"

Daniel Stern unterscheidet zwischen dem frühen Stadium der Entwicklung bis zum 2.–3. Monat, dem er ein allmählich auftauchendes Selbst, „emerging self", zuschreibt, und dem danach entstehenden Ich-Kern (Stern 1985). Babys seien in der Lage, verschiedene Sinneswahrnehmungen zusammen zu fügen, könnten Unterscheidungen zwischen unbelebten Objekten und Gesichtern machen. Säuglinge sind neugierig, sie suchen sozialen Kontakt. Es ist das Bild eines aktiven Säuglings, der Kontakt zu Personen und Gegenständen, Farben und Muster aufnehmen will. Die Basis für dieses Konzept stellen empirische Versuche dar, die mit Säuglingen durchgeführt wurden. Die „Antworten" der Babys lagen in Verhaltensweisen, wie z. B. zu saugen, zu schauen oder den Kopf in die Richtung zu drehen, wo das mit der Milch ihrer Mutter getränkte Tuch lag. Die Experimente wurden ausschließlich in der Phase der „wachen Aufmerksamkeit" durchgeführt (Wolff 1966). Stern nimmt an, dass das Baby sowohl den Prozess der entstehenden inneren Organisation als auch das Produkt auf eine Weise erlebt, die er als entstehendes Selbstgefühl bezeichnet (sense of an emeging self). Babys kommen bereits auf die Welt mit einer Strategie, Informationen zu sammeln, meint Stern (ebenda 61).

Die Erfahrungen des Babys seien einheitlich und ganzheitlich (unified and global). „Sie nehmen Gefühle, Wahrnehmungen, Aktionen, Erfahrungen, innere Motivationen und Bewusstseinszustände auf und verwandeln sie direkt in Formen, Gestalten, Muster, Affekte und Lustempfindungen", führt Stern weiter aus (1985, 67). Babys ordnen diese Eindrücke und Wahrnehmungen, und es entsteht eine innere Organisation, aus der später das Selbst wird.

Kritisiert wird, dass alle Experimente ausschließlich in einem „Fenster", nämlich der kurzen Zeit der „wachen Aufmerksamkeit", durchgeführt werden, die in den ersten Monaten des Lebens nur einen kleinen Teil der Bewusstseinszustände des Tages ausmachen. Offen bleibt, welche wichtigen Affekte in den anderen Phasen des Weinens, des Trinkens oder des Schlafens bedeutsam sind. Ein weiterer prinzipieller Einwand bezieht sich auf das Interpretieren des Verhaltens des Babys – Saugen, Schauen oder Bewegen des Kopfes – auf ein inneres Erleben.

Offen bleibt auch die Frage, woher das Selbst auftaucht (Metzker 1999, 388). Die Beschreibung des allmählich auftauchenden Selbst scheint sich eher auf ein körperliches Selbst und weniger auf ein „mentales Selbst" zu beziehen, schreibt Fonagy (1996, 107). Alle Gefühle der Abhängigkeit, der Wut und Frustration werden ausgeblendet.

Bindungstheorie: Angeborene Verhaltensweisen

Bowlby geht in Analogie zur Verhaltensforschung von einem angeborenen Instinkt des Babys aus, das die Nähe zur Mutter sucht, wie es bei den Tieren zu beobachten ist. Zunächst betonte Bowlby den biologischen Charakter. Ob ein Kind „sicher gebunden", „unsicher-vermeidend" oder „unsicher-ambivalent" gebunden sei, hängt nach Bowlby von der Sensibilität der Mutter ab. Erfasst wird die Umwelt nach dem Parameter „vertraut" – „fremd". Die Interaktionen der Mutter mit dem Baby umfassen alle Aspekte des Lebens und sind nicht auf das Füttern begrenzt, was in der Auseinandersetzung zwischen Stillen und Ernährung mit dem Fläschchen in den 50er und 60er Jahren des letzten Jahrhunderts betont wurde. In der Terminologie der Bindungstheorie werden die Begriffe „Abhängigkeit" und „Unabhängigkeit" durch die Begriffe „Bindung, Vertrauen, Verlass und Selbstvertrauen" ersetzt. Statt dem Verstehen einer „inneren Welt", in der es unbewusste Prozesse, Triebe, ödipale Wünsche, unbewusste Phantasien oder innere Konflikte gibt, sprechen Vertreter der Bindungstheorie vom Konzept „innerer Arbeitsmodelle" der Welt und des Selbst. Diese Arbeitsmodelle werden „von jedem einzelnen Individuum gemäß seiner Erfahrungen konstruiert und bestimmen seine Erwartungen und Planungen", meint Bowlby (1979, 143).

Diese radikale Abwendung von psychoanalytischen Begriffen und vor allem von der kleinianischen Methode, die in der Übertragung wieder erlebten Gefühle des Patienten ernst zu nehmen, verweist auf eine fundamentale Enttäuschung Bowlbys durch seine Lehranalytikerin. Er war bei Joan Riviere, einer engen Mitarbeiterin Melanie Kleins, in Analyse und merkte, wie es sein Biograph Karen (1994, 44) berichtet, in einer Randbemerkung zu einem Aufsatz von ihr an, dass für sie die Bedeutung der Umwelt „gleich null" sei. Dieses Missverstehen der Psychoanalyse führte zunächst zu einer trotzigen Ablehnung, innere psychische Prozesse überhaupt in Betracht zu ziehen. Die Ursache von unsicheren Bindungsverhalten wurde daher vor allem in mütterlicher Depression, früher Trennung oder mangelnder Sensibilität der Mutter gesehen. Der wichtigste Antrieb der inneren Arbeitsmodelle besteht nach Bowlby in der erwarteten Erreichbarkeit der primären Bezugsperson. Das Selbst als inneres Arbeitsmodell entwickelt sich danach, wie akzeptiert oder abgelehnt sich das Kind in den Augen der Mutter fühlt. Ein Kind, das sich von der Mutter abgelehnt fühlt, sieht sich selbst als wertlos, nicht liebenswert und makelhaft. Die implizite Betonung der Wechselseitigkeit der Arbeitsmodelle der Welt und des Selbst haben zu einer fruchtbaren Weiterentwicklung der Bindungstheorie durch Analytiker wie Baldwin (1992), Fonagy (2001) und Psychotherapeuten wie Main (1991) geführt.

2.6 Vom vierten bis zum zwölften Lebensmonat

In der Zeit vom Ende des dritten Monats bis zum Ende des ersten Lebensjahres entwickelt sich der Säugling zu einem Wesen, das neben der (Mutter)Milch auch feste Nahrung zu sich nehmen und sich selbständig fortbewegen kann – krabbelnd, rutschend, rollend oder vorsichtig die ersten Schritte setzend. Es kann sich mit Lauten, Tönen, Gesten so äußern, dass es sich auch anderen Erwachsenen als den Eltern gegenüber verständlich machen kann. Es kann deutlich seine Gefühle durch liebevolle Umarmungen, wütendes Weinen, Wegstoßen, Anklammern zeigen. Es kann längere Phasen oder die ganze Nacht durchschlafen und sich alleine mit Dingen beschäftigen. Es ist also von einem kompetenten, aber hilfsbedürftigen Baby zu einem „Miniatur-Menschen" geworden.

Ausgehend von der Frage der Anerkennung der Persönlichkeit des Babys will ich wieder versuchen, die emotionale Entwicklung der Beziehung zwischen Eltern und Baby anhand wesentlicher Lebensbereiche zu beschreiben:

– Anerkennung der Persönlichkeit des Babys,
– Körperpflege und selbständige Bewegung,
– psychische Entwicklung,
– Füttern, Stillen und Abstillen,
– Schlafen – Schlafprobleme.

Anerkennung der Persönlichkeit des Babys

Die Anerkennung der Individualität des Babys erfordert ein Du, ein anderes menschliches Bewusstsein. Ich habe auf die Annahme hingewiesen, dass das Baby mit der Erwartung auf die Welt kommt, eine Person zu finden, die es physisch betreut und ihm durchschnittliches emotionales Verstehen entgegenbringt (Bion). Die Entwicklung der Persönlichkeit des Babys kann man als „psychologische Geburt" verstehen, die notwendig auf eine andere Person bezogen ist. Winnicott nennt diese Beziehung zwischen Mutter und Baby eine „wechselseitige Anerkennung" zwischen Personen, die einander als unterschieden und wertvoll anerkennen. Erst eine wechselseitige Anerkennung als emotionale Antwort macht „unsere Gefühle, Absichten und Handlungen bedeutungsvoll" (Winnicott 1971). In Beziehungen, die eine Anerkennung kaum entstehen lassen, bleibt ein Gefühl der Leere, der Sinnlosigkeit, ein Gefühl des Sich-nicht-lebendig-Fühlens. Der Schriftsteller Peter Rühmkopf drückt die Gefahr eines leeren und sinnlosen Leben in einem Gedicht aus:

„Es lohnt sich nicht
geboren zu werden um das bisschen Essen,
um im Zahnlärm des tuberkulösen Nachbarn
Schrein zu vergessen.
Es lohnt sich nicht
nach dem Mahle die straffe Hülle zu streicheln,
im Greifen zählender Finger.
um dann in Gebeten
dem jeweiligen Gott zu schmeicheln.
Es lohnt sich nicht Söhne zu zeugen
die wie wir sind,
redegewandt und rasiert
und nachts wieder Tier sind.
Es lohnt sich nicht!
Suche den Sinn.
Sei Frucht, sei Same, sei Dünger.
Es liegt kein Gewinn
im Greifen zählender Finger."

In diesem Gedicht zeigt er, dass ein Gefühl der Sinnlosigkeit des Lebens im Raffen und Haben besteht, wenn wir uns nur in üblicher Weise betätigen, ohne wirklich mit uns in Einklang zu sein. Dann funktionieren wir nur äußerlich, sind aber ohne Leben und Freude. Hoffnung und Sinngebung liegt im „Frucht-, Same- und Dünger-Sein" – etwas sein statt etwas haben. Wie kann es zu so einem Gefühl der Leere und Sinnlosigkeit kommen?

Ein wesentlicher Punkt besteht darin, ob die Eltern ihr Baby so annehmen können, wie es ist, bzw. ob sie seine für ihn noch unerträglichen Gefühle stellvertretend aufnehmen und aufbewahren können. Winnicott spricht von der fundamentalen Bedeutung der wechselseitigen Anerkennung zwischen zwei getrennten Personen. Bion nennt diese fundamentale Beziehung ein „Containment", ein Aufbewahren der kindlichen Gefühle in den Eltern. Ein realistisches Bildes vom Baby haben zu können, bedeutet die in unserer europäischen Kultur weit verbreitete Vorurteile abzulegen, da sie zu Verzerrungen der Wahrnehmung beitragen und deshalb eine Akzeptanz des wirklichen Babys erschweren. Ein hinderliches Vorurteil besteht in der Annahme, Kinder seien „unschuldig", alles Böse komme von der Umgebung, der mangelnden Liebe und Zuwendung der Eltern oder anderen Mangelerfahrungen. Das zweite hinderliche Vorurteil liegt darin, Kinder als a-sexuelle Wesen zu betrachten, und das dritte, die Grausamkeit und Neugierde der Kinder zu unterschätzen.

Unschuld der Kinder

Die Idee, dass Kinder unschuldig sind, verstehe ich als Sehnsucht der Erwachsenen, die auf die Kinder übertragen wird. Wir haben die Sehnsucht, ein Neugeborenes als rein und ausschließlich gut zu sehen. Das Baby, dessen Eltern in einer liebevollen Beziehung verbunden sind, wird als Zeichen ihrer Liebe und Verbundenheit gesehen, das die Eltern idealisieren und schützen wollen. Es verkörpert die Hoffnung auf eine bessere Zukunft, unbefleckt von Schmerzen, Problemen und Schuld, die wir als Erwachsene auf uns geladen haben. Wir wünschen uns im Baby, als unser Ebenbild, alle Schönheit, Hoffnung, Perfektion zu sehen. Die Tatsache, ein gesundes Baby geboren zu haben, wirkt als Beschwichtigung unserer Angst, böse und destruktiv zu sein, es ist gleichsam ein Beweis, dass das Gute, Kreative überwiegt, dass die Gebärmutter ein sicherer Ort ist, dass der Geschlechtsverkehr gut ist und Neues hervorbringt, wie es im Christentum in der Geburt Jesu als Hoffnung der Welt verkörpert wird. Und umgekehrt wird die Geburt eines behinderten Babys als Ausdruck der Sünde des elterlichen Paares, als Strafe Gottes betrachtet, was die Ängste und Versagensgefühle dieser Eltern steigert, statt ihnen Mitgefühl und Hilfe für diese schwierige Aufgabe zu geben.

Viel entlastender ist es dagegen zu wissen, dass ein Baby von Beginn an mit guten und bösen Gefühlen ausgestattet ist, dass es sich als Zentrum der Welt sieht und will, dass alle alles tun – ohne selbst auf die Bedürfnisse der Eltern zu achten. Es ist nicht nur hilfsbedürftig und abhängig, sondern zugleich dominant und unerbittlich. Der Spruch, „Her/his majesty the baby", drückt diesen Sachverhalt aus. Die Aggression ist nicht eine Antwort auf einen Mangel, sondern Teil der emotionalen Ausstattung des Babys.

Wieso, so mag sich mancher Leser fragen, kann das Wissen um die dunklen Seiten des Babys die Aufgabe der Eltern erleichtern. Ich denke, dass die wichtigste Entlastung darin besteht, die Eltern von dem unerreichbaren Anspruch an sich selbst zu erlösen, dem Baby nur Glück und Geborgenheit vermitteln zu müssen. Zu wissen, dass ein Baby, wenn es mitten im Gestilltwerden in die Brustwarze beißt, ein Gefühl ausdrückt, nämlich, dass es einerseits froh ist, Milch, Liebe und Geborgenheit zu bekommen, aber zugleich diesem Übermaß an Potenz feindlich oder neidisch gegenübersteht. Die Mutter muss sich dann nicht mehr fragen, was habe ich falsch gemacht, sondern kann verstehen, dass es auch schon für das kleine Baby schwer ist, immer derjenige zu sein, der etwas bekommt. Das Baby, das gebissen hat, kann sich dann – oft in Unterbrechung des Trinkens – der Mutter zuwenden und sie ganz liebevoll anschauen, anlächeln oder mit einem sanften Laut seine Dankbarkeit ausdrücken – was die Mutter dann als Versuch, die Kränkung wieder gut zu machen, verstehen kann.

Weint und schreit ein Baby und die Eltern können seine Verzweiflung und Angst verstehen und ruhig bleiben und diese Gefühle in Worte ausdrücken, so hilft das dem Baby zu verstehen, dass die phantasierten Auslöser seiner Wutattacken und die nachfolgende Angst, alles zerstört zu haben, nicht mit der Wirklichkeit übereinstimmen, dass die Eltern unverletzt und liebevoll bleiben. Wenn die Eltern wissen, dass solche Phasen der Wut über Das-Nicht-Kontrollieren-Können oder Sich-Separat-Fühlen normal und Teil der Entwicklung und Reifung des Babys sind, können sie darauf eher gelassen reagieren. Wenn sie aber denken oder befürchten, mit ihrem Baby sei irgend etwas Gravierendes nicht in Ordnung, oder wenn sie meinen, dieses ärgerliche Weinen zeige die Unzufriedenheit des Babys mit ihnen als Eltern, kann ein bedrohlicher Kreislauf beginnen. Statt die Gefühle des Babys aufnehmen und verstehen zu können, könnten sich die Eltern vom weinenden Baby kritisiert oder gar verfolgt fühlen und dann selbst ärgerlich auf das Baby werden, dem sie doch so viel Zeit, Liebe und Aufmerksamkeit geschenkt haben. Ihre Frustration oder Enttäuschung könnte es dann schwieriger oder unmöglich machen, ihr Baby zu verstehen und ihm zu helfen, zwischen seiner Phantasie und der Realität unterscheiden zu lernen. Eine Mutter mag sich durch das ärgerliche Schreien ihres Babys an ihre Mutter erinnert fühlen, der sie nie etwas recht machen konnte, und dem Baby gegenüber ähnlich trotzige oder deprimierte Gefühle entwickeln. In diesem Fall würde die Wahrnehmung des realen Babys immer stärker verzerrt, es wird nicht mehr als unglücklich und ängstlich, sondern als Abbild der unzufriedenen und nörgelnden Mutter gesehen. Ein Vater, der seinen Sohn gefüttert, ihn gewickelt und herumgetragen hat, mag sich bei einem weiteren Weinen an seinen tyrannischen Vater erinnern, dem er nie etwas recht machen konnte, und sich von seinem Baby herumkommandiert fühlen. Der Sohn würde dann wie eine Fortsetzung des mächtigen Vaters erlebt. Selma Fraiberg (1980) nennt dieses Phänomen, in den Kindern ein Abbild der konflikthaften Beziehung zu den Eltern zu erleben, einen „Geist im Kinderzimmer". Unbewusste, ungelöste Konflikte mit den eigenen Eltern werden dann auf das Baby übertragen und verzerren die Wahrnehmung.

Sind die Beziehungen der Eltern zu ihren eigenen Eltern jedoch überwiegend positiv, so schöpfen sie aus Ähnlichkeiten ihres Babys zu ihren Eltern oder anderen Familienmitgliedern Freude und Kraft. Es entsteht dann eine zusätzliche positive Einstellung zu diesem Baby, das die Mutter an ihre Großmutter/Onkel etc. erinnert. Man könnte dann von einem „hilfreichen Geist im Kinderzimmer" sprechen, wenn etwa ein Trällern des Babys die Eltern an die Musikalität des Großvaters erinnert.

Über die destruktiven und dominanten Wünschen des Babys Bescheid zu wissen, ist für die Eltern auch hilfreich, um Nein sagen zu können. Eltern, die nie Nein sagen, machen ihr Baby nicht glücklich, sondern stärken dessen Phantasie oder Illusion seiner Omnipotenz und behindern damit die Entwicklung eines Realitätssinns und das Kennenlernen seiner Grenzen. Eltern, die ihrem Kind zutrauen, in kleinen Schritten selbst mit etwas fertig zu werden, sich – vielleicht mit Hilfe seines Daumens – zu beruhigen oder selbst einzuschlafen, und es tatsächlich diese Erfahrung machen lassen, ermöglichen es ihrem Baby, Zutrauen zu sich zu entwickeln und die bereits gemachten guten Erfahrungen nützen zu können. Es wird auch zukünftige Frustrationen besser aushalten und toleranter sein.

Ebenso schwierig wie Eltern, die alle Wünsche des Babys zu erfüllen versuchen, sind auch Eltern, die immer Nein sagen und die Destruktivität zurückgeben, indem sie auch schreien, das Baby unsanft ins Bett zurücklegen, es schütteln oder gar schlagen. Sie geben dem Baby keine andere Möglichkeit, als sich den Befehlen der Eltern unterzuordnen. Das Kind bekommt den Eindruck, seine Eltern seien allmächtig und es dürfe nichts machen, was die Eltern nicht wollen. Zusammenfassend kann man sagen, dass der Kampf um Anerkennung das Allmachtsgefühl in beiden, in den Eltern und im Baby verändert. Es geht, nach Winnicott, darum, ein Gleichgewicht zu finden und die Bedürfnisse des Babys und die der Eltern anzuerkennen (Winnicott 1971).

Baby als a-sexuelles Wesen

Die Annahme der Unschuld beinhaltet das Bild eines a-sexuellen Wesens. Oft wird dieses Vorurteil auch religiös begründet, so als ob die Schöpfung eines a-sexuellen Wesens etwas Positives wäre. Heimlich wird damit auch ausgedrückt, dass Sexualität und Lust etwas Schlechtes wären. Wer sich genau auf Babys und kleine Kinder hinschauen traut, dem können die Stadien der Erregung und Lust, der intensiven Hingabe beim Trinken, der Erektion des männlichen Babys beim Wickeln, dem ekstatischen Herumwetzen der Tochter nicht verborgen bleiben (Taylor 1999, 29). Das sexuelle Interesse sehr kleiner Kinder an ihrem Körper, ihren Geschlechtsteilen und dem Körper anderer Kinder äußert sich durch Hinschauen und Angreifen. Manche Eltern berichten, dass ihre Buben bereits mit ein paar Monaten lustvoll beim Säubern und Eincremen sind, bei jeder Gelegenheit ihren Penis angreifen, oft so fest, dass die Eltern Angst haben, sie könnten sich weh tun. Das lustvoll Herumhüpfen auf dem Bett der Eltern, das von wilden Schreien und Lachen begleitet ist, lässt sich unschwer auf eine unbewusste Imitation dessen, was Papa und Mama in der Nacht tun, verstehen. Geschwister spielen oft noch deutlicher ihre Phantasie von der sexuellen Vereinigung der Eltern nach, wenn ein Kind sich auf das andere legt und sie aufgeregt lachen und beide unter der Decke verschwinden. Vor allem die Geräusche, die Kinder in der Nacht hören, sind oft verwirrend, da Äußerungen der Lust, der Erregung dem Ausdruck des Schmerzes und der Atemlosigkeit ähnlich sind. Im Tiergarten beobachtete eine Studentin eine Szene im Vogelhaus, wo große Vögel kehlige Laute von sich gaben. Ein fünfjähriges Mädchen, das zunächst höchst interessiert diese Vögel beobachtete, gab dann ähnliche Laute von sich, die immer stärker sexuellen Lustschreien ähnlich wurden, die von den Vögeln beantwortet wurden. Die rasche Intensivierung und das Keuchen wurden lauter, die begleitenden Erwachsenen drehten sich weg, um nichts sehen zu müssen, und die Familie verließ rasch das Vogelhaus. Es fällt Erwachsenen schwer, das sexuelle Interesse der Kinder zu akzeptieren.

Eine Mutter erzählte, dass ihre viereinhalbjährige Tochter und ihr zweijähriger Sohn im Sommer in einem Kinderbecken eine halbe Stunde lang ein lustvolles, ausgelassenes Spiel spielten, das folgendermaßen ging: Das Mädchen stand im Becken auf, griff zur Scheide und sagte „Ich hab' ein Lipperl!", und setzte sich so hin, dass alles spritzte. Der Bub lachte laut, stand auf, zog vehement an seinem Penis und sagte: „Ich hab' ein Zipferl!", setzte sich so nieder, dass alles spritzte. Beide lachten, schauten einander an, bis wieder das Mädchen aufstand und ihren Spruch sagte, dann der Bruder. Es war ein spielerisches Umgehen mit dem Benennen des Geschlechtsunterschieds, das wilde Spritzen können wir auch als Hinweis auf die lustvolle Komponente der Sexualität sehen. Freud führte das Interesse an der Welt, das Erforschen, Erfinden und Entdecken des späteren Lebens auf die sexuelle Neugierde zurück, die zunächst vom eigenen Körper und dem Körper der Mutter ausgeht und sich rasch auf alle Dinge der Welt überträgt.

Gleichzeitig ist es wichtig, die unterschiedliche Qualität der frühkindlichen Sexualität und der ab der Pubertät wirksamen Erfahrung zu betonen. Auch die späteren Spiele der Kinder, wenn sie Doktor spielen oder den Körper der Geschwister oder anderer Kinder erforschen, sind durch die dabei herrschenden Spielregeln in einem schützenden Rahmen gehalten. Auch das große Interesse kleiner und großer Kinder an Tieren und Tierfilmen wird oft von sexueller Neugierde erhöht, da Tiere ihr sexuelles Verhalten offen zeigen und in Dokumentationsfilmen die Paarung und oft die Geburt gezeigt werden.

Gerade wenn wir die kindliche Sexualität anerkennen, wird der Schutz des Kindes um so wichtiger. Der Respekt vor der Besonderheit der kindlichen Sexualität und das Wissen, wie leicht Kinder verführt werden können, wenn Erwachsene Kinder in ihre sexuellen Aktivitäten einbeziehen, soll zur Bedachtnahme auf die Schutzbedürftigkeit der Kinder führen. Die Grenzverletzung zwischen kindlicher und erwachsener Sexualität stellt eine traumatisierende Erfahrung dar, weil da eine fundamentale Grenze verletzt wird. Statt von den Erwachsenen beschützt und geliebt zu werden, wird bei einem sexuellen Missbrauch eine tiefe emotionale und geistige Verwirrung hervorgerufen. Meist sind es Mitglieder der Familie, zu denen das Kind eine mehr oder weniger liebevolle Beziehung hat, welche die Körpergrenzen grob missachten und das Kind für ihre eigenen sexuellen Bedürfnisse benützen und missbrauchen. Sehr häufig übersehen Eltern das gestörte, oft eigenartig übertriebene oder ängstlich zurückgezogene Verhalten ihrer Kinder, die sexuell missbraucht wurden.

Grausamkeit und Neugierde von Kindern

Das Verständnis der Unschuld von Kindern beinhaltet die Ansicht, dass Destruktivität, Grausamkeit, Gier, Hass, Neid und Eifersucht nicht Teil der Natur des Kindes sind, sondern Reaktionen auf Vernachlässigung, Trennung und ungünstige Umweltbedingungen. Dieses Vorurteil kann die Beziehung zwischen Eltern und Kind enorm erschweren. Jeder Wutanfall des Babys, Gier oder Maßlosigkeit wird dann als implizite Kritik einer unzureichenden Umwelt, d. h. als Hinweis auf ihr Versagen betrachtet. Eltern meinen dann oft, dem Baby noch mehr Zeit, Aufmerksamkeit und Liebe widmen zu müssen, da sie „böse" Gefühle als Antwort auf eine mangelhafte Umwelt verstehen. Auch der Nachdruck der Eltern dem Kind gegenüber, es solle solche Gefühle wie Eifersucht, Hass, Neid oder Grausamkeit nicht haben, führt beim Kind oft zu dem Gefühl, böse zu sein. Kinder versuchen dann, all diese „bösen" Gefühle zu verbergen, und schämen sich dafür. Die Aufgabe der Eltern, so meinen wir, besteht aber darin, dem Kind zu helfen, diese Gefühle, Gedanken und Phantasien zu benennen und zu verstehen. Wesentlich ist die Unterscheidung zwischen Gedanken, Phantasien und tatsächlichen Handlungen. Ein Kind, das sagt, es wolle sein kleines Geschwisterl am liebsten zurückschicken oder in den Müll werfen, vertraut den Eltern damit einen inneren Konflikt an. Eine entsetzte Zurückweisung dieser Aussage durch die Eltern, etwa: „So etwas sagt man nicht" oder „Das will ich nicht mehr hören, schäme dich" führt zu einem Verbergen dieser Gefühle, oft auch zu einem Verdrängen. Doch der innere Druck bleibt, und es ist dann wahrscheinlicher, dass das ältere Kind das kleinere „unabsichtlich" stößt, so dass es die Stufen hinunterfällt oder ihm gefährliche Dinge in den Stubenwagen legt. Das offene Besprechen dieser Wünsche jedoch ermöglicht einen Zugang zu den Ängsten des Kindes, das sich vom neuen Baby bedroht oder von seiner Prinzen-/Prinzessinnen-Position vertrieben fühlt. Das Kind hat dann die Chance, darüber zu sprechen, statt solche Handlungen auszuführen. Die klare Unterscheidung zwischen Handlung und Wunsch ist eine wichtige Hilfe für das Kind, auch die dunklen Teile seiner Persönlichkeit in sich zu integrieren und zu verstehen, dass alle Menschen gut und böse sind. Gerade wenn die Eltern dem Kind helfen, seine bösen Gefühle auch zu akzeptieren, kann es auch die liebevolle Seite zeigen, etwa das Baby waschen oder füttern helfen. Man könnte sagen, die Psyche des Menschen bewegt sich zwischen den beiden Polen, die man einerseits mit Schiller: „Edel sei der Mensch, hilfreich und gut" und dem Ausspruch der Kriminalautorin Patricia Highsmith „Jeder Mensch trägt alles Böse, das es jemals gab, in sich" charakterisieren kann. Beide Seiten sind gleich wichtig. Die Neugierde und der Hunger nach Wissen sind von diesem aggressiven Streben getragen. Die Anerkennung des Babys als Wesen, das zu Liebe, Dankbarkeit und Freude fähig ist, bedarf der Erweiterung um das Wissen, dass ebenso Wut, Neid, Hass, Zerstörungswut und Vernichtung bewältigt werden müssen.

Die Neugierde und der Wunsch, in alles hineinzuschauen, in den Leib der Mutter und in alle Innenräume, die diesen Körper symbolisieren, wie ein Kästchen, eine Schachtel oder einen Koffer, stellen wichtige Grundelemente des Drangs nach Wissen dar. Das Erforschen der Umwelt erfordert ein Stück Aggression, wie wir es im Spiel des Kleinkindes sehen, das alles zerlegen, aufschrauben und kennenlernen will.

Die grundlegende Haltung dem Baby gegenüber zeigt sich in allen Lebensbereichen, dem körperlichen Versorgen, dem Füttern, Schlafen und Spielen. Es gilt, mit der emotionalen Trennung, notwendiger Nähe und Distanz umgehen zu lernen, und einen Ausgleich in der Dimension der Macht der Beteiligten zu finden, in dem sich die Qualität der wechselseitigen Anerkennung zeigt.

Körperpflege und selbständige Bewegungsförderung

Das Sprechen von „wechselseitiger Anerkennung" bleibt aber relativ abstrakt, wenn man nicht weiß, wie sich diese Grundhaltung in der konkreten Beschäftigung mit dem Baby ausdrücken kann. Ich habe schon betont, dass körperliche und geistige Entwicklung im ersten Lebensjahr besonders eng miteinander verschränkt sind, d. h. auch die Zuwendung der Mutter und des Vaters. Die Anerkennung drückt sich im Umgang mit dem Körper und den damit ausgedrückten Gefühlen aus. Bedeutungsvoll ist die Art der Körperpflege und die selbständige Bewegungsentwicklung des Kindes bis zum freien Gehen. Das Baby muss einige Male am Tag gewickelt, gesäubert, eingecremt, am Abend gebadet und niedergelegt werden. Diese Zeit bietet einen Raum der Begegnung, der zum Plaudern, Singen, Sprechen, Streicheln genutzt werden kann. Das Kind lernt die Welt über die Hände der Mutter oder des Vaters und über die Stimme kennen, die es emotional zusammenhält. Das ruhige Reden zum Baby, wobei einfach die Handlungen des Pflegens beschrieben werden können, und der Blickkontakt vermitteln dem Baby, dass es geliebt und anerkannt wird. Emmi

Pickler, eine ungarische Kinderärztin mit analytischer Ausbildung, betont die Bedeutung, auf den zeitlichen Rhythmus des Babys einzugehen. „Laß mir Zeit" (2001) nennt sie ihr Buch, in dem sie auf die Bedeutung einer selbständigen Bewegungsentwicklung hinweist, die nicht von den ehrgeizigen Wünschen der Erwachsenen, sondern vom Antrieb und den Fähigkeiten des Babys abhängt. Die Betonung der Stimmung der Mutter oder des Vaters beim Wickeln oder Baden heißt nicht, unerreichbare Anforderungen an sie zu stellen. Ganz im Gegenteil: Es heißt auch, dass eine Mutter, die gerade heimgehetzt ist, sich nicht sofort aufs Baby stürzen muss, sondern sich selbst einmal Zeit geben darf, um innerlich zur Ruhe zu kommen. Selbst wenn das Baby schon weint, kann es sinnvoll sein, sich eine kurze Atempause und Ruhe zu gönnen und sich erst dann dem Baby zuwenden. Die Gewissheit einer Mutter oder eines Vaters, der sich liebevoll um das Baby kümmert, dass es genug bekommen hat, um sich auch alleine zu trösten und zu beschäftigen, kann sehr entlastend sein. Es bedeutet eben nicht, dass sich jemand 24 Stunden mit dem Baby beschäftigen muss, sondern dass die Bedürfnisse der Eltern ebenso wichtig sind.

Kann sich die Mutter/der Vater Zeit nehmen für das Baby und kann es die gesamte Aufmerksamkeit für diese kurze Zeit bekommen, dann wird auch der Hunger nach Liebe und Kommunikation gestillt. In den ersten Phasen der romantischen Liebe, die ihre Wurzel in diesen frühen Lebensphasen hat, erleben wir, das Wichtigste im Leben einer anderen Person zu sein. Die erste Liebesbeziehung besteht zwischen Mutter und Baby, ein Zustand des Glücks, in dem wir für wichtige Phasen das Wichtigste sind. Eine geglückte Beziehung zwischen Mutter und Säugling meint nicht, ununterbrochen zusammen zu sein oder dem Baby den ganzen Tag Aufmerksamkeit zu schenken. Es genügt in den Phasen des Versorgens des Babys sich ganz auf dieses einzustellen, um ihm dann zutrauen zu können, sich alleine zu beschäftigen, die Eindrücke der Welt, seines Körpers, seiner Finger, des bunten Vorhangs, des Lichts in sich aufzunehmen.

Die Voraussetzung dafür, zu einer gewissen Zeit mit dem Baby emotional in Kontakt zu treten und dann wieder Phasen des Getrenntseins und der Selbständigkeit des Säuglings zu ermöglichen, ist eine innere Flexibilität der Mutter. Es sind immer wieder Momente der Trennung, des Abschiednehmens von der Zweisamkeit notwendig. Ähnlich wie es bei der Nahrungsaufnahme wichtig ist, zwischen Hunger und anderen Bedürfnissen zu unterscheiden und nicht ununterbrochen dem Kind etwas in den Mund zu stecken, ist es auch wichtig, zwischen Phasen des Zusammenseins und Phasen des Getrenntseins zu wechseln. Auch in den Phasen des Getrenntseins ist die Mutter/Vater in Gedanken bei dem Baby. Ein ununterbrochenes Herumtragen, ein Kleben am Baby lässt den Wechsel zwischen Nähe und Distanz vermissen. Es entstehen dann negative Gefühle – das Gefühl überfordert zu sein, keine Zeit für sich zu haben, ausgesaugt zu sein etc. –, und das Baby erhält diese unklaren Mitteilungen. Es weiß nicht, bin ich in den Armen der Mutter geborgen oder überwiegt die Ablehnung. Um sich Gewissheit zu verschaffen, will es nun noch mehr herumgetragen werden – beide Mutter und Baby finden keine Ruhe. So erzählte eine Mutter von dem ersten Jahr mit ihrem „Schreibaby", das keine Minute ohne sie sein konnte. Es schlief nur auf ihrem Körper ein, sie konnte sich nicht einmal anziehen, blieb den ganzen Tag im Schlafrock und war total verzweifelt.

Es scheint notwendig zu sein, hier noch einmal darauf hinzuweisen, von welch elementarer Bedeutung das Aufnehmen („containment") der Gefühle der Eltern ist. Wenn ich von Selbständigkeit spreche, ist damit nicht gemeint, dass die Eltern den Säugling sich selbst überlassen, ihn die meiste Zeit alleine in seinem Gitterbett oder Stubenkorb lassen. Gefragt ist eine physische und emotionale Verfügbarkeit der pflegenden Person, ihr Blick, der die ersten Bewegungen und Kontaktversuche des Säuglings registriert, sich mit ihm freut oder seine Frustration aufnimmt und ihn beobachtet und ermutigt, ohne selbst die Initiative zu ergreifen. Der Säugling lernt, so meint Pickler, „im Lauf seiner Bewegungsentwicklung nicht nur, sich auf den Bauch zu drehen, nicht nur das Rollen, Kriechen, Sitzen, Stehen oder Gehen, sondern er lernt auch das Lernen. Er lernt, sich selbständig mit etwas zu beschäftigen, an etwas Interesse zu finden, zu probieren, zu experimentieren. Er lernt, Schwierigkeiten zu überwinden. Er lernt Freude und Zufriedenheit kennen, die der Erfolg – das Resultat seiner geduldigen, selbständigen Ausdauer – für ihn bedeutet" (Pickler 1982, 35). So wichtig Picklers konkrete Ratschläge für Eltern sind, wird von ihr doch die bedeutsame Dimension der emotionalen Beziehung zwischen Eltern und Baby außer acht gelassen. Man kann allerdings annehmen, dass der behutsame Umgang eines Erwachsenen mit dem Baby und das Warten auf eine Antwort auch liebevolle und freundliche Gefühle bei der Betreuerin hervorruft. Pickler hat nach den von ihr formulierten Prinzipien ein Heim für Waisenkinder gegründet. Eine Untersuchung der in diesen Heimen aufgewachsenen Kindern hat gezeigt, dass sie sehr gut in der Lage sind, emotionale Beziehungen herzustellen und vor allem sehr sorgfältig planen, wann sie ein Baby bekommen, dem sie eine sichere Familie bieten wollen. Im Gegensatz dazu stehen die Verhaltensweisen anderer Heimkinder, die eher wiederholen, was ihnen als Baby geschehen ist, indem sie sehr früh Kinder bekommen, die sie selbst nicht erziehen können. Bowlby (1951, 95) betont, dass Personen, die im Säuglingsalter in Heimen erzogen wurden, sorglos sexuelle Beziehungen eingehen. Die Frauen bekommen Kinder und kümmern sich ebensowenig um sie, wie ihre Eltern sich um sie gekümmert haben. „Von den 73 Mädchen ... der ehemaligen Pflegekinder (von Pickler) hatte keines unverheiratet ein Kind bekommen ... Unter den 100 Untersuchten gab es bis zum Zeitpunkt der Untersuchung weder Arbeitsunwillige noch Kriminelle" (Pickler 2001, 25).

Dem Baby die Freiheit zu geben, eigene Bewegungen zu entwickeln, ist eine Form der Anerkennung seiner Besonderheit. Es bedeutet auch, Vertrauen zu haben in die Entwicklung des Babys. Manche Babys können schon sehr früh den Kopf halten. Manche kommen über einen abgestützten Seitsitz zum Sitzen, manche krabbeln auf den Knien und den Händen (Knie-Händestütz), andere robben in einer sitzähnlichen Haltung.

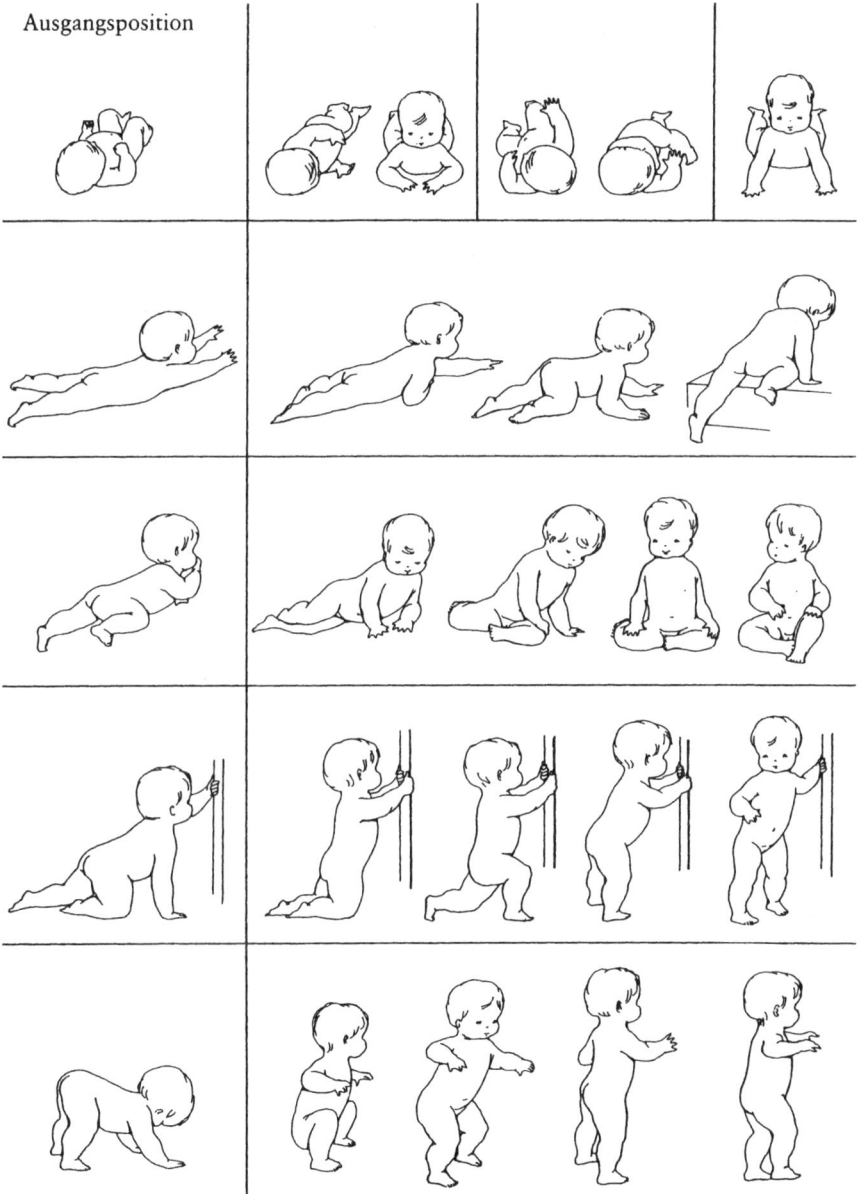

Abbildung 3: Verlauf der selbständigen Bewegungsentwicklung aus eigener Initiative (aus Pickler 2001)

Manche Kinder richten sich aus der Bärenstellung (Füße und Hände am Boden) zum Stehen auf, andere ohne Stütze aus dem Knien, manche halten sich an etwas fest. Es ist nicht wichtig, was das Baby alles kann, sondern wie sicher es ist. Lassen wir dem Baby Zeit, seinen eigenen Bewegungsablauf zu entwickeln, so wird es jede Bewegung mit Sicherheit machen. Eltern können ihr Baby beobachten und dabei wichtige Informationen über seine Persönlichkeit, seinen Charakter, seine Ausdauer und Frustrationstoleranz machen. Wenig hilfreich ist es, wenn die Eltern meinen, dem Baby gewisse Bewegungen beibringen zu müssen, es hinzusetzen oder aufzustellen. Das entspricht eher der Ungeduld und dem Ehrgeiz der Eltern und macht das Baby von den Eltern abhängig. Ein anteilnehmendes Beobachten des Babys vermittelt dem Baby Zuversicht und Freude der Eltern über die von Tag zu Tag bessere Koordination des Körpers. Der Glaube an die Fähigkeiten des Babys ermöglicht dem Baby, seine Beziehung zu seinem Körper, zu seiner Umgebung und zu seinen Eltern zu entwickeln. Setzen sich die Eltern auf den Boden neben das Baby, das bereits krabbeln kann, so kann es die Entfernung zur Mutter oder zum Vater selbst überwinden und kann aktiv die Nähe des Erwachsenen suchen und finden. Das Beobachten des Babys stellt eine bedeutsame Form des Kontaktes zwischen Eltern und Baby dar, das dem Kind die Erfahrung der Nähe der Eltern schenkt, ohne in seiner selbständigen Aktivität beeinträchtigt zu werden.

Zur Frage Bauchlage oder Rückenlage betont Pickler den größeren Bewegungsspielraum für das Entdecken der eigenen Hände und der Bewegung der Beine in der Bauchlage, wie die Abbildung 5 zeigt.

Wenn wir das Baby nicht verstehen, sondern über das Baby reden, ohne emotionalen Kontakt herzustellen, wenn wir seine guten und bösen Gefühle und Ängste nicht aufnehmen, entsteht ein Gefühl der Einsamkeit. Es geht also nicht um die ununterbrochene körperliche Gegenwart der Mutter oder des Vaters, sondern um deren Fähigkeit, emotional mit dem Baby in Kontakt zu kommen. Wenn das Baby immer wieder zurückgewiesen wird, kann es sich schließlich in seine Welt zurückziehen und lieber Zuflucht zu Phantasien nehmen, da es die Welt so feindlich und kalt erlebt, wie es Rühmkorpf in seinem Gedicht beschrieben hat. Ist der emotionale Kontakt fundamental gestört, so wird das Baby sich immer mehr in sich zurückziehen. Bei solchen missglückten oder gar nicht versuchten Kontakten zwischen Mutter und Baby sprechen wir von einem Mangel an emotionalem Aufbewahren (Containment).

Psychische Entwicklung des Babys

Ab dem vierten Monat kommt es zu einer qualitativen Veränderung in der Beziehung zwischen Eltern und Baby. Das Kind ist aktiver, angstfreier, kann bes-

a) Kennenlernen der eigenen Hand in Bauchlage

BEA

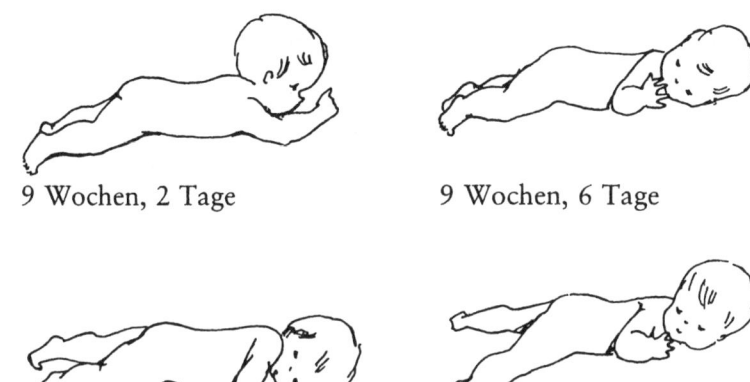

Alter: 9 Wochen, 2 Tage   9 Wochen, 6 Tage

10 Wochen, 2 Tage   12 Wochen, 2 Tage

b) Kennenlernen der eigenen Hand in Rückenlage

MONI

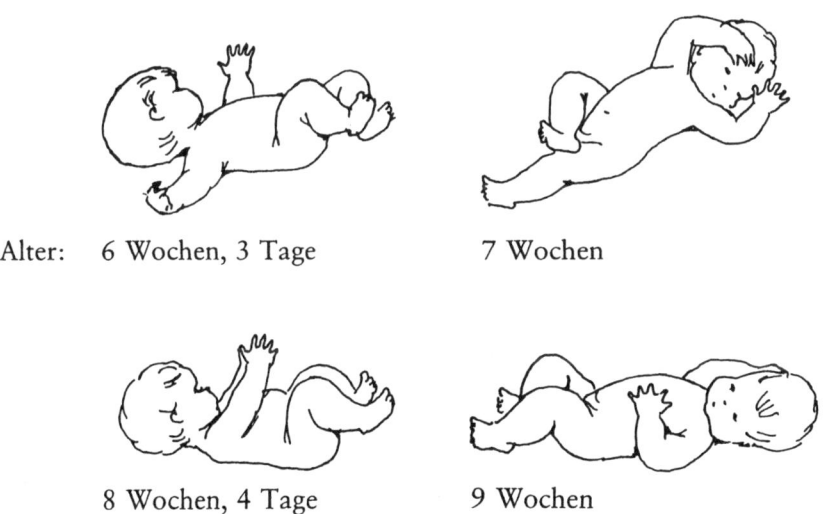

Alter: 6 Wochen, 3 Tage   7 Wochen

8 Wochen, 4 Tage   9 Wochen

Abbildung 4: Kennenlernen der eigenen Hand in Bauch- und Rückenlage (Pickler 2001)

ser warten, kann sich erinnern und kann lächeln. Das erste Lächeln des Babys ist für die Eltern ein großer, beglückender Augenblick. Das Baby zeigt noch deutlicher, dass es zwischen den vertrauten Personen und Fremden unterscheiden kann. Es ist insgesamt seelisch „kompakter", weniger verletzlich und vom emotionalen „Auseinanderfallen" bedroht.

Die Eltern beschreiben diesen Qualitätssprung als entlastend. Sie sind sich jetzt sicher, ihr Baby am Leben halten zu können. Es hat Gewicht zugenommen, hat richtige Fettfalten und runde Wangen, es beginnt neben dem Weinen und Raunzen auch differenzierte Laute (ooh, blasen, kehlige Laute) des Wohlbefindens von sich zu geben.

Diese qualitativ veränderte Beziehung hängt nicht nur mit dem psychischen Reifungsprozess zusammen, sondern auch mit der Fähigkeit des Säuglings, gute und böse Aspekte ein und derselben Mutter zuzuschreiben, d. h. die anwesende liebevolle Mutter als gute Mutter und die abwesende oder schimpfende Mutter als böse Mutter als eine Person zu sehen. Dadurch wird die Angst geringer, es entsteht eine Erinnerung. Es bleibt sozusagen hinter dem Bild der bösen Mutter auch die Erinnerung an die gute, freundliche Mutter lebendig. Piaget spricht von „Objektpermanenz". Gleichzeitig beginnt es, sich selbst langsam als eine Person mit guten und bösen Aspekten zu sehen. Piaget spricht von „Subjektpermanenz".

In dieser Phase treten neue Anforderungen an das Kind heran. Durch das Zahnen wird der Mund, bisher Ort des lustvollen Saugens und neben der Haut und dem Gehörsinn das aufnehmende Organ, zu einem Ort quälenden Schmerzes. Es tritt eine innere Unruhe auf, die vermutlich nicht nur mit dem Schmerz des durchstoßenden Zahnes zu tun hat, sondern mit der Besorgnis über den Zustand des mütterlichen Objekts und über den Zustand des eigenen Selbst. Die Integration der guten und bösen Aspekte bringt auch Sorge um sich und um die geliebten Personen (Objekte).

Das Kind lernt zu verstehen, dass die Mutter und der Vater eine von ihm unabhängige Existenz haben, d. h. nicht unter seiner allmächtigen Kontrolle stehen. Die Erfahrung, dass die Erwachsenen die heftige Wut und Phantasie der Zerstörung überleben, ist ein wichtiger Schritt, um zwischen Phantasie und Realität unterscheiden zu lernen. In einer Radiosendung der BBC gab Winnicott folgende Erklärung: „Wenn ein Baby vor Wut schreit und sich so fühlt, als habe es alle und alles zerstört, und es gelingt den Personen, die bei ihm sind, ruhig und unverletzt zu bleiben, so festigt diese Erfahrung die Fähigkeit (des Babys) einzusehen, dass das, was es als wirklich fühlt, nicht notwendigerweise wirklich sein muss; dass Phantasie und Tatsache beide wichtig, aber doch unterschiedlich von einander sind" (Audard und Grosz 2000, 1). Wir können diesen Gedanken weiterführen. Die ruhige Reaktion der Mutter oder des Vaters hilft dem Baby zu verstehen, dass seine phantasierten Wutattacken und die Angst, alles zerstört zu haben, nicht mit der Wirklichkeit übereinstimmen und die Eltern unverletzt und liebevoll bleiben.

Auch in Bezug auf das eigene Bild von sich tritt eine Veränderung auf. „Das bislang omnipotente Ich schrumpft auf eine realistische Größe zusammen", fasst Krejci (1999, 97) diese Veränderung zusammen. Es tauchen Gefühle der Trauer und Sehnsucht auf sowie der Wunsch, das in der Phantasie verletzte Objekt (Mutter oder Vater) wiederherzustellen. Melanie Klein hat auf die große Bedeutung der Fähigkeit, realen oder phantasierten Schaden wiedergutzumachen, hingewiesen. Diese Fähigkeit zu trauern und etwas wiedergutzumachen ist eine wichtige Voraussetzung für einen schöpferischen Prozess. So kann ein Baby, das die Mutter wild an den Haaren gezogen oder sie gebissen hat, sie danach lieb anlächeln oder sie streicheln. Es ist wichtig, dass Eltern diese Gesten der Wiedergutmachung und Versöhnung annehmen können und nicht so gekränkt sind, dass sie sich abwenden oder auf dieselbe Stufe wie der Säugling fallen und zurückbeißen.

Auch die Anerkennung der besonderen Nähe der Eltern als Paar trägt zur Akzeptanz der eigenen psychischen Realität bei. Schon sehr früh, während des ersten Jahres, zeigt das Baby, dass es die ganze Zuwendung von beiden – Papa und Mama – haben will. Gleichzeitig beginnt es, die besondere Qualität der elterlichen Beziehung zu erkennen, und versucht, sich oft demonstrativ zwischen sie zu drängen, um selbst im Zentrum zu sein und das elterliche Paar wenigstens einige Zentimeter zu trennen. Die Fähigkeit, die Eltern als Paar zu sehen, wird von Bion als wichtiges Modell des Zusammenfügens von unterschiedlichen Elementen im Denken gesehen, die einen Sinn ergeben.

Füttern, Stillen und Abstillen

Das gesteigerte Interesse an der Umgebung, den Geräuschen und visuellen Reizen verändert auch die Situation des Stillens. Das Stillkind lässt sich nun leichter von Bewegungen und Geräuschen ablenken. Viele Mütter erleben das als emotionale Zurückweisung, als ob nun alle anderen Dinge wichtiger wären als sie. Gleichzeitig kann es durch Blickkontakt beim Trinken, Festhalten des Pullovers oder des Fingers der Mutter auf einer anderen Ebene zu einer stärkeren Verbundenheit kommen. Viele Mütter fragen sich besorgt, ob sie genug Milch für ihr Baby haben. In früheren Jahren hat man Müttern empfohlen, Milch abzupumpen, als ob man nicht darauf vertrauen könnte, dass sich die Bedürfnisse der Mutter und des Babys auf einander einspielen.

Nach vier Monaten kann das Baby zusätzlich zur Milch auch andere Nahrungsmittel zu sich nehmen. Das Essen vom Löffel erfordert eine neue Fähigkeit, nämlich nicht zu saugen, sondern feste Substanz in den Mund zu nehmen und hinunter zu schlucken. Das gelingt am Anfang noch nicht gut und muss in kleinen Schritten geübt werden. Dieser neuen körperlichen Fähigkeit entspricht ein emotionales Selbständigwerden.

Der Vater, der vom Stillen fast ganz ausgeschlossen war, kann nun auch beim Füttern eine wichtige Position einnehmen. Ein Vater, der schon sehnsüchtig darauf gewartet hatte, seinem Sohn auch Nahrung geben zu können, bot ihm den Löffel mit dem Brei so an, dass das Baby langsam davon saugte und dann plötzlich mitten im Füttern einschlief – in derselben Art und Weise, wie es an der Brust eingeschlafen war, was den Vater sehr stolz machte. Das Zufüttern fester Nahrung stellt für das Still-Paar ein erstes Abschiednehmen von der Ausschließlichkeit des Stillens dar, ein Schritt in Richtung Loslösung und Selbständigwerdung.

Frage des Abstillens

Es gibt sehr viele verschiedene Formen des Abstillens, von einer fast beiläufig erfolgenden Verminderung der Mahlzeiten an der Brust bis zu einem abrupten Stop. Es gibt keine vorgegebene „richtige" Form des Abstillens. Jedes Still-Paar entwickelt die für beide passende Form. Manchmal kommt es den Müttern vor, als ob sich das Baby selbst abstillt, indem es deutlich Gefallen an der festen Nahrung entwickelt und seltener an die Brust will. Die Erfahrungen, die die Mutter selbst als Baby gemacht hat, sind jedem Menschen in Fleisch und Blut übergegangen. Sie bestimmen unser Handeln und liegen auf einer so tiefen Ebene, dass sie unserem Bewusstsein schwer zugänglich sind. Waren es glückliche Erfahrungen, so bewirken sie ein „instinktsicheres" Handeln, und dann gelingt es der Mutter fast ohne Probleme, auf die Wünsche des Babys nach mehr Selbständigkeit und Unabhängigkeit von der Brust einzugehen und schrittweise abzustillen. So erzählte eine Mutter, dass ihre Tochter fast unmerklich mehr feste Nahrung zu sich genommen hat, sie sich aber das Stillen am Morgen und am Abend bewusst für einige Monate erhalten hatte, weil ihr und ihrer Tochter so viel daran lag.

Ganz anders ergeht es Frauen, deren Mütter selbst große Probleme mit dem Stillen und Abstillen hatten. So kam Frau A. mit einem fast zweijährigen Sohn in die Eltern-Kleinkind-Therapie, da sie Probleme mit dem Abstillen hatte. Sie erzählte, dass es bei ihrer älteren Tochter auch schwierig gewesen sei. Sie sei dann mit ihrer Tochter zu ihrer Mutter gefahren, wo sie in drei Tagen abgestillt hatte, „während meine Mutter und ich abwechselnd das Baby herumgetragen haben". Sie hatte ihr einfach nicht mehr die Brust gegeben, und so sei ihre Tochter gezwungen gewesen, von der Flasche zu trinken. Ihre Tochter hätte damals sehr darunter gelitten, deshalb möchte sie es diesmal anders machen. Als ich sie später fragte, ob sie wisse, wie es ihre Mutter bei ihr gemacht hatte, begann sie zu weinen. „Mit meiner Mutter hatte ich immer eine schwierige Beziehung. Sie war überzeugt, dass ihre Milch schlecht, giftig sei. Meine ältere Schwester wurde von ihr gestillt und ist mit drei Monaten gestorben. Meine Mutter ist überzeugt, dass sie sterben musste, weil ihre Milch giftig war. Als ich geboren wurde, hat mich meine Mutter nur zwei Monate gestillt und dann rasch auf Flaschennahrung umgestellt, um mich zu retten. Ich habe immer schlecht gegessen, was sie auch auf die schlechte Qualität ihrer Milch zurückgeführt hat. Meine jüngere Schwester hat sie dann gar nicht gestillt, um sie zu schützen."

Das Abstillen des zweiten Kindes hat bei Frau A. vermutlich die große Last des frühen Todes ihrer älteren Schwester und ihrer Schuldgefühle lebendig gemacht. Zugleich vermittelt die Großmutter den Eindruck, man müsse mit allen Problemen alleine fertig werden. Ihre Entscheidung, therapeutische Hilfe in Anspruch zu nehmen, zeigt ihre Sehnsucht nach einer mütterlichen/großmütterlichen Person, die ihr zuhören und ihre Probleme ernst nehmen kann. Es war, als ob sie eine Erlaubnis brauchte, um herauszufinden, was ihr und ihrem Sohn gut tat.

Das Abstillen stellt einen wichtigen Reifungsschritt dar, der nur über Trauer um die verlorene Intimität erreicht werden kann, aber zugleich die Erfahrung einer neuen Dimension eröffnet. Das Essen fester Nahrung bietet dem Baby eine Vielzahl neuer Sinneswahrnehmungen, es sind verschiedene Substanzen mit neuen Geschmacksrichtungen, Farben und Formen. Dabei wird nicht nur der Mund, die Zunge und die Lippen einbezogen, sondern auch der Tastsinn. Mit Reis kann man Kugeln formen, Erbsen, Mais oder Karotten lassen sich angreifen und rollen. Anna Freud hat auf die Ähnlichkeit zwischen Essen und dem Interesse des Babys an seinen Körperausscheidungen hingewiesen. Ihr Rat war, dem Kind zunächst zu erlauben, das feste Essen mit den Händen anzugreifen, und seinen Forschungsdrang zu berücksichtigen. „Säuglinge und Kleinkinder begleiten schon das passive Gefüttertwerden mit gewissen Hand- und Fingerbewegungen, die einen Drang zur Aktivität anzeigen..., die auf die Handhabung der Speisen, auf das Spielen und Schmieren mit ihnen gerichtet ist... Wenn sie von der Umgebung toleriert werden, trägt die aus ihnen abgeleitete Anallust in erheblichen Maße zur Lust am Essen bei" (A. Freud 1946, 1056).

Das Füttern kann leicht in einen Machtkampf zwischen Mutter und Baby ausarten, wenn die Freude am Essen und die Selbsttätigkeit des Kindes zu kurz kommen.

Schlafen – Schlafprobleme

Die Entwicklung des Säuglings ändert auch sein Schlafverhalten. Im Alter zwischen vier bis 12 Monaten hat er gewöhnlich nur mehr zwei Schlafphasen während des Tages und kann durchschlafen. Unter „Durchschlafen" werden unterschiedliche Schlafzeiten genannt, Brazelton spricht von 8–12 Stunden, Daws

(1989) nennt die Zeit von 12.00 Mitternacht bis 5.00 Uhr in der Früh. Es handelt sich also um eine Blockzeit, die mindestens zwei vierstündige Schlafphasen umfasst, d. h. das Baby hat gelernt, alleine wieder einzuschlafen, wenn es aufwacht. In diesen Phasen des leichten Schlafs kann es sich unruhig bewegen, ganz an den Rand des Bettes robben oder auch ein bisschen weinen, meist bleiben aber dabei die Augen geschlossen. In einer Untersuchung (Moore und Ucko 1957) wurde herausgefunden, dass 70 % der Babys im Alter von drei Monaten, 83 % der sechs Monate alten Babys und 90 % der Einjährigen durchschlafen können. Der Zeitraum von fünf Monaten ist ein Meilenstein, danach ist es viel schwieriger, ihnen ein selbständiges Einschlafen zu ermöglichen. Es wird empfohlen (Brazelton 1992, Spock 1998), mit dem Baby nach dem Füttern ein Einschlafritual zu entwickeln: Vorlesen, Singen, Streicheln (aber keine aktivierenden Spiele), die das Baby ruhig werden lassen. Gewarnt wird davor, das Baby ein Fläschchen zum Einschlafen alleine ins Bett nehmen zu lassen. Jedes Baby hat Anspruch darauf, beim Füttern gehalten und berührt zu werden. Darüber hinaus ist es für die Zahnentwicklung sehr schlecht, und das Fläschchen bekommt eine zu große Bedeutung, die es bei Babys, die beim Füttern gehalten werden, nie erhält. Wenn ein gesundes Baby im Alter von 4 Monaten in der Nacht noch gefüttert wird, entspricht das nicht seinem physischen Bedürfnis, sondern ist auf ein erlerntes Verhalten zurückzuführen, das ein Durchschlafen verhindert.

Wenn das einjährige Baby morgens aufwacht, ist es gut in der Lage, sich selbst zu beschäftigen, Singübungen zu machen, Selbstgespräche zu führen und ein Zwitschern oder Krähen zu imitieren.

2.7 Entwicklungsgeschichte der Kinder Kelly und Max

Kellys Entwicklung vom vierten bis zum zwölften Lebensmonat

Im Alter von vier Monaten gab es eine große Umstellung im Leben von Kelly, da ihre Mutter wieder eine Teilzeitarbeit aufnahm. Die Großmutter mütterlicherseits zog für einige Wochen bei Kellys Eltern ein, bis sie ein passendes Haus in der Nähe gefunden hatte. Der Health visitor/Sozialarbeiter schlug Kellys Mutter vor, Kelly auch feste Nahrung zu geben, was aber nur einmal ausprobiert und dann wieder aufgegeben wurde.

Der Beobachter, der Kelly mit dem Babysitter beobachtete, beschrieb, wie Kelly die Brust vermisste. „Kelly scheint ganz unkontrollierbar in ihrem Kummer und ihrer verzweifelten Suche nach der Brust zu sein." Die Mutter stillte Kelly sofort, als sie nach Hause kam, und am Morgen nach dem Aufwachen. Der

Beobachter sah die Fortsetzung des Stillens als Kompensation für die lange Abwesenheit während des Tages. Aber wir können es auch als Hinweis darauf verstehen, dass Kelly und ihre Mutter diese Nähe beim Stillen brauchten, so als ob Kelly noch kein sicheres inneres Objekt einer guten Mutter entwickelt hätte. Vielleicht brauchte auch Kellys Mutter diese vertraute Nähe beim Stillen. Könnte es sein, dass Kelly unbewusst weiß, wie sie ihre Mutter glücklich macht, wenn sie deren Brust so dringend braucht? Ist das Stillen für die Mutter auch ein Ersatz für die fehlende erwachsene Sexualität? Der Beobachter beschrieb einige Szenen, bei denen sich Kellys Mutter leicht zurückgewiesen fühlte, wenn Kelly an ihrem Lätzchen oder an einem Beißring herumspielte. Sie machte dann zum Beobachter Bemerkungen, dass Kelly diese Sachen lieber hätte als die Nahrung, die sie ihr anbiete, und dass Kelly vielleicht auch ihren Vater lieber hätte als sie. „Kelly bestand darauf, die Brust sofort nach der Rückkehr der Mutter von der Arbeit zu bekommen." Vielleicht bedeutet es auch eine Genugtuung für Kellys Mutter, etwas zu haben, das niemand anderer Kelly bieten kann.

Als Kelly mit neun Monaten feste Nahrung bekam, durfte sie gleich auch einen Löffel in der Hand halten und versuchen, diesen in den Brei zu geben, umzurühren und ihn langsam auch in den Mund zu führen. Die Mutter oder der Vater hatten auch einen kleinen Löffel und füttern Kelly. Große Freude bereitete es Kelly, als sie geschickter mit dem Löffel umgehen konnte, abwechselnd einen Löffel in ihren Mund und ihn dann in den Mund der Mutter zu führen. Die Mutter machte dann den Mund auf und ließ sich füttern, wobei sie Kelly mit einer Hand half, den Löffel in den Mund zu bekommen. Die Mutter sagte, wie gut ihr das Essen schmeckt. Kelly lachte begeistert und öffnete nun ihren Mund, um vom Löffel der Mutter zu essen. Das Essen wird so zu einem vergnüglichem Spiel, bei dem die Rollen der Gefütterten und der Fütternden von Kelly und ihrer Mutter abwechselnd wahrgenommen werden. Damit nimmt die Mutter Kelly ernst und akzeptiert ihren Wunsch, auch die Mutterrolle einzunehmen.

Kelly interessierte sich sehr für den Körper der Mutter. „Kelly spielte mit dem Körper der Mutter, sie versteckte ihr Gesicht in Mutters Brust." Und später lesen wir: „Kelly spielte mit kleinen Figuren in einer Schachtel, die sie aufmachte und abwechselnd hinein und herausgab."

Wir verstehen das als Hinweis auf Kellys Interesse herauszufinden, was in der Schachtel drinnen ist, vielleicht auch als Wunsch zu wissen, was in Mutters Körper drinnen ist.

Bei Trennungen, wenn beide Eltern den Raum verlassen, kann sie ihre Gefühle klar ausdrücken:

„Als beide Eltern den Raum verließen, schaute Kelly ihnen entsetzt nach und stieß kurze dringliche Rufe aus, bis die Mutter den Vater ersuchte, ins Zimmer zurückzugehen. Als sich der Vater neben Kelly niedersetzte, wurde sie sofort ruhig und schaute vom Vater auf mich."

Diese Beschreibung erinnert an den Test von Mary Ainsworth „Fremde Situation", bei dem die Reaktion von einjährigen Kindern auf die Trennung von ihren Eltern in einer Laboratoriumssituation gemessen wird. Kellys Reaktion wird einem sicher gebundenen Kind zugeschrieben. Solche Kinder zeigen ihren Ärger, ihre Angst und ihren Kummer und weinen gerade deshalb, weil sie die Erfahrung haben, dass ihre Eltern sie nicht im Stich lassen. Sie haben Vertrauen, dass ihre Eltern auf ihr Schreien reagieren und zurückkommen.

Sozialer Kontakt
Kelly musste sich früh auf verschiedene erwachsene Personen, die sich um sie kümmerten, einstellen lernen. Zunächst war es eine Mutter mit einem gleichaltrigen Kind, Kim, später eine Babysitterin. „Kelly ist sehr an dem anderen Baby interessiert ... Sobald Kim zu ihr kam, richtete sich Kelly, die bisher noch nicht laufen konnte, auf. Insgesamt genoss Kelly die Gegenwart anderer Kinder und spielte viel mit ihnen." Können wir das so verstehen, dass Kelly von der Gegenwart Kims angeregt wurde und im Alter von einem Jahr wie er zu gehen begann? Diese Beobachtung zeigt, dass sich Kelly bei neuen Möglichkeiten gut entwickelt und stimuliert wird. Das scheint eine gute Basis für Lernen und Entdecken zu sein. Tatsächlich beschrieb der Beobachter, dass sie alle Gegenstände einer genauen, aber behutsamen Untersuchung unterzog und an allem interessiert war.

„Es gab auch viel Rivalität. Es war meistens Kelly, zumindest in den ersten Wochen des Arrangements mit zwei Kindern, die ein Spielzeug in der Hand hatte, das Kim unbedingt haben wollte. Kim versuchte, es ihr aus der Hand zu nehmen. Zunächst schien es Kelly egal zu sein, ob Kim ihr etwas wegnahm. Aber bald entwickelte Kelly einen starken Widerstand, sich diese Gegenstände entreißen zu lassen, ob es ein Buch, eine weiche Puppe oder ein Spiel war."

Kelly hatte natürlich den Vorteil, in ihrer vertrauten Wohnung zu sein und mit ihren Spielsachen zu spielen. Sie schien es zu lernen, sich zu behaupten und nicht zu weinen, sondern ihre Sachen festzuhalten. Sie hatte Kim vermutlich auch als Eindringling in ihr Reich empfunden und musste die Kinderfrau mit ihm teilen.

Die Großmutter mütterlicherseits war eine wichtige Bezugsperson für Kelly, die Beziehung wurde als „warm und unkompliziert" beschrieben. Der Beobachter schrieb: „Ich erinnere mich, wie die Großmutter heimkam, Kelly aufnahm und ihr ein Buch mit solcher Vorstellungskraft in ihrer Stimme vorlas, dass Kelly ganz begeistert war. Es war so ein Unterschied zu der eher unsicheren Haltung von Kellys Mutter, die es als persönliche Kränkung auffasste, wenn Kelly die Lust am Vorlesen verlor." Die Großmutter schien eine lebhafte Frau zu sein, mit viel Phantasie, die sie mit Kelly teilte.

Kelly hatte viele Spielsachen und beschäftigt sich auch gerne alleine, d. h. sie kann ihre eigenen Möglichkeiten nutzen, und die Eltern geben ihr Raum dazu.

Als sie krabbeln konnte, bewegte sie sich in alle Ecken des Wohnzimmers, und ihre Mutter blieb im Raum und schaute ihr zu.

Der Schritt, sich selbständig von den Eltern weg zu bewegen, wird in einer Beobachtung genau beschrieben:

„Kelly krabbelte in Richtung auf das Wohnzimmer von der Mutter weg. Bevor sie an der Türschwelle ankam, machte sie halt, wendete den Kopf, um über die Schulter die Mutter anzuschauen. Die Mutter lächelte Kelly an und schaute sie erwartungsvoll an: ‚Na, was ist mit dir?', fragte sie. Kelly wendete ihren Kopf wieder dem Wohnzimmer zu, hob eine Hand und bewegte vorsichtig ein Knie nach vorne. Mitten in der Bewegung hielt sie inne, wendete den Blick noch einmal ihrer Mutter zu, die sie weiter beobachtete. Mit einer jähen Entschiedenheit änderte Kelly ihre Richtung, wandte sich zur Mutter und krabbelte rasch zu ihr zurück. Die Mutter breitete ihre Arme aus, wartete bis Kelly bei ihr war, nahm sie auf und sagte lachend: ‚Du bist eine kleine Ausreißerin.' Sie gab Kelly einen Kuss auf die Haare und nahm sie auf ihren Schoß. Kelly schmiegte sich an ihre Mutter, wollte aber nach einigen Minuten wieder auf den Boden, um weiter zu spielen."

Diese Szene zeigt die Anziehung des neuen Zimmers, zu dem Kelly zunächst hinkrabbeln will. Doch der Blick zurück drückt gleichzeitig ihre Angst aus und ihren Wunsch, in den sicheren Schoß der Mutter zurückzukommen. Der Beobachter beschrieb in der nächsten Woche, wie Kelly an der Türschwelle nur kurz innehält, sich umschaut, um dann mit quietschenden lustvollen Tönen ins Wohnzimmer zu krabbeln. Vom ängstlichen, schutzbedürftigen Mädchen war sie zu einer Erforscherin neuer Bereiche geworden.

Kelly scheint als autonome Person wahrgenommen und ermutigt zu werden, ihre eigenen Erfahrungen zu machen. Sie besitzt auch eine Menge Kinderbücher, und alle drei Erwachsenen lesen ihr gerne vor, sie bekommt eine Menge Anregungen und Förderung. Wir lesen in der Beschreibung der Beobachtung:

„Kelly war ein gescheites, lebhaftes kleines Mädchen, mit großer Aufmerksamkeit für ihre Umwelt. Sie hat blonde Haare und blaue Augen. Sie ist schlank und beweglich. Sie erforschte alle Ecken des Zimmers in ihrem Spiel. Ihr Lächeln ist breit und freundlich. Sie hat ein ansteckendes Lachen und Sinn für Humor. Es machte ihr Spaß, Erwachsene in ihr Spiel einzubeziehen oder ein Buch vorgelesen zu bekommen, wobei sie genüsslich an ihrem Daumen lutschte. Oft war sie in ihr Spiel vertieft, ganz konzentriert saß sie ruhig da und spielte."

Ihre Konzentration und ihre Selbständigkeit sprechen für eine stabile Persönlichkeit. Ihr Interesse, Sachen und Räume zu erforschen, zeigt ihre Neugierde und ihren Forschungsdrang, in dem sie in behutsamer Weise ihren Wunsch, das Innere zu entdecken, integrieren kann. Beide Eltern scheinen Kelly eine anregende Umgebung schaffen zu können, die ihre Fähigkeit, zu symbolisieren und kreativ zu spielen, fördert. Ihr Vater, der Musik liebt, spielt ihr oft etwas vor oder singt mit ihr.

Kellys Entwicklung aus der Perspektive der Eltern

Kelly Mutter betonte, wie gerne Kelly auf ihrem Schaffell geschlafen habe. „Sie schlief darauf vom Tag an, an dem wir vom Spital nach Hause kamen ... und es wurde ihr transportables Bett. Wo ich auch hinging, rollte ich es ein, konnte es überall auf den Boden legen und sie schlief dann ... Als sie älter wurde, legte sie sich das Fell über ihr Gesicht und gab ihren Daumen in den Mund. Sie schlief so, bis sie zu Weihnachten in ihr Bett übersiedelte."

Kelly Mutter hat Verständnis für eine konstante Umgebung beim Schlafen und auch für Kellys Bedürfnis, ihren Daumen zum Einschlafen zu nehmen.

Das Stillen setzte die Mutter fort, bis Kelly 2½ Jahre alt war. Stolz erzählt die Mutter, dass Kelly feste Nahrung, die sie ihr auf Anraten mit vier Monaten angeboten hatte, abgelehnt und nur Muttermilch zu sich genommen hatte.

„Ich nahm sie überall hin mit. Ich fütterte sie in der Handelskammer in London, auf Bahnhöfen oder bei beruflichen Treffen ... Sie war nie ein Problem. Ich gab sie in ein Tragetuch. Das war es, was ich wirklich liebte, sie herumzutragen. Das war leicht. Sie konnte stundenlang im Tuch schlafen."

Das lange Stillen scheint auch stark den Bedürfnissen von Kellys Mutter entsprochen zu haben. Besonders nachdem sie begonnen hatte, wieder arbeiten zu gehen, genoss sie das enge Zusammensein am Abend und am Morgen. Das Angebot zu arbeiten freute Kellys Mutter sehr, da sie sich schon Sorgen gemacht hatte, ob man sich noch an sie erinnern würde. „Wie sicherlich viele Frauen, die ein paar Monate nicht arbeiten, hatte ich die Angst, dass ich meine Identität verliere und nur mehr eine Babymaschine bin." Das Arbeitsangebot gab ihr die Sicherheit, dass Leute ihre Arbeit schätzten und sie ihren Job gut machen konnte. Sie war rundum zufrieden und sagte: „Die ersten Monate, solange alles mit meinem Mann gut ging, fühlte ich, dass ich alles hatte: Meinen Job, meine Karriere, meinen Mann. Alles war O.K., ich fühlte mich sehr gut."

Diese Zeit ist eine Phase, in der Kellys Mutter den Eindruck hat, alles zu haben. Sie ist eine bewunderte Mutter, mit einem Baby, das sich gut entwickelt, das sie voll stillt, mit einem Mann und zugleich einer beruflichen Karriere. Als große Hilfe bezeichnet sie ihre Mutter, der sie Kelly auch über Nacht ohne Probleme anvertrauen kann. Sie kann auch anerkennen, dass ihr Mann ihr viel geholfen hat, sie ermutigt hat zu lesen und sich fortzubilden. Es klingt fast so uneingeschränkt positiv, ohne Bedenken und Sorgen, dass es einem Sieg in einem Wettkampf mit dem männlichen Prinzip entsprechen könnte: Jetzt hat sie gleichsam beides, die Attribute des weiblichen und die des männlichen Prinzips.

Diese Zeit war aber gleichzeitig eine schwierige für ihren Mann. „Er musste viel arbeiten, die Gefahr einer Kündigung drohte, seine Mutter bekam Krebs und starb."

Kellys Vater beschrieb dieses erste Jahr als große Veränderung in seinem Leben. Besonders da sich die Beziehung zu seiner Frau seit der Schwangerschaft verschlechtert hatte und sie ihn auch noch einige Zeit nach Kellys Geburt sexuell abwies, stellte das Baby „einen neuen Mittelpunkt" in seinem Leben dar. Sein Verdacht geht so weit, dass seine Frau nur ein Baby ohne einen Mann wollte und ihn daher nur benützte. Für Kelly hat er keine ehrgeizigen Ziele, sondern möchte, dass sie „selbstsicher ist ... Ich wollte nicht, dass sie ein Papa-Kind ist, sondern eine selbstsichere, ausgeglichene Person, die sie selbst sein kann, allen Dingen gegenüber."

Er selbst bezeichnete sich als taktile Person, die gerne physische Nähe hat. Auch Kelly berührte er gerne, streichelte sie als Baby und spielte mit ihr, trug sie viel und freute sich an ihrer Entwicklung. Ein verlässlicher Vater zu sein, war ihm wichtig, Kelly sollte immer zu ihm kommen können. Er war überrascht, wie sehr sie sich von Woche zu Woche veränderte. Als Vater wollte er versuchen, jeden Aspekt ihrer Persönlichkeit zu fördern.

Er meinte, ein Baby lerne viel durch Gewöhnung, deshalb sei es wichtig, Rituale und Regeln zu entwickeln, die selbstverständlich werden, sodass er ohne Strafen auskommen kann. Die Beobachtung, wie Kelly Ideen zum Spielen hatte und andere Kinder einbezog, freute ihn sehr. Während der Beobachtung ist er selten zu Hause, so dass der Beobachter ihn während zweier Jahre nur zwei Mal getroffen hat.

Maxens Entwicklung vom vierten bis zum zwölften Lebensmonat

Max war kein einfaches Baby, er weinte viel und wachte einige Male in der Nacht auf. Jedesmal bekam er die Brust, weil er sonst, meinte die Mutter, nicht einschlafen würde. Im Alter von neun Monaten gingen die Eltern mit ihm in eine Schreiklinik, um eine längere Nachtruhe zu haben. Der Mutter wurde geraten, das Füttern in der Nacht einzustellen, und tatsächlich konnte Max dann fünf Stunden durchschlafen.

In der folgenden Szene wird Max als vier Monate altes Baby von der Beobachterin beschrieben:

„Als ich kam, lag Max in seiner Ecke in der Küche etwas erhöht auf einem Polster, während seine Mutter das Abendessen vorbereitete. Er verlor seine Rassel und klagte leise. Als ich sie ihm in die Hand gab, verlor er sie wieder. Die Mutter erzählte mir, dass er Dinge jetzt richtig festhalten könne ... In den nächsten 30 Minuten wurde ich Zeuge einer sich steigernden ‚Unterhaltung' zwischen Max und seiner Mutter, von ‚piano' zu ‚fortissimo'. Maxens Mutter kochte und circa zwei Meter entfernt lag Max auf seinem Polster. Max schien das nicht für großartig zu halten, aber es war erträglich und er kommunizierte seine Verstimmung in einer Weise, die durchaus die Qualität von Sätzen, Kommentaren, Ausrufen und Fragen hatte, die seine Mutter jedes Mal beantwortet. In dieser hin und her gehenden Unterhaltung mit seiner Mutter wurde Max mehr und mehr frustriert und angespannt, obwohl er noch nicht weinte. Endlich gelang es ihm, die Mutter zu sich zu rufen. Sie nahm ihn samt dem Polster auf, sprach zu ihm und legte ihn dann in seinen Babystuhl, der ganz nahe bei ihr stand. Max war nun ruhiger und begann wieder mit seiner Konversation, während seine Mutter mit ihrem rechten Fuß mit ihm in Kontakt war. Aber nach fünf Minuten hielt es Max nicht mehr aus, er begann ärgerlich zu schreien und sich dabei zurückzuwerfen und loszubrüllen. Die Mutter fragte ihn, ob er es noch ein bisschen aushalten könne, bis sie fertig sei. Als er weiter weinte, nahm ihn die Mutter heraus. Sofort war Max ruhig, seine Welt schien wieder in Ordnung zu sein. Seine Mutter hielt ihn auf ihrer Hüfte, Max war sehr interessiert an ihrem Kochen und er beobachtete jede Handbewegung von ihr."

Diese kleine Szene zeigt, wie sehr Max auf die Stimme seiner Mutter reagiert. Sie antwortet ihm nicht nur, sondern versteht seine Laute als unterschiedliche Beiträge, die jeweils eine bestimmte Antwort erfordern. Max scheint näher bei der Mutter sein zu wollen, doch ihr gelingt es, ihm ein Warten zu ermöglichen. Die Verringerung des Abstandes zwischen ihnen und das Berühren mit ihrem Fuß hilft nur für ein paar Minuten, bis es ihm gelingt, ganz bei der Mutter zu sein und alle ihre Bewegungen, das Zubereiten des Essens für den Vater genau zu beobachten. Max wird von seiner Mutter unterstützt, kleine Frustrationen auszuhalten und die Erfüllung seines Wunsches, ihr physisch ganz nahe zu sein, hinauszuzögern. In dieser halben Stunde erhält er die Zuwendung der Mutter in vor-sprachlicher Form, er übt somit, sich sprachlich durch verschiedene Tonfolgen auszudrücken.

In mehreren Beobachtungen erfahren wir, dass Max, sobald sein Vater nach Hause kam, ruhiger wurde.

„Max saß in seinem Babystuhl, als sein Vater nach Hause kam. In dem Moment, wie Max das Öffnen der Türe und die Begrüßung der Eltern hörte, änderte sich sein Verhalten, er war aufmerksam gespannt. Doch er blickte weiter seine Mutter gespannt und überrascht an, die lachend sagte: ‚Schau nicht mich an. Dein Vater ist heimgekommen', wobei sie auf ihren Mann deutete, der vor Max stand und ihn aufmerksam anschaute. Max schaute seinen Vater an, lächelte und antwortete auf die Begrüßung seines Vaters mit freundlichen Lauten."

Der Vater stürzt sich nicht auf Max, sondern kann abwarten, bis seine Frau Max auf den Vater hinweist und Max die Geräusche des Kommens mit seiner Person verbinden kann. Auch wenn seine Eltern miteinander sprechen, ist Max ruhig. Sobald der Vater am Morgen das Haus verlässt, beginnt er zu „plaudern".

Bei einer anderen Beobachtung erfahren wir, dass „Max raunzig und unglücklich gewesen war, aber sofort ruhig wurde, als sein Vater nach Hause kam und ihn aufnahm".

In der Beobachtung von Max sehen wir, dass ihn seine Mutter in verschiedenen Dimensionen gut versteht und mit seinen Gefühlen in Kontakt ist, während es ihr in anderen Bereichen schwer fällt, sich Raum für sich zu nehmen. Die Mutter erzählte der Beobachterin, dass Max während der ganzen Therapiestunde geweint habe. Es scheint der Mutter schwer zu fallen, einen Raum zwischen sich und Max zuzulassen und sich um einen Babysitter für die Zeit ihrer Therapie zu kümmern.

Als Max vier Monate alt wurde, begann sich seine Mutter um eine Babysitterin umzusehen, da sie in zwei Monaten wieder arbeiten gehen wollte; sie unterrichtet in einer Schule für Kinder mit besonderen Bedürfnissen. Als Vorbereitung für diese Trennung begann Maxens Mutter, ihn teilweise abzustillen. „Ohne Probleme konnte ihn die Mutter untertags von der Brust auf die Flasche umstellen. Mit sechs Monaten bekam Max drei Mahlzeiten mit dem Löffel, die er mit großem Appetit verzehrte. In der Nacht stillte sie ihn, wenn er aufwachte, üblicherweise drei Mal jede Nacht... Manchmal war es schmerzlich zu beobachten, wie verzweifelt Max die Nähe des Stillens suchte, während seine Mutter so tat, als ob sie es nicht bemerkte, oder sein Reißen am Pullover ignorierte und darauf bestand, ihm entweder im Babystuhl zu füttern oder gar nicht."

Auch für die Beobachterin war es schwierig, das Abstillen mitzuerleben. Untertags schien Maxens Mutter konsequent geblieben zu sein, in der Nacht ließ sie aber alles zu, sodass er keinen richtigen Schlafrhythmus entwickeln konnte. Erst als beide Eltern von den unterbrochenen Nächten so erschöpft waren, nahmen sie eine Beratung in Anspruch.

Das Füttern mit dem Löffel wird ausführlich beschrieben:

„Das Füttern mit dem Löffel fand ohne Ausnahme immer so statt, dass Max sich auf seinen Babystuhl zurücklehnen musste. Seine Mutter kauerte sich neben ihn auf den Boden, in einer Position, die nicht immer bequem aussah. Sie fütterte ihn nie auf ihrem Schoß sitzend oder in einer anderen Position, bis er acht Monate alt war (und dann groß genug für den Hochstuhl). Der Grund für das Füttern im Lehnstuhl scheint zu sein, dass dabei nichts schmutzig wurde, da Max weder nach dem Teller noch nach dem Löffel greifen konnte. Der Löffel war immer schon für ihn bereit, bevor er noch den vorhergehenden hinunter geschluckt hatte. Jedes Mal wurde der Löffel ordentlich in seinen weit geöffneten Mund geschoben, nachdem er „gereinigt" wurde, indem seine Mutter ihn in ihrem Mund hatte, ‚um zu schauen, dass es nicht zu heiß war'."

Die Art des Fütterns, die Maxens Mutter gewählt hat, zeigt ihre gemischten Gefühle. Einerseits möchte sie Max ein wenig Unabhängigkeit von ihrer Brust ermöglichen, andererseits hindert sie ihn, selbst die Nahrung zu berühren und in den Mund zu stecken. Beim Füttern geht es nicht nur um Nahrungsaufnahme, sondern immer auch um Autonomie und Macht. Max hat in seiner Position nur die Möglichkeit, seinen Mund aufzumachen und den Löffel mit der Nahrung hineinzulassen oder den Kopf weg zu drehen. Beim Zuschauen ist es auch verwirrend, man weiß nicht genau, wer gefüttert wird, wenn jeder Löffel zuerst im Mund der Mutter ist, bevor er zu Max wandert. Es erinnert eher an ein Füttern von Vögeln, wo die Mutter die Nahrung zuerst in ihrem Schnabel hat, bevor das Junge sie nimmt. Die Mutter bestimmt und ist aktiv, während Max durch seine liegende Position wenig Bewegungsmöglichkeiten hat. Wie wir erfahren, ist es Max, der durch seinen Protest eine Veränderung herbeiführt. Die Beobachterin schrieb:

„Als Max acht Monate alt war, begann er, immer stärker gegen das Zurücklehnen beim Füttern zu protestieren. Schließlich antwortete seine Mutter mit der Frage: ‚Bist Du schon ein großer Bub geworden?', die den Übergang zum Füttern im Hochstuhl markierte. Während der nächsten Monate versuchte seine Mutter immer wieder, die liegende Haltung im Lehnstuhl beizubehalten, aber Max setzte sich schließlich durch, da er es nicht mehr tolerierte, zurückgelegt zu werden und sich passiv füttern zu lassen."

Diese Beobachtung vermittelt die enorme Kraft, die in kleinen Babys steckt, wenn sie selbständig sein wollen und schließlich mit Beständigkeit und Ausdauer die Mutter dazu bringen, sie das Essen selbst nehmen zu lassen. Der Wunsch, groß und selbständig zu werden, ist eine enorm hilfreiche Kraft beim Erziehen der Kinder. Auch wenn die Mutter von Max jeden Tag drei Mal versucht, die passive Fütterung durchzusetzen, kann sich Max wehren. Er protestiert immer stärker, dreht den Kopf weg, lässt sich nur mehr schwer zurücklehnen, bis die Mutter schließlich akzeptiert, dass er sitzen will. Aber wir sehen weiter, dass der Einfallsreichtum der Mutter auch weiterhin verhindert, dass Max selbst essen lernt. Wir lesen weiter unten:

„Seine Mutter versuchte, Max daran zu hindern, mit dem Essen herumzuspielen, indem sie ihm Spielsachen gab, um ihn abzulenken, während sie ihn fütterte. Üblicherweise war es ein Behälter, in dem man Holzstücke in verschiedener Form hineinstecken kann, so wie seine Mutter Löffel für Löffel in seinen Mund beförderte. Füttern schien zu bedeuten, Max von dem abzulenken, was geschah, damit seine Mutter Löffel für Löffel in seinen Mund schwindelte. Oft war Max aber nur dann bereit, seinen Mund aufzumachen, wenn er zur selben Zeit einen Würfel in seinen Behälter stecken konnte."

Wenn Max einen Klotz in den Behälter schiebt, ist er der Aktive, so als ob er den Behälter füttern müsste, nur dann lässt er sich von seiner Mutter etwas in den Mund stecken.

Max spielt enorm gerne mit Wasser und Sand und ist lange Zeit damit beschäftigt, die Blumen im Garten mit einem kleinen Gefäß zu gießen und Wasser ein und aus zu leeren.

Mit elf Monaten beginnt er zu gehen, nachdem er sich mit großer Begeisterung von einem Gegenstand zum anderen weitergehangelt hat.

Maxens Entwicklung aus der Perspektive der Eltern

Die ersten drei Monate mit Max waren eine große Veränderung für Maxens Mutter, sie sprach von einer „fundamentalen Veränderung in meinem Leben, grundsätzlich sehr positiv, in vielen Bereichen sehr positiv". Das Leben zu dritt war eine „große, neue Realität". Erst als Max vier Monate alt war und sie das erste Mal am Abend ausging, bemerkte sie, wie sie sich mit ihm fast eingesperrt hatte. Sie sagte: „Ich ging das erste Mal aus, vier Monate, nachdem ich Max bekommen hatte ... Wir gingen ins Theater, und ich sah alle diese Erwachsenen an der Bar stehen und sich unterhalten. War das die ganze Zeit so weitergegangen, während ich nicht dabei war? Ich war total erstaunt, so als ob ich nicht glauben konnte, dass sich die Welt nicht fundamental verändert hatte."

Ihre innere Veränderung durch die Mutterschaft und die neue Familie sind so überwältigend, dass Maxens Mutter überrascht ist, dass außen alles gleichgeblieben ist, als ob die Welt für sie mit einem Kind nicht mehr dieselbe gewesen wäre. Wir können daran sehen, wie fundamental ihre Befürchtungen gewesen sein dürften, kein gesundes, glückliches Baby gebären und eine gute Mutter sein zu können.

Dieser Zeitpunkt mit vier Monaten war auch die Zeit, in der Maxens Mutter begann, sich innerlich mit der Rückkehr in den Arbeitsprozess zu beschäftigen. Ursprünglich wollte sie gleich wieder voll arbeiten gehen, aber nach den realen Erfahrungen mit Max wollte sie ihn nun nicht so viel alleine lassen, und sie konnte es so einrichten, dass sie nur zwei Vormittage pro Woche unterrichtete. Sie fand eine sehr nette, fast fünfzig Jahre alte Frau, die sie als „mütterliche" Person beschreibt, die selbst einen elfjährigen Buben hatte. „Sie war eine warme, wundervolle Frau und ich fühlte mich ganz sicher, Max bei ihr zu lassen. Als sie nach einem Jahr kündigte, war ich entsetzt ... Ich wollte, dass sie länger bleiben sollte." Die Therapie, die Maxens Mutter während dieser Zeit machte, half ihr, ihre Sehnsucht nach einer mütterlichen Person nicht nur für Max, sondern auch für sich selbst zu akzeptieren und eine passende Person zu finden. Die Beziehung zu ihrer Mutter blieb sehr gespannt. Auch die Beziehung zur Babysitterin, die sie danach fand, eine deutsche Frau, wurde eher eine Freundschaft.

Das viele Schreien von Max hatte auch einen körperlichen Grund: vermutlich hatte er öfter eine Blasenentzündung. „Er war anfällig für Krankheiten. Vom Alter von 6 Wochen an hatte er ständig Verkühlungen, Schwierigkeiten zu atmen. Er atmete so laut und schnarchte, dass wir ihn nicht in unserem Bett haben konnten, weil ich nicht schlafen konnte." Das erste Jahr war von der Sorge um Maxens Gesundheit gekennzeichnet. Die Probleme wurden nur ganz zufällig entdeckt. Die Mutter beschrieb es so:

„Bei unserem ersten Deutschlandbesuch, als Max fünf Monate alt war, hatte er einen Unfall, er fiel von einem schmalen Bett herunter und wir gingen mit ihm ins Spital. Und dort fanden sie das heraus über diese kleine Niere ... ganz zufällig. Er bekam dann Antibiotika, um die zweite Niere ohne Infektionen gesund zu halten. Seither geht es sehr gut, er ist gesund."

Erst nach dieser zufällig durchgeführten Diagnose im Spital konnten die Eltern Max mit Antibiotika behandeln, seine Harnwegsentzündungen hörten auf und er weinte weniger.

Max hatte eine durchwegs positive Auswirkung auf die Beziehung seiner Eltern. Die Mutter beschrieb es so: „Max machte einen großen Unterschied. Wir beide hatten eine Beziehung zu ihm, wir beide liebten ihn und wollten, dass er bei uns ist. Als ob er unserer Beziehung erst eine endgültige Form gegeben hätte ... Wir sind beide sehr fürsorgliche Personen ... Und auch unser sexuelles Leben wurde besser. Es ist wirklich erstaunlich, da gab es all diese schrecklichen Erzählungen von Leuten, dass sie nach der Geburt nicht mehr Sex hätten, dass nach der Geburt alles weg gewesen sei. Bei uns war es viel besser ... Nach der Geburt, nach einem Monat, hatten wir behutsam Sex. Ich fühlte mich viel freier. Das war ein großer Unterschied zu meiner Freundin, die einige Jahre brauchte, um wieder sie selbst zu sein. Ich fühlte, dass ich sehr rasch wieder zu mir zurückfand."

Nach der Diskussion des wichtigen Themas, dass viele Paare nach der Geburt Schwierigkeiten haben, ihre Paarbeziehung wieder lebendig werden zu lassen, ist es wichtig zu hören, dass Max für beide Eltern eine Bereicherung ihrer ehelichen Beziehung darstellte und die gemeinsame Liebe zu ihm ein neues, faszinierendes Band und eine gemeinsame Erfahrung schuf. Maxens Mutter war während der ersten Jahre auch in Psychotherapie, und das scheint ihr auch geholfen zu haben, ihre enge, schuldbewusste Beziehung zur Mutter zu lockern und ihr eigenes Leben zu leben.

Die gemeinsame Sorge um Max, der ein eher schwieriges Baby war, scheint harmonisch verlaufen zu sein. „Mein Mann wollte am Bemuttern von Max teilnehmen. Es war, als ob wir einander fragten: ‚Kann ich ihn jetzt halten?' Es gab aber auch Zeiten, wo wir beide genug hatten, wenn wir zehn Mal in der Nacht aufgestanden waren."

Ihre Fähigkeit, ihren Mann an der Pflege und Sorge um das Baby teilnehmen zu lassen, schuf vermutlich eine zusätzliche Verbundenheit der Eheleute.

Ausführlich schildert Maxens Mutter, wie sie sein allnächtliches dreimaliges Aufwachen mit Hilfe der Ratschläge der Schlafklinik lösten:

„Mit neun Monaten wachte Max noch immer drei Mal in der Nacht auf, deshalb gingen wir in eine Schlafklinik. Sie sagten mehr oder weniger, dass er sich daran gewöhnt hatte, herausgenommen und zum Einschlafen herumgetragen zu werden und dass er nicht wüsste, wie er alleine einschlafen könnte. Wir nahmen ihm sozusagen die Arbeit ab. So führten wir ein striktes Regime ein, bei ihm zu bleiben, aber ihn alleine einschlafen zu lassen. Wir legten ihn ins Gitterbett, er brüllte los, als ob er nie aufhören würde ... Wir blieben im Raum und sprachen ein bisschen, so dass er wusste, dass wir da seien, aber ihm nicht helfen würden. Es war schwirig, wir fühlten uns grausam."

Dieses Training verlief sehr erfolgreich, und nach einer Woche konnte Max alleine einschlafen. Die Eltern konnten Max erst dann loslassen, als sie erkannten, dass sie etwas für ihn taten, was er alleine lernen sollte. Nachdem dieses Herumtragen und Füttern in neun Monaten zum festen Verhalten geworden war, empfanden es alle Betroffenen schmerzlich, diese Gewohnheit wieder zu verändern.

Maxens Vater betonte die schwierigen ersten sechs Monate, in denen beide sehr, sehr müde waren, weil Max so viel geweint hatte, bis sein Nierenproblem festgestellt wurde. Vermutlich hatte er häufig Nierenentzündungen. Seine erhöhte Temperatur hatten sie eher auf Verkühlungen zurückgeführt. Max war ein unruhiges Kind. Der Vater wechselte häufig die Windel und tat es gerne. Ein Kind zu haben, war eine Bestätigung für ihn. „Ich hatte meine Arbeit, eine konstante Arbeit über viele Jahre. Nun war das Kind da und ich dachte, die wichtigsten Elemente meines Lebens stimmen." Die große Befriedigung für Maxens Vater scheint auch darin bestanden zu haben, dass Max ihm das Gefühl gab, sich von einem sterilen Mann in einen fruchtbaren und erfolgreichen Vater verwandelt zu haben. Die Nachricht von der Nierendeformation war so schockierend, weil Maxens Vater Angst hatte, dass Max, der ihm solche Freude bereitete, ihm wieder weggenommen werden könnte. Erst ein Experte konnte ihn beruhigen. Er wurde sich bewusst, wie fragil und verletzlich er selbst war, noch dazu war Max sein einziges Kind.

Beide Elternteile scheinen einander noch mehr zu lieben, nachdem der Vater seine Frau zugleich als Mutter seines Sohnes und sie ihn als Vater ihres Sohnes anzuerkennen gelernt hatte und sie einander dafür dankbar waren.

Dieser Beschreibung von den beiden beobachteten Familien sollen weitere Beispiele folgen, ein Beispiel von Julian aus einer frühen Eltern-Kleinkind-Therapie und ein Beispiel von Malcolm, der erst mit neun Jahren eine Kinderanalyse machte, dessen erstes Lebensjahr aber traumatisierend war.

2.8 Entwicklungsgeschichte der Kinder in Therapie

Schwierigkeiten in der Eltern-Kleinkind-Beziehung: Julian

Eine sehr bekannte belgische Psychoanalytikerin, Watillon-Naveau (1999, 24f), die mit einer Familie mit einem kleinen Baby arbeitet, beschreibt die Therapie mit Julian und seinen Eltern.

„Er war fünf Wochen alt, als sich seine Eltern an die Therapeutin wandten, da er nie aufhörte zu weinen. Julian schlief in seinem Maxi-Cosy, als ihn seine Eltern auf meine Couch stellten. Die Mutter zog ihm die Jacke aus, und das Baby öffnete seine Augen. In der Nacht schlafe er sechs oder sieben Stunden lang im Bett der Eltern, aber untertags nicke er nur immer wieder für zehn Minuten ein. Er werde fünf Mal am Tag gestillt, er wache dann auf und sei kaum zu beruhigen, obwohl die Mutter alles versuche, ihn herumzutragen, ihn zu wiegen. Wenn sie ihn endlich beruhigt habe und ihn ins Bettchen zurücklegen wolle, fange er wieder an, verzweifelt zu weinen. Sie komme nicht einmal dazu, sich um ihre eigenen Bedürfnisse zu kümmern, wie essen und sich anziehen. Während der Vater Julians Schwierigkeiten so beschrieb, war Julian ruhig. Aber als die Mutter wieder zu sprechen begann, fing er zu wimmern an. Dann schrie er mit einem schrillen Schrei auf. Die Therapeutin sagte, sie habe so ein schrilles, durchdringendes Weinen noch nie gehört, und sie zeigte sich sehr besorgt. Sie sagte zu dem Baby, dass sie sehe, wie sehr er leide. Da stand die Mutter auf und fragte die Therapeutin, ob sie Julian herausnehmen dürfe, die darauf antwortete, als Mutter wisse am besten, was für ihr Baby das beste wäre."

Julian blieb während der ganzen Stunde auf dem Arm seiner Mutter und weinte immer wieder. Die Therapeutin fragte nach Julians Geburt und der Schwangerschaft. Er war ein sehr erwünschtes Baby gewesen, und die Geburt war normal verlaufen. Sieben Jahre vorher hatte die Mutter eine Fehlgeburt gehabt. Drei Jahre vorher war ein Baby, ein Mädchen, knapp vor der Geburt gestorben – wegen eines Lungenödems im Fruchtwasser erstickt. Während Julians Schwangerschaft waren die Eltern beruhigt worden, sie hatten eine Fruchtwasseruntersuchung gemacht. Nach Julians Geburt war die Mutter sicher gewesen, dass ihm etwas zustoßen würde. Die Therapeutin deutet: „So, als ob sie kein Recht auf ein lebendiges Baby hätten?" „Genau", erwiderte die Mutter. „Genau, ich verdiene keines." Als sich die Therapeutin erkundigte, warum sie das so empfinde, erzählte die Mutter eine lange Geschichte von zwei früheren Abtreibungen. Die erste wäre begründet gewesen, weil sie zwar ihren Mann damals schon gekannt hatte, aber noch sehr jung gewesen sei. Wegen der zweiten Abtreibung mache sie sich allerdings große Vorwürfe. Ihr Mann sei damals noch nicht geschieden gewesen, und deshalb hatten sie beschlossen, das Kinderkriegen zu verschieben.

Ihre Mutter habe Julians durchdringendes Schreien mit dem Schrei eines Ertrinkenden verglichen. Die Mutter verknüpfte das sofort mit der Art, wie ihre Tochter gestorben war: sie stellte sich vor, wie ihr Baby im Fruchtwasser ertrunken sei. Sie fügte hinzu, dass sie das alles längst vergessen und erst jetzt wieder daran gedacht habe. Die Therapeutin gab zu überlegen, ob Julians Weinen mit ihrer Vorstellung vom Tod dieses Mädchens zu tun haben könnte. Die Mutter antwortete: „Manchmal, wenn ich ihn anschaue, sehe ich das Gesicht des toten Babys in den Zügen meines Sohnes."

In diesem Moment hörte Julian zu weinen auf, entspannte sich und schlief in den Armen der Mutter ein. Die Mutter wurde auch ruhiger und weicher. Julians Weinen nahm ab und verschwand innerhalb der nächsten Tage.

Diskussion

In dieser Falldarstellung zeigt die Therapeutin, wie die junge Mutter ihre unbewussten Schuldgefühle und Bestrafungsphantasien für die beiden früheren Schwangerschaftsunterbrechungen nicht verarbeitet hat. Der Tod ihrer Tochter im Mutterleib war vermutlich für sie wie ein Beweis ihrer Erwartung, bestraft zu werden. Da diese Gefühle unerträglich für sie gewesen sein dürften, konnte sie darüber nicht bewusst nachdenken. Sie projizierte sie auf ihren Sohn, Julian, der unter dieser Last zusammenbrach und weinte. Nur in der Nacht, wenn die Mutter auch schlief, konnte er sich entspannen und schlafen. Untertags scheint er von den unbewussten Phantasien der Mutter bombardiert worden zu sein. Die Großmutter und die Therapeutin haben die besondere Qualität des durchdringenden Weinens von Julian erkannt und in Worte gefasst. Durch das Verstehen und Verarbeiten der ausgedrückten schrecklichen Gefühle konnte die Mutter dann über die bis dahin nicht zugänglichen Gefühle bei den beiden frühen Abtreibungen sprechen.

Dieses Phänomen, dass kleine Kinder unmittelbar darauf reagieren, wenn in der Therapie jemand der Mutter zuhört und auf ihre Ängste, Aggressionen oder ihre Verzweiflung eingeht, lässt sich immer wieder beobachten. So konnte ein kleiner Junge, Robin, der sich an seine Mutter anklammerte, den Schoß der Mutter erst dann verlassen und spielen, als seine Mutter mir ihren Kummer um das unerklärliche Verschwinden ihres Vaters, als sie 13 war, erzählte (Diem-Wille 2000). Ich spreche daher von den Kleinkindern in der Eltern-Kleinkind-Therapie als „Katalysatoren", weil sie durch ihr Verhalten wichtige Probleme der Eltern sichtbar machen (vgl. Watillon-Naveau).

Dieses klinische Material zeigt, wie die Therapeutin ihre Beobachtungen der Interaktion zwischen Eltern und Baby nützt, indem sie diese Beobachtung mit den Eltern teilt und ihnen dadurch ermöglicht wird, ihr Baby aus einer neuen Perspektive zu sehen.

Dazu ein Beispiel einer Mutter, die mit ihrem Baby in Therapie kommt, weil es unterbrochen gefüttert werden will, und vom Therapeuten beobachtet wird, wie sie das friedlich und interessiert spielende Kind unterbricht und ihm das Fläschchen fast mit Zwang in den Mund schiebt (vgl. Dornes 1997). Erst das erstaunte Reagieren der Mutter auf diese Beobachtung ermöglichte es, das Problem eher als ihr eigenes Wahrnehmungsproblem zu sehen. Sie war überzeugt gewesen, das Baby sei hungrig. Danach kann besprochen werden, wie sie als Kind hungrig nach der Zuwendung ihrer Mutter gewesen war, die ihr nicht die nötige Aufmerksamkeit schenken konnte.

Ich will noch ein weiteres Beispiel anfügen, das zeigt, wie ein frühes Problem in der Beziehung zwischen Eltern und Baby erst nach neun Jahren bei dem Jungen sichtbar wird und viel schwieriger zu bearbeiten ist als ein aktuell entstehendes Problem im ersten Lebensjahr.

Das geschlagene Baby: Malcom

Malcoms Mutter wurde von den Lehrern und der Horterzieherin darauf aufmerksam gemacht, dass er unerträglich aggressiv und provokant sei. Er streite mit den anderen Jungen, einmal habe er ein Kind voll Wut vor ein vorbeifahrendes Auto gestoßen, das nur knapp abbremsen konnte.

Als die Mutter bei mir zu einem Vorgespräch erschien, wirkte sie wie ein verlorenes junges Mädchen, das Hilfe braucht. Sie erzählte, dass ihr neunjähriger Sohn, Malcolm, das älteste von drei Kindern sei. Zu Hause schwanke sein Verhalten zwischen Ängstlichkeit, Alpträumen und aggressivem, brutalem Verhalten seinen beiden Brüdern gegenüber. Er wache in der Nacht schreiend auf und lasse sich nicht beruhigen. Er träume von einem Monster, das alle auffrisst. Im Zeichentest sieht er sich als kleinen Hasen. Als Baby habe er sehr viel geweint, sein Vater meinte, sie verwöhne ihn, wenn sie ihn herausnehme. Sie selbst sei sehr jung gewesen und habe keine Ahnung von Babys gehabt. Der Vater habe das Baby bereits im Alter von vier Monaten brutal geschlagen, es geschüttelt und mit dem Kopf an die Wand gestoßen. Auch sie habe er geschlagen. Nach einem Spitalsaufenthalt zeigte sie die Misshandlung an, ihr Mann wurde eingesperrt und in sein Heimatland abgeschoben. Als sie den Vater von Malcom später besuchte, schrie und weinte Malcom jedes Mal, wenn der Vater ins Zimmer kam, und flüchtete in die Arme der Mutter. Dieses Verhalten provozierte den Vater, der ihm dieses Verhalten mit Schlägen austreiben wollte. Die Mutter fuhr nach London zurück. Bei einer Versöhnung einige Monate später wurde sie wieder schwanger und kehrte nach England zurück, wo sie ihren zweiten Sohn zur Welt brachte, als Malcolm 14 Monate alt war. Ihr dritter Sohn stammt von einem anderen Vater, der aus demselben Land kommt wie Malcolms Vater. Malcom konnte bei der Rückkehr nach London nichts essen, konnte nicht schlucken, schlug um sich und randalierte.

In den ersten beiden Therapiestunden war Malcolm sehr eifrig, wollte rasch mit allem spielen, als ob es sich um eine Aufnahmeprüfung handelte. Er beeindruckte mich durch seine rasche Auffassungsgabe und seine Fähigkeit, seine Gefühle auszudrücken. So zeichnete er seine Familie als Blumen: seine Mutter, er, sein Bruder, sein kleiner Bruder. Dann drehte er das Blatt um und zeichnete eine Reihe von Monster, die sich an den Händen hielten. Als er die Zeichnung am Fenster befestigte, scheinen die Monster durch die freundlichen Blumen durch. Er sagte: „Das ist meine Familie." Auf meine Deutung, dass hinter den freundlichen Blumen die Monster, die ihn in der Nacht bedrohen, erschienen, reagierte er mit Zustimmung. Er schien entlastet, dass jemand beide Seiten gleichzeitig sehen konnte.

Abbildung 5: Zeichnungen von Malcolm Vorder- und Rückseite

Malcolm zeigt, dass hinter seiner Destruktivität und Gewalttätigkeit, die er nicht kontrollieren kann, Hilflosigkeit und Ängstlichkeit stehen, die ihn oft in einen Zustand der Niedergeschlagenheit und Apathie fallen lassen. Er denkt, dass er in Therapie kommen soll, weil er im Frühling oft nicht atmen kann.

Der Verlauf der Therapie war dramatisch. Kaum war er sicher, dass er hier einen Platz hatte, fiel die fröhliche Fassade zusammen. Er saß da, legte seinen Kopf auf den Tisch und war wie versteinert. Mein Verstehen, wie verzweifelt und einsam er sich fühlte und dass er sich ganz in sich zurückzog, weil er kaum Hoffnung hatte, dass irgend jemand auch ihn verstehen könne, drangen zu ihm durch. Er hatte den Eindruck, dass noch nicht 40 Minuten, sondern erst 14 Minuten vergangen seien.

Danach kam eine Phase, in der er darum kämpfte, mich ganz für sich zu haben. Er zeigte große Eifersucht auf alle anderen Kinder und wollte mich in der Praxis einsperren, die Türe zukleben, mich fesseln, bis er am nächsten Tag wieder käme. Gleichzeitig machte er mir aus Spagat kunstvolle Ketten. Er sprang auf der Couch herum, machte Salto und andere gewagte Kunststücke, um meine Bewunderung zu erregen und seine erotischen Wünsche mir gegenüber auszudrücken.

Schon nach den ersten Wochen stellte die Mutter eine große Veränderung bei Malcolm fest. In der Schule lernte er ausgezeichnet, er bekam nur mehr Einser und Zweier. Im Hort gab es keine Klage mehr.

In den Therapiestunden wuchs jedoch seine Gewalt, die einerseits mit den Trennungen zu tun hatte, andererseits hatte seine Mutter einen neuen Freund, der zu dieser Zeit in die Wohnung einzog. Die sehr sichtbare und hörbare Sexualität des Paares beunruhigte und erregte Malcom. Er sprang auf der Couch, bis er ganz verschwitzt ist, wollte sich bei mir duschen und seine „schmutzigen Füße" waschen. Vor der Weihnachtspause wurde er wütend, schmierte die ganzen Wände mit braunem Wachsstift voll, schrieb Schimpfworte wie „Behinderte" hin, verhöhnte mich und spottete mich aus. Seine Verwirrung zwischen Sexualität und Gewalttätigkeit wurde auch durch äußere Eindrücke verstärkt, da der neue Freund nach ein paar Wochen bei einer Messerstecherei schwer verletzt wurde und in der Intensivstation lag. Bei Enttäuschungen, wenn er etwa ein Kabel für seinen Gameboy im Bus vergessen hatte, brach er zusammen. Er weinte wie ein dreijähriges Kind und war nicht zu beruhigen, wollte weglaufen.

Zu Hause kam nun eine Phase, in der er depressiv war und sagte, er wolle lieber ins Heim. Er fragte die Mutter, warum sie ihn überhaupt auf die Welt gebracht habe, sah das ganze Leben dunkel und trostlos. Gleichzeitig blieben seine Leistungen in der Schule ausgezeichnet, und es gab auch disziplinär wenig Klagen.

Danach begann eine Phase, in der er mich provozieren wollte, ihn zu schlagen. Er schlug mit dem Sessel riesige Löcher in die Wand, zerkratzte mit der

Schere die Türen. Meine Deutungen, dass er wolle, dass ich ihn so schlage, wie er früher geschlagen wurde, wehrte er ab. Auch seine Wut spürte er nicht, trotzig meinte er: „Nein, ich bin glücklich" und wütete weiter, bis ich ihm die Gegenstände wegnahm. Die Destruktivität eskalierte; zunächst hatte sie eine erotische Komponente, da er mich zu physischem Kontakt beim Wegnehmen der Schere zwang. Später war er wie von Sinnen, total durchgedreht, er zertrümmerte nicht nur seine Spielsachen (sein Lineal, seine geliebten Autos, seinen Ball, seinen Block), sondern auch Einrichtungsgegenstände: einen Stuhl, eine Stehlampe im Vorzimmer, den Schalter. Seine Spielsachen waren dezimiert. Die hölzernen Bauklötze musste ich weggeben, nachdem er versucht hatte, zuerst die Fensterscheibe zu zertrümmern und dann mit den Steinen auf mich schoss.

Als die Mutter mit dem neuen Freund während dieser Phase zu mir kommt, wird er krank, er erbricht und hat Durchfall ohne Fieber, weil er solche Angst hatte, ich würde die Behandlung abbrechen und der Mutter erzählen, wie er bei mir wütete. Der Freund der Mutter war total verwundert, dass sich Malcom ändern kann. Er war sicher, dass Malcolm in ein oder zwei Jahren unerreichbar wäre. Die Mutter fühlte sich schuldig, weil sie Malcom in den ersten beiden Lebensjahren nicht besser schützen konnte. Danach war er freundlich und dankbar. Er hatte vermutlich noch nie erlebt, dass jemand sich nicht über ihn bei seiner Mutter beklagte. Als ich ihn aber daran hinderte, die Laden der anderen Kinder kaputt zu machen, rastete er aus. Seine Aggression steigerte sich, er wollte mich mit dem Polster schlagen, er wurde unkontrollierbar wütend. Sein Gesicht war voll kaltem Hass, seine Bewegungen waren wie ritualisierte Schlagorgien. Ich sollte erleben, wie er sich damals gefühlt hatte, als er geschlagen und festgebunden wurde. Er war wie ein wildes Tier. Er schrie: „Ich kann nicht sprechen" und raste weiter. Er spuckte mich an, spritzte mich an, wollte das Zimmer unter Wasser setzen, verlor die Fassung, wenn ich ihm deutete, dass er wolle, dass alles nach ihm rieche. Seine Lade hatte er auch kaputt gemacht, seine wenigen verbliebenen Spielsachen waren in einem Plastiksack.

Ich war nun diejenige, die Angst vor jeder Stunde hatte, die nicht wusste, was er tun werde. Er war total unberechenbar. Ich konfrontierte ihn mit seiner Destruktivität und bot ihm an, ihm zu helfen nachzudenken, ob er die Therapie hier zerstören oder sich eine Chance geben wolle, dass ich ihm helfe. Sehr beeindruckt flüsterte er: „Ich habe nur eine ganz winzige Chance."

Diese Stunde stellte einen Wendepunkt dar. Er versuchte, seine Aggression beim Spielen mit dem Gameboy auszulassen, er wünschte sich neue Spielautos. Als ich ihm vier neue Autos gab, war er gerührt. Es war nun möglich, ihn emotional zu erreichen und auf seine Angst einzugehen, was passiert, wenn er total die Fassung verliert. Er erinnerte sich nicht mehr, was er getan hatte, wenn er in Rage kommt. Es machte ihm Angst, dass er mich kaputt machen könnte. Er sagte: „Ja, einmal, als ich am Ende der Stunde nicht gehen wollte und du mich hinausgestoßen hast, habe ich durchgedreht." Er hatte gesehen und erlebt, dass seine Mutter wilde Männer wählte. Auch der jetzige Liebhaber war zärtlich, aber oft wild und zwickte sie, dass sie quietschend weglief. Malcolm erwartete, dass er mir gefällt, wenn er wütend und unberechenbar war.

Diskussion
In seinem ersten Lebensjahr wurde Malcolm immer wieder physisch missbraucht, geschlagen und gefesselt und vermutlich auch verhöhnt und verspottet. Er hat keine stabilen inneren gute Objekte. Die Überschwemmung mit Angst, Hass, Ohnmacht und Vergeltungswünschen ist noch auf einer primitiven Stufe, er kann sie nicht in Worte ausdrücken oder symbolisch darstellen. Er wird dann dieser böse, strafende, quälende Vater, vor dem er solche Angst hatte. Auch die Mutter hat ihn geschlagen, weil er so ein weinerliches Kind war. Wenn er zu dem gewalttätigen Vater wird, soll ich seine Gefühle als geschlagenes, gefoltertes Kind fühlen. Zugleich fühlt er sich verantwortlich für das Scheitern der Beziehung seiner Eltern und verhält sich so, dass er bestraft werden muss. Erst die emotionale Bindung an mich als seine Therapeutin und sein Wunsch, mich ganz für sich zu haben, setzen das Bedürfnis nach Kontakt und Erinnerungen an gute innere Objekte frei, die jedoch immer nur für Momente sichtbar werden. Den Hohn und Spott, den er über mich ergießt, hat er selbst oft erfahren, wenn er wegen seiner dunklen Hautfarbe und seiner stark gelockten Haare als Ausländer, Schwarzer, Stinker etc. verhöhnt wurde.

Beide Eltern waren vermutlich von ihren eigenen Gefühlen nach der Geburt von Malcom überfordert und konnten ihre eigenen heftigen Rivalitätsgefühle nicht verarbeiten. Malcoms Mutter war das älteste von vier Kindern, die ihre Mutter ganz jung und knapp hintereinander bekommen hatte. Nach zehn Jahren hielt sie es nicht mehr aus und lief einfach weg. Sie wuchs bei ihrem Vater und der Stiefmutter auf, die sie von Anfang an ablehnte. Zu ihrer Mutter hatte sie kaum mehr Kontakt. Sie wurde schwanger, weil sie „naiv" war und von zu Hause weg wollte. Malcoms Vater war leidenschaftlich in sie verliebt, ein lebenslustiger und musikalischer Mann, der wunderbar tanzen konnte. Wenn er eifersüchtig war, reagierte er jähzornig, vergaß alles und schlug zu.

Malcolms Vater stammt aus einer Familie mit zehn Kindern. Er war der älteste und war von beiden Eltern oft und brutal geschlagen worden. Die meiste Zeit verbrachte er bei seiner Großmutter. Er erträgt es nicht zu sehen, wenn Malcoms Mutter das Baby liebevoll stillt oder herumträgt. Er verlangt, dass sie ihn alleine und schreien lässt, um ihn nicht zu verwöhnen.

In dieser Falldarstellung sehen wir, wie tiefe Wunden diese Behandlung bei Malcom hinterlassen hat, sodass er nicht sicher ist, ob er „seine winzige Chance" nützen kann.

2.9 Theorien zur psychischen Entwicklung des Babys vom vierten bis zum zwölften Monat

Die in den theoretischen Kapiteln behandelten vier großen psychoanalytischen Richtungen haben eine Vielzahl von interessanten Differenzierungen und Zugängen zum Verstehen der Entwicklung im ersten Lebensjahr erarbeitet. Es sollen hier einige Aspekte der verschiedenen Theorien dargestellt und der Versuch unternommen werden, sie miteinander in Beziehung zu setzen bzw. ihre unterschiedliche Schwerpunktsetzung nachzuzeichnen.

Vom rudimentären Ich-Kern zur inneren Welt

Der Zeitraum der Entwicklung nach den ersten drei Monaten, d. h. zwischen dem vierten und sechsten Monat wird von Melanie Klein als wichtiger qualitativer Wechsel in der gesamten psychischen Erlebnisweise des Babys verstanden. Die Betonung des Phantasielebens statt des klassischen Verständnis von Triebenergie hat eine neue Dimension eröffnet: Eine innere Welt, die mit inneren Bildern der Bezugspersonen (Objekte) bevölkert ist, die mit einander in Beziehung stehen. Die Fähigkeit sich zu erinnern, zu gerichteter Aufmerksamkeit und die Gewinnung einer besseren mimischen und körperlichen Koordination führen zu einer Verminderung der Angst und einem größeren Gefühl der Sicherheit. Das Baby beginnt, sich um die andere Person zu sorgen. Ein wichtiges Konzept ist das der „Wiedergutmachung". Den Schaden, den das Kind in seiner Phantasie der Mutter oder dem Vater angetan hat, will es wieder gutmachen. Bisher nicht gekannte Gefühle der Anteilnahme und Reue, Gewissensbisse, Trauer und Sehnsucht tauchen auf. Die Mutter, die jetzt als gut und böse gesehen werden kann, ist außerhalb der phantasierten omnipotenten Kontrolle des Babys. Das bislang sich allmächtig fühlende Ich des Kindes schrumpft auf eine realistische Größe zusammen. Durch das Nachlassen der phantasierten Angriffe kommt es zu einer realitätsgerechteren Wahrnehmung der Eltern, sie werden nicht mehr so verzerrt, weder idealisiert noch dämonisiert.

Klein geht auch davon aus, dass das Kind die besondere Beziehung zwischen Vater und Mutter bereits im ersten Lebensjahr wahrnimmt. Durch diese Anerkennung der Verbindung der beiden Eltern, die eine andere Qualität hat als deren Beziehung zum Kind, entsteht bei diesem auch eine neue Sichtweise, was die eigene psychische Wirklichkeit betrifft. Das Ausgeschlossensein von dem elterlichen Paar, das kreativ neue Babys hervorbringen kann, lässt im Kind einen psychischen Raum entstehen, der ein verallgemeinerndes Denken möglich macht. Das Kind erlebt die Eltern als Paar, das über das Kind nachdenkt und es liebt. Es nimmt so das Modell eines denkenden Gegenübers in sich hinein, das zum Grundmodell des Nachdenkens über sich selbst wird (vgl. Britton 1989, 87). Dieses Konzept einer frühen ödipalen Phase im ersten Lebensjahr wurde kritisch gesehen und abgelehnt, obwohl sich die Anerkennung der Bedeutung des Vaters im ersten Lebensjahr durchgesetzt hat.

Ein weiteres wichtiges Konzept stellt Bions Theorie des Containments, des Aufbewahrens dar. Bion entdeckte in seiner psychoanalytischen Arbeit mit psychotischen Patienten, dass diese Aussagen machten, die sie selbst nicht verstanden. Es war dann Aufgabe des Analytikers, etwas mit diesem „unzusammenhängenden Zeug" zu machen. Aufbauend auf Melanie Kleins Ideen entwickelte Bion ein Konzept der infantilen geistigen Entwicklung. Bion meinte, das Baby habe Empfindungen, die von außen oder von innen kommen, mit denen es nicht fertig werden kann. Es versucht diesen Teil von sich, der diese Empfindung hat, aus seinem Körper auszustoßen, auszuatmen, zu urinieren oder durch Schreien auszustoßen. Diese Teile nennt Bion „Beta-Funktionen". Wohin gehen diese projizierten Erfahrungen? Es ist klar, dass es keine Entwicklung, kein Wachstum geben kann ohne Modifikation dieser rohen Empfindungen.

Sie gehen in die Mutter ein, die sie aufnehmen und durch ihr Verstehen modifizieren kann, soweit sie zu ihrer Aufnahme emotional fähig ist. Diese Fähigkeit der Mutter ist durch ihre Liebe zum Baby, ihre „Reverie", ihre träumerische Zuwendung möglich. Sie bezieht sich nicht auf eine Eigenschaft der Mutter, sondern meint eine gemeinsame Aktivität von Mutter und Baby, die beiden nützt. Was die Mutter mit den in sie projizierten Gefühlen tut, entspricht einem geistigen „Verdauen" der rohen Gefühle des Babys. Die Mutter wird also ein Behälter, „container", für die bruchstückhafte Erfahrung des Babys. Es ist eine unbewusst stattfindende geistige Aktivität der Mutter, die Riesenberg-Malcom (2001) mit jenen Vögeln vergleicht, die die Nahrung für ihre Jungen zuerst zerquetschen, bevor sie sie ihnen in den Schnabel geben. Das Baby nimmt nicht nur die in Worte gefasste Erfahrung in sich auf, sondern auch die Art, wie die Mutter die Aufgabe des geistigen Verdauens wahrnimmt. Diese verdaute Form der Erfahrung, die das Baby dann aufnehmen kann, nennt Bion „Alpha-Elemente". Sie sind Grundlage des Lernens aus Erfahrung, des realitätsbezogenen Wissens.

Ist die Mutter aber so sehr mit eigenen turbulenten Gefühlen beschäftigt, dass sie die vom Baby ausgestoßenen Erfahrungen nicht aufnehmen kann, sich abwendet und das Baby nicht versteht, genervt ist, so prallen diese Gefühle auf das Baby zurück und überfordern es. Es kann diese Erfahrungen nicht aufnehmen und fühlt sich leer und flach. Ist jedoch der emotionale Zustand der Mutter so, dass sie selbst von ihren Gefühlen der Niedergeschlagenheit, Aggression, Verlassenheit oder Unglück überschwemmt wird, so weist sie nicht nur die in sie projizierten Gefühle zurück, sondern presst auch ihre Gefühle in das Baby hinein. Das überforderte Baby drückt dies dann in somatischen Beschwerden aus, wie etwa in dem Beispiel von Julian, der nicht schlafen konnte, oder in der extremen Ängstlichkeit von Malcolm.

Dieselbe Funktion, wie sie die Mutter übernimmt, wenn sie die rohen Gefühle des Babys geistig „verdaut", versucht auch der Analytiker in der Therapie wahrzunehmen, indem er die Äußerungen des Patienten in ihrer rohen Form aufzunehmen versucht und sie ihm in einer Deutung verständlich machen will. De Masi (2003) verweist darauf, dass Bions Auffassung vom Unbewusstem als Funktion, die Gedanken und Gefühle transformiert (das emotionale Unbewusste), die neuro-wissenschaftlichen Theorien vorwegnahm. Er sagt: „Damit nimmt Bion die neurowissenschaftliche Theorie über das Unbewusste, die diesem die Funktion zuschreibt, Gefühle zu verarbeiten, auf verblüffende und überraschende Weise vorweg" (De Masi 2003, 15).

Dieses Konzept des „Containments", das die Umwandlung von unverdauten Beta-Elemente in Alpha-Elemente leistet, wird als sehr hilfreiches Theorieelement von vielen verschiedenen Schulen aufgenommen und verwendet.

Vom primären Narzissmus und dem Konzept der Entwicklung des Sexualtriebes

In seiner berühmten Schrift „Drei Abhandlungen zur Sexualtheorie" (1905) führt Freud in schematischer Weise die typische Abfolge der Manifestation des Sexualtriebes von der Kindheit an aus. Um Missverständnissen vorzubeugen, ist es wichtig zu betonen, dass die Äußerungen der sexuellen Wünsche des kleinen Kindes und jene des Erwachsenen unterschiedlich sind. Die Grundthese Freuds lautet, dass das einzelne Kind in seiner Entwicklung eine ähnliche Modifikation und Veränderung seiner Wünsche erfährt wie die Menschen in der Menschheitsgeschichte. So hat das kleine Kind zu allen seinen Körperausscheidungen ursprünglich ein positives Verhältnis. Es kennt keinen Ekel oder keine Schamgrenze. Es zeigt seinen Körper gerne her und ist auch am Körper anderer interessiert, ohne eine Unterscheidung zwischen Geschlechtsteilen und anderen Körperteilen zu zeigen. Erst durch den Prozess der Zivilisation hat die Menschheit eine Modellierung ihrer Affekte erfahren, und im Erziehungsprozess lernt das kleine Kind Scham und Ekelschranken, Verbote und Verborgenes aufzubauen. Freud nennt diese angeborene Ausstattung daher „polymorph-pervers", da das ungehinderte Interesse an Exkrementen, Urin, Schauen, Darstellen des Körpers an sexuelle Formen erinnern, die man mit „Perversion" bezeichnet hat. Die große emotionale Bedeutung der Ausscheidungen des Körpers bleibt emotional aber erhalten, wenn das Kind seinen Stuhlgang unbewusst als Geschenk an die Mutter betrachtet bzw. es auch für viele Erwachsene ein Zeichen des Vertrauens zu einem Ort ist, wenn sie dort ihren Stuhlgang erledigen können. Diese frühen Formen der sexuellen Lust bleiben zwar – in der normalen Entwicklung – Quellen der Lust, die aber später der genitalen Befriedigung untergeordnet werden. Die als „Vorspiel" bezeichneten zärtlichen und liebevollen Aktivitäten tragen ganz wesentlich zur liebevollen sexuellen lustvollen Vereinigung bei. Es geht dabei um das Küssen, Schlecken, Saugen, Anschauen und Liebkosen, Streicheln, Zur-Schau-Stellen, spielerisches Verbergen und Erforschen, Festhalten und Bemächtigen. Je mehr die beiden Liebenden ihre Phantasie einbringen können, desto lustvoller ist die sexuelle Vereinigung. Geht das Spielerische des Vorspiels verloren, wird der sexuelle Akt zu einer technischen, oft nur mehr leistungsorientierten Handlung ohne Zärtlichkeit.

Sind Entwicklungsphasen jedoch mit Konflikten beladen, so kann sich das sexuelle Interesse auf eine Entwicklungsstufe fixieren und nicht die reife genitale Form der Sexualität erreichen (Freud 1905, 136).

Die früheste Phase nennt Freud die „orale Phase", da der Mund, das Saugen, die Erregung der Mundschleimhäute und der Haut zu den wichtigsten „erogenen Zonen" zählen. Im zweiten Lebensjahr wird das Ausscheiden und Zurückhalten des Stuhls, das dann zu einer bedeutenden Lustquelle wird, zu einem wichtigen Thema. Die „anale Phase" betont das Einverleiben und Hergeben als zentrales Thema. Erst in der dritten, der „phallischen Phase", tritt nach Freud der genitale Bereich ins Zentrum der Aufmerksamkeit. In all diesen Phasen sind jeweils alle Sinne – das Sehen, das Hören, das Riechen und Schmecken sowie die Hautempfindungen – am Lustgewinn beteiligt.

Die These Freuds, dass kleine Kinder noch keine Scham und Ekelschranke haben, wird allgemein anerkannt. Vertiefend für die These der Entsprechung der individuellen Entwicklung der Scham- und Ekelschranken zur Menschheitsgeschichte ist die Untersuchung von Norbert Elias „Über den Prozess der Zivilisation" (1938). Anhand von Texten von Verhaltensvorschriften aus der frühen Neuzeit, wie etwa von Erasmus von Rotterdam, führt Elias die Veränderung der Anstandsregeln in Bezug auf Alltagshandlungen wie das Essen, Trinken, Spucken, Baden etc. im Prozess der Zivilisation vor und stellt ihn in einen Zusammenhang mit der Entwicklung von politischen Staatsgefügen. Mario Erdheim weist darauf hin, dass die Befriedigung des durch den Zivilisationsprozess verbotenen Lustgewinns nicht aufgegeben wird, wie Elias postuliert, sondern ins Unbewusste verdrängt wird (Erdheim 1984).

Auch diese Grundthese von Freud wird heute so grundlegend anerkannt, dass sie ins Alltagswissen integriert wurde. Für Eltern ist es wichtig zu verstehen, dass das Interesse des Kindes an allen Körperausscheidungen nicht unnatürlich und Anlass zur Sorge ist, sondern eben auf ein noch nicht zivilisiertes Verhalten hinweist. Ebenso wird das Kleinkind ohne Unterscheidung gerne mit Schlamm oder Nahrungsmittel herum spielen, es formen, pressen oder schmieren wollen, bis es lernt, Unterschiede zu machen.

Empirische Säuglingsforschung: Schemata des Zusammenseins

Eine wichtige Aufgabe für die empirische Säuglingsforschung war, die Schemata des Zusammenseins zu untersuchen, d. h. zu dokumentieren, wie sich im beobachtbaren Verhalten der Mutter und des Säuglings die inneren Bilder der Mutter (Repräsentanten) über den Säugling zeigen. Wenn das Baby im Verhalten der Mutter deren Gefühle ihm gegenüber erfährt, so wird diese Gefühlsqualität der Mutter aufgenommen werden und bestimmt die Art seiner inneren Bilder über sich selbst und über die Beziehung zur Mutter. Die Erfahrung einer bestimmten Art und Weise der Interaktion der Mutter mit dem Baby wird das „Schemata des Zusammenseins" genannt. Stern schreibt: „Die Schemata-des-Zusammenseins beruhen auf der Interaktionserfahrung, mit einer bestimmten Person in einer spezifischen Art zusammen zu sein, zum Beispiel hungrig zu sein und auf die Brust oder Flasche zu warten, um ein Lächeln zu werben und keine Reaktion zu bekommen" (Stern 1995, 28). Es wird von vielen Elementen beeinflusst, vom Bild der Mutter über sich selbst (Schemata über sich selbst), von ihrem Bild vom Säugling (Schema über den Säugling), ihrer Beziehung zu ihrem Mann (Schema über ihren Ehemann), ihrer Mutter (Schema über ihre Mutter) und ihrem Vater (Schema über ihren Vater), ihrer Herkunftsfamilie (Schemata ihrer Herkunftsfamilie). Daniel Stern ging von der allgemein geteilten Annahme aus, dass sich diese inneren Bilder über das Verhalten der Mutter und das beobachtbare Verhalten des Säuglings zeigen. Beide zusammen formen die „Mutter-Säuglings-Interaktion" (Stern 1995, 77).

In einer empirischen Untersuchung einer Mutter und ihrer dreieinhalbjährigen Zwillinge versuchte Daniel Stern zu verstehen, wie die Gefühle und Einstellungen der Mutter ihren beiden Kindern gegenüber ihre Interaktion mit den beiden Zwillingen beeinflussen (Stern 1971). Stern war aufgefallen, dass ein Kind, Mark, immer traurig wurde und in Tränen ausbrach, wenn beide Kinder mit der Mutter am Boden spielten. Der andere Zwilling, Fred, spielte munter mit der Mutter. Bei der Erforschung der Einstellung der Mutter zu ihren beiden Söhnen zeigte sich, dass die Mutter Mark schon im Mutterleib als aktives, lebhaftes Baby empfand, das so zu sein schien wie sie selbst, während das ruhige Baby, Fred, sie an ihren Mann erinnerte, mit dem sie zu diesem Zeitpunkt eine gespannte Beziehung hatte. Eine Mikroanalyse der Spielanalyse mit Unterstützung von Videoaufzeichnungen brachte ein unterschiedliches Verhaltensmuster zum Vorschein: „Die Mutter reagierte während des Face-to-face-Spieles unterschiedlich auf Blickvermeidung, je nachdem, von welchem Kind sie ausging. Wenn Mark sein Gesicht abwandte, akzeptierte sie dieses Signal als vorübergehenden Abbruch und sah entweder selber weg oder verhielt sich ruhig. Wenn Fred sein Gesicht weg drehte, akzeptierte die Mutter dies nicht als Abbruchsignal, sondern bewegte sich auf ihn zu, so als wolle sie mehr Kontakt erzwingen; das Resultat aber war, dass sie ihn zu noch stärkerem Aversionsverhalten zwang" (Stern 1995, 58). Mit jeder Runde dieser Annäherung und dieses Rückzugs wurden Mutter und Fred frustrierter, Fred wurde unruhig, bis er schließlich in Tränen ausbrach.

Um diese Mikroanalyse zu verstehen, ist es wichtig sich zu vergegenwärtigen, dass aus anderen Mikroanalysen des Spiels von Mutter und Säugling bekannt war, dass Säuglinge und Kleinkinder durch Wegschauen oder Wegdrehen zeigen, dass sie im Moment keine neuen Eindrücke aufnehmen können. Eine sensible Reaktion der erwachsenen Person, die mit dem Baby spielt, ist eine kurze Pause zu akzeptieren, wegzuschauen, abzuwarten, bis sich der Säugling wieder dem Erwachsenen zuwendet. Diese Pausen im Spiel dauern nur sehr kurz, oft nur den Bruchteil einer Minute, sind aber emotional enorm wichtig, da sie dem Säugling psychischen Raum gewähren, die Eindrücke zu verdauen und selbst zu bestimmen, wann es weiter machen will. Für die Eltern treten diese kurzen Unterbrechungen oft nicht einmal ins Bewusstsein. Hat das Baby die Reize psychisch verarbeitet, wendet es sich gewöhnlich der Person wieder zu, nimmt Blickkontakt oder Körperkontakt auf.

Die wichtige Lehre aus dem Fall bestand darin zu sehen, dass es keinen einseitigen Vorgang im Verhalten Mutter und Baby gibt, sondern es um auf einander bezogene Aktionen geht, bei denen das Verhalten der Mutter das Baby beeinflusst und umgekehrt. Es kann auch gezeigt werden, wie die beobachtete Mutter die kurzen Abbrüche bei Mark akzeptieren und sensibel darauf reagieren konnte. Dadurch blieb Mark in der Lage, selbständig und aktiv wieder zu ihr Kontakt aufzunehmen. Bei Fred war die Harmonie gestört. Die Mutter konnte sein Wegdrehen nicht akzeptieren und bewegte sich auf ihn zu, was ihn zu einem noch stärkeren Wegdrehen und einer Vermeidungshaltung veranlasste. Für die Mutter entstand vermutlich der Eindruck, er lehne sie ab und vermeide den Kontakt mit ihr. Die Mutter war sich ihres Verhaltens nicht bewusst. Erst als sie ihre innere Einstellung, Fred als phlegmatisches Baby zu sehen, änderte, konnte sie auf sein Verhalten adäquat eingehen.

Obwohl Stern sich von Psychoanalytikern zu unterscheiden meint, das Konzept der „inneren Objekte" von Klein oder Bions Konzept der Auswirkung der mütterlichen Phantasien auf das Baby als „Mystifizierung" oder „magisches Denken" kritisiert, herrscht eine Übereinstimmung. Natürlich gehen auch Bion, Klein oder Fraiberg davon aus, dass die Mutter ihre durch ihre Phantasie bestimmte Sichtweise dem Baby in ihrem Verhalten, ihrer Mimik, dem Tonfall ihrer Stimme und der Art und Weise ausdrückt, wie sie das Baby berührt. Deshalb wird ja in der psychoanalytischen Ausbildung in London eine psychoanalytisch orientierte Beobachtung der Interaktion zwischen Eltern und Neugeborenen über den Zeitraum eines oder zweier Jahre vorgeschrieben. Eine gute Beobachtungsfähigkeit stellt ein wichtiges Moment für die spätere gute psychoanalytische Tätigkeit dar.

Bindungstheorie: Der „Fremde-Situation-Test"

Ein wichtiges Motiv für Bowlbys Entwicklung der Bindungstheorie war seine Kritik an der Psychoanalyse, dass sie die reale beobachtbare Situation zu wenig einbeziehe und sie der empirischen Forschung zu wenig Aufmerksamkeit schenke. Aber es war nicht Bowlby selbst, sondern seine amerikanische Mitarbeiterin Mary Ainsworth, die einen Test entwickelte, mit dem die Qualität der Bindung des einjährigen Babys an seine Mutter gemessen werden konnte. Als Vorbild diente der Test, den die Verhaltensforscher Harlow (1958) und Hinde (1982) bei Tierexperimenten mit Schimpansen entwickelt hatten, um das Verhalten von Schimpansen gegenüber aus Draht nachgebildeten Schimpansenmüttern zu untersuchen. Da es sich um den wohl bekanntesten Test zur Erforschung des Bindungsmusters handelt, soll er kurz dargestellt werden.

Der Test „Fremde Situation" besteht aus einer zwanzig Minuten dauernden künstlichen Situation, in der ein Elternteil mit ihrem einjährigen Kind und ein Versuchsleiter in einem Raum sind (Ainsworth et al. 1978). Die Mutter (oder der Vater) wird dann gebeten, den Raum für drei Minuten zu verlassen und das Kind mit dem Versuchsleiter alleine zu lassen. Nach der Rückkehr der Mutter (oder des Vaters) verlässt der Elternteil nach kurzer Zeit und der Versuchsleiter kurz danach für drei Minuten den Raum und lassen das Kind alleine. Danach kehrt der Elternteil zum Kind zurück.

Die sieben Schritte der Versuchsanordnung sind:
Elternteil und Kind betreten den Raum.
Fremde Person gesellt sich dazu.
Elternteil verlässt den Raum.
Elternteil kommt zurück; fremde Person geht.
Elternteil verlässt den Raum (Kind ist alleine).
Fremde Person kommt zurück.
Elternteil kommt zurück, fremde Person geht.

Die ganze Versuchsablauf wird auf Video aufgezeichnet, wobei dem Verhalten bei der Trennung und bei der Rückkehr des Elternteils besondere Bedeutung zukommt. Wenn das Kind untröstlich ist, wird der Versuch abgebrochen und der Elternteil kommt früher zurück. Danach wird der Videofilm ausgewertet. Ursprünglich wurden drei, später vier Kategorien zur Zuordnung des Bindungsmusters entwickelt:

– Sichere Bindung (‚B'): Diese Kinder sind traurig bei der Trennung. Bei der Rückkehr des Elternteils wenden sie sich ihm zu, lassen sich trösten und wenden sich dann wieder ihrem Spiel zu.
– Unsicher-vermeidende Bindung (‚A'): Diese Kinder zeigen wenige Anzeichen von Kummer, wenn ein Elternteil den Raum verlässt und ignorieren ihre

Mutter oder ihren Vater bei der Rückkehr besonders nach der zweiten Trennung, die belastender ist.
- Unsicher-ambivalente Bindung ('C'): Diese Kinder sind sehr verstört, wenn ein Elternteil den Raum verlässt. Bei der Rückkehr klammern sie sich abwechselnd an und stoßen den Elternteil zurück. Ihr Spiel ist unterbrochen.
- Unsicher-unorganisierte Bindung ('D'): Diese kleine Gruppe zeigt ein Reihe von verwirrten Verhaltensweisen, „Erstarren" oder stereotype Bewegungen, wenn ihre Eltern zurückkommen.

Dieser Test ist inzwischen in zahlreichen empirischen Studien in verschiedenen Kulturen angewandt worden und wird als valides verlässliches Messinstrument anerkannt (Holmes 1993, 105). In der Baltimore Studie von Ainsworth u.a. waren 66 % der Kinder sicher gebunden, 20 % unsicher-vermeidend und 12 % unsicher-ambivalent gebunden. (Die vierte Kategorie ‚D' existierte damals noch nicht). Es wurden auch kulturelle Tendenzen festgestellt, so gab es in den USA und Westeuropa mehr unsicher-vermeidende Bindungen ‚A', während in Israel und in Japan der Anteil der unsicher-ambivalenten Bindungen ‚C' größer war.

Die emotionale Bindung des Kindes an die Mutter kann eine andere Qualität haben als die Bindung des Babys an den Vater, sodass viele Forscher die Betreuung der Babys von beiden Eltern empfehlen.

Die empirische Forschung konnte mit Hilfe des Tests „Fremde Situation" auch stabile Vorurteile widerlegen, dass etwa berufstätige Mutter eine schlechtere Bindung als Mütter haben, die den ganzen Tag zu Hause sind. Die Qualität der Betreuung scheint aber ein wichtiger Faktor zu sein (Mussen et al 1990, 187).

Zur Messung des Bindungsverhaltens der Eltern wurde von Main (1985) ein halbstrukturiertes Interview entwickelt, das „Adult Attachment Interview" (AAI), um die inneren Arbeitsmodelle der Eltern in Hinblick auf Bindung messen zu können. Das Interview wird ähnlich einem Erstgespräch einer Therapie geführt, wobei das „Unbewusste überrascht werden soll", um es zur Selbstreflexion anzuregen (Main 1991). Die interviewte Person wird zunächst gebeten, fünf Eigenschaftsworte zur Charakterisierung ihrer Beziehung als Kind zum Vater und zur Mutter zu nennen sowie Beispiele und typische Szenen zu erzählen; zu beschreiben, wie sie sich als Kind verhielt, wenn sie aufgeregt war; welchem Elternteil sie sich näher fühlte und warum; ob sie sich abgelehnt oder bedroht gefühlt hatte; warum sie denkt, dass sich ihre Eltern so verhalten haben; wie sich die Beziehung zu ihren Eltern im Laufe der Zeit verändert hat und wie ihre frühen Erfahrungen ihr gegenwärtiges Erleben beeinflusst haben könnten.

Die Interviews werden auf Tonband aufgenommen und transkribiert und dann acht Kategorien zugeordnet: liebende Beziehung zur Mutter, liebende Beziehung zum Vater, Rollenumkehr mit den Eltern, Erinnerungsvermögen,

Ärger auf die Eltern, Idealisierung der Beziehung, Abwertung der Beziehung und Kohärenz der Erzählung. Danach wird eine Zuordnung zu vier Qualitäten der inneren Einstellung in Bezug auf Bindung erstellt. Dabei spielen nicht nur die Erzählungen eine Rolle, sondern die Art und Weise der Erzählung. Ist es eine offene, zusammenhängend und innerlich stimmige Erzählung wie bei autonom-sicher gebundenen Eltern oder sind es kurze, unvollständige Erinnerungen an die Kindheit mit einer Tendenz, diese zu idealisieren wie bei abweisend-ungebundenen Eltern.

Die Möglichkeit, das Bindungsmuster vom Kleinkind zu seinen Eltern zu messen, erweist sich als große Bereicherung in empirischen Studien. Fonagy hat in einer breit angelegten Untersuchung an Paaren während der Schwangerschaft mit Hilfe des „AAI" (Adult Attachment Interviews) ihre eigenen Bindungsmuster erforscht, um Prognosen für die Qualität der Bindung zu dem erwarteten Baby zu erstellen (Fonagy et al 1991), die dann sechs und zwölf Monate nach der Geburt des Baby überprüft wurden.

Diese Versuche, den komplexen und vielschichtigen Beziehungen vier Bindungsmuster zuzuordnen, sind für Forschungsfragen sicherlich hilfreich, für Mikrostudien scheint aber das Problem der Zuordnung zu einer der Kategorien immer wieder schwirig zu sein. Das Verstehen der besonderen Beziehung eines Babys zu seinen Eltern erfährt durch diese Testinstrumente keine Bereicherung (Datler 2002).

3 Das zweite Lebensjahr

Das Kind im zweiten Lebensjahr gewinnt durch seinen aufrechten Gang eine neue Perspektive zur Welt. Durch den Spracherwerb kann es sich differenzierter verständigen, seine Wünsche und Gefühle zeigen. Im Spiel kann es seine inneren Gefühle und Erfahrungen ausdrücken und in symbolischer Weise darstellen. Durch seine neuen körperlichen und seelischen Fähigkeiten lernt es, selbständig zu sein und Dinge selbst tun zu können.

Ich möchte versuchen, die Welt aus der Perspektive des Kleinkindes zu sehen, um Vermutungen anstellen zu können, wie es sich fühlt und was hinter dem Verhalten des Kindes stecken könnte. Wichtig zu bedenken ist, dass das Kleinkind trotz dieser beiden neuen Fähigkeiten – aufrechter Gang und Sprache – noch keine seelische Stabilität erreicht hat, sondern im Gegenteil, besonders wenn es müde oder ängstlich ist, rasch zwischen einer Stimmung von Selbständigkeit und des Optimismus und der Grundhaltung eines kleinen, hilflosen Kindes hin und her schwankt. Für viele Eltern ist das Schwanken der Stimmungen nicht leicht nachzuvollziehen und sie tendieren dann dazu, das Kleinkind zu überfordern, weil es sich in guten Phasen schon so verständnisvoll und einsichtig verhalten kann. Wenn es ausgeschlafen und aktiv ist, ist die Welt ein spannender Ort, den es zu entdecken gilt, in der die geheimnisvollen Gegenstände des Alltags mit großer Ernsthaftigkeit erforscht werden. Fühlt es sich als hilfsbedürftiges Kleinkind, so will es nur von den Eltern aufgenommen werden und an den sicheren Ort der Geborgenheit zurückkehren.

Ich möchte die Entwicklungslinien des zweiten Lebensjahres anhand folgender Dimensionen beschreiben:

– Der aufrechte Gang,
– Selbständigkeit und Trennungen,
– Spielen,
– Disziplin,
– Spracherwerb,
– Sauberkeitstraining,
– Entwicklung der Geschlechtsidentität.

3.1 Entwicklungslinien im zweiten Lebensjahr

Der aufrechte Gang

Das Kleinkind, das sich krabbelnd fortbewegt hat, lernt nun, sich aufzurichten und aufrecht zu gehen. Die Art und Weise, wie ein Kind diesen Übergang vom Krabbeln zum Aufrechtgehen meistert, ist von Kind zu Kind unterschiedlich. Es ist spannend zu beobachten, wie jedes Kind in unterschiedlicher Weise diese Herausforderung bewältigt. Auch das Alter ist sehr unterschiedlich, manche Kinder laufen schon mit 11 Monaten, andere erst mit 18 bis zu 22 Monaten. Manche Eltern sind beunruhigt, wenn ihr Kind mit dem ersten Geburtstag noch keine Anstalten macht, sich aufzurichten. Wenn ein Kind aktiv, aufmerksam und beweglich ist, gibt es keinen Grund zur Sorge. Es mag sich vielleicht schon mit verschiedenen Lauten ausdrücken, aber dabei noch auf allen Vieren fortbewegen, alles verstehen und Dinge holen, aber sich erst Monate später aufrichten. Der Übergang vom Krabbeln zum Gehen kann rasch erfolgen oder einige Wochen in Anspruch nehmen. Diese Zeit ist von vielen enttäuschenden Versuchen gekennzeichnet, bei denen das Kind hinfällt, es noch nicht schafft und wütend wird. Die beste Unterstützung durch die Eltern besteht darin, dem Kind seine individuelle Zeit zu geben und es Erfahrungen möglichst alleine machen zu lassen. Ehrgeizige Eltern, die ein Kind zum Gehen nötigen, ohne dass das Kind dazu bereits in der Lage ist, behindern seine Lernfähigkeit. Es will dann vermutlich immer an der Hand gehen und lernt vielleicht gar nicht, die Gegenstände im Raum zum Haltgeben zu benützen.

Die Welt erscheint dem Kind beim aufrechten Gang aus einer neuen Perspektive, die jener der Erwachsenen ähnlicher ist. Es kann sich selbst Spielsachen holen, die Hände sind frei, etwas zu halten. Es erreicht Dinge, die weiter oben stehen, so dass die Eltern in der Küche und im Wohnzimmer gefährdete Gegenstände wegräumen müssen. Die Freude über die neue Art der Aneignung zeigt sich in der Freude und dem Stolz über das Gehen. Es ist immer in Bewegung, als wollte es seine neue Fähigkeit erproben und perfektionieren.

Ein kurzer Gang zum Einkaufen in den Supermarkt wird mit einem Kind, das gerade erst Laufen gelernt hat, zu einer Entdeckungsreise, die mitunter vier Mal so viel Zeit in Anspruch nimmt als gewöhnlich. Jede Stufe will erklommen werden, jeder Hauseingang wird erforscht. Ein Blatt am Weg wird aufgehoben und angeschaut oder in den Mund gesteckt. Ein kleiner Käfer erregt ebenso große Aufmerksamkeit wie Hundekot. Eine Zufahrt zu einer Garage wirkt wie ein Angebot zum Hinauf- und- Hinunterlaufen, das immer wieder gemeistert werden will, auch wenn das Kind noch öfter hinfällt. Die Aufgabe der Eltern, das Kleinkind einerseits vor Unfällen zu schützen, ihm aber auch genug Raum zum Erforschen und Erproben zu gewähren, ist ein schwieriger Balanceakt. Es ist wichtig, sich vorher darüber im Klaren zu sein, ob man es eher eilig hat – dann ist die Mitnahme eines Kinderwagens sinnvoll – oder der Expedition Zeit einräumt.

Auch psychisch bewirkt das Erleben der Unabhängigkeit eine größere Selbstsicherheit. Für manche Eltern, besonders Mütter, bedeutet die größere Selbständigkeit des Kindes eine Entlastung und Erleichterung, die aber oft mit Bedauern um den Verlust der besonderen Nähe zwischen Mutter und Baby verbunden ist.

Selbständigkeit und Trennungen

Im zweiten Lebensjahr entdeckt das Kleinkind nicht nur seine Umgebung, sondern vor allem, was es heißt, selbständig zu sein, eine eigene Person zu sein und einen eigenen Willen zu haben. Es will sich gegen die Eltern durchsetzen und eigene Ideen durchkämpfen, zugleich beobachtet es seine Eltern und Geschwister ganz genau und möchte alles tun, was die Großen machen. Viel interessanter als Spielsachen sind daher Gegenstände des Alltagslebens. Ein Kind, das der Mutter beim Kochen zuschaut, ist glücklich, wenn es die unteren Laden des Küchenschranks aufmachen und Kochlöffel, Pfannen und Plastikgefäße herausräumen darf. Seine Fähigkeit, alleine zu gehen, ermöglicht ihm, die Nähe und Distanz zu den Eltern selbst zu bestimmen. Es kann ins Kinderzimmer gehen und wieder in die Küche oder ins Wohnzimmer laufen, wenn es der Nähe der Mutter oder des Vaters bedarf. Sein Wunsch, schon alles selbst tun zu können, und seine begrenzten Fähigkeiten bringen viele Frustrationen und Ängste. Der Wunsch, von der Mutter oder dem Vater wegzugehen, schlägt rasch in Furcht um, von den Eltern verlassen zu sein. Das Weglaufen des Kindes, damit die Mutter oder der Vater ihm nachläuft, verstehe ich als spielerische Überprüfung, ob die Mutter auf ihn aufpasst und hinter ihm herläuft. Es steckt dabei ebenso ein Test seiner Freiheit dahinter wie der Wunsch zu erleben, dass die Mutter oder der Vater es einfangen will.

Man könnte auch sagen, dass das Kleinkind gleichzeitig abhängiger und unabhängiger wird. Eltern beklagen sich, dass das Kind nun immer weint, wenn sie das Zimmer verlassen. Es ist wichtig zu verstehen, dass die größere Autonomie für eine kurze Zeit auch die Angst vor dem Verlassenwerden und Alleinsein steigern kann. Ein verständnisvolles Eingehen der Eltern lässt dieses Verhalten rasch wieder abklingen. Ein „Training" des Kindes zum Alleinsein, indem es etwa alleine in ein Zimmer gesperrt wird, wo es dann weint und schreit, wird seine Angst nur steigern, nicht sein Zutrauen zum Alleinsein fördern, sondern es noch abhängiger und anhänglicher machen und ihm den Eindruck geben, die Welt sei ein gefährlicher Ort. Dankbar sind kleine Kinder, wenn ihnen die Eltern helfen, selbständig zu sein. So erzählte eine Mutter, dass sie mit ihrer 14 Monate alten Tochter, die immer auf den Küchenstuhl hinaufklettern wollte, trainiert hatte, wie sie sich alleine hinaufziehen kann. Tatsächlich schob sie dann den Stuhl mit aller Kraft dorthin, wo sich die Mutter gerade in der Küche aufhielt, zog sich hinauf und half dann der Mutter, das Gemüse zu waschen, Teig zu machen oder zu kochen. Zwanzig Minuten des Trainings hatten ihrer Tochter geholfen, ohne fremde Hilfe auf den Stuhl klettern zu können. Kurze ermutigende oder lobende Kommentare des Vaters und der Mutter machten aus jedem Hinaufklettern ein lustvolles Erlebnis für das Kind.

Wie wichtig die Förderung der kindlichen Selbständigkeit ist, möchte ich anhand von zwei Beobachtungen ähnlicher Szenen zeigen.

„Der eineinhalbjährige Michi hat entdeckt, dass er die Teile eines Holzpuzzles an einem Griff herausnehmen kann. Er lacht und wirft jeweils einen Teil auf den Boden. Die Mutter, die neben ihm Zeitung liest, schaut ihn zwischendurch immer wieder an und wirft ihm aufmunternde Blicke zu. Sie scheint zu erkennen, welche Freude es ihm macht, der Aktive zu sein, der die Tiere und Figuren herausnimmt und wegwirft. Die Mutter begleitet jedes Wegwerfen mit einem ‚Bums', was Michi zu einem stolzen Lachen veranlasst. Als alle am Boden liegen, krabbelt er hin, um sie aufzuheben und sie der Mutter in die Hand zu geben. Die Mutter lächelt ihn an und sagt jedes Mal ‚Danke'. Michi lächelt sie an und beginnt beim dritten Mal das Danke zu imitieren, indem er a-ha sagt und die Betonung nachahmt. Die Interaktion ist so interessant, dass er tatsächlich alle Teile aufhebt. Auf eine weiter weg liegende Figur macht ihn die Mutter aufmerksam, sie zeigt mit dem Finger in die Richtung und sagt: ‚Schau, dort liegt noch die Eisenbahn'. Beim dritten Mal hat Michi den Teil entdeckt und geholt. Als die Mutter alle Teile in ihrer Hand hat, steht sie auf und geht zu dem Puzzle. Zu Michi gewendet sagt sie: ‚Schau, Michi, jetzt gebe ich die Teile wieder hinein. Das ist ein Puppenwagen', dann gibt sie den Teil hinein. Bei der Lokomotive imitiert sie die Geräusche der Lokomotive, ‚die gehört da hinein'. ‚Und das ist eine Katze. Wie macht die Katze?'. Michi schaut jeder Bewegung der Mutter zu und macht die Geräusche der Lokomotive nach. Auf die Frage nach der Katze macht er ‚Miau'. Sie lobt ihn und macht das Miau nach. Eine Figur nimmt Michi aus der Hand der Mutter und legt sie in das linke untere Eck. Die Mutter richtet den Teil, so dass Michi ihn selbst hineingeben kann. Sie lobt Michi und beschreibt, was er tut: ‚Ja, das ist die Lokomotive, die gehört hier hinein.' Als alle Figuren drinnen sind, darf Michi alle wieder herausgeben."

Diskussion

Beim Beobachten der Interaktion zwischen Mutter und Michi zeigt sich, wie sie in Harmonie sind. Die Aktivität von Michi wird von der Mutter gefördert, ohne dass sie ihn zu etwas nötigt. Sie kann warten, bis er bereit ist, selbst einen Stein in das Puzzle hineinlegen zu wollen. Durch ihre sprachliche Anerkennung des Aufhebens durch ein „Danke" erfährt jede Aktivität von ihm eine Wertschätzung, die ihn zu großer Ausdauer motiviert. Die Mutter zeigt ihrem Sohn, dass jedes Ding seinen Platz und einen Namen hat, Geräusche machen kann. Durch die Aufmerksamkeit und die Anteilnahme der Mutter entwickelt Michi große Ausdauer. Er kann alle Teile holen, sogar versteckt liegende. Er konzentriert sich auf die Form der Gegenstände und beginnt die jeweils passenden Stellen zu erkennen, er sieht die ganze Gestalt. Die Figuren passen in die Formen so, wie seine Aktivität in der Aufmerksamkeit der Mutter aufbewahrt wird. Jedesmal hört er bei einer Figur denselben Namen und einen Laut, den er nachzusagen versucht, sodass er sie verbinden kann und später auch die Worte leichter erkennen wird, d. h. es wird eine gute Basis für seine sprachliche Entwicklung gelegt. Zugleich erlebt er die liebevolle Zuwendung der Mutter, ihre Freude und ihren Stolz, was ihr Sohn schon alles kann.

Aus einer anderen Beobachtung eines gleichaltrigen Buben und seines Vaters:
„Der kleine Bob nimmt mit Daumen und Zeigefinger vorsichtig den Griff eines Puzzleteils und zieht ihn heraus. Er scheint überrascht und erfreut zu sein, dass es geht. Er betrachtet den Teil genau, dann schaut er zu seinem Vater hinüber, der Zeitung liest. Als der Vater den Blick des Sohnes nicht erwidert, wirft dieser den Teil durch den Raum. Beim dritten Wurf schaut der Vater kurz auf und murmelt dann kritisch: ‚Wirf die Sachen nicht so herum', bleibt aber sitzen. Bob wartet eine Minute, dann wirft er wieder einen Teil weg, was der Vater ignoriert. Als Bob aber immer wilder um sich wirft, steht der Vater unwillig auf. ‚Nein, man wirft Dinge nicht einfach durch den Raum', sagt der Vater mit strenger Stimme. Der Vater fordert Bob auf, die Steine einzusammeln, was dieser aber nicht tut. Der Vater sammelt die Steine selbst ein und schlägt vor, gemeinsam zu spielen. Er hält Bob jeweils einen Stein hin, nennt den Namen des Gegenstandes und erwartet von Bob, dass er ihn auf die richtige Stelle legt. ‚Wo gehört die Lokomotive hin?', fragt er Bob. Als Bob den Stein auf eine falsche Stelle legt, korrigiert ihn der Vater. Beim dritten Stein verliert Bob die Geduld, er stößt das Puzzle mit dem Fuß weg, was den Vater ärgert."

Diskussion

Was hat Bob durch diese Szene mitgeteilt bekommen? Er hat herausgefunden, dass die Verbote des Vaters nicht eingehalten werden müssen. Sein Vater reagiert erst, wenn Bob Lärm macht. Es wirkt für ihn auch so, als ob der Vater unzufrieden mit Bob sei, dass er die Teile noch nicht besser zuordnen kann. Bob wird entweder nicht beachtet oder kritisiert oder überfordert.

Der starke Wunsch nach Selbständigkeit des Kleinkindes, das so vieles noch nicht kann und versteht, stellt die Eltern vor hohe Anforderungen. Das Kind hat herausgefunden, dass es seinen Willen durchsetzen kann, dass es „Nein" sagen kann. Oft sagt es auch „Nein" zu Dingen, die es gerne tut, und trifft eigenen Entscheidungen, auch wenn sie falsch sind. Aber jede dieser falschen Entscheidungen ist eine Möglichkeit zu lernen. Leicht lassen sich Eltern in einen Machtkampf verwickeln oder überschätzen das Kind und stellen es immer wieder vor Wahlmöglichkeiten, die es überfordern. Oft machen die Eltern durch das Anbieten verschiedener Möglichkeiten, was das Kind zum Frühstück essen soll oder welche Kleidungsstücke es an diesem Tag anziehen will, die Situation schwieriger. Ein Kind, dem eine Schale Kakao oder Saft oder Tee angeboten wird, ist noch nicht in der Lage zu wählen. Zeigt es auf eines dieser vorgeschlagenen Dinge, wird es die Schale Kakao, die es eben haben wollte, wieder wegschieben und nach der Schale der Mutter greifen. Eine selbstverständlich vor das Kind hingestellte Schale Kakao, die von einem fröhlichen Kommentar, wie gut das schmeckt, begleitet wird, wird eher vom Kind angenommen.

Das Wissen, dass kein Kleinkind verhungert, sondern irgendwann selbst etwas essen will, kann die häufigen Machtkämpfe beim Essen relativieren. Sicherlich spielt die Grundeinstellung der Eltern und ihre Erfahrungen, die sie selbst als Kind gemacht haben, eine große Rolle. Eltern, die als Kinder selbst zum Essen und Aufessen gezwungen wurden und sich an ihre Gefühle der Wut und Hilflosigkeit erinnern, wählen vermutlich einen Weg, ihrem Kind nur geringe Mengen von Essen auf den Teller zu geben und es nachnehmen zu lassen.

Auch wenn der Wortschatz im zweiten Lebensjahr noch recht begrenzt ist, gelingt es Kindern, sich überraschend differenziert auszudrücken und klar auf ihrer Selbständigkeit zu bestehen. Dazu zwei Beispiele aus einer Beobachtung von Karl im Alter von 21 Monaten.

„Karl kam vom Kinderzimmer in die Küche, wo seine Mutter damit beschäftigt war, das Mittagessen zu kochen. Er kletterte auf den hohen Stuhl, setzte sich hin und sagte ohne gefragt zu werden: ‚Ja'. Als seine Mutter nicht reagierte, stützte er seine beiden Arme auf dem Ellbogen auf, bewegte sie gleichzeitig zum Tisch, nickte mit dem Kopf und sagte freundlich: ‚Ja, Ja!'. Nun blickte die Mutter zu ihm, beobachtete ihn lächelnd und stellte dann tatsächlich die Frage: ‚Bist du hungrig, Karlchen?' Er blickte sie an und sagte noch einmal: ‚Ja'. Sie erklärte ihm, dass das Essen gleich fertig sei und was sie noch tun müsse. Karl ließ sie nicht aus den Augen, beobachtete jede Bewegung von ihr und reagierte sehr erfreut, als die Mutter schließlich fertig war und ihm seinen Teller mit Suppe und einen Löffel gab. Sofort ergriff er den Löffel und aß seine Suppe, wobei ein Teil im Mund und ein Teil wieder im Teller landete."

Bei dieser Beobachtung gewinnt man den Eindruck, dass es Karl nicht nur darum ging, sein Essen zu bekommen, sondern auch darum, verstanden zu werden. Fast scheint er auszuprobieren, ob die Mutter auf seine Signale achtet. Kinder erforschen nicht nur den ganzen Tag unermüdlich die Welt der Dinge, sondern sie sind scharfe Beobachter sozialer Zusammenhänge. Oft können wir sehen, wie Kinder gebannt zuschauen, wie Erwachsene oder andere Kinder etwas miteinander aushandeln oder Konflikte lösen. Sie nehmen dabei nicht nur Fakten, sondern auch die emotionalen Muster der Interaktion auf, die sie durch ihre eigenen Gefühle und Phantasien modifizieren. Im Spiel und in den Träumen im Schlaf werden dann fröhliche und beunruhigende Szenen noch einmal durchgespielt oder in Traumbildern verarbeitet. Nun eine weitere Beobachtung von Karl in der folgenden Woche, als seine Großmutter das Abendessen zubereitete:

„Karl hatte eine Suppenschale mit Kürbiscremesuppe vor sich stehen. Mit großen Appetit versuchte er zu essen. Er hielt den Löffel ganz tief und bemühte sich, die Suppe in den Mund zu bekommen, beim Hochheben drehte er den Löffel aber so, dass fast der gesamte Inhalt des Löffels herausrann. Ein Teil landete wieder im Teller, ein Teil tropfte auf den Tisch. Die Großmutter saß daneben und aß ihre Suppe, beobachtete aber dabei ihr Enkelkind. Unauffällig versuchte sie, ihm einen Löffel mit Suppe in den Mund zu schieben. Sobald sich der Löffel der Großmutter näherte, schloß er seinen Mund und drehte den Kopf weg. Auch ihr Vorschlag, abwechselnd einen Löffel von ihr und einen Löffel selbst zu essen, lehnte er durch ein Kopfschütteln ab. Sobald sie ihren Löffel weggegeben hatte, versuchte er wieder zu essen, allerdings mit einem ähnlichen Erfolg. Die Großmutter hatte innegehalten und beobachtete ihn skeptisch. Als sie ein wenig später wieder versuchte, ihm einen Löffel in den Mund zu schieben, verschloß er den Mund, legte seinen Löffel weg und verschränkte die Arme vor der Brust. Unmissverständlich drückte er aus, dass er nur alleine oder gar nicht essen wollte. Als sie das akzeptierte, ihn aber noch weiter beobachtete, drehte er sich zu ihr und sagte in einem forschen Ton: ‚Iss!' Die Großmutter musste lachen, da es wie eine Ermahnung eines Erwachsenen klang und die Großmutter in die Rolle des Kindes, das nicht ordentlich isst, versetzt war. Als er auf seine Weise ungefähr die Hälfte der Suppe gelöffelt hatte und es absehbar war, dass es noch sehr lange dauern würde, schlug ihm die Großmutter vor, ihm auch gleich den Reis in die Suppe zu geben. Damit war Karl einverstanden, er schob den Teller näher zur Großmutter, die einen großen Löffel Reis hineingab. Diese Mischung von Suppe und Reis konnte Karl nun ohne Mühe selbständig und mit sichtlicher Freude essen. Auch die Großmutter schien erleichtert, einen Kompromiss gefunden zu haben."

Karls Mutter hatte ihre Kinder nie gezwungen, etwas zu essen, sondern darauf vertraut, dass sie essen, wenn sie hungrig sind. Seine zwei Jahre ältere Schwester aß mit sichtlichem Vergnügen, man konnte sehen, wie es ihr schmeckte. Karl hatte als Baby so rasch getrunken, dass nach dem Essen oft ein wenig Milch heraufgekommen war, und seine Mutter oft unsicher gewesen war, ob er tatsächlich schon satt sei. Schon sehr früh wollte er alleine essen und war sehr ausdauernd. In unserer Szene konnte Karl unmissverständlich zeigen, dass er entweder alleine oder gar nicht essen will. Er will vielleicht auch schon so selbständig sein wie seine größere Schwester. Als die Großmutter ihn beobachtet, statt selbst zu essen, spricht er zu ihr in einem forschen Ton, wie er es von seinem Vater oder von seiner Mutter gehört haben dürfte. Tatsächlich schafft er es damit, seine Großmutter zum Akzeptieren seiner Selbständigkeit zu bringen.

Manchmal ist das Akzeptieren der Wünsche des Kleinkindes aber schwierig, wenn das Kind etwa bei großer Kälte etwa seine Fäustlinge oder Handschuhe nicht anziehen will. Dazu eine Beobachtung:

„Karl saß in einem Daunensack in seinem Wagen, seine zwei Jahre ältere Schwester hielt sich am Kinderwagen an, den die Mutter schob. Die Mutter versuchte, beiden Kindern Handschuhe anzuziehen. Ihre Erklärung, dass es kalt sei und ihre Hände rot werden und schmerzen würden, prallte ab. Sie hauchte in die Luft, um Karl zu zeigen, wie kalt es sei. Als sie seine Hand ergriff, wehrte er sich, schrie ‚Nein' und entzog sich ihrer Hand. Mehrere Versuche der Mutter schlugen fehl, bis sie zunehmend ärgerlicher wurde und schließlich aufgab, da er sich die Fäustlinge sofort wieder auszog. Nach 15 Minuten, als die Hände der Schwester bereits rot vor Kälte waren, bat diese die Mutter, ihr die Handschuhe anziehen zu helfen. Jeder Finger wurde nun von Mutter und Tochter gemeinsam in den Handschuh gesteckt. Karl beobachtete die Prozedur mit großem Interesse. Als die Mutter fertig war, streckte er seine Hand hin und meinte ‚Ich auch'. Die Mutter lobte ihn und zog ihm erleichtert die Fäustlinge an, was er widerstandslos akzeptierte."

Die Schilderung zeigt, wie schwer diese Phase des zweiten Lebensjahres für die Eltern zu bewältigen ist. Oft sind es Bereiche, die keine Diskussion zulassen. Oft besteht die einzige Möglichkeit darin, ein Kind, das alle Erklärungen und spielerischen Überredungsversuche abgelehnt hat, hochzuheben und trotz des Protestgeschreis wegzutragen. Manchmal, wenn das Kind die Handschuhe wieder auszieht, etwas wegschiebt oder protestiert, ist es hilfreich, sich daran zu erinnern, dass dies eine Phase ist, die wieder vorbeigeht. Die Rebellion, das Sich-Abgrenzen ist eine notwendige Durchgangsphase, die zur Autonomie führt. Niemand würde sich einen „gefügigen Roboter" (Spock 2001, 257) wünschen. Oft helfen ältere Geschwister, da dann für das Kleinkind klarer ist, dass dasselbe für alle gilt. Den älteren Geschwistern nachzueifern, stellt eine wichtige Motivation dar.

Diese Beispiele machen deutlich, dass dieses zweite Lebensjahr eine herausfordernde Zeit für Eltern und Kleinkind ist. Manche sprechen daher vom „Negativismus" des Kindes, der „Trotzphase" oder den „Terrible twos", aber es ist zugleich auch eine faszinierende Zeit der Entwicklung, bei der das Kind enorm viel lernt. Das Wissen um die Unumgänglichkeit dieser Phase mag es den Eltern und Erziehern erleichtern, sich nicht auf Machtkämpfe einzulassen, sondern eine Vielzahl von Methoden zu versuchen und zugleich zu wissen, dass es manchmal notwendig ist, den Protest in Kauf zu nehmen. Diese Zeit der Abgrenzung aktiviert im Kind ein stabiles Wissen, wer es selbst ist, und ist zugleich jedoch von vielen Ängsten begleitet. Lassen sich die Eltern vom Kind in Machtkämpfe verstricken, so ist es oft schwer, wieder einen Ausstieg zu finden. Eltern sprechen dann oft nur mehr in einem Befehlston, den man eher im Umgang mit einem Hund als mit einem Kind erwartet, in Einwort-Befehlen: „Komm!, Mach schon!, Geh endlich!, Nein!, Wehe dir!, Weg da!, Raus! Folg! In der analytischen Arbeit mit Kindern spielen ganz kleine Kinder mit zweieinhalb Jahren Vater und Kind mit mir. Sie befehlen mir und kommandieren mich, sind ungeduldig, spotten mich aus, pressen mir den Kopf auf das Polster, um mich zum Einschlafen zu zwingen. Sie brüllen überraschend los, werden ganz rot im Gesicht, drohen wegzufahren und mich alleine zu lassen, drohen mir, mich ins Zimmer zu sperren. Natürlich ist es unvermeidlich, dass der Mutter oder dem Vater der Geduldsfaden reißt, sie losbrüllen. Gibt es aber dann auch wieder eine Versöhnung oder eine Erklärung, um dem Kind und dem Elternteil zu helfen, diese oft für beide bedrohliche Szene zu bewältigen? Ernst Jandl und Inge Meyer-Dietrich bringen uns die kindliche Perspektive näher:

leises gedicht

> du, beim essen spricht man nicht.
> nicht mit vollem Munde sprechen.
> jetzt sprechen die großen, die kleinen nicht.
> halt deinen mund, du wicht.
> wenn du ein gedicht bist, dann ein leises.
> klein wie du bist, bist du vielleicht ein weises.
> oder du bist blöd, dann noch am besten lautlos.
> blick auf, wie schön über dir, du ass,
> der himmel blau ist.
>
> Ernst Jandl (Gelberg 2000, 44)

Wut

> Mama, du bist heute blöde.
> Mama, du bist doof!
> Ich könnte dich in die Mülltonne schmeißen,
> in die große, ganz unten im Hof.
>
> Peng! Knall ich den Deckel zu
> und setz mich obendrauf.

Erst, wenn du aufhörst rumzuschrein,
mach ich ihn wieder auf.

Mama, guck mich nicht so an!
Ich kann doch nichts dafür.
Du meckerst dauernd an mir rum,
was ist denn los mit dir?

Jetzt brüll ich mal so laut wie du,
und du bist still und hörst mir zu!

Inge Meyer-Dietrich (Geldberg 2000, 134)

Oft achten die Eltern nicht darauf, ob sie sich selbst an die von ihnen aufgestellten Regeln halten. Was wir in dem Gedicht „Wut" hören, ist eine Umkehrung: die Kinder sprechen zu den Eltern so, wie man zu ihnen gesprochen hat. Das ist ein wichtiges Regulativ, ob die Eltern mit Achtung zu ihren Kindern sprechen: Wären sie entsetzt oder beleidigt, wenn ihr Kind das zu ihnen sagt, was sie zum Kind sagen? Oder würden sie meinen, das sei frech, unverschämt und unzumutbar? So wichtig es ist, Regeln und Rituale einzuführen und konsequent auf deren Einhaltung zu achten, so kommt es doch wesentlich auf die Vorbildwirkung der Eltern an. Ein Dreijähriger beobachtete seinen Großvater genau, der ihn kurz davor belehrt hatte, dass man nicht mit vollem Mund sprechen dürfe. Als dieser selbst mit vollem Mund zu sprechen begann, sagte der Kleine in ebenso scharfem Ton: „Nicht sprechen, erst hinunterschlucken!" Das Lachen der Eltern des Dreijährigen machte den Großvater nachdenklich.

Drohungen der Eltern sind für kleine Kinder oft sehr ängstigend, da sie meinen, sie würden wirklich in die Mülltonne gesteckt oder alleine in der Wohnung zurückgelassen, ins Heim gebracht oder weggeschickt.

Das kindliche Spiel bietet einen Zugang zum Verstehen der inneren Welt des Kindes, in dem es seine Wünsche, Ängste und Vorstellungen über sich, seine Eltern und die Welt ausdrückt.

Das kindliche Spiel

Das Spiel ist für das Kind ebenso wichtig wie essen und schlafen. Es hat große Bedeutung für die kindliche Entwicklung, da es wie eine eigene Sprache ein Ausdrucksmittel seiner Befindlichkeit ist. Im Spiel erforscht das Kind die Welt und seine Gefühle in dieser Begegnung. Es kann seine Freude, Angst und Destruktivität ausdrücken. Sich die Fähigkeit zum spielerischen Herangehen bis ins hohe Alter zu bewahren ist Ausdruck der Lebendigkeit. Kann ein Kind nicht spielen, ist diese Aktivität gehemmt, so ist das ein Hinweis auf schwere emotionale Probleme und eine Behinderung seiner geistigen und emotionalen Entwicklung.

Die Interaktionen von Eltern und Baby, das Imitieren von Geräuschen, Berührungen, die von Mutter und Baby ausgehen, legen den Grundstein des Spielens. Zugleich wird dadurch auch das Bewusstsein, sich als getrennte Person zu fühlen, vermittelt. Im zweiten Lebensjahr besteht das Spiel zwischen Mutter/Vater und Kind oft darin, die unterschiedlichen Teile des Gesichts zu benennen und hinzuzeigen. Wo ist Dein Mund? Wo ist Mamas Mund? Diese Fragen verbunden mit der Geste des Zeigens machen den Unterschied zwischen dem Mund der Mutter und des Kindes deutlich. Zugleich erwirbt das Kind die Fähigkeit zum sprachlichen Benennen von Körperteilen bei sich und bei der Mutter. Dass in der Sprache abstrakte Begriffe wie Mund, Nase, Augen etc. nicht nur den Mund des Kindes bezeichnen, sondern für alle Menschen gelten, wird spielerisch eingeführt. Wir sehen, dass Spielen mit konkretem Angreifen und Erfassen nicht nur physisch, sondern auch im kognitiven Sinn verbunden ist.

Beobachtet man ein Kind beim Spielen, so ist man von der Ernsthaftigkeit und Konzentration beeindruckt. Es untersucht alle Gegenstände und versucht, ihre Funktion wie ein Naturwissenschaftler zu erforschen. Interessant sind Deckel, Schalter, Behälter, Töpfe, auf die das Kind klopfen, schlagen, sie hin und herschieben, auf- und zumachen kann. Bälle, Schnallen, Schlüssel wollen bewegt, hineingesteckt und herausgenommen werden. Es geht darum herauszufinden, was passiert, wenn ein Gegenstand mit einem anderen zusammengebracht wird. Deshalb wird eine Erbse in den Saft, die Kugel in eine Box und die Steine in den Schuh gesteckt. Besondere Beachtung finden alle Gegenstände, die auch die Eltern benutzen wie das Telefon, die Fernbedienung des Fernsehers, die Handtasche der Mutter, der Schlüsselbund des Vaters. Diese für Erwachsene manchmal sinnlos erscheinenden Spiele haben eine große Bedeutung für das Kind. In Märchen und Erzählungen für Kinder wird diese kindliche Zugangsweise beschrieben. So lesen wir bei „Pu der Bär" über die zwei Geschenke, die I-Ah, der Esel, zu seinem Geburtstag bekommt:

Der melancholische Esel ist besonders traurig, weil zunächst niemand an seinen Geburtstag gedacht hat. Pu der Bär beschließt, ihm einen Topf mit Honig zu schenken. Da er aber Honig über alles liebt, kann er nicht anders, als selbst den Honig aufzuessen. Aber dann hat Pu den tröstlichen Gedanken, I-Ah den leeren Topf zu schenken, da er darin Dinge aufbewahren könne. Das kleine Ferkel will I-Ah seinen Luftballon schenken, doch beim Laufen stolpert es und der Luftballon zerplatzt, also schenkt es eben den zerplatzten Luftballon. Zunächst gibt das Ferkel I-Ah den Rest des Luftballons und dann kommt Pu und sagt:

„Es ist ein nützlicher Topf... Hier ist er. Und es steht ‚Die allerbesten Glück- und Segenswünsche zum Geburtstag. In Liebe, Dein Pu' draufgeschrieben... Und man kann Sachen hineingeben. Da!'

Als I-Ah den Topf sah, wurde er ganz aufgeregt.

‚Nanu!', sagte er. ‚Ich glaube, mein Ballon passt genau in diesen Topf!'

‚Aber nein, I-Ah', sagte Pu. ‚Ballons sind viel zu groß, um in Töpfe zu passen. Mit Ballons macht man andere Sachen. Man hält sie an einer Schnur …'

‚Meinen nicht!', sagte I-Ah stolz. ‚Kuck mal, Ferkel!' Und als sich Ferkel traurig umsah, hob I-Ah den Ballon mit den Zähnen auf, legte ihn vorsichtig in den Topf; dann holte er ihn wieder heraus und legte ihn vorsichtig zurück in den Topf.

‚Es klappt ja!', sagte Pu. ‚Er passt hinein!'

‚Es klappt ja', sagte Ferkel. ‚Und er geht auch wieder raus!'

‚Etwa nicht?', sagte I-Ah. ‚Er geht rein und raus wie sonstwas.'

‚Ich bin sehr froh darüber', sagte Pu glücklich, ‚dass ich daran gedacht habe, dir einen nützlichen Topf zu schenken, in den man Sachen tun kann'.

‚Ich bin froh darüber', sagte Ferkel glücklich, ‚dass ich daran gedacht habe, dir etwas zu schenken, was man in einen nützlichen Topf tun kann'.

Aber I-Ah hörte gar nicht hin. Er holte den Ballon heraus und steckte ihn wieder zurück, und er war glücklich, wie man nur sein kann … " (Milne 1989, 90f)

Für Erwachsene ist es oft nicht leicht nachzuvollziehen, was an einem kaputten Ballon und einem leeren Topf so erstrebenswert ist, dass alle drei glücklich sind. Milne zeigt, wie versöhnlich Kinder sind, die auch ein verunglücktes Geschenk schätzen können.

Eltern gehen oft von der Annahme aus, dass Kinder sich mit ihren Spielsachen beschäftigen sollten. Sie vergessen dabei aber die fundamentale Bedeutung des kindlichen Spiels, die äußere Welt kennenzulernen und mit ihr vertraut zu werden, sie zu meistern. Jeder Gegenstand des Alltags ist für das Kleinkind neu und interessant. Es ist daher ratsam, die Wohnung so umzugestalten, dass sie eine sichere Umwelt für das Kleinkind darstellt, das alles angreifen, in den Mund nehmen und berühren will, d. h. die Wohnung kindersicher zu machen, um zahlreichen Konflikten aus dem Weg zu gehen. Das Kind erforscht auch seinen eigenen Körper, steckt seinen Finger in das Ohr, die Nase und seine Genitalien. Auch der Körper der Eltern ist von großem Interesse, wie die Eltern essen, sich waschen und baden, ihre Körperpflege und ihre Körperausscheidungen. Das Kind kennt noch keine Ekelschranke und findet einfach alles interessant.

Das Spiel hat eine große Bedeutung als Möglichkeit, Gefühle auszudrücken. Zulliger (1970) hat von den „heilenden Kräften im kindlichen Spiel" gesprochen. Das Spiel ermöglicht es dem Kind, seine zärtlichen, liebevollen Gefühle beim Kosen und Drücken des Schlaftiers oder seines Teddybären zu zeigen. Beim Wegwerfen desselben Kuscheltieres oder beim Umwerfen des Turms kann es seine Destruktivität ausdrücken. Ich möchte ein Beispiel anführen, wie ein siebzehn Monate altes Mädchen seine Wut und Rachewünsche gegenüber ihren Eltern, die über das Wochenende weggefahren waren, im Spiel ausdrückt.

„Das kleine Mädchen spielte mit einer hölzernen Arche Noah, dessen Dach man abnehmen kann und die zwei menschliche Figuren und verschiedene Tierpaare im Rumpf des Schiffes hat. Es stellte das Haus auf das Boot, gab das Dach darauf und stellte die anderen Tiere paarweise zusammen. Dann suchte es die beiden Figuren, die es Papa und Mama nannte. Es öffnete das Dach, nahm das Krokodil heraus und gab die beiden Figuren hinein und sagte: „Heia." Nach ein paar Sekunden gab es die beiden Krokodile zu den Eltern und ließ sie mit einem zufriedenen Blick so stehen. Die Großmutter, die ihr Spiel beobachtete hatte, meinte, dass die beiden Krokodile, die bei Papa und Mama seien, gefährliche Zähne hätten. Das Mädchen machte kurz ein böses Gesicht, wobei es die Augenbrauen zusammenzog und das Kinn vorstreckte, ließ die Krokodile drinnen und wendete sich einem anderen Spiel zu."

Es scheint für das kleine Mädchen genug zu sein, sich vorzustellen, dass die Krokodile die Eltern am Schlafen hindern und sie durch Beißen für ihr Weggehen bestrafen. Die reinigende, heilende Bedeutung des Spiels bei der Bearbeitung schwieriger Erlebnisse beschreibt eine Kindergärtnerin von einem Kind, das ein traumatisches Erlebnis hatte:

„Maria hatte ein Phase, die einige Wochen dauerte, bei der sie Bausteine nur streng nach Farbe und Form geordnet aufbaute. Wollte ihr jemand einen andersfarbigen Stein auf den Turm setzen, nahm sie ihn sofort wieder herunter, begleitet von der Bemerkung: ‚Nein, blauer Stein'. Auch als sie zu Hause beim Salatwaschen half, bestand sie darauf, den roten Tomatensalat in eine eigene Schüssel zu geben, um ihn vom grünen Blattsalat zu trennen."

Aus der Vorgeschichte wurde deutlich, dass das kleine Mädchen eine sexuelle Grenzverletzung erlitten hatte. Sie vermied in dieser Zeit rote Steine und wollte nur gelbe, blaue und grüne Steine haben. Die Eltern tolerierten ihre Wünsche über den Zeitraum von einigen Wochen, bis sie begann, verschiedene Farben zu mischen.

Ein wichtiges Thema stellt die Trennung von der Mutter dar, die in dieser Entwicklungsphase aktiv und passiv herbeigeführt wird. Freud hat in der Beobachtung seines $1^{1}/_{2}$ jährigen Enkelkindes verstanden, wie es diese Trennung thematisiert. Er schrieb in „Jenseits des Lustprinzips" (1920), wie lange es dauerte, bis „das rätselhafte und andauernd wiederholte Tun mir seinen Sinn verriet":

„Das Kind hatte eine Holzspule, die mit einem Bindfaden umwickelt war. Es fiel ihm nie ein, sie zum Beispiel am Boden hinter sich herzuziehen, also Wagen mit ihr zu spielen, sondern es warf die am Faden gehaltene Spule mit großem Geschick über den Rand seines verhängten Bettchens, so dass es darin verschwand, sagte dazu sein bedeutungsvolles o-o-o-o und zog dann die Spule am Faden wieder aus dem Bett heraus, begrüßte aber deren Erscheinen jetzt mit einem freudigen „Da". Das war also das komplette Spiel, Verschwinden und Wiederkommen" (Freud 1920, 225).

Das Kind kann so in spielerischer Weise das Fortgehen der Mutter in der Holzspule symbolisieren. Aber es ist nicht die Mutter/Holzspule, die das Kind verlässt, sondern das Kind schleudert die Holzspule weg, d. h. das Kind ist aktiv, es wirft die Holzspule fort. Es ist es auch, das die Holzspule/Mutter zu einem ihm genehmen Zeitpunkt wieder herholen kann. Im Spiel gelingt es dem Kind, schmerzliche Erlebnisse zu verarbeiten.

Ein in vielen Kulturen gebräuchliches Spiel mit Kindern im zweiten Lebensjahr besteht im Verstecken des Gesichtes der Mutter und später auch des Kindes. Durch ein Tuch oder einen Gegenstand verdeckt die Mutter oder der Vater das Gesicht und fragt: „Wo ist die Mama/der Papa?". Beim Weggeben des Tuches sagt der Erwachsene: „Da" oder „Guck-Guck". Das Kind beobachtet die Mutter genau und jauchzt jedesmal beim Auftauchen des Gesichtes der Mutter. Das Lustvolle an dem Spiel ist, dass das Baby sich dabei als getrennte Person erlebt, das die Trennung von der Mutter für kurze Zeit tolerieren und die Erinnerung an sie lebendig halten kann. Dabei spielt der richtige Zeitpunkt des Sichtbarwerdens der Mutter eine große Rolle. Ist das Verschwinden zu kurz, wird das Spiel langweilig. Ist der Zeitraum zu lang, bricht das Spiel zusammen und das Kind wird ängstlich und weint. Das übermütige Lachen des Kleinkindes hängt mit der Steigerung der Spannung zusammen, in die sich Angst davor mischt, verlassen zu werden, die dann durch das befreite Lachen, die Freude der Wiedervereinigung ausgelöst wird. Das Einfühlungsvermögen der Eltern bezieht sich darauf, die richtige Zeit zu erkennen, bevor die Fähigkeit des Kindes zusammenbricht, die Abwesenheit der Mutter auszuhalten. In diesem Alter ist es genug, das Gesicht der Mutter zu verdecken. Ein Verstecken des ganzen Körpers der Mutter überfordert das Kind, da die Mutter dann zu einer abwesenden Mutter wird. Winnicott hat darauf hingewiesen, dass in jedem Spiel eine Spur von Angst steckt. Wenn Erwachsene mit Kindern spielen, ist es günstig, der Aktivität des Kindes zu folgen und es zugleich zu beobachten, was es durch sein Spiel von sich zeigt.

Manchmal ist es nicht leicht, die Grenze zu finden zwischen der Hilfestellung und dem Raumlassen für die Selbsterprobung. Eltern, die ihrem Krabbelkind noch geholfen haben, wenn es einen Gegenstand noch nicht erreichen konnte, ernten nun Enttäuschung, wenn sie dem Kind einen Gegenstand in die Hand drücken, den es gerne selbst geholt hätte. Eltern werden ungeduldig, wenn ihr Kind etwas nicht gleich kann, und sie vermuten, dass auch das Kind frustriert sein muss. Sie vergessen dabei, dass es so viele fundamentale Tätigkeiten neu erforschen und üben will. Dazu ein Beispiel aus einer Beobachtung:

„Frau R. spielte mit ihrer dreizehn Monate alten Tochter. Ein Kuschelhase wurde so auf einen Sessel gesetzt, dass Tessa, das kleine Mädchen, nur sein Gesicht sehen konnte. Sie erkannte rasch die Chance zu einem Spiel und lächelte den Hasen an, aber bevor sie ihn erreichen konnte, ergriff die Mutter den Hasen und gab ihn ihr, wobei sie sagte: ‚Da, gib ihm einen Kuss'. Tessa zeigte ihren

Ärger, dass ihre Mutter ihr zuvorgekommen war, indem sie den Hasen fest an sich drückte, um ihn dann in weitem Bogen wegzuwerfen. Einige Minuten später zeigte Tessa wieder deutlich, wie frustriert sie von Mutters Übereifer war. Sie saß bei einer Box, die voll Holzklötzen war. Unter großer Mühe wählte Tessa einen Holzklotz aus, den sie auf den Boden stellte. Sie war gerade dabei, einen zweiten herauszunehmen, als die Mutter rasch zwei weitere Holzklötze herausnahm und einen Turm baute, auf den Tessa schlug und dabei laut schrie. Frau R. bemerkte, was sie getan hatte, gab die beiden Holzklötze zurück und sagte: ‚Entschuldige' (Steiner 1992, 72).

Statt ihrer Tochter zuzusehen, wie sie es lernte, selbständig mehrere Klötze herauszunehmen, reagierte Frau R. ungeduldig und wollte ihr zeigen, wie man einen Turm baut. Damit hinderte sie ihre Tochter, selbst die Erfahrung zu machen. Wenn die Eltern es schneller und besser machen wollen, und das geschieht häufig, untergraben sie das Selbstbewusstsein ihres Kindes, das dann immer will, dass die Eltern es tun, weil es kein Zutrauen mehr hat, es selbst zu können. Wenn man Eltern und Kleinkinder beim Spielen beobachtet, kann man häufig sehen, dass die Kinder die Eltern korrigieren und sich Raum zum Lernen verschaffen. Häufig ist das bevormundende Verhalten unbewusst und geschieht in der besten Absicht, dem Kind zu „helfen". Oft ist der andere Elternteil ein wichtiges Korrektiv, das seinen Partner bitten kann, das Kind sich selbst zu überlassen und nicht Dinge für das Kind zu tun. Oft werden unbewusst Verhaltensweisen der eigenen Eltern wiederholt.

„Mathias hatte mit Lisa ein Steckspiel gespielt. Immer, wenn sie im Begriff war, einen Spielstein falsch zu setzen, hatte er ihn ihr aus der Hand genommen und richtig hineingesteckt. Seine Frau stellte ihm dann die Frage, warum er sie das nicht selbst machen lassen könne. Er meinte: ‚Da ist mir a Licht aufgegangen. I hab mi echt gfrogt. Des war genau so, wie mein Vater des bei mir gmacht hat, so wollt i des net'" (Böck 2001).

Im weiteren erzählt Mathias, dass er als Kind seinem Vater bei der Arbeit helfen wollte. Kaum habe er begonnen, da habe ihm sein Vater schon das Werkzeug aus der Hand genommen und ihm gezeigt, wie es schneller oder besser gemacht werden kann. Meistens habe es der Vater selbst gemacht. Mathias habe sich als Kind zuerst gekränkt und dann geärgert.

Diese Beschreibung von Mathias zeigt, wie hilfreich es ist, von seiner Frau in freundlicher Weise auf eine bestimmte Verhaltensweise seiner Tochter gegenüber aufmerksam gemacht zu werden. Er kann die Chance nützen, um über sich nachzudenken. Bei den Beobachtungen wird oft beschrieben, wie ein Kind das Alleinsein nützt, um dann selbständig Dinge tun zu können, die ihm zuvor von den Eltern abgenommen wurden.

Eine weitere wichtige Funktion des kindlichen Spiels ist es, Ordnung und Struktur zu schaffen. So wie das Kleinkind wissen will, wie etwas geht, wohin etwas gehört, um aus der Vielzahl der Eindrücke eine innere Ordnung zu schaffen, so ist das Spiel wie ein Laboratorium zum Üben. Spiele haben Regeln. Im Spiel ist es möglich, so zu tun als ob, eine imaginäre Welt zu schaffen, in der das Kind Situationen nachspielt, die es erlebt hat. Kinder entwickeln oft kreativ Rituale, wie sie in vielen Gesellschaften üblich sind, wie etwa das Entgegengehen bei einem wichtigen Gast:

„Zur Begrüßung eines liebevoll erwarteten Gastes, der an der Gegensprechanlage geläutet hatte, lief das zweijährige Mädchen die Stufen hinunter. Als sie den Gast sah, lachte sie, sagte ‚Hallo Omi!', zeigte ihre Freude durch Jauchzen, hüpfte von einem Bein auf das andere und ging dann nach der Begrüßung durch ein Hinaufheben voraus in die Wohnung."

Ein ähnliches Ritual wird bei Staatsbesuchen abgewickelt, wenn der Gastgeber dem Gast bis zum Steg des Flugzeugs entgegenkommt, um ihn seine Ehrenbezeugung zu erweisen und ihn mit Musik auf dem rotem Teppich abzuholen.

Das Kleinkind ist bemüht, innere Ordnung zu finden, und es bedarf dazu der Gewöhnung an äußere Ordnung. Es ist darauf bedacht, Gegenstände immer wieder an einen bestimmten Ort zurückzugeben. Eltern sollen die Geschichte genauso erzählen wie am Vortag. Wenn die Großmutter die Erdbeeren anders schneidet als die Mutter des Kindes, kann das Anlass für ein flehendes Bitten sein, es doch anders zu machen. Oft können die Erwachsenen gar nicht ahnen, welches Drama es für ein Kind ist, Dinge anders zu machen, da damit die Ordnung gestört zu sein scheint.

Am Beginn des zweiten Lebensjahres sind die sozialen Bezüge zu anderen Kindern noch nicht so stark ausgeprägt. Kinder dieser Altersgruppe spielen nebeneinander, beobachten einander, laufen hintereinander her. Ab der Mitte des zweiten Lebensjahres beginnen sie einander zu imitieren. Das Kind lernt im Umgang mit anderen Kleinkindern, sein Spielzeug festzuhalten. Es lernt, im Spiel widersprüchliche Gefühle auszudrücken, wie etwa Tessa, die ihren Stoffhasen fest drückt und ihn dann im weiten Bogen wegwirft.

Ein weiteres Thema, das spielerisch bewältigt wird, ist die Trennung von der Mutter und dem Vater. Indem das Kind wegläuft, will es von der Mutter gefangen werden. Erste Formen des Nachlaufens und Fangens des Kindes stellen eine lustvolle Umkehrung dar.

Disziplin und Ordnung

Der Tagesrhythmus des Kindes im zweiten Lebensjahr stimmt eher mit dem Leben der anderen Familienmitglieder überein. Die Umstellung von den Schlaf- und Essgewohnheiten des Babys zu den Erfordernissen des zweiten Jahres bedürfen ein besonderes Eingehen. Die Entwicklung verläuft nur selten ruhig und harmonisch. Auch Kinder, die bis dahin problemlos geschlafen haben, finden es schwieriger einzuschlafen. Sie wachen in der Nacht auf und brauchen einen beruhigenden Zuspruch der Eltern. Ein Streicheln oder beruhigendes Sprechen, die Hand halten helfen dem Kind wieder einzuschlafen. Auch wenn es schlecht geträumt hat und ängstlich ist, kann es sich durch die Gegenwart der Eltern und das Hören ihrer Stimme wieder fassen. Ein Vater erzählte, dass sein freundlicher Zuruf ‚Es ist alles in Ordnung, schlafe nur weiter' beruhigend gewirkt hat. Ungünstig ist es, das Kind aus dem Bett zu nehmen oder zu füttern, da es sich rasch daran gewöhnt und diese Gewohnheit weiterführen will. Hilfreich sind Rituale, eine feststehende Abfolge von Handlungen vor dem Zubettgehen. Ein ruhiges Vorlesen oder Singen nach dem Baden, Füttern und Umziehen vermittelt dem Kind die Botschaft, dass es sich nun aufs Schlafengehen vorbereiten soll. Die in dieser Phase üblichen Widerstände der Kinder gegen das Schlafengehen hängen auch damit zusammen, dass sie die Mutter nicht den anderen Familienmitgliedern überlassen wollen.

So wichtig es ist, dem Kind Gelegenheit zu geben, die Welt der Dinge zu erforschen, so bedarf es ebenso einer klaren Grenzziehung. Wenn die Räume, in denen sich das Kleinkind bewegt, so eingerichtet sind, dass nach Möglichkeit zerbrechliche Gegenstände außer Reichweite sind, ist die Zahl der möglichen Konflikte begrenzt. Es bleiben aber immer noch genug gefährliche Bereiche, die es erforderlich machen, das Kind zu schützen und Grenzen zu setzen. Viele Eltern verwechseln Grenzensetzen mit Bestrafen oder Züchtigen. Das Wissen, dass das Kind nur in einem begrenzten Maß Grenzen einhalten kann, erfordert es, das Kind an wichtige Grenzen zu gewöhnen. Auch wenn das Kind lange im Bad spielen darf, gibt es einen Zeitpunkt, wo das Baden beendet werden muss. Manche Eltern hoffen, dass sie das Kind zu einer Zustimmung bringen können, was aber oft nicht gelingt. Der Protest des Kindes kann von den Eltern als Zurückweisung und Angriff erlebt werden. Viele Eltern wiederholen Vorschläge so oft, bis sie selbst ärgerlich werden und mit lauter Stimme ihrem Ärger Luft machen. Besser ist es zu verstehen, dass das Kind oft die Einsicht noch nicht hat, und es dann in einer ruhigen, aber bestimmten Weise zu dem gewünschten Verhalten zu bringen, es etwa aus der Badewanne herauszuheben, auch wenn es noch protestiert. Eine große Hilfe ist, dass Kleinkinder so leicht ablenkbar sind. Der Hinweis auf eine bunte rote Kugel, ein Licht oder eine Bewegung wird bald die Aufmerksamkeit des weinenden Kindes auf sich ziehen. Lassen sich die Eltern jedoch auf einen Kampf ein oder haben sie Schuldgefühle, weil sie ihr Kind zu etwas zwingen, was es nicht tun möchte, dann fällt es ihnen schwer, einen sachlichen Ton zu finden. Auch das Kind lernt leichter, gewisse Grenzen zu akzeptieren, wenn es mit einer freundlichen, aber sachlichen Stimme darauf hingewiesen wird. Es erfordert aber bei allen Kindern einen langwierigen Lernprozess, Grenzen zu akzeptieren.

Es ist auch deshalb ein so schmerzlicher, aber notwendiger Lernprozess, weil es mit der egozentrischen Sichtweise des Kindes im Gegensatz steht. Das Kleinkind sieht sich selbst im Mittelpunkt der Welt, alle Dinge sind dazu da, damit das Kind sie anfassen, in den Mund stecken, essen oder wegwerfen kann. In der berühmten Kindergeschichte von Pu dem Bären, wird diese egozentrische Sichtweise liebevoll dargestellt:

„Eines Tages, als er (Pu) einen Spaziergang machte, kam er an eine freie Stelle inmitten des Waldes, und inmitten dieser Stelle stand eine große Eiche, und vom Wipfel des Baumes kam ein lautes Summgeräusch. Winnie-der-Pu setzte sich an den Fuß des Baumes, steckte den Kopf zwischen die Pfoten und begann zu denken.

Zuallererst sagte er sich: ‚Dieses Summgeräusch hat etwas zu bedeuten. Es gibt doch nicht so ein Summgeräusch, das so einfach summt und summt, ohne dass es etwas bedeutet. Wenn es ein Summgeräusch gibt, dann macht jemand ein Summgeräusch, und der einzige Grund dafür, ein Summgeräusch zu machen, den *ich* kenne, ist, dass man eine Biene ist.'

Dann dachte er wieder lange nach und sagte: ‚Und der einzige Grund dafür, eine Biene zu sein, den ich kenne, ist, Honig zu machen.'

Und dann stand er auf und sagte: ‚Und der einzige Grund, Honig zu machen, ist, damit ich ihn essen kann'. Also begann er, den Baum hinaufzuklettern" (Milne 1989, 18).

Die Ichbezogeneheit ist eine normale Sichtweise des Kleinkindes, und die Eltern sind diejenigen, die durch ihre Handlungen eine neue Sichtweise einführen, gegen den Widerstandes des Kindes. Sie wollen, dass das Kind lernt zu akzeptieren, dass es Dinge gibt, die den Eltern oder anderen Personen gehören und die es nicht haben kann. Es braucht viel Geduld, um dem Kind beizubringen, dass gewisse Dinge nicht angefasst werden dürfen, wie Steckdosen, heiße Öfen oder Gegenstände der Erwachsenen. Sprachliche Hinweise oder ein mehrmals ausgesprochenes Nein hat viel weniger nachhaltige Wirkung als das Kind von dieser Stelle wegzuheben und es mit etwas anderem zu beschäftigen. In manchen Fällen kann man dem Kind auch eine behutsame Umgangsweise z. B. mit Pflanzen beibringen, an denen es nur riechen oder die es nur streicheln darf. Wenn Eltern in bestimmten Bereichen Respekt vor dem Nein des Kindes haben und auf die Wünsche des Kindes hören, können sie in wichtigen Bereichen eine Akzeptanz ihrer Regeln erwarten.

Spracherwerb

Die Entwicklung des Denkens und des Verstehens ist im zweiten Lebensjahr von Tag zu Tag zu beobachten. Die Sprache stellt ein neues Medium der Verständigung und des Austausches dar, da Worte eine allgemeine Bedeutung haben. In dem Buch „How Babies Think" gehen Gopnik et al. von drei Hypothesen aus, nämlich: „Erstens, dass Babys vom Moment der Geburt an viel wissen. Zweitens, dass sie mit extrem mächtigen Fähigkeiten zu lernen geboren werden. Und zuletzt, dass Erwachsene ‚programmiert' zu sein scheinen, Babys und Kindern genau das beizubringen, was sie wissen müssen" (Gopnik/Meltzoff/Kuhl 2001, 24). Das Sprechen der Eltern mit dem Baby, das Singen und Spielen sind bereits Formen der Kommunikation, die das Baby mit dem Rhythmus der Sprache vertraut machen. Sprechen wird mit dem liebevollen Halten in Verbindung gebracht und als emotionales Zusammenhalten erlebt. Schon im Alter von sechs Monaten können Babys auf einen Gegenstand zeigen. Bis zum Alter von sechs Monaten können sie Laute aller Sprachen der Welt formen. Mit neun Monaten können sie den Klang einer Sprache, z. B. Deutsch oder Englisch, von einer anderen Sprache unterscheiden (Gopnik et al. 2001). Die ersten Worte bestehen aus einer Zusammensetzung von Silben wie „mamama" oder „dada". Das Kind entwickelt einen Kauderwelsch, es experimentiert mit dem Tonfall von „Wörtern" und „Sätzen", indem es die Sprache der Erwachsenen nachahmt. Anna Freud (1944) betont die Lust des Kindes am Hervorbringen der Laute. Das Lallen nach dem Stillen ist Ausdruck des Wohlbefindens und der Zufriedenheit. Eltern versuchen, ihrem Kind einzelne Worte beizubringen, etwa „Wauwau" für das Bellen des Hundes oder für den Hund, entsprechende Laute für Auto oder Zug und andere Gegenstände, die seine Aufmerksamkeit erwecken. „Durch die Lautmalerei werden mit der Klang- und Lautsymbolik allgemein bestimmte Vorstellungen und Gefühle mit Hilfe von Sprachlauten wiedergegeben" (Kohlheimer 2002, 20). Die Lust am spielerischen Unsinnsprechen wird auch für Erwachsene in der Nonsens-Literatur lebendig. Aber auch zweijährige Kinder können den Humor von dadaistischen Gedichten erkennen. Zur Illustration sei ein Gedicht von Hugo Ball zitiert, das kleine Kinder herzlich zum Lachen bringt:

Ele mele mink mank	Enne denne
Pink pank	Dubbe denne
Use buse ackadeia	Dubbe denne dalia
Eia Weia weg	Ebbe denne dalia
	Bio bio buff (Jaboby u. a. 2001, 15)

Die Komik liegt in der Ähnlichkeit der im Gedicht verwendeten Worte zur richtigen Sprache, so wie ein Kind die Sprache der Erwachsenen nachplappert, ohne noch genau die richtigen Worte zu finden.

Das Kind lernt Worte, mit denen es seine Wünsche ausdrückt, wie „noch", „auch" und „nein". Es versteht beinahe alles, was man zu ihm sagt. Oft unterschätzen Eltern ihre Kinder, wenn sie meinen, ein Kind, das noch nicht sprechen kann, brauche auch keine Erklärungen. Besonders bei Trennungen und Abschieden ist es wichtig, das Kind darauf vorzubereiten und sich nicht wegzuschleichen, sondern das Weggehen durch ein Abschiedsritual mit Winken und Küssen deutlich zu machen. Eltern, die sich wegschleichen, scheinen dem Kind – oder besser gesagt, sich selbst – den Abschiedsschmerz zu erleichtern. Tatsächlich wird das Kind aber total verunsichert und ängstlich, da es nie weiß, wann die Eltern da bleiben und wann sie gehen. Ein Verabschieden und ein Darübersprechen macht den Unterschied zwischen Anwesenheit und Weggehen klar.

Auch bei dem Grenzensetzen sind Erläuterungen hilfreich, auch wenn man nicht erwarten darf, dass das Kind die Regeln gleich befolgen wird. Die Mutter und der Vater sind die Vermittler zwischen dem Kind und der Welt. Genauso wichtig wie das Erklären und Beschreiben der äußeren Welt ist es, die Gefühle des Kindes zu benennen, um ihm zu helfen, klar unterscheiden zu können, wann es traurig, erfreut, wütend, hungrig oder müde ist. Auszählreime, Lieder und Kindergedichte helfen dem Kind, sich Sprache und Rhythmus in Kombination mit Bewegung einzuprägen, wie „Hoppa, Hoppa Reiter", „Ein Büblein stieg auf einen Baum …" etc.

Wie sehr Kinderreime und Kinderlieder widersprüchliche Gefühle, Liebe und Hass, Geborgenheit und Tod ausdrücken, wird bei einer genauen Betrachtung der Texte sichtbar (vgl. Rollin 1992). Ein Wiegenlied, dem beruhigende Wirkung zugesprochen wird, handelt eigentlich von Gefahren und Tod. Ein Beispiel dazu:

Schlafe, mein Kindchen, oben im Baum
wiegt dich der Wind, spürst du es kaum.
Bricht dann der Ast, fällst du herab,
schläfst du für immer im dunklen Grund.

Hush-a-bye, baby, on the tree top,
when the wind blows, the cradl will rock.
When the bow brakes the cradl will fall,
down will come baby, cradl and all.

Diese Lieder haben vermutlich für die Mutter eine karthartische Wirkung, wenn sie neben der Hingabe für das Baby auch ihren unbewussten Hass und Todeswünsche gegenüber dem Baby als Eindringling und absolutem Herrscher ausdrücken kann (vgl. Winnicott 1949).

Auch bei lustbetonten Schaukelspielen wie „Hoppa Reiter" geht es um das Schreien, das Herunterfallen und Gefressenwerden von den Raben. Ein angedeutetes Herunterfallen, das aber vom Vater oder der Mutter abgewendet werden kann, drückt symbolisch die Fähigkeit der Erwachsenen aus, ihre negativen

Gefühle dem Baby gegenüber nur in symbolischer Form zu zeigen und sie in ihre liebevollen Gefühle zu integrieren. Im Wiegenlied „Guten Abend, gute Nacht" wird das Kind morgen – „wenn Gott will" – wieder geweckt. Auch hier schwingt eine Drohung des Todes mit.

Die Verständigung über Sprache ist ein zweischneidiges Schwert. Einerseits macht es Mitteilungen eindeutig und Wünsche, Befindlichkeiten und Erfahrungen besser kommunizierbar, anderseits bringt es eine Unterscheidung zwischen dem Erlebten und dem sprachlich Benannten und macht bestimmte Bereiche unseres Erlebens schwerer vermittelbar. Das Medium der Sprache betont die abstrakte Ebene und macht das subjektive, persönliche und unmittelbare Erleben schwerer integrierbar, wie Stern (1985, 163) meint.

Mit achtzehn Monaten entwickelt sich das symbolische Spiel und das sprachliche Benennen. Gegenstände repräsentieren in der Phantasie Menschen und können mit positiven und negativen, ängstigenden Aspekten beladen sein. Ein Holzstab kann zum Vater werden, der liebevoll ins Bett gelegt wird oder böse und voller Groll jemanden schlagen und bestrafen will. Das magische Denken des Kindes erschwert die Unterscheidung zwischen Symbolisiertem und Gegenstand. Ein Gegenstand, der mit einer gefährlichen symbolischen Bedeutung ausgestattet wird, etwa den rachsüchtigen Vater repräsentiert, mag dem Kind tatsächlich als gefährlich erscheinen. Auch Worte können als mächtig erlebt werden und magische Qualität zugesprochen bekommen. Das Kind neigt auch dazu, unerklärliche Ereignisse der äußeren Welt als Folge menschlicher Handlungen zu verstehen.

Piaget (1951) erzählt die Geschichte seiner achtzehn Monate alten Tochter: Sie beobachtete, wie der Vater mit seiner Pfeife Wolken machte. Sie hatte auch beobachtet, dass es Dunstschleier über den Bergen gab und Wolken am Himmel. Die Art, wie sie auf die Beobachtungen aufmerksam machte, ließ klar erkennen, dass sie glaubte, ihr Vater bringe den Dunstschleier und die Wolken mit seiner Pfeife hervor.

Der Vater wird als mächtiger Riese gesehen, dessen Handlungen bedeutsam sind. Die Analogie des Pfeifenrauchs und des Morgennebels ließen bei dem Kind die Hypothese entstehen, dass es hier einen Zusammenhang gebe. Piaget nennt diese Weltsicht „egozentrisch", während sie in der Psychoanalyse als magisches Denken bezeichnet wird (Freud, Fraiberg). Erst allmählich setzt eine Prüfung der Hypothesen anhand der Realität ein.

Mit 1½ Jahren beginnt das Kind, Unterschiede seiner Wünsche und der anderer Personen wahrzunehmen und zu studieren. Gopkin berichtet von der Reaktion seines 1½ jährigen Sohnes, der Ananas aß und ausspuckte, da sie ihm nicht schmeckte. Er beobachtete aber, dass die Erwachsenen diese mit Genuss aßen. Er fasste seine Beobachtung zusammen, indem er sagte: „Pineapple: yucky for me but yummy for you". Er bemerkte, dass sich sein Geschmack von dem der anderen unterschied. Er war sehr beeindruckt von seiner tiefgreifenden Erkenntnis (Gopkin et al. 2002). Bei Kindern spielt deshalb das Schauen und genaue Beobachten eine große Rolle. Manche Eltern sind besorgt, weil ihr Kind „nichts tue, sondern nur schaue". Beim Schauen und Beobachten laufen wichtige Denkprozesse ab. Es werden Hypothesen aufgestellt, überprüft und mit den eigenen Erfahrungen verglichen. Unterscheiden zu lernen, dass sich die eigenen Gefühle und Verhaltensweisen von denen anderer Kinder und deren Eltern unterscheiden, ist ein wichtiger Entwicklungsschritt. Das Kind beginnt auch zu verstehen, dass es etwa bei den Großeltern Dinge tun darf, die zu Hause nicht erlaubt sind.

Sauberkeitstraining

Die Einschätzung über den richtigen Zeitpunkt, mit der Sauberkeitserziehung zu beginnen, hat sich in den letzten vierzig Jahren verändert. Begann man vor 40 Jahren das Baby bereits ab dem 9. Monat auf den Topf zu setzen, so hat sich der empfohlene Zeitpunkt auf das Ende des zweiten Lebensjahres verschoben. So nennt etwa Brazelton als Kriterium die Fähigkeit des Kindes, seinen Körper zu kontrollieren, wenn es ohne fremde Hilfe die Stufen abwechselnd mit jeweils einem Bein hinauf und hinunter gehen kann. Die empfohlene Methode besteht darin zu warten, bis das Kind selbst auf den Topf oder aufs WC gehen will. Da es sich für alles, was die Erwachsenen machen, interessiert und es ihnen gleichmachen will, wird es von selbst den Wunsch äußern, auch aufs WC oder auf den Topf zu gehen. Wenn es früher unter Druck gesetzt wird, kann es dem Stuhl und dem Urin eine übermäßige Bedeutung beimessen, einkoten, herumschmieren oder bettnässen. Während des zweiten Lebensjahres geht es für die Eltern mehr darum, die Ungeduld der Großeltern und Freunde auszuhalten und dem Kind die Zeit zu geben, die es braucht. Das zweite Lebensjahr ist auch deshalb ungünstig, da es die Zeit der erwachenden Autonomiebestrebungen des Kindes ist. Ein Sauberkeitstraining kann leicht in einen Machtkampf ausarten. Widersetzt sich das Kind dann dem Wunsch der Eltern, seine Körperprodukte freiwillig herzugeben und auf den Topf zu gehen, so kann das leicht zu Druck, Auslachen und Verspotten führen. Das Kind könnte dann seine Körperausscheidungen und seinen ganzen Körper als schmutzig und abstoßend erleben und glauben, sich dafür schämen zu müssen. Es fühlt sich exponiert, beobachtet und machtlos. „Aus einer Empfindung der *Selbstbeherrschung ohne Verlust des Selbstgefühls* entsteht ein dauerndes Gefühl von Autonomie und Stolz; aus einer Empfindung muskulären und analen Unvermögens, aus dem Verlust der Selbstkontrolle und dem übermäßigen Eingreifen der Eltern entsteht ein dauerndes Gefühl von Zweifel und Scham", fasst

Erikson (1959, 78f) die beiden Pole der Chance und Gefahr dieser Entwicklungsphase zusammen.[6]

Auch wenn das Kleinkind nicht angehalten wird, auf den Topf zu gehen, entwickelt es in der Hälfte des zweiten Jahres ein großes Interesse an seinem Körper und seinen Körperausscheidungen. Manche Kinder beginnen sich beim Verrichten des Darmentleerens zurückzuziehen, um alleine zu sein. Die volle Windel ist für manche Kinder unangenehm, und sie zeigen den Eltern, dass sie gewickelt werden wollen. Für andere ist es ein angenehmes, warmes Gefühl, und sie wollen die volle Windel nicht hergeben. Manche Zweijährige bringen eine Windel und legen sich in Wickelposition. Die Entleerung des Darmes wird wichtig, es wird eine andere Handlung unterbrochen und das Kind bekommt einen „nach innen gerichteten Blick". Auch das Urinieren ist bedeutungsvoll und mit Lust verbunden. Das Anschauen des Strahls, das Betrachten der kleinen Lacke, das Urinieren im Bad ist für Buben und Mädchen interessant. Das Hergeben und Loslassen des Körperinhalts wird emotional wichtig. In der Vorstellung des Kindes erhält alles, was seinen Körper verlässt, eine große, positive und/oder negative Bedeutung. In seiner Phantasie wird der Darminhalt zu etwas Wichtigem, zu einem Geschenk an die Eltern, zu einem Mittel, Terrain zu markieren oder es als Waffe einzusetzen. Freud sprach von der Bedeutung des Analen und nannte diese Phase die „anale Phase", bei der die sexuelle Lust durch die Reizung Afterschleimhäute erfolgt. Alles, was den Ausscheidungen des Körpers ähnlich ist, wie Flüssigkeiten, die man spritzen und ausschütten kann, und knetbare Materialien erregen die Aufmerksamkeit des Kindes. Das Spiel mit Wasser und Sand stellt für das Kind eine wunderbare Gelegenheit dar zu formen, zu kneten, zu schmieren. Fingerfarben und Papier befriedigen sowohl kreative Impulse des Malens und Gestaltens als auch die lustvolle Befriedigung des Impulses zu schmieren.

Entwicklung der Geschlechtsidentität

Im Unterschied zur biologischen geschlechtlichen Ausstattung wird die sexuelle Identität als Mädchen oder Bub erst erworben. Die Ausgangssituation für das

---

6 Während des Nationalsozialismus wurde sichtbar, wie der Impuls zu beschämen und zu demütigen, zu erniedrigen und Menschen zu misshandeln bei Alltagsmenschen in Deutschland und Österreich unter der zivilisierten Oberfläche zum Vorschein kam. Der Wunsch, sich an der Hilflosigkeit und Angst von Schwächeren zu ergötzen, den anderen das anzutun, worunter das Kind beim Sauberkeitstraining gelitten hat, wird bei den Grausamkeiten gegenüber Juden sichtbar. Wie eng diese Grausamkeit mit Erfahrungen der analen Phase zusammenhängt, wo Beschämung durch Nacktheit und durch Beschmutzen sowie Maßnahmen zur Herstellung einer kindlichen Abhängigkeit beim Stuhlabsetzen zusammenhängen, belegen Berichte von Bettelheim (1943), Garfinkel (1956) und Loewenberg (1992).

Verständnis der Ausstattung des Menschen mit weiblichen und männlichen Zügen nannte Freud „Bisexualität". Das bedeutet, dass alle Menschen weibliche und männliche Züge in sich haben und dass sexuelle Identität nicht von Natur aus festgelegt ist, sondern sich erst im Lauf der psychischen Entwicklung herausbildet. Es besteht also ein Spannungsverhältnis zwischen der biologischen Ausstattung und dem psychischen Erleben des eigenen Körpers als männlich oder weiblich.

Das Erforschen der Welt beginnt beim Körper des Kindes und dem der Mutter und mit seinen Phantasien über den Inhalt des Körpers der Mutter. Das Baby greift nach seiner eigenen Hand, zieht, zwickt und kratzt sich im Gesicht, steckt seinen Finger in die Nase und in die Ohren. In ähnlicher Weise greift es nach den Ohren, der Nase, der Brille oder der Brust der Mutter, steckt seine Finger in das Ohr oder die Nase der Mutter oder des Vaters. Wenn es nicht bekleidet ist, erforscht es alle seine Körperöffnungen und die Geschlechtsteile. Der körperliche Unterschied zwischen dem eigenen Körper und dem des anderen Geschlechts erregt im zweiten Lebensjahr große Aufmerksamkeit. Das Kleinkind will bei der Körperpflege der Eltern dabei sein, ihnen aufs WC folgen, um all diese Unterschiede beobachten zu können. Da der mütterliche Körper und die Frage, wie in diesem Körper Babys entstehen, von großem Interesse sind, wollen Mädchen und Buben auch ein Baby bekommen, was Melanie Klein veranlasste, von einer „femininen Phase" bei Mädchen und Knaben zu sprechen. Dieser sexuelle Wissensdrang ist ein wichtiger Antrieb zur intellektuellen Entwicklung. Auch im Rollenspiel, wenn das Kind die Mutter oder den Vater darstellt, zeigt es, dass es eine Geschlechtszugehörigkeit entwickelt hat. Das andere Geschlecht behält aber seine Attraktivität, sodass der kleine Bub sich auch die körperliche Ausstattung und Fähigkeit wünscht, Babys zu bekommen, und das kleine Mädchen auch einen Penis besitzen will, den man angreifen kann und der beim Urinieren so einen großen Strahl in weitem Bogen hervorbringt. Beim Knaben spricht man daher vom „Gebärneid" und beim Mädchen vom „Penisneid". Die Entwicklung des Gewissens als Auseinandersetzung mit der Frage, was erlaubt und was verboten ist, stellt in der Phase des schwachen Ichs des kleinen Kindes einen massiven Einfluss dar. Die realen Verbote und Gebote der Eltern werden in der Phantasie des Kindes zu grausamen, unerbittlichen Forderungen.[7] Im Spiel wird ein Stofftier oder eine Puppe streng bestraft, geschlagen oder weggeworfen, was für die Eltern oft ein Schock ist, wenn sie darauf geachtet haben, ihr Kind nie zu schlagen. Auch sich selbst ge-

---

7 Es ist daher naiv, die Erzählungen von den Entbehrungen der Kindheit und der Grausamkeit der Eltern nur als eine realistische Darstellung der Kindheit zu nehmen, wie es etwa Alice Miller (1979, 1981) tut. Dann wären an allen Problemen nur die Eltern schuld.

genüber kann das Kind starre, grausame Regeln anwenden, die später zu belastenden Selbstvorwürfen und Schamgefühlen führen können, wenn sie nicht in späteren Entwicklungsphasen gemildert werden.

Freud ging davon aus, dass das kleine Mädchen kein Bewusstsein von seinen Geschlechtsteilen habe und im Vergleich zum sichtbaren Penis des Knaben bei sich nur einen Mangel sehe. Seit den 20er Jahren wurde von weiblichen Analytikerinnen im klinischen Material und durch Beobachtungen von Kleinkindern gezeigt, dass kleine Mädchen eine Vorstellung ihrer Vagina haben, und Kinderärzte berichten, dass sie kleine Gegenstände aus der Vagina herausholen mussten (Horney 1923, 1930, Klein 1928, 1933, Chasseguet-Smirgel 1964, Fleck 1977). Das Kleinkind erlebt die Eltern als Paar, das ein neues Baby machen kann und das Kind dabei in gewissen Dimensionen ausschließt. Schon während des zweiten Lebensjahres entwickelt das Kind eine Vorstellung von den Eltern als Paar, das in einer besonderen (sexuellen) Weise verbunden ist und das daher das Kind aus dieser Beziehung ausschließt. Zugleich schafft die Vorstellung eines elterlichen Paars, das gemeinsam über das Kind nachdenken kann, einen psychischen Raum im Kind, der ihm in Analogie zum Modell wird, über sich selbst nachzudenken (Britton 1989). Es wird damit ein Grundstein zur Selbstreflexion gelegt, sich selbst gleichsam aus einer distanzierten Position zu betrachten und über das eigene Verhalten nachzudenken. Der Wunsch des Kindes, diese besondere Enge des elterlichen Zusammenseins zu stören, seine Eifersucht und sein Schmerz, ausgeschlossen zu sein, und seine Furcht, von einem neuen Baby verdrängt zu werden, stehen in Konflikt zu den liebevollen und zärtlichen Gefühlen den Eltern gegenüber. Das Kind wird sich zwischen die Eltern drängen, wenn diese einander zärtlich berühren, eng neben einander sitzen oder küssen. Es will dann in der Mitte sitzen, und beide Eltern sollen sich nur ihm zuwenden. Gleichzeitig ist es für das Kind wichtig zu erleben, dass die Eltern trotz seiner eifersüchtigen Rivalität als Paar zusammenbleiben und sich um das Kind liebevoll kümmern. Häufig sind Schlafprobleme auf den unbewussten Wunsch des Kindes zurückzuführen, durch sein Schreien die Zweisamkeit der Eltern zu stören, die dann zu ihm ans Bett kommen sollen. Kinder haben eine große Sensibilität, Veränderungen wahrzunehmen. Dazu ein Fall aus einer Eltern-Kleinkind-Therapie:

„Die Eltern kamen in die Therapie, da ihre 19 Monate alte Tochter, die immer gut geschlafen hatte, nun schwierig war. Die Mutter war völlig verzweifelt, da Susi ‚totalen Terror' mache, indem sie nicht einschlafe. Letzte Nacht habe sie sich so aufgeregt und so heftig geschrien, dass sie alles erbrochen habe. Beide Eltern waren sich einig, sich nicht terrorisieren zu lassen, und sie beschlossen, sie diesmal weinen zu lassen, wie sie es in einem Buch „Jedes Kind kann schlafen" gelesen hatten. Erst am Morgen hatten sie bemerkt, dass ihre Tochter erbrochen habe. Die Eltern waren schockiert, wie heftig und ‚hysterisch' ihr bis jetzt so braves und fröhliches Kind reagiere. Abgesehen von kurzen Phasen während des Zahnens konnte es immer alleine einschlafen. Nun waren sie ratlos. Sie fühlten sich als völlige Versager. Auf die Frage, wie es dazu gekommen sei, erzählte die Mutter, alles habe eigentlich begonnen, seit sie von dem zweiwöchigen Urlaub in Griechenland zurückgekommen seien. Im Urlaub hätten sie zu dritt in einem Zimmer geschlafen. Susi habe die Gegenwart beider Eltern genossen, sei fröhlich und glücklich gewesen, habe im Wasser vor Freude gejauchzt und wollte gar nicht herausgehen. Für die jungen Eltern war es der erste Urlaub zu dritt. Sie hatten die gewohnte Zweisamkeit wohl vermisst, sich aber klar für einen Familienurlaub entschieden. Die Umstellung bei der Rückkehr sei vermutlich für das Kind zu abrupt gewesen. Im weiteren Gespräch stellt sich heraus, dass die Rückkehr vom Urlaub zugleich auch der Zeitpunkt gewesen sei, an dem die Mutter ihre Berufstätigkeit wieder aufnahm. An drei Tagen in der Woche kam sie nun erst um 16.00 Uhr nach Hause. Überdies habe die Mutter seit zwei Monaten die Anti-Baby-Pille abgesetzt, da sie noch ein zweites Kind bekommen wollten."

Die Mutter war zunächst ganz überrascht, dass ich nicht entsetzt über das Brechen von Susi war oder sie als Rabeneltern kritisiere. Die Mutter hatte das als Anzeichen einer tiefen Störung gesehen. Der ‚Terror' und die Schreiszenen hatten sie an ihre Schwester erinnert. Denn dieses Verhalten könne Susi nicht von ihr haben. „Das kann ich doch nicht einreißen lassen, wie wird das weitergehen?", waren ihre Befürchtungen. Mein Hinweis, dass das Kind durch sein Verhalten Wünsche und Ängste ausdrücken könne, wirkte zunächst beruhigend. Die Eltern konnten nun darüber nachdenken und verstehen, dass sich ihre Tochter vielleicht durch den Verlust der im Urlaub ständig anwesenden Eltern, der Umstellung auf das Kindermädchen und vielleicht auch die Sorge durch das neue Baby aus dem Zentrum der Familie verdrängt fühlte.

Durch ihr Verhalten hatte Susi ihre Eltern dazu gebracht, sich als Versager zu fühlen und Zweifel an ihrer Fähigkeit, gute Eltern zu sein, zu entwickeln.

In der zweiten Therapiestunde erzählten die Eltern, dass sich ihre Panik gelegt hatte, da sie nun die Zusammenhänge besser verstehen konnten. Sie konnten Susis Krise als kurzfristiges Problem sehen. Die Mutter hatte Susi in den nächsten Tagen gestattet, mehr Zeit zum Schlafengehen zu brauchen und bei ihr auf dem Sofa in ihren Armen einzuschlafen, was die Mutter mit den Worten „Sie braucht zur Zeit mehr Körperkontakt" kommentierte. Am vierten Tag konnte sie wieder in ihrem Bett einschlafen, und die Mutter blieb neben ihr sitzen, um ihr die Hand zu halten. Die Eltern waren auch glücklich, da die Mutter tatsächlich bereits schwanger war.

Wir sehen bei diesem Beispiel, dass Susi von ihren unaussprechlichen Ängsten überwältigt wurde und sie eine Situation schuf, die die Eltern erleben ließ, wie sie sich fühlte. Durch das gedankliche Erfassen der Zusammenhänge und die

Fähigkeit, sich in die Situation ihrer Tochter hineinzuversetzen, konnten die Eltern wieder ihre Einfühlsamkeit nützen und eine Lösung finden. Zugleich konnten sie sich gedulden, dass Susi wieder lernen werde, alleine zu schlafen. Vielleicht war die Krise nicht nur durch Susis Verhalten ausgelöst worden, sondern die neue Schwangerschaft hatte unbewusste psychische Rivalitätskonflikte in den Eltern aktualisiert. Durch ein zweites Kind werden auch in den Eltern frühe unbearbeitete Konflikte mit ihren Geschwistern und ihren Rivalitätsgefühlen aktiviert, die zu einer Minderung der Sensibilität der Eltern geführt haben könnten.

Nun wende ich mich wieder der weiteren Entwicklung der beiden beobachteten Familien von Kelly und Max zu, um zu zeigen, wie deren zweites Lebensjahr verlief.

3.2 Entwicklungsgeschichte der Kinder Kelly und Max

Kelly im zweiten Lebensjahr

Perspektive des Beobachters
Als Kelly vier Monate alt war, begann ihre Mutter an zwei Tagen in der Woche zu arbeiten. Sie und die Mutter von Kim wechselten sich in der Betreuung der Kinder ab, da Kims Mutter auch an zwei Tagen arbeitete. Im Alter von 10 Monaten wurde ein Kindermädchen für Kelly engagiert.

Der Beobachter beschreibt eine Spielsequenz, als Kelly 13 Monate alt war:
„Während das Kindermädchen hinausging, um Tee zu kochen, schaute Kelly umher, sah mich an und entdeckte dann ihre Tasse am Boden. Sie nahm die Tasse, sah mich wieder an und lächelte. Sie betrachtete die Tasse eine Zeitlang, stellte sie dann auf den Boden, nahm eine kleine Figur und sah mich dabei lächelnd an. Als das Kindermädchen zurückkam, blickte Kelly abwechselnd sie und mich und die Figur an. Sie näherte sich dem Spielzeug, nämlich den herausspringenden Figuren „Pop Up Pets", die ich ihr zum Geburtstag geschenkt hatte, behielt aber die Figur in der Hand. Das Kindermädchen ermutigte Kelly, mit dem Geschenk zu spielen, aber Kelly drehte nur an den Knöpfen. Das Kindermädchen schob das Spiel, zu dem die Figur gehörte, näher zu Kelly hin. Kelly stellte die Figur hinein, nahm ein Hütchen, setzte ihn zuerst der Figur auf und gab ihn dann auf ihren Kopf. Sie lachte übermütig und setzte das Hütchen wieder der Figur auf. Dann warf sie das Hütchen weg, nahm die Figur und schob sie unter das Podest, auf dem die Figur gestanden hatte. Das Podest hatte

eine Türe, die Kelly zu öffnen und zu schließen versuchte. Sie versuchte, die Figur herauszunehmen, aber sie blieb mit ihrer Hand stecken. Das Kindermädchen zeigte Kelly, wie sie es öffnen und schließen konnte, dann nahm sie die Figur, stellte sie zurück und betätigte einen Knopf, um die Figur wegzuschleudern. Kelly war aber daran nicht interessiert, sondern nahm dieselbe Figur und steckte sie in eine Schachtel, in der schon eine andere Figur drinnen war und schüttelte sie. Dann drehte sie die Schachtel um, presste ihr Gesicht in die Öffnung und drehte sie hin und her, sodass ein Geräusch entstand."

Der Beobachter kommentiert die Szene so: „Kelly scheint stark mit der kleinen Figur identifiziert zu sein ... Kelly ist alleine, sie betrachtet zuerst die vertraute Tasse. Ihr Spiel mit der Figur, die einen Behälter sucht, hat eine Intensität, als ob sie etwas erforscht, wo sie selbst hinein möchte, eine Phantasie wieder im Körper ihrer Mutter zu sein." Tatsächlich bereitet Kelly wie als Wunscherfüllung für diese kleine Figur einen sicheren Raum, in dem diese beschützt ist. Auch die zweite Figur, die bereits in der Schachtel ist, könnte man als Hinweis auf das andere Kind verstehen, mit dem sie zusammen von ihrer Mutter oder der Mutter des anderen Kindes betreut wurde.

Das Spiel eines Kindes, die große Konzentration und der Ernst der Beschäftigung wird von Erwachsenen oft nicht ernst genommen oder abgetan, weil es sich nur um ein Spiel handle. Dabei wird übersehen, wie wichtig das Spiel zur Bewältigung von Trennungen oder heftigen Gefühlen ist.

Der Beobachter berichtete, dass Kelly im Alter von 18 Monaten noch am Morgen und am Abend gestillt wurde. Kelly wurde gemeinsam mit einem kleinen Jungen im gleichen Alter von einem Kindermädchen betreut. Ihre Mutter überlegte, wie sie das Stillen beenden könnte. Ihr schien es peinlich zu sein, auf Kellys Wünsche nach der Brust einzugehen, anderseits schien es eine Kompensation für ihre Abwesenheit untertags zu sein.

„Insgesamt benahm sich Kelly gut mit dem Kindermädchen; sie tat, was ihr gesagt wurde. Das Kindermädchen war in der privilegierten Position, die Entwicklungsschritte von Kelly als erste zu sehen ... Beim Heimkommen war es interessant zu sehen, wie die Mutter Probleme hatte, Kelly zu kontrollieren, nicht wegen ihrer eigenen Schwäche, sondern wegen Kellys heftigem Verlangen nach der Brust."

Der Beobachter nimmt auf, wie schwierig es für Kellys Mutter ist, nicht diejenige zu sein, die Kellys Entwicklungsschritte als erste sieht, da sie untertags weg ist. Als das Kindermädchen einen engeren Kontakt zu Kelly herstellte, fühlte sich die Mutter oft ausgeschlossen. Vielleicht ist das lange Stillen eine Beruhigung für beide, für Kelly und ihre Mutter, etwas zu haben, das nur sie miteinander teilen. Könnte der Wunsch nach der Brust auch damit zusammenhängen, dass Kelly unbewusst aufgenommen hat, sich besonders um ihre Mutter kümmern zu müssen und sie glücklich zu machen? Das würde bedeuten, dass

Kelly eine Fähigkeit entwickelt, ihre Mutter aufzuheitern und ihrem Leben eine emotionale Bedeutung zu geben. Kelly verhält sich tatsächlich erwachsen und vernünftig. Wie verletzbar ihre Mutter ist, zeigt sich darin, dass sie sich rasch von Kelly zurückgewiesen fühlt, wenn Kelly lieber einen Beißring hat als die Nahrung, die sie ihr gibt.

Der Beobachter bemerkt, wie angeregt Kelly durch die Gegenwart eines anderen Kindes ist. Im Vergleich zu dem anderen Kind ist sie viel lebendiger und neugieriger. Am Ende des ersten Lebensjahres ist sie laut Testergebnis der Mutterberatung in ihrer Beweglichkeit und ihren Reaktionsvermögen einige Monate ihrem Alter voraus, doch in ihrer sprachlichen Entwicklung ist sie altersadäquat. Beim Test war Kelly nicht fähig gewesen, einen Gegenstand zu finden, der von einem Tuch verdeckt war.

Während des zweiten Lebensjahres von Kelly wurde die Großmutter väterlicherseits krank und musste operiert werden. Der Großvater war vor kurzem an Krebs gestorben.

„Kelly war schon im frühen Alter eine Schauspielerin. Ihre Mutter bemerkte, wie willensstark und unabhängig Kelly war. Sie versuchte, sich in den Mittelpunkt zu stellen, indem sie Gesichter schnitt und lustige Geräusche machte, um ein anerkennendes Lachen und Lächeln zu bekommen … Ihre Mutter beschrieb ihre kokette Art, sich im Spiegel anzuschauen, Hüte aufzusetzen oder sich zu verkleiden … Sie wollte eine ‚kleine Dame' sein."

Der Beobachter interpretierte es später, indem er schrieb: „In der Beschreibung von Kelly als Schauspielerin ist eine Andeutung von etwas nicht Realem, eine Distanz zwischen Phantasie und Realität." Können wir die Beschreibung als Ausdruck von Großzügigkeit und Offenheit verstehen oder gibt es auch eine Andeutung eines Showelements? Zeigt ihr Verhalten ihren Wunsch, die Erwachsenen aufzumuntern und sie zu unterhalten? Diese Annahme wird unterstützt von dem Hinweis auf die Krankheit der Großmutter väterlicherseits und der später zunehmend größer werdenden Ehekrise. Als Hypothese könnte man formulieren, dass Kelly eine Tendenz hat, tiefe Gefühle, Verlust und Trennung hinter einer hyperaktiven Tätigkeit und aufregenden Spielen abzuschirmen. Das würde ihr ermöglichen, ihre Fähigkeiten und Talente sowohl in einer konstruktiven als auch einer abwehrenden Weise zu nützen. Die Gefahr könnte sein, dass sie sich für das Glück ihrer Eltern verantwortlich fühlt.

Kelly scheint von ihren beiden Eltern, der Großmutter und dem Kindermädchen gefördert zu werden. Betrachten wir nun die Beschreibung der Entwicklung von Kelly aus der Sicht der Eltern.

Perspektive der Eltern von Kelly

Kellys Mutter beschrieb Kelly als Zweijährige als „konventionell", wie ihre Großmutter. Kelly sei ein sehr mädchenhaftes Mädchen gewesen. Sie sagte:

„Kelly liebte Kleider. Ich zog ihr Hosen an und kräftige Farben, rot, grün und helle Dinge. Ich wollte sie nicht in rosa Sachen und Blümchenkleider stecken, aber meine Mutter kaufte ihr solche Sachen. Und trotz all meiner Bemühungen wurde sie ein typisches Mädchen. Sie liebte Puppen und liebte es, schöne Kleider anzuziehen und eine schöne Frisur zu haben. Sie wollte sogar Ohrringe tragen ..."

Kellys Vorliebe für schöne Kleider und Puppen scheint ihre Mutter als Kritik an sich aufzufassen. Beruf und Familie scheint auch ein „Entweder-Oder" zu sein, so als ob eine Frau nicht beide Seiten an sich entwickeln dürfte. Auch die Versuche von Kelly, alle Dinge wieder an dieselbe Stelle zurückzugeben, erlebte Kellys Mutter als Kritik. Es scheint ihr schwer zu fallen, die Ordnungsliebe als Zeichen einer entstehenden inneren Ordnung bei Kelly zu sehen. Indem sie die Ähnlichkeit zu ihrer eigenen Mutter betont, fühlt sie sich von zwei Seiten bedroht und reglementiert. Es ist fast so, als ob ihr Kellys Ordnungsliebe suspekt sei. Sie sagte:

„Besonders als sie kleiner war, konnte man nichts woanders hinstellen, als es hingehörte. Ich meine, Kelly stellte es zurück. Oder sie sagte mir, das sei der falsche Platz."

So einfühlsam Kellys Mutter in vielen Bereichen ist, so schwer fällt es ihr, bei Kelly etwas anzuerkennen, was sie an ihre eigene Mutter erinnert. Sie scheint auch neidisch auf Kelly wegen der großen Aufmerksamkeit zu sein, die ihr ihre Mutter bzw. die Großmutter schenkt. Sie sagte, ihre Mutter sei nicht ihretwegen nach London gezogen, sondern um bei Kelly zu sein. Zu ihrem Enkelkind sei sie ganz anders. „Mich hat sie nie so verwöhnt wie Kelly. Kelly darf Dinge tun, die ich niemals tun durfte. Sie ist viel sanfter mit ihr, als sie mit mir gewesen ist." Bei dieser Aussage klingt auch der Schmerz der Zurücksetzung an, da sich Kellys Mutter im Vergleich zu ihrem Bruder benachteiligt gefühlt hatte.

Während des zweiten Lebensjahres von Kelly zerbrach die Ehe der Eltern. Die Mutter von Kelly betonte, dass das Scheitern der Ehe nichts mit Kelly zu tun hatte, sondern mit ihren sexuellen Problemen. Im Gegensatz zu ihrem Mann, der sich von ihr sexuell zurückgewiesen gefühlt hat, ist Kellys Mutter gar nicht bewusst, dass ihr Mann sie begehrt hat. Ganz im Gegenteil führte sie den Mangel an Sex auf die berufliche Überlastung ihres Mannes zurück. Er schlug sie, und sie blieb wegen Kelly bei ihm. Sie sagte:

„Er schlug mich einige Male, einmal als meine Mutter im Haus war. Ich hatte ihr nichts davon erzählt, und sie war wirklich total schockiert. Ich hatte eine kurze Beziehung mit einem anderen Mann. Das war der Grund, warum es so schwierig wurde. Ich traf ihn einige Male und mein Mann fand das heraus. Ich beendete die Affäre und sah ihn nicht mehr. Aber mein Mann glaubte es mir nicht. Dann ließ er mein Telefon abhören, um alle meine Telefonate aufzunehmen... An dem Tag, als ich das herausfand, dachte ich, dieser Mann ist zu allem fähig. Wissen Sie, er ist nicht berechenbar... Ich konnte nicht essen... Ich konnte Monate lang nicht ordentlich schlafen... Da sagte ich mir: ‚Nein, ich verlasse ihn! Das Haus ist nicht so wichtig wie meine Sicherheit.'... Eines Freitagabends, als er weg war, um bei einer Jazzband zu spielen, ... lud ich, sobald er das Haus verlassen hatte, alles in drei Taschen ... und wir gingen weg ... Ich ließ ihm eine Nachricht am Nachttisch und erklärte ihm alles."

Sie verließ ihn ohne Vorwarnung und nahm Kelly mit. Nach einigen Wochen zog sie dann zu ihrer Mutter, um nach dem Auszug ihres Mannes wieder in das gemeinsame Haus einzuziehen. Sie verließ ihren Mann in einer ähnlichen Weise, wie sie als Jugendliche aus der elterlichen Wohnung ausgezogen war, in der sie mit der Mutter und ihrem Bruder gelebt hatte. Sie fühlte sich damals eingesperrt, weil sie nie weggehen durfte. Sie beschrieb es folgendermaßen:

„Als Teenager war ich rebellisch und fühlte mich eingesperrt ... Nachdem ich von zu Hause ausgezogen war, benahm ich mich, wie wenn ich aus einem Käfig entkommen sei. Ich hatte viele Schwierigkeiten ... Meine Mutter wusste nichts davon. Ich ließ ihr eine Notiz auf dem Küchentisch mit der Nachricht: ,Mama, ich ziehe am Samstag aus. Ich weiß, du stimmst nicht zu, aber ich halte es nicht mehr aus. Ich weiß, du glaubst, ich schaffe es nicht allein, aber ich mache es trotzdem': Danach sprach sie lange Zeit nicht mehr mit mir."

Aus ihrer Erzählung geht nicht hervor, ob ihr Vater die Familie auch in so einer abrupten Weise verlassen hatte. Kellys Mutter hatte eine enge Beziehung zu ihrem Vater und sehr darunter gelitten, dass er die Familie verlassen hatte, als sie noch sehr klein war. Vielleicht spielt auch eine Eifersucht auf Kelly mit, deren Vater sehr liebevoll zu seiner Tochter war.

Kellys Vater hatte schon erzählt, wie ihn seine Frau seit der Schwangerschaft sexuell zurückgewiesen hatte und er das zu akzeptieren versucht hatte. Die Scheidung bezeichnete er als eines der beiden bedeutsamsten Ereignisse in seinem Leben: „Kelly zu bekommen war das befriedigendste Erlebnis und geschieden zu werden das Schrecklichste in meinem Leben." Er wollte auf keinen Fall, dass Kelly ohne Vater aufwachsen sollte. Er hätte alles getan, um die Scheidung zu verhindern. Es war so ein schmerzlicher Prozess. Er fühlte sich bei der Scheidung brutal aus der Wohnung hinausgeworfen, aus der Familie, aus der Stabilität. Er nahm große Mühen auf sich, um eine enge Beziehung zu Kelly aufrecht zu erhalten. Nach der Trennung gaben sie das Kindermädchen auf, und Kelly kam zu einer Tagesmutter.

„Ich pflegte Kelly am Morgen abzuholen und sie zur Tagesmutter zu bringen. Vorher ging ich gewöhnlich mit ihr in den Park. Im Auto erzählten wir einander Geschichten ... Nach sechs Monaten – eines Tages, ohne Grund –, als wir im Park waren, um die Enten zu füttern, kam sie zu mir, legte mir die Arme um den Hals und sagte: ,Daddy, ich liebe Dich, ich vermisse dich so!' Ich dachte mir, es zahlt sich aus. Es geht. Das war der Zeitpunkt, an dem ich wusste, meine Mühe trägt Früchte. Bis zu diesem Tag hatte ich kein einziges Zeichen bekommen."

Für ihn scheint seine Identität als Vater von Kelly eine wichtige Rolle zu spielen. Er selbst sprach liebevoll von seinem Vater, zu dem er eine enge Beziehung hatte, als freundlich, weise und nett. Viele Dinge, die er nun auch mit Kelly unternimmt, wie Bücher lesen und Musik zu machen, hatte er selbst mit seinem Vater getan. Als er ein Kind war, war die Familie nach Australien gezogen, wo er sich verloren und fremd gefühlt hatte. Die Scheidung hat vermutlich diese Gefühle, fremd und heimatlos zu sein, wieder aktiviert. Was sein Trinken und die physische Misshandlung seiner Frau betrifft, sind wir auf Spekulationen angewiesen. Er selbst war beschämt über seine eruptive Eifersucht und Gewalttätigkeit. Ob er die Tatsache, keinen sexuellen Kontakt während der Schwangerschaft haben zu dürfen, unbewusst wie eine Zuschreibung seiner Destruktivität als Gefahr für das Baby erlebte, wissen wir nicht. Das Ausgeschlossenwerden und die Eifersucht scheint ihn sehr verletzt und wütend gemacht zu haben. Beide Eltern waren sich aber einig, die ehelichen Streitereien und den Kampf der Scheidung nicht an Kelly auszutragen. Auch die Beobachtung ging während des zweiten Jahres weiter, wobei der Beobachter Kelly auch bei der Großmutter aufsuchte. Dass während all dieser Probleme die Babybeobachtung fortgesetzt werden konnte, zeugt von einer erwachsenen elterlichen Qualität von beiden, Vater und Mutter. Kellys Mutter tat sich schwer zu akzeptieren, wie wichtig Kelly für ihren Mann war. Sie war geneigt, seine Besuche eher als Versuch der Wiederaufnahme einer Beziehung zu ihr zu sehen als das Zeichen einer väterlichen Zuwendung an Kelly.

Kellys Vater richtete für Kelly in seiner Wohnung ein Kinderzimmer ein, in dem sie einen Tag am Wochenende verbrachte. Er war sich aber im Klaren darüber, dass eine Beziehung zu einem Vater, der nicht im selben Haushalt wohnt, eine andere Qualität hat. Die Regelung des Besuchsrechtes war schmerzlich. „Ich erinnere mich, als ich Kelly das erste Mal am Wochenende abholte, musste ich sie um Punkt 6.00 am Abend zurückbringen. Dieses Gefühl war grauenhaft. Wie im Gefängnis zu sein, aus dem man nur für kurze Zeit heraus darf, wobei einem gesagt wird, du bist nicht wert, mit deinem eigenen Kind zu sein." Er war sich auch bewusst, dass es auch für Kelly eine Entbehrung/Deprivation war, nicht ständig mit ihrem Vater zusammensein zu dürfen. Darüber war er sehr besorgt. Mit hohen Anwaltskosten erstritt er sich ein flexibles Besuchsrecht. Er bezahlte immer Alimente und den Kindergarten. Beide Eltern versuchten Kelly gegenüber nie schlecht über den anderen zu sprechen.

Max im zweiten Lebensjahr

Perspektive der Beobachterin
Max wurde von der Beobachterin zwei Wochen nach seinem ersten Geburtstag bei seinem Lieblingsspiel beobachtet. Sie schrieb, dass Max, seit er gehen konnte, am liebsten mit Wasser oder Sand spielte. Seinen Wunsch, mit Wasser

zu spielen, konnte er der Mutter gegenüber deutlich ausdrücken. Er ging alleine die Stufen ins Badezimmer hinauf und konnte sogar mit einem Sieb den Boden im Badezimmer überfluten. Die Beobachterin beschrieb eine Szene:

„Wir waren in der Küche, und Max machte klagende Laute, um zu zeigen, dass er auf den Stuhl neben ihm hinauf wollte. Seine Mutter stellte ein kleines Stockerl neben den Sessel, sodass er alleine hinauf konnte. Das war aber nicht, was er wollte. Er stand neben dem anderen Stuhl und winselte. Seine Mutter stand hinter ihm und versuchte zu verstehen, was er ausdrücken wollte. Schließlich verstand sie. Sie half ihm dann, den Stuhl in Richtung Abwasch zu schieben. In dem Moment, als Max bemerkte, dass seine Mutter verstanden hatte, hörte er auf zu wimmern und konzentrierte sich ganz darauf, den Stuhl zu schieben. Zuerst stand er neben dem Stuhl, dann ging er aber herum, um von rückwärts sehr effizient zu schieben. Als er beim Abwaschbecken war, stellte seine Mutter das Stockerl daneben, sodass er selbst hinaufklettern konnte. Sie füllte das Abwaschbecken mit warmen Wasser, und Max strahlte vor Zufriedenheit. Sie reichte ihm einen Holzlöffel und wandte sich wieder dem Kochen zu. Max ergriff den großen Stöpsel und biss daran herum, bis der Gummiring herunterging. Nachdem er einige Male versucht hatte, den Gummiring wieder hinauf zu geben, ließ er ihn fallen und zog den anderen Stöpsel heraus. Das Wasser floss langsam ab, und er stöpselte den Abfluss erfolgreich wieder zu. Seine Mutter hatte nun bemerkt, was er gemacht hatte, und füllte das Becken wieder mit Wasser. Aber Max wollte jetzt herunter, ohne sich herumzudrehen und über das Stockerl herunter zu klettern. Er ergriff die Hand seiner Mutter und ‚schritt' einfach weg vom Stuhl, indem er halb herunterfiel. Er wollte von seiner Mutter gehalten werden und beobachtete, was sie tat. Nach einer Weile setzte sie Max auf den Boden und gab ihm eine Schüssel mit gewaschenen rohen Kartoffeln. Max gab jede in seinen Mund, wobei seine Mutter laut protestierte und sagte: ‚Gib sie mir!' und nahm eine nach der anderen. Dasselbe Spiel wurde wiederholt, als Max Dinge aus dem Kühlschrank nahm. Seine Mutter erlaubte es, aber bat ihn, ihr jedes Stück zu geben, was er bereitwillig tat."

Max kann in dieser Szene sehr deutlich zeigen, was er will, obwohl er noch nicht sprechen kann. Er ist aktiv und möchte selbst den Stuhl zum Abwaschbecken schieben. Ein Ding wie der Stöpsel wird auf mehreren Ebenen untersucht, er wird angegriffen, in den Mund genommen, gebissen und zerlegt. Sein Versuch, den Stöpsel wieder ganz zu machen, schlägt fehl. Er kann diese Frustration aushalten und versucht nun, den anderen Stöpsel herauszunehmen. Wie ein Naturwissenschaftler untersucht er die Folgen des Weggebens des Stöpsels, das Wasser fließt ab. Es gelingt ihm dann, den Stöpsel wieder hineinzugeben, und der Wasserspiegel bleibt konstant. Als die Mutter hilfreich eingreifen will, stürzt das Spiel zusammen, Max möchte rasch weg. Er stürzt sich in einer Weise herunter, dass die Mutter ihn halten muss. Später, wenn er den Kühlschrank ausräumt, bleibt Max in enger Verbindung zu seiner Mutter, die jeden einzelnen Gegenstand benennt und dann von ihm bekommt. Es ist auch zu bedenken, dass Max Probleme mit seiner Niere und seiner Blasenentleerung hat. Vielleicht hat das Wasser und das Entleeren deshalb auch so eine große Bedeutung.

Seine Vorliebe mit Wasser zu spielen, wird immer wieder erwähnt. Im Sand spielt er mit Wasser, die Blumen gießt er ebenso wie die Mutter. Als er 14 Monate alt ist, wird beobachtet, wie lange er versucht, eine leere Flasche mit Wasser zu füllen. Er scheint sich mit der Frage des Raumes zu beschäftigen, voll sein und leer sein. Das Füllen seines Körpers beim Essen und Trinken und das Entleeren beim Urinieren und beim Stuhlgang sind wichtige, lustvolle Körpersensationen. Beim Spiel mit dem Wasser kann Max alles kontrollieren und erproben.

Viel Raum wird dem Abstillen gewidmet. Max wurde untertags bereits mit 6 Monaten ohne Probleme von der Brust auf feste Nahrung umgestellt. In der Nacht erhielt er jedoch bis zu dreimal die Brust zur Beruhigung, bis zu dem Zeitpunkt, als die Eltern eine Schlafklinik aufsuchten. Untertags durfte er aber einen kurzen „Zug" von der Brust nehmen, zu dem er sich selbst verhalf. Max ging dann zu seiner Mutter, kletterte auf ihren Schoß, zog ihr T-Shirt hinauf und saugte kurz. Seine Mutter lachte dazu. Dann kletterte er wieder von ihrem Schoß. Beim Besuch einer Freundin der Mutter mit ihrer kleinen Tochter, die wie Max 19 Monate alt war, aber noch gestillt wurde, wurde folgende Szene beschrieben:

„Max war sehr still und klammerte sich an seine Mutter, während das andere Kind die Bühne einnahm mit lebhaftem, fröhlichen Spiel und Herumlaufen. Während wir alle am Boden saßen, zog Max am T-Shirt seiner Mutter. Seine Mutter schien es nicht zu bemerken und versuchte, ihn mit einem Stück Brot abzulenken. Wenig später jedoch erlaubte sie Max, ihr die Bluse zu öffnen, ihre Brust herauszuholen und zu saugen. Sie nahm ihn dann hoch und legte ihn auf ihren Schoß wie ein Baby, ohne dass er ihre Brustwarze los lies."

Die Brust scheint für ihn ein Ort der Zuflucht zu sein. Vielleicht hatte Max Angst vor dem aktiven Mädchen, das in seinem Revier mit seinen Spielsachen spielte. Er will dann wieder das kleine Baby sein, das gehalten wird. Auch der Mutter scheint es schwer zu fallen, endgültig Abschied vom Stillen zu nehmen.

Vom endgültigen Abstillen hörten wir, als Max 20 Monate alt war. Die Beobachterin beschrieb ihn als „außerordentlich geschickt" beim Essen. Sie schrieb:

„Er aß selbständig, gleichmäßig führte er seinen Löffel in den weit geöffneten Mund, ohne auch nur das Geringste auszupatzen, seine Geschicklichkeit mit dem Löffel war beeindruckend. Er hatte eine besondere Beziehung und Liebe zu seinen Schnullern entwickelt. Er unterschied den einen ‚großen' und den ‚anderen kleinen'. Wenn er schlafen ging, musste er einen in seinem Mund und den anderen in seiner Hand haben. Er durchlief in sechs Wochen eine Phase des Abstillens, während er die Brust seiner Mutter mied, die er ‚Schnucki' nannte. Manchmal sprach er von ‚Schnucki kaputt' mit großer Beunruhigung. ‚Er lehnt sich nicht einmal gegen meine Brust', berichtete die Mutter. Kaputte Dinge erregten in dieser Phase seine besondere Aufmerksamkeit. Er zeigte besonders auf weinende Kinder, die am Spielplatz weinten oder in einem Kinderbuch weinend abgebildet waren."

Max scheint die Aktivität des Abstillens selbst übernommen zu haben. Seine Mutter hatte die kurzen Stillphasen, die er sich selbst nahm, „Imbiss" (Snacks) genannt. Diese Imbisse wurden seltener. Seine Fähigkeit, selbst zu essen, schien ihm so viel Selbstvertrauen gegeben zu haben, dass er die Brust aufgeben konnte. Er dürfte auch Angst haben, die Brust, sein „Schnucki" kaputt gemacht zu haben, und er vermeidet jeden physischen Kontakt. Die beiden Schnuller dürften für ihn wie ein Ersatz für die aufgegebenen beiden Brüste sein, er braucht zwei, einen im Mund und einen in seiner Hand. Seine Trauer um die Brust verlagert Max nach außen, er sieht jedes weinende Kind und deutet in den Kinderbüchern auf alle traurigen Babys. Seine Mutter hält es aus, ihn selbständig werden zu lassen und die Zurückweisung zu ertragen, obwohl Trauer mitschwingt, wenn sie sagt, dass er sich nun nicht einmal an ihre Brust anlehnen möchte. Sein großes Interesse an kaputten Dingen drückt seine Sorge um das in seiner Phantasie beschädigte Objekt aus. Sein Wunsch, kaputte Dinge wieder in Ordnung zu bringen, sie zu kleben oder wieder zusammenzusetzen, zeigt seine Fähigkeit zur Wiedergutmachung. In seinem Inneren hat er vermutlich die Phantasie, seine Mutter beschädigt zu haben und sie wieder heil machen zu können.

Max hatte immer wieder erfahren, dass seine Mutter über ihn ärgerlich sein konnte, ihn aber trotzdem nicht ablehnte, sondern sich wieder mit ihm versöhnen konnte. In einer Beobachtung lesen wir über einen „Streit" – einen Konflikt zwischen Mutter und Max – und wie es Max gestattet wird, seinen Ärger und seinen Missmut auszudrücken. Dabei wird sichtbar, dass der Ärger sich auch in der Art und Weise, wie die Beobachterin behandelt wird, zeigte:

„Als ich kam, öffnet mir Maxens Mutter die Türe, drehte sich um und ging ohne ein Wort der Begrüßung wieder in die Küche – was mich unsicher und verwirrt machte. Es stellte sich heraus, dass ich ‚gerade einen schlechten Moment erwischt hatte', da sie eben die erste große Konfrontation mit Max hatte. Sie hatte ihm nicht erlaubt, mit der großen Fleischgabel herumzulaufen. Sie erzählte mir, ‚er lief auf mich zu und schlug mich einige Male'. Sie sei erst vor einer halben Stunde von der Arbeit heimgekommen. Sie bereitete das Abendessen zu. Sie gab dem wimmernden Max eine Trommel, um ihn abzulenken. Es wird kaum etwas gesprochen und die Atmosphäre ist gespannt, sehr ungemütlich. Ich wünschte, ich müsste nicht hier sein.

Die Mutter setzte ihn in seinen Hochstuhl und gab ihm sein Abendessen. Aber alles, was sie ihm gab, sein Plastikteller, sein Löffel, sein Becher ... endeten bald am Boden. Auch wenn sie ihm seinen Becher nicht gab, schaffte er es irgendwie, ihn auf den Boden zu befördern. Jedes Mal beugte sich Max vor, um auf die Unordnung am Boden zu schauen, mit einer Mischung aus Kummer und Befriedigung. Jedesmal kam seine Mutter, um alles wieder aufzuheben, bot ihm Essen an, füllte seinen Becher wortlos nach. Max aß nicht mehr als ein paar Löffel und nach 15 Minuten stellte die Mutter ihn auf den Boden. Sofort rannte er ins Wohnzimmer, während sich seine Mutter niedersetzte, um ihr Abendessen zu essen. Ich fühlte mich zerrissen und wusste nicht, ob ich Max folgen sollte, gleichzeitig wollte ich aber die Mutter nicht alleine lassen. Kurz darauf kam Max zurück, öffnete den Kühlschrank, gab die Sachen sorgfältig heraus und wieder hinein oder gab sie entweder seiner Mutter oder mir. Dann kletterte er auf den Schoß seiner Mutter. Die Mutter ließ Max kurz sitzen, dann stellte sie ihn auf den Boden."

Der Ausgangspunkt des Konfliktes ist, dass Maxens Mutter ihm nicht erlaubte, mit der großen Fleischgabel herumzulaufen, da das die Gefahr einer Verletzung darstellte. Die Mutter scheint sehr klar gewesen zu sein und ihm diese dann wieder weggenommen zu haben. Die Fleischgabel war für Max etwas Faszinierendes, sie herumzutragen machte ihn stark, potent, so mächtig wie die Mutter. Er konnte diese Frustration nicht verkraften, wurde wütend und schlug die Mutter, was er vorher noch nie getan hatte. Für die Mutter war das Schlagen nicht akzeptabel. Sie, die Monate lang dreimal in der Nacht für Max aufgestanden war, ihn herumgetragen hatte, wenn er weinte, mit ihm gespielt und ihm so viel Aufmerksamkeit geschenkt hatte, wird nun „zum Dank" von ihm geschlagen. Ihr erwachsener Teil ist tief gekränkt, so sehr, dass sie nicht einmal die Beobachterin begrüßen kann, sondern ihr nur schweigend die Türe öffnet. Sie bleibt aber in der Lage, nicht nur nicht zurückzuschlagen, sondern Max auch sein Essen zu geben. Sein Herunterwerfen bringt sie nicht zu einem Schreien, sie hebt ihm immer wieder die Gegenstände auf. Aber als er dann nicht wirklich isst, hebt sie ihn herunter. Sie kann sich dann selbst etwas Gutes tun, indem sie in Ruhe ihr Nachtmahl isst. Das Herausgeben der Dinge aus dem Kühlschrank schließt an ein von Mutter und Max oft mit viel Freude gespieltes Spiel an, in das auch die Beobachterin einbezogen wird. Es hat eine Qualität des „Sei-wieder-gut-mit-Mir" und geht von Max aus. Sein Zutrauen, dass die Mutter nun wieder gut mit ihm sei, ist gewachsen, und er klettert auf ihren Schoß. Die Mutter stößt ihn auch nicht weg. Sobald er aber auf ihrem Schoß sitzt, gibt sie ihn wieder herunter, um in Ruhe fertig essen zu können, aber auch um auszudrücken, dass sie noch gekränkt ist. Max kann das akzeptieren und spielt eine Zeit alleine, bis er wieder zur Mutter geht. Auch das Sitzenbleiben der Beobachterin bei der Mutter verstehe ich als Hinweis, dass die Beobachterin gefühlt hat, wie verletzt die Mutter noch war und sich vermutlich über die Gegenwart der Beobachterin gefreut hatte. Diese Szene zeigt, wie gut Max bereits ein inneres Bild einer Versöhnung und Wiedergutmachung aufgenommen hat. Auch die Mutter kann klar Grenzen setzen, ihre Kränkung zeigen und zugleich seine versöhnlichen Gaben aus dem Kühlschrank annehmen. Bei vielen Eltern bricht in so einer Konfrontation mit einem Kleinkind, das die Eltern beißt oder sie schlägt, das erwachsene Selbst zusammen und sie beißen und schlagen das Kind. Für Kleinkinder ist das doppelt bedrohlich. Nicht nur schlagen oder beißen die Eltern plötzlich, sondern die Kinder denken auch, ihre Wut sei so groß, dass sie die Eltern böse gemacht haben.

Die Entwicklung von Max aus der Perspektive der Eltern
Die Mutter von Max wollte vieles anders machen, als sie es als Kind erlebt hatte, vor allem in den Bereichen Essen und Sauberkeitstraining. Sie musste als Kind immer aufessen, es wurde großer Druck gemacht. Wenn Max begann, mit seinem Essen herumzuspielen, verstand das seine Mutter als Zeichen, dass er satt war, und er durfte aufstehen und spielen gehen. Das Sauberkeitstraining von Maxens Mutter verlief traumatisch. Als ihre beiden Brüder geboren wurden, kam ein Kindermädchen, dass sie unbedingt in eineinhalb Wochen sauber machen wollte. Sie wurde geschlagen, wenn sie in die Windel statt in den Topf machte. Niemand schützte sie vor diesem „Drachen".

„Mit Max machte ich gar nichts. Ich wollte nicht einmal wissen, wie man Kinder sauber werden lässt. Ich ließ ihn es so machen, wie er wollte ... Ich tat gar nichts, tatsächlich machte er es selber ... Er hatte Windeln an, bis sie trocken waren, bis er sagen konnte: ‚Wo ist der Topf?' Aber er machte es eher früh ... er war weniger als zwei Jahre alt."

Die Mutter von Max ist mit ihren Gefühlen als Kind in Berührung, sie erinnert sich, wie sie unter Druck gesetzt wurde und wie sie sich gedemütigt fühlte. Sie will Max auf jeden Fall beim Essen und beim Stuhlgang Freiheit geben und ihm das ersparen, was sie ertragen musste. Ein weiterer Unterschied besteht darin, Max zu gestatten, seine Gefühle, seinen Ärger ihr gegenüber auszudrücken. „Mir wurde nie gestattet zu denken oder gar sagen zu dürfen, dass ich meine Mutter hasse." Eine Ähnlichkeit zu ihren Eltern sieht sie darin, dass auch sie den Impuls habe, Max zu manipulieren. Besonders in der Zeit, wo er noch nicht sprechen konnte. „Direkte Konfrontationen fallen mir auch heute noch schwer, obwohl ich es versuche", meinte die Mutter von Max selbstkritisch. Sie und ihr Mann hatten sich vorgenommen, sich nicht so viel einzumischen, wie es ihre Eltern getan hatten.

Maxens Vater sprach von seiner jähzornigen Mutter, die von ihren vielen Kindern völlig überfordert war und deren Wutausbrüche ihn ängstigten. Er versuchte, Max gegenüber kontrolliert zu sein, und bezeichnete sich selbst als zu milden Vater. Seinen Vater hatte er als generöse, musikalische Person erlebt, der sich gegen seine Frau nicht durchsetzen konnte. Der Vater von Max war ein unglückliches Kind und ist mit seinen damaligen Gefühlen nach wie vor in Kontakt. Er sah sich als böses Kind. Gemildert wurde dieses negative Selbstbild durch seine Fähigkeit zu komponieren und seine Liebe zur Musik.

„Ich bin ein nachsichtiger Vater Max gegenüber, so wie mein eigener Vater. Manchmal werde ich ärgerlich, was mein Vater niemals war. Max hat mehr Freiheiten als ich hatte ... Wir kontrollieren ihn nicht. Teilweise, weil er ein Einzelkind ist ... Ich denke, dass es schlecht ist, wenn wir ihm so viel erlauben, aber manchmal ist es leichter, als einen Streit zu haben ... Wir erlauben ihm mehr, als für ihn gut ist ... Wir hätten ihm mehr Grenzen setzen können, aber unser beider Eltern waren zu streng. Wir erlaubten ihm, das zu tun und zu haben, was er wollte, wenn er eine andere Geschichte hören, etwas nicht essen oder nicht so weit gehen wollte ... Vor allem ich tendiere dazu, eher mild zu sein."

Maxens Vater denkt viel über seine Aufgabe als Vater nach. Er ist überglücklich, ein Kind bekommen zu haben, es ist wie eine Wiedergutmachung für das Aufgeben seiner Musik als Jugendlicher. Max etwas geradeheraus zu sagen, fällt ihm schwer. Max empfindet er eher als verwöhnt, er kann sich aber nicht dazu bringen, strikter zu sein.

Nach der Beschreibung der beiden Familien von Kelly und Max komme ich zu Patrick zurück, dem Kind, das ich im ersten Kapitel beschrieben habe. Viele seiner Probleme dürften im zweiten Lebensjahr manifest geworden sein. Ich möchte zeigen, wie Patrick in den Analysestunden diese schwierigen Phasen im Spiel darstellte.

Patricks Entwicklung in der Psychoanalyse

Patricks Eltern hatten einer Analyse zugestimmt, um ihm zu helfen, mit seinen Alpträumen, seinen Wutanfällen, seinem Außenseitersein fertig zu werden. In einer Analyse versucht die Analytikerin, das Spiel und alle Äußerungen des Kindes als Ausdruck seiner inneren Konflikte zu verstehen. In den Gefühlen, die das Kind zur Analytikerin entwickelt, bilden sich dieselben Muster ab, wie es das Kind zu den „inneren Objekten" hat, zu seinen inneren Bildern, die es sich von seinen Eltern in verschiedenen Lebensphasen gemacht hat. Die belastenden Erinnerungen werden sozusagen in den auf die Analytikerin übertragenen Gefühlen rekonstruiert. Patricks Eltern hatten, so wie die meisten Eltern, die ihr Kind in Therapie bringen, keine außergewöhnlichen Erfahrungen mit dem Kind beschrieben. Oft fällt es den Eltern gar nicht auf, dass ihr Kind Hilfe braucht. Auch bei Patrick hatte erst die Kindergärtnerin die Eltern auf seine emotionalen Schwierigkeiten aufmerksam gemacht. In den weiteren Elterngesprächen kamen vereinzelte Hinweise auf frühe Entwicklungsprobleme hervor. Die Geburt und die ersten Monate waren unauffällig. Patrick war eine spontane Geburt, er trank gut an der Brust und schlief. Er war mit eineinhalb Jahren schon sauber, ohne dass die Eltern Druck gemacht hätten. Von den äußeren Ereignissen dürfte sowohl die nächste Schwangerschaft der Mutter als auch Patricks schwere Darminfektion im zweiten Lebensjahr, die lebensbedrohlich war, zu seinen großen Schwierigkeiten beigetragen haben.

Ich möchte nun die Psychoanalyse von Patrick darstellen, die ihm half, Ordnung in seine innere Welt zu bringen. Ich werde dabei verschiedene Szenen, die in den Stunden immer wieder vorkamen, zu einzelnen Themen zusammenfassen.

In den ersten Monaten war es für Patrick wichtig, sich zu orientieren, zu wissen, wann er kommen werde und wann keine Stunden angesetzt waren. In der Psychoanalyse gehen wir von dem Prinzip aus, dass das Kind die Wahrheit ertragen kann, sie sogar heilend ist, wenn wir sie in einer dem Kind nachvollziehbaren Form vermitteln. Es gibt also keine erzieherischen Zurechtweisungen, Ablenkungen oder Versprechungen, sondern die Psychoanalytikerin zeigt Mut, sich auf alles einzulassen, was das Kind bringt. Im Fall von Patrick war es eine chaotische innere Welt, in der Phasen des klaren Denkens und Sprechens von Phasen einer gedankenlosen, grausamen Zerstörung und Hoffnungslosigkeit geprägt waren. Er war ungeduldig und konnte keine Frustration ertragen. Wenn ihm etwas nicht sofort gelang, warf er den Gegenstand zu Boden, zerstörte ihn oder begann, wütend um sich zu schlagen. Es war dann so, als ob auch seine innere Welt jede Struktur verlöre und zusammenbräche. Darum war für ihn die zeitliche Struktur der Stunden, die an drei aufeinander folgenden Tagen stattfanden, von großer Bedeutung. Seine Psychoanalyse begann nach Ostern, wurde aber Anfang Juni durch einen dreiwöchigen Urlaub seiner Familie und im Juli durch meinen Urlaub für fünf Wochen unterbrochen. Am Ende der ersten Woche fragte ich ihn, ob ich ihm aufzeichnen solle, wann er wiederkommen werde. Da er zustimmte, zeichnete ich ihm seine Stunden in einen selbstgemachten Kalender, wobei ich die Tage, an denen er Stunden hatte, mit einer bestimmten Farbe kennzeichnete und die ausfallenden Stunden klar als Urlaube bezeichnete. Dieser Kalender behielt in den ersten drei Monaten eine zentrale Bedeutung. Am Anfang jeder Stunde holte er ihn aus seiner Lade und machte einen Kreis um die gegenwärtige Stunde. Die Wochenenden und die Unterbrechungen waren schwierig für ihn. Patricks Mutter tendierte dazu, ihm Versprechungen zu machen und ihm Geschichten zu erzählen, um einen Wutausfall zu vermeiden. Diese Versprechungen wurden aber nur selten tatsächlich erfüllt, sodass Patrick kaum mehr Vertrauen zu Aussagen hatte. Wenn er wütend war oder ein Versprechen einforderte, meinte seine Mutter oft, er sei müde, und erzählte ihm eine Ausrede, warum es nicht ginge. Seine Liebe zur

Mutter veranlasste ihn, ihr immer wieder zu glauben, um dann erneut enttäuscht zu sein. Lange Zeit spielte er mir gegenüber die Rolle der Mutter, sagte mir etwas, was unrichtig war, und lachte dann schadenfroh, wenn ich enttäuscht wurde. Viele grausame Rituale wurden in verkehrten Rollen mit mir gespielt.

Am Anfang verwandelte er das Spielzimmer in einen chaotischen Raum, den er mit seinen zerbrochenen Stiften, zerrissenem Papier, Wasserspritzern und Kritzelein auf den Wänden zu einem schmutzigen, abstoßenden Ort machte, aus dem die Kinder, die nach ihm kamen, oder mein Mann ausrutschen, sich weh tun oder entsetzt wieder weggehen sollten.

Neue Babys seiner Mama und bei mir spielten von Anfang an eine große Rolle. Im Spielraum dürfen die Kinder ihre Gefühle ausdrücken, sie werden nicht ermahnt oder bestraft, sondern die Psychoanalytikerin versucht, diese Handlungen in Worte umzusetzen. Als sich Patrick erstmals mit seinen Gefühlen, seinem Hass und seiner Eifersucht auf die anderen Kinder und auf meinen Mann ernstgenommen fühlte, konnte er auch darüber sprechen. Er zeigte mir, wie das nächste Kind auf dem nassen Boden hinfallen und sich den Kopf anhauen würde. Bei der Demonstration fiel tatsächlich er, wie als Strafe, selbst zu Boden. Gleichzeitig konnte er mir auch zeigen, wie wichtig die Stunden für ihn waren, wie kalt er sich fühlte und wie warm es im Zimmer war. Wenn er sich verstanden fühlte, berührte er mich wie zufällig mit seinem Fuß oder lehnte sich beim Vorbeigehen kurz an oder blickte mir forschend tief in die Augen. Wenn ich ihm deutete, dass er dann, wenn er sich verstanden fühlte, nahe zu mir käme, hörte seine Destruktion schlagartig auf. Er bat mich, ihm zu helfen, seine Dinge wieder in seine Lade zu geben. Patrick ging davon aus, dass ich genauso sei wie er. Wenn er den Raum vor seinem Weggehen verwüstet hatte, nahm er an, dass ich ebenso alles Vergangene vergessen würde. Er schien sich zu sagen, nichts habe Bedeutung, weil man es immer wegmachen könne. Er könnte dann wieder Mist machen und die ganze Welt sei ohne Sinn, dumm und strukturlos und die Bedeutung seiner Handlungen werde in ihr ignoriert. Aber als er erlebte, dass ich als seine Analytikerin den Mist wohl wegräumen, seine Spielsachen vor den anderen Kinder in Sicherheit bringen konnte, er aber trotzdem über seine Beweggründe für das Mist machen nachdenken konnte und emotional damit in Kontakt blieb, begann auch er, sich Überlegungen zu machen. Er begann auch Fragen zu stellen und eine Antwort zu erwarten. Er schien beruhigt zu sein, dass ich sah, dass er oft von etwas Schrecklichem ganz in den Griff genommen werde und dass ich zugleich sehen konnte, wie verletzlich er war und wie wütend er wurde, wenn er ausgelacht oder gedemütigt wurde.

Im Gespräch nach vier Wochen waren beide Eltern tief beeindruckt, dass Patricks Wutanfälle ganz verschwunden waren. Er ging nun ohne Probleme in den Kindergarten. Patricks Mutter erzählte gerührt, dass er nun über seine Gefühle sprechen könne, wenn er traurig oder froh sei. Die Mutter versuchte, ihn auf Entscheidungen vorzubereiten. Patrick sei zu ihr gekommen, habe ihr die Arme um den Hals gelegt und gesagt: „Mami, ich habe dich lieb". Das sei das erste Mal gewesen. Er könne sich jetzt auch besser von ihr trennen. Er spiele auch „Geschwisterliebe", wobei er seine kleine Schwester umarme, allerdings so fest, dass sie sich rasch wieder von ihm befreie.

In der Analyse zeigte Patrick, dass er sich klein und ohnmächtig fühlte und wenig Hoffnung hatte, einmal groß wie sein Vater werden zu können. Patricks Vater, der zunächst gemeint hatte, eine Therapie sei nicht notwendig, änderte seine Meinung, da er sah, dass Patricks Wutanfälle verschwunden waren. In dem Maße, wie Patricks Verhalten weniger wild und unkontrollierbar wurde, konnte der Vater von seiner Angst sprechen, dass Patricks Beziehung zu ihm so schwierig werden könnte wie seine zu seinem Vater. Er könne mit seinem Vater nicht sprechen, er wurde von ihm als Kind so gedemütigt und gemein behandelt, dass er sich nicht vorstellen könne, außer seiner Hassliebe etwas mit ihm besprechen zu können. Gedanken an seine Kindheit seien so schmerzlich, dass er gar nicht darüber sprechen wollte. Oft sei er mit seinem Wissen am Ende, da Patrick weder auf Schreien noch auf Schläge noch auf Einsperren reagiert habe.

Am Beginn des zweiten Jahres der Analyse wurde die Feinstruktur hinter der zunächst ziellos erscheinenden Destruktivität sichtbar. Gleich nach der Sommerpause konnte mich Patrick daran erinnern, dass ich ihm ein neues Lineal versprochen hatte, da er seine beiden anderen zerbrochen hatte. Er wirkte viel reifer und war sicher gewesen, dass die Stunden weitergehen würden. Er begann, öfter ein Haus zu bauen, in das er auch mich rief. Wir sollten beide ganz gleich sein, ohne Unterschied. Später baute er ein Haus für sich und eines für mich. Diese Spiele hatten etwas Konstruktives, aber manchmal auch eine Spur von Unechtem, Pseudofreundlichem, wenn ich das kleine Katzenbaby sein sollte. Seine Eifersucht brach immer wieder durch, wenn er den ganzen Raum voller Lulu machen wollte, so dass alles nach ihm roch und er tiefe Löcher in die Wand bohrte. Seine Destruktion verdeckte er hinter der „Aufgabe", er müsse nach Gold suchen. Immer wieder war es wichtig, die beiden Ebenen anzusprechen, wenn er so tat als ob, damit ich nicht merken sollte, dass eine andere Absicht dahinterstünde.

Schritt für Schritt konnte er mehr mit dem Gefühl in Kontakt kommen, wie klein er sich vorkam und wie rasch er in Panik verfiel, wenn er sich so dumm und ohnmächtig fühlte. Oft befürchtete er, etwas, das weg war, sei für immer verloren. Im Spiel war er der Vater, der mir als kleinem Kind oder Baby „helfen" sollte. Aber seine Hilfe bestand darin, mit drohender Stimme zu sagen, was ich tun sollte, und er wurde rasch ungeduldig, um mich zu drängen:

„Mach schon, Tu' endlich weiter", worauf er mich dann plötzlich und ohne Warnung anschrie, sodass ich zusammenzuckte. Dabei wurde sein Gesicht ganz rot, er brüllte mit lauter Stimme. Als ich fragte, wie ich reagieren sollte, wies er mich an zu erschrecken, Angst zu haben und zu weinen. Meine Reaktionen schienen seine Wut und sein Gebrüll zu steigern, bis er damit aufhörte.

Die besondere Qualität von Patricks Beziehung zum Vater entfaltete sich im weiteren Spiel. Dazu einige Szenen einer Therapiestunde:

Zunächst fischten wir Fische, dann schlug seine Stimmung um und er wurde aggressiv. Er forderte mich auf, ihn zu beschimpfen: ‚Scheiß-Patrick, hat sich angeschissen!' Wenn er etwas nicht tun konnte, schimpfte er ‚Scheiße', wenn etwas Aufregendes geschah, musste er aufs Klo gehen. Später war er das kleine Baby, das in die Hose gemacht hatte. Ich sollte der Vater sein, der ihn wickelte. Patrick spielte das ganz realistisch, legte sich auf einen ‚Wickeltisch', ich sollte sagen: ‚Heb den Popo' und etwas als Windel darunterziehen und zumachen. Ich sollte ihn als Vater schlafen legen, die Mutter war gestorben. Mitten in der Nacht kletterte er im Spiel aus dem Bett. Ich als Vater sollte ihn finden, mit ihm schimpfen und ihn bestrafen. Das Spiel hatte eine große Intensität. Patrick war nicht damit zufrieden, dass ich das Schimpfen und Schlagen nur andeutete. Er war erregt, nahm meine Hand und versuchte, sich selbst damit zu schlagen. „Du musst fest schlagen, fester!". Da ich es nicht tat, sondern es nur mit Worten ausdrückte, wie ich als Vater erregt sein sollte, während er mich dazu bringen wollte, ihn zu schlagen, ganz fest zu schlagen, begann er, sich mit seiner eigenen Hand zu schlagen. „So macht man das", sagte er.

In zahlreichen Stunden zeigte er mir, wie es ihm gelang, sich und seinen Vater zu erregen und den Vater in sein grausames Spiel hineinzuziehen. In seiner Phantasie bestand das Paar aus einem Mann und einem Kind, das in einer engen, grausamen Weise lustvoll verbunden war. Das Kind war die steuernde Instanz, Patrick hatte es in der Hand, seinen Vater zur Weißglut zu reizen und ihn ohnmächtig zu machen. Patrick zog große Befriedigung daraus. Meine Aufgabe war es, ihm klar zu machen, dass er der aktive Teil war, der seine Bestrafung herbeiführen konnte. Er machte das Gegenteil von dem, was der Vater von ihm verlangte, oder tat so, als ob er ihn hörte. „Hörst Du nicht", brüllte er als Vater. Manchmal saß er im Auto, um wegzufahren, und ich sollte als Kind trödeln, sodass der Vater dann wirklich so tat, als ob er wegfahren würde. Ich musste dann entsetzt schreien und ängstlich nachlaufen. Das Lustvolle dieser Fähigkeit, den Vater in Rage zu bringen, war deutlich. Es gelang Patrick immer wieder, seinen Vater zu Gewalttätigkeiten zu verführen.

Im folgenden Gespräch mit den Eltern teilte mir der Vater mit, dass er sich gegenwärtig von Fragen der Disziplinierung nach Möglichkeit zurückgezogen hatte und das seiner Frau überließ. Patrick habe nun angefangen, mit seiner Schwester Häuser zu bauen. Der Vater bekomme die Rolle als Postbote, der beiden die Post bringe, oder die Rolle des Polizisten. Die Eltern waren der Meinung, Patrick sei schon geheilt, im Kindergarten sei er einer der Phantasievollsten beim Spielen. Trotzdem willigten sie ein, ihn weiter in Analyse kommen zu lassen, damit sich die inneren Veränderungen stabilisieren könnten.

In der folgenden Phase kam er oft wie ein kleinen Baby, legte sich auf den Tisch und sagte, wie kalt und dunkel es sei. Ich deutete, dass er wusste, dass heute eine verschobene Stunde sei und alles anders, als er es gewohnt war. Wenn ich verstand, wie böse er auf mich war, stand er auf und wollte weiterspielen, nachdem er aufs Klo gegangen war. Er zeigte, welche Erleichterung es für ihn war, etwas Vertrautes, wie das Bauen des Hauses, zu tun. Er und ich sollten alle anderen Leute ausschließen. Er hatte eine leere Raketenhülle mitgebracht, die er im Raum herum warf. Ich sollte das kleine Baby sein, das Angst hatte. Ich deutete ihm, dass er mir zeigen wollte, wie er sich von mir über das Wochenende weggeworfen gefühlt hatte. Im Spiel war er der mächtige Erwachsene, der immer wieder Raketen werfen konnte, und ich sollte Angst haben und weinen. Er zeigte mir auch, wie verletzt er war, dass ich ihn über die Weihnachtsferien alleine lassen würde. Er fand Zugang zu seinen explosiven Gefühlen, wobei er dann alles kaputtmachen wollte. Patrick konnte mit seinem Gefühl, nichts richtig tun zu können, in Berührung kommen. Er begann, auch alleine zu versuchen, etwas zu tun, Zutrauen in seine Fähigkeiten zu entwickeln und mich um Hilfe zu bitten, wenn er etwas nicht allein machen konnte. Am Beginn der Psychoanalyse wollte er nichts alleine tun, „mach du es" war sein Refrain.

Patrick war zu Beginn der Psychoanalyse ein ungeschicktes Kind gewesen, das oft weinerlich war, mit einem dumpfen Gesichtsausdruck, der ihn wenig attraktiv machte. In den Stunden begann er, auf den Tisch zu klettern, den Tisch und den Raum ganz in Besitz zu nehmen. Er kletterte von einem Fensterbrett zum anderen, wobei er zunächst von mir gehalten werden wollte, es bald aber alleine schaffte. Er sprang vom Tisch auf den Boden und wurde immer geschickter. Auch im Kindergarten und auf dem Spielplatz hatte er seine Ängstlichkeit abgelegt. Er war nun einer, der ganz hinauf klettern konnte und sich dabei gut anhielt, was seiner Mutter gut gefiel. In der Art und Weise, wie er Gedanken und Gefühle klar benennen und spüren konnte, gelang es ihm, sich gut anzuhalten und Hindernisse zu überwinden. Beim Schiurlaub mit seinen Eltern durfte er Snowboard fahren lernen und konnte es besser als sein sportlicher Vater. Seither fuhr er auch in den Therapiestunden mit dem Stockerl oder dem Sessel Snowboard. Seine Fähigkeit, zu denken und überwiegend liebevolle Gefühle zu haben, veränderte auch seinen Gesichtsausdruck. Statt des kalten, oft grausamen oder ängstlichen Blicks konnte er liebevoll oder traurig schauen. Seine Intelligenz, die von seinem inneren Chaos oft überlagert gewesen war, konnte er nun nützen, und er war aufmerksam, klug und rasch von Begriff. Vor allem war er sensibel für alles Doppelbödige. Die Rivalität zu seinem Vater – in der Übertragung zu meinem Mann – hatte etwas Bedrohliches. Vor dem Krampustag sprach er von seiner Angst, dass der Krampus alle schlimmen Buben mitnehmen und töten würde. Danach zeichnete er zahlreiche Krampusse, um jedes Fenster des Spielzimmers zu schmücken und ihn so milder zu stimmen. In zahlreichen Szenen zeigte Patrick, dass sein Ich stärker geworden war, er zunehmend in der Lage war, seine aggressiven und freundlichen Gefühle zu integrieren und den Krampus versöhnlich zu stimmen. In seiner Lade hortete Patrick allerlei: drei Papierhandtücher legte er am Beginn jeder Stunde in seine Lade, Zeitungsausschnitte, die er beim Altpapier gefunden hatte, Fäden, Reste von Bleistiften, Kastanien, zerbrochene Teile füllten seine Lade bis an den Rand. Als er innerlich mehr Klarheit gewann, begann er seine Lade auszuräumen, zu säubern und dann ganz ordentlich wieder einzuräumen, wobei er mir klar mitteilte, wie ich ihm helfen sollte.

Er begann, mich auf seinem Snowboard auf weite Reisen mitzunehmen. Doch immer wieder brachen Eifersucht und Hass über ihn herein, wenn er ein winziges Stück Plastilin oder ein Stück Schnur oder Klebeband von einem anderen Kind fand. Das Thema Spital wurde dargestellt, wo ich der kleine Patient war, der Angst hatte, und er war der Arzt, der mir riesige Spritzen gab und mir mit Gewalt den Kopf hinunterdrückte. Einmal wollte er mir den Bauch aufschneiden, um alles herauszunehmen. Ich sollte dann die Person sein, die sich nass macht und in die Windel macht. Als „Scheiß-Frau Diem" wurde ich dann ausgespottet und verlacht.

Die Eltern erzählten beim nächsten Treffen von Patricks Spitalsaufenthalt im Alter von 1½ Jahren, wo er von vier Männern niedergehalten werden musste, damit ihm der Arzt eine Spritze geben konnte. Wegen einer schweren Darminfektion musste er damals wieder Windeln nehmen. Sein explosiver Durchfall hatte ihn damals so erschreckt, dass er in Panik geriet und gar nicht mehr zu brüllen aufhören wollte. Er schämte sich sehr, wieder eine Windel zu brauchen. Er imitierte seinen Vater, der ihn dann „Scheiß-Patrick" nannte. Auch die Geburt seiner Schwester im selben Spital war eine große Kränkung für ihn, wie als Bestätigung, dass er unerwünscht, weil so böse und schmutzig sei und die Eltern deshalb ein neues Baby bekommen haben. Damals hatten seine Angstträume begonnen.

In den folgenden Stunden wurden die Geister der Nacht lebendig. Ich musste das kleine Kind sein, das mitten in der Nacht aufwachte und komische Geräusche hörte. Vor Angst musste ich ganz reglos sein. Er wurde dann ein Gespenst, das mich erschreckte. Ich sollte nach der Mama rufen. Oder wir setzten uns beide eng zusammen und lauschten auf die bedrohlichen Geräusche, die er imitierte. Als ich diese Geräusche in der Nacht mit dem in Verbindung brachte, was Papa und Mama (beim Geschlechtsverkehr) in der Nacht tun, stimmte er zu und meinte, das sei gefährlich. Aber er wollte ins Badezimmer schauen gehen, was sie tun. Das Spähen und Lauschen war ganz wichtig, verbunden mit seiner Angst und den Gespenstern.

Die traumatischen Ereignisse im Spital wurden Thema einer Therapiestunde. Patrick hatte das blaue, rote und grüne Plastilin zu einer braunen Einheitsmasse geknetet. Er drehte den einen Heizkörper, der neben dem Tisch stand, auf volle Wärme und bat mich, mit ihm ins Haus, d. h. unter den Tisch zu kommen. Patrick klettert auf den Tisch, legt kleine Stücke des braunen Plastilins auf die Heizung und schaute zu, wie es beim Schmelzen langsam herunterrann. Als ich das als seinen Wunsch deute, den ganzen Raum voll „Kaka" zu machen, damit alles nach ihm stinkt, nickte er zustimmend und meinte: „Ja, so soll es sein". Er nahm größere Stücke, die schmelzen sollten. Er wies darauf hin, dass es mehr und mehr werden und bat mich dann, es mit einem Papiertuch zu stoppen. Da ich aber nicht rasch genug war, holte er selbst ein Papier und demonstrierte, wie ich es tun sollte. Er betonte, wie wichtig es war, ja nicht das Plastilin zu berühren. Ich verband das mit seiner Angst, dass dieser „Durchfall" gefährlich sein könnte. Er wurde immer aufgeregter, legte große Mengen auf den Heizkörper und verlangte, dass ich sie stoppe, was mir nur teilweise gelang. Ich sollte sehen, wie es ist, diese Massen von Durchfall nicht unter Kontrolle halten zu können. Ich fragte, ob es so ähnlich sein könnte, wie damals, als er mit diesem gefährlichen Durchfall im Spital lag und wie er seinen Stuhl nicht halten konnte. „Es war wie eine Explosion", sagte Patrick bedrückt. Ich deutete, dass sein explosiver Durchfall ihm Angst gemacht haben könnte, ganz kaputt zu werden. Er nickte. Als ich ihn fragte, wie es damals im Spital gewesen sei, sagte er mit bewegter Stimme, es habe sehr weh getan. Vielleicht habe er gedacht, das sei die Strafe für seine bösen Gedanken über seine Schwester in Mutters Bauch, fügte ich hinzu. Nach einer kurzen Nachdenkpause sagte er mit ruhiger Stimme, wir könnten jetzt den Heizkörper zurückdrehen. Patrick holte frische Papiertücher, gab die größeren Plastilinstücke zusammen, damit ich einen Ball daraus machte, weil er ihn später benötigte. Er putzte den Heizkörper sorgfältig rein, wollte zunächst, dass ich ihm helfen sollte, überlegte es sich aber und machte es lieber alleine. Er arbeitete mit großer Konzentration. Durch das Bewusstmachen der phantasierten Zusammenhänge hatte er den Eindruck, verstanden worden zu sein und selbst zu verstehen. Danach konnte er alles mit großer Aufmerksamkeit sauber machen.

Obwohl es in den Stunden eine eindrucksvolle Entwicklung gab, kamen immer wieder Elemente seiner Destruktivität und Eifersucht heraus, wobei er mich anspuckte, mit dem Fuß nach mir trat, mir voll Wut die Brille herunterreißen und sie zerbrechen wollte. Seine Stimmung konnte jäh umschlagen, sodass ich immer auf der Hut sein musste. Das Schlagen und Stoßen wurde aber weniger unkontrolliert. Verstand ich sein Umkippen und brachte es mit dem Erlebten in Verbindung, wandelte sich seine Aggression in Milde, er legte den

Kopf auf meinen Schoß. Er begann, selbst zu zeichnen. Beim Ballspielen war er sehr geschickt. Er wollte haushoch gewinnen, er oder ich schrieben unsere Punkte auf, und er war meist der Sieger.

Seinen Wunsch, dass ich eine dritte Oma sein sollte, die immer erreichbar wäre, konnte er ausdrücken und zugleich sehen, dass es hier ein Ende geben werde. Seine Trauer über das Beenden der Analyse konnte er zeigen. Über viele Stunden hinweg fertigte er aus dem Wachs einer Kerze, die er mitgebracht hatte, und aus Schnüren kleine Kerzen an, die eine Erinnerung an die zahlreichen Stunden sein sollten.

Diskussion

Die schwere Infektion mit dem Krankenhausaufenthalt und die Geburt seiner Schwester scheinen Patrick im Alter von $1^1/_2$ Jahren in eine Krise gestürzt zu haben. Obwohl er schon sauber war, musste er nun wieder Windeln benutzen. Seine Unfähigkeit, den Stuhl zu kontrollieren, machte ihn und seinen Körper zu einer schmutzigen, abstoßenden Hülle, für die er sich schämte. Seine Krankheit dürfte Patrick als Strafe für seine eifersüchtigen Gedanken betrachtet haben. Der Spott, die Demütigung durch den Vater, der ihn eher wie einen jüngeren Bruder als einen kleinen Buben behandelte, ließen sein schwaches Ich kurzfristig zusammenbrechen. Er geriet in Wut und Panik, brüllte und tobte, sodass ihn fast niemand beruhigen konnte. Sein Schuldgefühl ließ ihn in eine Bestrafungswelt von Geistern und Monstern phantasieren. Dazu mischten sich die bedrohlichen Geräusche aus dem elterlichen Schlafzimmer bzw. Badezimmer, die er mit seinen aggressiven Phantasien in Verbindung brachte. Er zog sich immer mehr in eine anale, destruktive Phantasiewelt zurück. Die größte Lust und Erregung gewann er aus der Provokation seines Vaters, der bereitwillig die Rolle des Bösen, sadistischen, höhnischen Strafenden übernahm. Seine Scheiße war ein mächtiges Instrument, die volle Windel, die er oft nicht hergeben wollte, wurde lustvoll besetzt. Patricks Vater, der ausgezeichnet zeichnen konnte, musste sich in der Konkurrenz zu seinem Sohn immer profilieren. Patrick hatte keine Zuversicht, jemals so gut zeichnen zu lernen wie sein Vater. Auch beim Ballspielen wollte der Vater immer gewinnen. Erst langsam entwickelte Patrick ein gewisses Selbstvertrauen, Dinge nach seinen eigenen Vorstellungen tun zu dürfen.

Zugleich war ein gesunder Anteil da, der rasch die Hilfe der Psychoanalyse nutzen konnte. Patrick konnte auf guten Erfahrungen in seinem ersten Lebensjahr aufbauen, seine Welt behielt im Wesentlichen eine Struktur, er hatte keinen psychotischen Zusammenbruch und zog sich nicht in eine private Welt zurück wie ein autistisches Kind. Er schaute, ob er mit seiner Analytikerin sicher sein konnte. Wenn ich auf ihn wartete, repräsentierte ich eine Welt, in der sich jemand um ihn Sorgen machte. Patrick hatte die Idee eines inneren Objektes, das an ihn denken konnte. Sobald er die Analyse als einen Ort nützen konnte, an dem er seine fürchterliche Angst, die Situationen, in denen die Geister kommen und seine explosive Eifersucht zeigen durfte, lebte er zu Hause und im Kindergarten ohne Wutanfälle und Angstträume. Das verzerrte Bild seiner Mutter schien rasch wieder von einer liebevollen Beziehung dominiert worden zu sein. Er konnte ihr sagen, wie gerne er sie hatte. Patrick brauchte seine Gefühle nicht mehr mit Wutanfällen abzuwehren, sondern konnte differenziert seine Trauer oder Freude, Sehnsucht oder Enttäuschung ausdrücken. Obwohl er sich selbst noch oft mit den hohen Anforderungen eines strengen Gewissens belastete, war sein Ich stärker geworden. Er begann, sich um andere Menschen zu kümmern. Seinem Vater gegenüber blieb er passiv und wollte von ihm Anregungen zum Spielen. Da seine Ängste geringer geworden waren und er seine Überzeugung, einen abstoßenden, ekelerregenden Körper zu haben, durch ein positives Selbstbild und mehr Selbstvertrauen mildern konnte, gelang es ihm viel besser, Freunde zu haben und Konflikte nicht durch Gewalt und Schlagen, sondern über ein Aushandeln zu lösen. Patrick blieb verletzlich und in der Gefahr, sich provozieren zu lassen.

Seine Beziehung zu seiner kleinen Schwester verbesserte sich. Sie konnten stundenlang mit einander spielen. Wenn Patrick zur Strafe von seinen Eltern in sein Zimmer hinauf geschickt wurde, fragte Patrick seine Schwester, ob auch sie lieber oben spielen wollte und sie gingen dann gemeinsam nach oben. Die Eltern blieben dann mit gemischten Gefühlen unten sitzen.

Bei Fallgeschichten fragt man sich, wie weit die Umwelt für die Probleme und Störungen des Kindes verantwortlich ist. Bei Autoren wie Alice Miller, Bowlby und Kohut gewinnt man den Eindruck, dass immer die Eltern Schuld seien. Ich denke, dass es aber wichtig ist, die Wechselwirkung zu zeigen bzw. den Eltern zu helfen, mögliche Missverständnisse nicht entstehen zu lassen. Diese Gespräche dienen auch dazu, den Eltern zu helfen, über das Verhalten ihres Kindes gemeinsam nachzudenken, um es verstehen zu können. Dazu ein Beispiel aus den Gesprächen mit Patricks Eltern: Patricks Vater erzählte, dass ihn das sinnlose Brüllen von Patrick wahnsinnig mache, da sich Patrick immer mehr hineinsteigere, bis der Vater zu drastischen Strafen greifen müsse. Ich bat ihn, mir ein Beispiel zu erzählen. Der Vater dachte kurz nach und erzählte dann, dass er mit Patrick im Wohnzimmer gewesen sei und ihn gebeten habe, die Türe zuzumachen. Patrick habe sich wieder taub gestellt. Nachdem er es mehrere Male auch sehr laut gesagt hatte, verlor er die Geduld und machte die Türe selber zu. Statt dass Patrick nun Ruhe gegeben hätte, begann er bitterlich zu weinen und machte die Türe wieder auf, was den Vater wütend machte. Als der Vater die Türe noch einmal zumachte, sperrte er zu, damit Patrick sie nicht mehr aufmachen konnte, worauf Patrick einen Anfall bekam, sich am Boden wälzte und aus Leibeskräften brüllte. Patrick war damals zwei Jahre alt und verstand, was der Vater zu ihm sagte. Als ich den Vater fragte, wie er sich das Verhalten von Patrick erklären könnte, war er zunächst ratlos. Ich fragte, was vorher geschehen sei. Da erzählte der Vater, dass sie alle drei friedlich beisammen gewesen seien, bis seine Frau eben zur Nachbarin gegangen sei. Patrick habe zunächst nicht geweint. Erst jetzt dämmerte ihm, dass Patrick vielleicht gemeint haben könnte, die Mutter könne nur durch die Balkontüre wieder zurückkommen und deshalb so verzweifelt die Türe offen lassen wollte. Ich fragte ihn, ob er mit Patrick darüber gesprochen habe, dass die Mutter auch mit ihrem Schlüssel aufsperren könnte. Erst langsam beginnt Patricks Vater das entsetzte Weinen mit Patricks möglicher Angst in Verbindung zubringen, seine Mutter könne nicht mehr herein, wenn die Türe verschlossen sei. Patricks Vater fiel ein, dass er sehr wenig mit Patrick spreche, ihm wenig erkläre, da er annahm, das Kind sei noch zu klein, etwas zu verstehen. Er wundere sich jedoch immer häufiger, wie viel sich Patrick merke und wie genau er beobachten könne. Patricks Vater hatte selbst keinen Vater kennengelernt, der ihm etwas erklärte oder sich mit ihm beschäftigte, sein Vater hatte sofortigen Gehorsam erwartet oder Strafen ausgeteilt. Patricks Mutter hatte einen sehr liebevollen Vater gehabt, der ihr gestattet hatte, mit ihm gemeinsam zu basteln oder bei Arbeiten zu helfen. Dieser Großvater war auch für Patrick eine wichtige und hilfreiche Bezugsperson.

4 Das dritte Lebensjahr

Das dritte Lebensjahr ist das letzte der drei entscheidenden Jahre, in denen das Fundament der Persönlichkeit gelegt wird, in dem die Tiefenstruktur der Psyche und die Muster der Wahrnehmung der Welt geformt werden. Das Wissen um die große Bedeutung der ersten drei Lebensjahre ist nicht erst von Freud entdeckt worden. Schon Charles Darwin hat diese Meinung vertreten. Bowlby hat in seiner Darwin-Biographie eine Konversation mit dem Porträtmaler William Richmond beschrieben, in der Darwin gefragt wurde, in welchen Jahren ein Kind die unauslöschlichsten Eindrücke bekomme. Darwin antwortete: „Ohne Zweifel in den ersten drei Jahren." Und er erklärte weiter, dass „das Gehirn noch jungfräulich/unberührt sei, es Eindrücke aufnehme, ohne sie modellieren oder sich daran erinnern zu können. Trotzdem bleiben sie erhalten und können das gesamte weitere Leben des Kindes bestimmen" (Bowlby 1990, 430; Übersetzung GDW)[8]. Obwohl damals noch weniger über den Zusammenhang der kognitiven und psychischen Entwicklung bekannt war, wusste Darwin um den zentralen Stellenwert dieser Jahre.

Für Eltern bedeutet dieses Wissen aber auch, dass für diejenigen, die während der ersten beiden Jahre Schwierigkeiten hatten, ihr Kind kennenzulernen, eine zweite Chance besteht. Manchen Eltern fällt es leichter, mit einem Kleinkind, das sich sprachlich ausdrücken kann, umzugehen und es zu verstehen. Die Gefühle eines Zweijährigen sind schon besser integriert, sodass manche Eltern weniger ängstlich sind als im Umgang mit den frühen, rohen und intensiven Gefühlen des Babys. Doch erfordert das dritte Lebensjahr von den Eltern sowohl Klarheit als auch Toleranz. Das Kind, das schon selbständig zu sein scheint, seine Wünsche durch Gesten und Worte klarer ausdrücken kann, motorisch schon geschickt ist, hinaufklettert und alleine herunterspringt, kann von einer Minute zur anderen – wenn es müde oder ängstlich ist – wieder ein kleines Baby werden, das den physischen Kontakt und die Geborgenheit bei Mutter oder Vater braucht. Es wird oft von heftigen Gefühlen übermannt, die ihm selbst Angst einflößen. Wutausbrüche, Gekränktsein, Trauer werden von Phasen der Freude, der Abenteuerlust und Neugierde abgelöst. Häufig neigen Eltern dazu – vor allem wenn sie bereits ein zweites Kind bekommen haben –, ihr Zweijähriges zu überfordern. Sie meinen, es kann schon so gut alleine gehen, dass es nicht mehr getragen werden muss und reagieren unwillig, wenn es

---

8 Im Original heißt es: „Without doubt the first three" ... „It is a vergin brain adapted to receive impressions although unable to fomulate or memorize these. They nontheless remain and can affect the whole future life of the child recipient".

stehen bleibt und hochgenommen werden will. Wenn sie später auf einem Video dasselbe Kind betrachten, sehen sie mit Beschämung, wie klein und hilfsbedürftig es gewesen ist.

Ich möchte einige Dimensionen der Entwicklung im dritten Lebensjahr beleuchten:

– Spracherwerb: symbolisches Denken,
– Sauberkeitstraining: Scham – Beschämung,
– Geschlechtsidentität und ödipale Phantasien,
– Geschwisterrivalität und Geburtstheorien,
– Entwicklung des Gewissens und
– Ängste des Kindes.

4.1 Entwicklung der Kinder im dritten Lebensjahr

Spracherwerb: symbolisches Denken

Während des dritten Lebensjahres entwickelt das Kind die Fähigkeit, sich sprachlich differenzierter auszudrücken. Erst mit dem Ende des zweiten Lebensjahres beginnt das Kind die Sprache systematisch zu erlernen. Es gelingt ihm, besser zwischen Realität und Phantasie unterscheiden zu lernen. Es kann etwa im Spiel so tun, als ob es schläft oder seinen Teddy schlafen legen und spielen, es sei jetzt Nacht. Durch Nachahmung beginnt es, kompliziertere Sätze zu formen. Der Wissensdurst des Kindes im dritten Lebensjahr ist durch die „Warum-Frage" gekennzeichnet. Das Kind will allen Beobachtungen und Phänomenen auf den Grund gehen, die Hintergründe erfahren. Das Kind will vor allem Antwort auf die großen Fragen der Menschheit erhalten, die um Geburt und Tod kreisen. Wie kommen Babys auf die Welt? Woher komme ich selbst? Früher dachte man, die Antworten auf diese Fragen vor den Kindern geheim halten oder ihnen Lügengeschichten vom Storch erzählen zu müssen. Heute wissen wir, wie wichtig es ist, die Fragen des Kindes wahrheitsgetreu und dabei kindgemäß zu beantworten.

Worte sind immer mit einer gefühlsmäßigen Bedeutung und einer szenischen Erfahrung verbunden. Derselbe Satz – etwa „Was hat mein kleines Mädchen?", der vom Vater zärtlich von einem liebkosenden Halten begleitet wird – klingt anders als eine genervte Frage der älteren Schwester, was die Kleine denn wieder habe. Beim Rollenspiel mit Stofftieren oder einer Puppe, aber auch mit Autos oder Flugzeugen, werden diese unterschiedlichen emotionalen Zuschreibungen angewendet. Beim Beobachten fällt auf, dass die Kinder manchmal den Tonfall genau imitieren, sodass man meint, den Vater oder die Mutter sprechen zu hören. Manchmal ist die Sprache des Kindes Ausdruck seiner verzerrten Wahrnehmung, wenn es ganz böse wird oder übertrieben süßlich spricht. Eltern erschrecken oft, wie genau ihr Kind Worte, Sätze und Verhaltensweisen aufnimmt. So raste etwa ein 2½ jähriges Mädchen, als es bei den Grünpflanzen der Großmutter zwei riesige braune Blätter sah, mit nach vorne gebeugtem Körper auf die Pflanze zu und rief: „Um Gottes Willen, Um Gottes Willen!" Sie imitierte ihre Mutter, die manchmal, wenn sich das fünf Monate alte Baby am Wickeltisch aufsetzen wollte, zu ihm hinstürzte und dabei „Um Gottes Willen" rief. Natürlich sagen Kinder jene Worte, die ihre Eltern im Affekt sagen, besonders gerne nach. Viele Eltern sind sich nicht bewusst, dass sie beim Autofahren oder Telefonieren, wenn sie wütend sind, „Scheiße" sagen. Wenn ihr Kind dann beim Spielen „Scheiße" sagt, sind sie entsetzt und verbieten es ihm. Manchmal kann man Kinder darüber reden hören, ob „meine Mamma auch Scheiße sagt", wenn sie sich sehr ärgert. Dazwischen sagt ein anderes Kind „Scheiße sagt man nicht!" Es ist für Kleinkinder nicht leicht, sich in der komplexen Welt zu orientieren, die Höflichkeitsregeln, den Anstand zu erlernen und zu wissen, wann man etwas sagen darf und wann nicht. Es ist eine Herausforderung für Eltern, ihren Kindern diese verschiedene Bedeutung der Höflichkeit, der Gastfreundschaft, des Umgehens mit Konflikten, des Aushandelns von unterschiedlichen Wünschen beizubringen.

Eine wichtige Hilfe für das Kind beim Erlernen der Sprache ist es, wenn die Eltern ihm aufmerksam zuhören und ihm zeigen, dass es verstanden wird. Oft will das Kind so viel auf einmal sagen, dass es mit dem Ausdrücken der Gedanken ins Stolpern gerät und zu stottern beginnt. Darüber brauchen sich Eltern keine Sorgen zu machen. Es genügt, sich Zeit zu nehmen und sich dem Kind zuzuwenden, vielleicht mit dem Kopf auf derselben Höhe mit dem Kind zu sein, um ihm zu zeigen, dass es die ganze Aufmerksamkeit des Erwachsenen hat und es langsam sprechen kann. Oft nimmt das Kind auch Zuflucht zu Gesten, um etwas zu zeigen. Viele Worte sind ihm noch nicht vertraut, es muss erst danach suchen oder es erfindet selbst welche. So sagte ein kleiner Bub mehrere Monate lang mit ganz tiefer Stimme zu allen großen Dingen, Tieren oder Gegenständen „Paappi". Der Größenunterschied zwischen ihm und seinem Vater war der Bezugspunkt, was klein „Baby" und groß „Papi" war, auch die tiefe Stimme sollte vermutlich die tiefe Stimme seines Vaters nachahmen. Es gab dann einen „Papi- oder Baby-Zug", einen „Papi- oder Baby-Apfel" etc. Irgendwann begann er dann, sich dem Sprachgebrauch der anderen Familienmitglieder anzupassen.

Erstaunlich kreativ können Kleinkinder sein, wenn sie das passende Wort nicht kennen, sie aber genau wissen, welchen Wunsch sie ausdrücken wollen. Dazu ein Beispiel von einer Beobachtung:

„Der 2½ jährige Karl brachte seiner Großmutter ein Bilderbuch, das sie ihm vorlesen sollte. Dazu sagte er mit großem Nachdruck ein Wort, das die Großmutter aber nicht verstand. Sie versuchte es zu erraten, indem sie fragte, ob er es selber halten wolle, oder ob er auf ihren Schoß sitzen wolle. Nein, das war es nicht. Als sie schon ratlos war, begann er fröhlich sehr deutlich ein englisches Lied, nämlich ‚Jingel bells, jingel bells …‘, zu singen. Da das Bilderbuch in Englisch geschrieben war und die ältere Schwester, die im Kindergarten schon Englisch lernte, manchmal bat, das Buch auf Englisch vorzulesen, fragte die Großmutter Karl, ob sie es auf Englisch vorlesen sollte. ‚Ja, Englisch‘, meinte nun Karl vergnügt und hörte begeistert zu, wobei er einige Worte wie ‚Big‘ wiederholte."

Karl konnte sich an das Wort „Englisch" nicht erinnern, wohl aber daran, dass seine Schwester die Großmutter bat, es manchmal in einer unbekannten Sprache, mit anders klingenden Worten vorzulesen. Er scheint auch gewusst zu haben, dass dieses Lied ein „Englisches Lied" war. Er hat also dieses Lied vorgesungen, um die Großmutter auf die Spur zu führen, was er sich wünscht.

Der Zeitpunkt, wann Kinder fließend zu sprechen beginnen, ist sehr unterschiedlich. Manche plappern schon mit zwei Jahren, singen vollständige Lieder vor sich hin und murmeln Auszählreime, während andere sich noch mit Einwort-Sätzen verständigen und sich mit Gesten ausdrücken. Solange ein Kind sich ausdrücken kann, auch wenn es dazu Gesten und Ausrufe verwendet, zeigt es, dass es alles versteht.

Die Freude des Kindes an der Sprache hängt wesentlich davon ab, welche Bedeutung die gesprochenen Worte der Eltern haben. Erfährt das Kind über Sprache vorrangig Strafe, Zurechtweisung, Verbote und Kritik? Manchmal ist es hilfreich, sich selbst zu beobachten, wie oft wir zu einem Kind „Nein", „Geh weg!", „Lass das!" und Ähnliches – oft mit ärgerlicher oder erregter Stimme geäußerte Verbote und Zurechtweisungen – sagen. Stehen dem ähnlich viele Ermutigungen, lobende und anerkennende Äußerungen gegenüber? Können wir das Kind loben, sagen, dass es etwas „gut gemacht" habe oder dass es „ein geschicktes Mädchen" sei. Ein einfaches „Ja" oder „Versuche es nur" wirken ermutigend. Bei meiner Babybeobachtung in London war ich überrascht, wie oft die Mutter mit sichtlicher Freude ihren kleinen Buben hochnahm und sagte: „What a clever boy!" oder „Well done!", „Jolly good", „Fine!" Das Strahlen des Kleinen und seine unermüdliche Ausdauer zeigten, wie sein Selbstvertrauen von Tag zu Tag wuchs. Für das Kleinkind ist es günstig, wenn Lob und Kritik ausgewogen sind. Ein Kind, das nur kritisiert und zurechtgewiesen wird, hat weniger Ansporn, dieses Medium der Sprache zu erlernen. Vorlesen und Singen mit dem Kind fördern den Wortschatz. Es ist auch nicht notwendig, das Kind bei grammatikalischen Fehlern zu korrigieren. Wenn die Eltern das falsch ausgesprochene Wort wiederholen oder es in einem anderen Satz verwenden, hört es das Kind und korrigiert es alleine. Bei älteren Geschwistern ist darauf zu achten, dass sie das kleinere Kind bei sprachlichen Fehlern nicht ausspotten und nachahmen, um es zu beschämen.

Eine ganz wichtige Dimension des Selbstvertrauens ist es, ob das Kind auch bei Rückschlägen oder Hindernissen weitermacht oder gleich aufgibt. Die Akzeptanz der Persönlichkeit des Kindes und die positive Erwartung der Eltern sind eine große Unterstützung der Ausdauer. Oft machen Eltern Druck, damit das Kind rascher, als es seinem Rhythmus entspricht, eine Fähigkeit erlernt. Das bewirkt eher das Gegenteil. Das Kind hat dann den Eindruck, die Erwartungen der Eltern nicht zu erfüllen.

Ein wichtiger Fortschritt in der Entwicklung besteht darin, den Unterschied zwischen einem Symbol und dem, was es symbolisiert, zu erkennen. Ein Symbol impliziert eine Ähnlichkeit mit dem bezeichneten Gegenstand und kann vom Kind daher selbst entwickelt werden. Die Zuschreibung eines Zeichens, zum Beispiel eines Wortes, beruht auf Konvention und ist daher vom sozialen Leben erzeugt, d. h. ein Gegenstand hat in jeder Sprache eine andere Zuschreibung eines Zeichens. Herrscht beim Kind in dem Zeitraum bis zum vierten Lebensjahr das magische Denken vor, so können Worte mit der symbolischen Bedeutung dessen, wofür sie stehen, gleichgesetzt werden. Wenn im Bilderbuch eine Hexe oder ein Krokodil abgebildet ist, das das Kind mit seinem durch Ärger verzerrten Bild der bösen Mutter gleichsetzt, so kann es den Eindruck haben, eine Hexe oder ein Krokodil befinde sich tatsächlich unter seinem Bett. Das Wort als verbales Symbol macht dann das Bezeichnete gegenwärtig. Hanna Segal (1978) hat dafür den Begriff der *symbolischen Gleichsetzung* geprägt. So kann das Gleichsetzen von drei wunderschönen Kieselsteinen, die das Kind gefunden hat, mit dem Kind und seinen Eltern, für das Kind so real sein, dass es diese liebevoll aufhebt und am Abend behutsam neben sein Bett zur Ruhe legt. Oder der Stock, auf dem es reitet, ist dann wirklich ein Pferd, mit dem es über die Wiese fliegt, das Legogewehr ist ein tatsächlich gefährliches Gewehr, das es nicht hergeben will.[9] Diese symbolische Gleichsetzung ist ein normales Durchgangsstadium. Wir nehmen an, dass die Symbolbildung dadurch entsteht, dass das Interesse des Kindes, das zunächst dem Körper der Mutter gilt, auf die Umwelt abgelenkt wird, die weniger angstbesetzt ist. Das Kind sucht nach neuen, konfliktfreien Beziehungen zu Gegenständen (Ersatzobjekten). Das bedeutet auch, dass eine gewisse Angstquantität notwendig ist, um die kindliche Entwicklung anzuspornen. Solange

---

9 Ein Charakteristikum der Schizophrenen, die auf dieser Entwicklungsstufe des Denkens fixiert bleiben, ist, dass sie keine Unterscheidung zwischen Ding- und Wort-Repräsentationen treffen können. Einem als Angriff erlebten Wort weichen sie mit einer Drehung des Kopfes aus, so als ob es ein Geschoss wäre.

das Symbol mit dem Symbolisierten gleichgesetzt ist, denkt das Kind, dass es dieses unter Kontrolle hat. Es ist wie eine Einheit zwischen sich selbst, dem Symbolisierten und dem Symbol. Von einer Symbolisierung sprechen wir erst dann, wenn das Kind den Unterschied und damit eine Trennung zwischen sich, dem symbolisierten Objekt und dem Symbol anerkennen kann. Das Symbolisieren verstehen wir als wichtige Fähigkeit des Ich, das versucht, mit seinen Ängsten umzugehen. Kann das Kind das Symbol und das Symbolisierte als von sich getrennt sehen, so kann es die Realität und seine Begrenzung, nicht alles beeinflussen zu können, akzeptieren. So werden im Märchen Figuren wie die Hexe und die Königin, der König und der Menschenfresser, der Kasperl und das Krokodil dargestellt, die für Aspekte der kindlichen Gefühle und Wünsche stehen. Indem im Märchen stellvertretend für die inneren Konflikte im Kind diese Märchenfiguren miteinander kämpfen, wird das Kind entlastet. Durch die phantastischen Übertreibungen der Geschichten (der hundertjährige Schlaf von Dornröschen) werden Reaktionen begreiflich und annehmbar, die durch realistische Schilderungen (zum Beispiel die Abwesenheit der Mutter) nicht verständlich wären. Das kleine Kind erlebt die Abwesenheit der Mutter als „Ewigkeit", auch wenn sie nur eine halbe Stunde weg ist. Im Märchen ist das Gute ebenso gegenwärtig wie das Böse, das faszinierend und beängstigend stark ist. Bruno Bettelheim hat auf die Bedeutung der Märchen in seinem Buch „Kinder brauchen Märchen" (1975) hingewiesen. „Sie helfen den Kindern, unbewusste innere Vorgänge durch Bilder zu klären, damit wird das durch Worte ausgedrückte Bild zum Begreifen von unbewussten Gefühlen verwendet... Das Kind erlebt die Wut nicht als Wut, sondern nur als den Impuls zum Schlagen, zum Zerstören, zum Verstummen" (Bettelheim 1975, 34). Im Märchen wird diese innere bedrohliche Wut durch einen Dämon oder Räuber ausgedrückt, der alles zerstören will. Dann wird dargestellt, wie der gefährliche Räuber besiegt und bezähmt wird, so wie das Kind seine aggressiven Impulse beherrschen lernen will.

Im Denken des zwei- bis dreijährigen Kindes existieren Denkvorgänge unterschiedlicher Qualität nebeneinander. Das Kind kann in vielen Bereichen realistische Vorstellungen haben, in anderen Bereichen aber noch im magischen Denken verhaftet sein. Unter magischem Denken versteht man eine Überzeugung, dass Phantasien, Wünsche und Vorstellungen tatsächlich geschehen, wo die Unterscheidung zwischen Phantasie und Realität noch nicht deutlich geworden ist. Wie ein Magier nur einen Zauberspruch sagen muss, damit alles seinen Wünschen entspricht. Bei dem Erlernen von Worten und deren Bedeutung entstehen daher oft große Schwierigkeiten. Fraiberg gibt ein Beispiel:

David, ein zweieinhalbjähriger Bub, sollte mit seinen Eltern nach Europa fliegen. Er war mit dem Begriff des Flugzeugs, das er oft am Himmel sah, vertraut. Alle freuten sich auf die Reise. „Aber nach einer Weile bemerkten Davids

Eltern, dass er aufhörte, nach ‚Jurop' zu fragen, und sogar bedrückt schien, wenn seine Eltern darüber sprachen. Sie versuchten herauszufinden, was ihn bedrückte. Er wollte aber offensichtlich nicht darüber reden. Schließlich kam David mit einem herzzerreißenden Bekenntnis heraus: ‚Ich kann nicht nach Jurop gehen!', sagte er. Und Tränen liefen über seine Bäckchen. ‚Ich kann noch nicht fliegen!'" (Fraiberg 1980, 89).

David kannte wohl den Begriff des Flugzeugs, konnte aber nicht wissen, dass Menschen *in* das Flugzeug einsteigen würden. ‚Ich kann noch nicht fliegen' weist auch darauf hin, dass er annahm, seine allmächtigen Eltern könnten fliegen und er müsse es erst lernen. David hatte wohl das Wort „Flugzeug", aber noch nicht den Begriff des Flugzeugs als Beförderungsmittel verstanden, d. h. Kinder und Erwachsene sprachen eine unterschiedliche Sprache.

Durch die Sprache beginnt das Kind, ein objektives Bild von sich zu entwickeln. Es kann sich und seinen Besitz erkennen, es kann: „Mein" und „es gehört mir" sagen. Es verwendet die Sprache, um sich selbst im Bett beim Einschlafen etwas zu erzählen oder vorzusingen. Manche Kinder erzählen sich oder ihrem Schlaftier lange Geschichten. Es kann sich in einer neuen Qualität auf andere Personen beziehen. Die Sprache ermöglicht es dem Kind, über sich selbst eine Geschichte zu erzählen. Allerdings bleiben im dritten Lebensjahr symbolisches und konkretistisches Denken, d. h. wenn das Kind sich und den symbolisierten Gegenstand in eins setzt, nebeneinander bestehen. Eine Episode, die man mit der Überschrift: „Ich bin der Zug" versehen könnte:

„Ein zweijähriges Mädchen setzte Plastikschienen zusammen, so wie sie ein Puzzle zusammensetzt. Mit Hilfe der Mutter wird es ein Kreis. Das Mädchen stellte nun einen Legozug auf die Schienen und bittet die Mutter, mit dem Zug zu fahren. Das Mädchen läuft neben dem Zug außerhalb der Schienen mit, sie selbst scheint nun auch ein Zug zu sein. Sie ist stolz, dass sie schneller als der Zug laufen kann. Erst nachdem sie mehr als zehn Mal um den Kreis gelaufen ist, versucht sie, selbst mit dem Zug zu fahren. Wenn der Zug entgleist, sagt sie: „Hoppala, kaputt!" und versucht, ihn wieder auf die Schienen zu stellen. Sie wechselt wieder zum Laufen. Dabei beobachtet sie, wie ihre Mutter mit dem Zug spielt, den Waggon zum Stehen bringt, die Türe öffnet und die Figur fragt, ob sie aussteigen wolle, die Figur herausnimmt und den Zug weiterfahren lässt. Als das Mädchen sich wieder setzt, um mit dem Zug zu spielen, fragt sie eine andere Figur: ‚Aus?'. Mit heftigem Kopfschütteln antwortet sie für die Figur: ‚Nein', schließt die Türe und der Zug fährt weiter."

In dieser kleinen Sequenz sehen wir, wie das Mädchen zwischen zwei Formen des Erlebens im Spiel hin und her wechselt. Manchmal ist sie ein Zug, fasziniert von der Bewegung, wobei sie einige Male ganz ernsthaft rund um den Schienenkreis läuft, dann ist sie die Person, die mit dem Zug und den Figuren spielen will. Bei ihr will die Figur nicht aussteigen, sondern im Inneren des

Waggons drinnen bleiben. Da die Mutter dieses Mädchens gerade schwanger ist, könnte das Drinnenbleiben der Figur auch ein Hinweis auf ihren Wunsch sein, noch weiter in der Babybeziehung mit der Mutter zu bleiben.

Die Entwicklungsphase, in der das Kind zwischen konkretem und symbolischem Denken unterscheiden lernt, findet im dritten Lebensjahr statt. In einer Szene sehen wir, wie das fünfjährige Mädchen sehr klar zwischen einem Symbol und dem Symbolisierten unterscheiden kann, während der kleine, zweijährige Bruder in Panik gerät:

„Die Großmutter hatte eine Bitte des fünfjährigen Mädchens nicht erfüllt. Als Protest nahm das Mädchen den Stuhl, auf dem die Großmutter gesessen war und trug ihn voller Empörung ins andere Zimmer, weil sie auf die Großmutter böse war. Der kleine Bruder schaute ihr mit wachsendem Entsetzen zu. Dann lief er weinend ins andere Zimmer und versuchte vergeblich, die Schwester daran zu hindern, den Stuhl wegzutragen. Die Schwester war wieder zum Tisch zurückgelaufen und setzte sich nieder. Unter Tränen versuchte der kleine Bruder, den Stuhl ins Speisezimmer zurückzuschieben. Die Großmutter ging zu ihm, bedankte sich bei ihm und half ihm, den Stuhl zurückzubringen. Er hörte sofort zu weinen auf, war zufrieden, setzte sich hin und begann zu essen."

Die Schwester ist auf die Großmutter wütend und drückt ihre Wut indirekt aus, am liebsten würde sie die Großmutter wegschieben, sie nimmt aber deren Stuhl. Sie kann zwischen dem Stuhl der Großmutter und der realen Großmutter unterscheiden und weiß, dass diese dableibt, auch wenn sie deren Stuhl wegschiebt. Für den kleinen Bruder ist der Stuhl der Großmutter und die Großmutter aber ein und dasselbe. Für ihn ist es bedrohlich, so als ob die Gefahr bestünde, dass die Großmutter dann weg und er ganz alleine sei. Er weint und gerät in Panik. Erst als ihm die Großmutter hilft, den Stuhl zurückzuschieben, ist er beruhigt.

Sauberkeitstraining: Schamhaftigkeit oder Beschämung

Das Sauberkeitstraining soll nach einheitlicher Meinung der Experten nicht vor Vollendung des zweiten Lebensjahres begonnen werden. Der Satz klingt lapidar. Dieses neue Konzept stellt aber eine ähnliche revolutionäre Veränderung dar wie das Umdenken, ob der Vater bei der Geburt dabeisein soll oder ob ein Baby von der eigenen Mutter und vielleicht auch länger als ein paar Wochen gestillt werden darf. Es ist wichtig, sich bewusst zu machen, dass das Zuwarten mit dem Sauberkeitstraining nicht nur eine rationale Entscheidung ist, sondern auch eine Auseinandersetzung der Eltern mit ihren eigenen Erfahrungen erfordert. Da der gesamte Bereich der Körperausscheidungen in unserer westlichen Zivilisation von Scham und Tabus belegt ist, wird selten offen darüber gesprochen. Aber jede Mutter und jeder Vater ebenso wie die Großeltern werden bei der Frage, wann ihr Kind/Enkelkind auf den Topf gesetzt werden soll, an ihre eigenen Erfahrungen erinnert. War es eine traumatisierende Erfahrung, so wie es die Mutter von Max beschrieb, die innerhalb weniger Wochen unter enormem Druck sauber werden musste und das gerade zu dem Zeitpunkt, als ein neues Baby in die Familie kam? Stellte das Sauberwerden einen Kampf dar, bei dem die Mutter als Kind den Stuhl solange zurückhielt, bis sie einen Einlauf bekam? Wurde der Vater als Kind, als er in die Hose oder in der Nacht ins Bett machte, verspottet, wurde sein Leintuch der versammelten Familie beim Frühstück gezeigt und er dem Spott seiner älteren Geschwister preisgegeben? Oder wurde er als „Scheiß-Patrick" bezeichnet und gedemütigt? Wurde der Vater am Gitterbett solange festgebunden, bis er etwas in den Topf gemacht hatte? Wurde die Mutter geschlagen, wenn sie beim Aufstehen vom Topf diesen umstieß? Viele Menschen versuchen, nicht mehr an ihre eigenen Erfahrungen zu denken, weil sie so schmerzlich und beschämend waren. Ein wichtiger Beitrag der Psychoanalyse besteht aber darin, die Eltern, Großeltern und Pädagogen zu ermutigen, sich an ihre eigenen Erfahrungen zu erinnern und vor allem mit den schmerzlichen, erfreulichen oder lustvollen Gefühlen in Kontakt zu sein, um sensibel für die Gefühle der kleinen Kinder zu werden. Noch tabuisierter als schmerzliche Gefühle sind die geheimen lustvollen Gefühle, die mit den Körperausscheidungen verbunden sind. Es ist schwierig, sich daran zu erinnern, welche Lust durch die Reizung der Darmschleimhäute beim Stuhlgang verbunden waren (und noch immer sind). Auch bei Erwachsenen sind die damit zusammenhängenden Rituale meist geheim. Auch in Liebesbeziehungen ist es nicht leicht, sich so weit zu entspannen, dass man in der zunächst fremden Wohnung seinen Stuhl „hergeben" kann. Unter Stress oder auf Reisen fällt das Ausscheiden des Stuhls vielen Menschen schwer. Manche zelebrieren den Gang aufs Klo, nehmen sich Bücher oder Zeitschriften mit, die sie dann genüsslich lesen. Dem Bewusstsein meist nicht mehr zugänglich ist die Lust, mit den Körperausscheidungen zu spielen, sie berühren zu wollen. In symbolischer Form, beim Kneten von Ton oder Plastilin, beim Sandspielen am Meer oder mit anderen verfremdeten Substanzen ist es leichter möglich, sich der Lust des Berührens, Knetens und Formens hinzugeben.

Sind Eltern, Großeltern und Pädagogen in der Lage, dem Kleinkind einen besseren Zugang zu seinem Körper zu ermöglichen, oder spielt unbewusst Neid eine Rolle? Ist es schwer, dem Kind etwas zu gönnen, das man selbst nicht haben durfte? Darf das Kind seinem Körper und seinen Körperausscheidungen gegenüber keine Beschämung, sondern Stolz und Freude empfinden? Darf es beim Baden urinieren und sich dabei selbst zuschauen und es herzeigen? Darf es die volle Windel, die seinen Popo warm umhüllt, anlassen, auch wenn sie riecht? Man könnte auch sagen, dass ein entspannter Umgang mit den Körperausscheidungen des eigenen Kindes eine neue Chance für die Eltern darstellt, ihre Einstellung zu ihrem eigenen Körper neu zu ordnen. So erzählte eine Mutter, bei der das Sauberkeitstraining eine lange Phase des verzweifelten Kampfes gegen oder mit der grausamen Kinderfrau war, dass sie erstmals beim Wickeln ihrer Tochter keinen Ekel vor dem Stuhl empfunden hatte. Mit Hilfe ihres Mannes, der eine unkomplizierte Einstellung zu seinen Körperausscheidungen vermittelt bekommen hatte, konnte sie bei ihren Kindern weniger Druck machen. Dem eigenen Kind die Freiheit zu geben, selbst den Zeitpunkt zu bestimmen, wann es bereit ist, sich auf den Topf oder auf das Klo zu setzen, kann eine große Bereicherung sein. Gelingt es den Eltern, eine Haltung des Beobachtens und Gewährens einzunehmen, kann diese Haltung auch neue tolerante Einstellungen dem eigenen Körper gegenüber bringen. Die Eltern können ihrem Kind in einer wichtigen Dimension helfen, ein positives Verhältnis zur Kontrolle und Selbstkontrolle, zur Körperbeherrschung zu entwickeln und darauf stolz zu sein. Eine unterstützende Haltung der Eltern, die nicht eingreifen, sondern dem Kind Angebote machen, legt den Grundstein für ein stabiles Gefühl der Autonomie und Selbstbeherrschung.

Der wichtigste Motor der kindlichen Entwicklung ist der alles beherrschende Wunsch des Kindes, groß zu werden, alles wie seine geliebten Eltern und die anderen Erwachsenen tun zu können. Die Zuversicht der Eltern, dass das Kind die notwendigen Entwicklungsschritte zur Sauberkeit machen kann, ist eine zureichende Unterstützung. Interessanterweise entwickelt das Kind nach und nach auch ein Schamgefühl, das die Grenze des Privaten seines Körpers schützt. Wollen viele Kinder zunächst, dass ein Elternteil bei ihnen ist, wenn sie auf dem Topf oder Klo sitzen, so können sie es sich später wünschen, dass die Mutter oder der Vater sich umdreht und wegschaut, und später wollen sie die Eltern überhaupt lieber erst rufen, wenn sie fertig sind.

Gibt es nun konkrete Vorschläge, wie diese sensible Entwicklungsphase, in der es um das Behalten und Hergeben, das Loslassen und Besitzen, um Macht und Ordnung geht, gestaltet werden kann? Der amerikanische Kinderarzt Brazelton macht einen hilfreichen Vorschlag, wie Eltern dem Kind helfen können, sauber zu werden, den ich hier kurz anführen will:

Als Grundhaltung wird zunächst betont, dass die Eltern verstehen, dass das Sauberwerden die *Leistung des Kindes* und nicht die der Eltern ist.

1. Machen Sie das Kind mit dem Töpfchen vertraut, zeigen sie es ihm und machen sie klar, dass es sein Töpfchen ist.

2. Etwa zwei Wochen danach lassen Sie das Kind *ganz angezogen* auf seinem Töpfchen sitzen, während Sie daneben sitzen und ihm etwas vorlesen. So ge-

wöhnt es sich daran, täglich für eine bestimmte Zeit auf dem Töpfchen zu sitzen.

3. In der nächsten Woche fragen Sie das Kind, ob es ihm recht wäre, wenn Sie ihm die Windel abnehmen, damit es mit dem nacktem Popo auf dem Töpfchen sitzt. Erklären sie ihm immer wieder: „Siehst du, das mache ich jeden Tag. Und Papa und Oma auch."

4. In der dritten Woche gehen Sie mit dem Kind, wenn es etwas in die Windel gemacht hat, zu seinem Töpfchen, ziehen ihm die Windel aus und lassen sie ins Töpfchen fallen. Dabei erklären Sie ihm, dass es im Töpfchen später sein Geschäft machen kann. Spülen Sie den Stuhl des Kindes nicht hinunter, während es zuschaut. Das Kind hat das Gefühl, dass seine Exkremente ein Teil seiner selbst sind.

5. Wann der fünfte Schritt erfolgt, sollte völlig im Ermessen des Kindes liegen. Überhaupt lassen Sie das Sauberkeitstraining besser ruhen, sobald es irgendeinen Schritt nicht mitmachen will. Sie können ihm vorschlagen, dass Sie es auszuziehen und mit nacktem Popo herumrennen lassen, am günstigsten im Freien. Sagen Sie ihm, dass es sich auf das Töpfchen setzen kann, wenn es will. Ist das Kind bereit, wird es etwas ins Töpfchen machen. Lassen Sie es drinnen, damit das Kind es bewundern kann. Beglückwünschen sie das Kind, ohne dabei aber zu übertreiben.

6. Wenn das Kind wirklich soweit ist, können Sie es immer länger ohne Hose herumlaufen lassen. Ziehen Sie ihm gleich wieder eine Windel an, wenn es „klein" oder auch „groß" auf den Boden macht. Sagen sie einfach: ‚Wir probieren es später noch einmal. Es eilt ja nicht.' Bauen Sie darauf, dass es die Menschen, die es liebt, nachahmen will.

7. Beim Wasserlassen auf der Toilette sollte ein Junge sich anfangs hinsetzen. Erst später sollte ihm der Vater zeigen, wie er im Stehen Wasser lassen kann.

8. Das Sauberkeitstraining in der Nacht sollte erst beginnen, wenn das Kind beim Mittagsschlaf trocken bleibt und auf irgendeine Weise zu erkennen gibt, dass es auch in der Nacht trocken bleiben will. Warten Sie, bis es wirklich bereit ist – es sollte tagsüber für einen Zeitraum von mindestens vier bis sechs Stunden nicht in die Windel machen oder Wasser lassen (vgl. Brazelton 1995, 241pp).

Kinder, die ältere Geschwister haben, lernen es gewöhnlich leichter, da sie es den älteren Geschwistern gleich machen wollen. Auch beim Sauberkeitstraining ist es wichtig, sein Kind kennenzulernen. Das Kind wird oft zwischen widersprüchlichen Wünschen hin- und hergerissen. So erzählte ein Vater von seinem Sohn, der in der Nacht unbedingt ohne Windel schlafen wollte: Als der Vater aber darauf bestand, ihm eine Windel zu geben, zog er sich mit der Windel kurz in eine Ecke zurück, um lustvoll einzukoten, sodass er noch einmal gewickelt werden musste. Der Vater entschloss sich dann, seinem Sohn in dieser Phase erst kurz vor dem Lichtlöschen die Windel anzuziehen, die dann trocken blieb.

Die meisten Mädchen werden früher sauber als Jungen. Es bedarf einer großen Reife, um während der Nacht aufzustehen und auf die Toilette zu gehen. In unserer Gesellschaft ist es nicht leicht, ein entspanntes Verhältnis zum Sauberkeitstraining zu entwickeln, da die älteren Generationen oft selbst sehr unter Druck gesetzt wurden.

Kinder, die den Zeitpunkt des Sauberwerdens selbst bestimmen dürfen, erlernen es oft ganz rasch innerhalb von ein bis zwei Wochen. Sie verbinden die Körperausscheidung dann mit der Befriedigung, ihren Körper kontrollieren zu können, und messen dem ganzen Bereich keine übertriebene Bedeutung bei. Manche Kinder gehen ganz unkompliziert aufs Klo, singen dabei und freuen sich über ihre Produkte. Kinder, deren Sauberkeitstraining zu einem Machtkampf zwischen den Eltern und ihnen ausartete, bleiben dem Bereich des Analen in besonderer Weise verhaftet, wie man in den Schriften des Marquis de Sade nachlesen kann.

Geschlechtsidentität und ödipale Phantasien

Die Liebe, die das Baby in den ersten drei Lebensjahren von seiner Mutter und seinem Vater erfährt, bildet den Grundstein zur Liebesfähigkeit des Erwachsenen. Wir wissen, dass die Liebe zwischen Mutter und Baby zuerst kommt und die zwischen Frau und Mann darauf aufbaut. Diese Liebe, Zärtlichkeit und Geborgenheit ist nicht abstrakt, sondern wird körperlich und seelisch ausgedrückt. Das Baby hat körperlich lustvolle Sensationen, wenn es an der Haut berührt wird, es nahen Blickkontakt zur Mutter hält oder die Brustwarze im Mund hat, um zu saugen. Nach dem Abstillen verliert es dieses besonders intensive orale Lusterleben, um es später beim ersten Kuss wieder zu fühlen. Der Vater fühlt sich in der frühen Phase oft an den Rand gedrängt, von der innigen Beziehung zwischen Mutter und Baby ausgeschlossen, obwohl seine Position von Geburt an für die Entwicklung des Babys von großer Bedeutung ist. In den Anfängen der Psychoanalyse wurde die Bedeutung des Vaters zunächst unterschätzt. Heute wird betont, dass die Dreiecksbeziehung Baby-Mutter-Vater von Anfang an für alles psychische Geschehen von großer Bedeutung ist (Klein 1928, Stork 1974, Grunberger 1976, Green 1993). Ross Lazar (1978) weist auf die „Vorläufer der Triangulierung" hin. In detaillierten Beobachtungen zeigen Ermann und Lazar, wie sowohl der Vater als auch die Mutter in der Betreuung des Babys mütterlich-pflegende und väterlich-strukturierende Funktionen übernehmen können (Ermann, Lazar 2003). Wir wissen heute, dass sowohl die

Qualität der elterlichen Beziehung als auch die emotionale Unterstützung durch den Vater für die Entwicklung des Babys ausschlaggebend sind.

Beobachtet man den Umgang von Müttern mit Söhnen und von Vätern mit Töchtern, so fällt eine besondere Qualität auf. Freud wies darauf hin, dass sich „die sexuelle Auswahl" bereits bei den Eltern geltend macht. „Ein natürlicher Zug sorgt dafür, dass der Mann die kleine Tochter verzärtelt, die Frau den Söhnen die Stange hält, während beide, wo der Zauber des Geschlechts ihr Urteil nicht verstört, mit Strenge für die Erziehung der Kleinen wirken" (Freud 1900, 262). Das kleine Mädchen kann mit dem Vater flirten, ganz ungeniert den Wunsch äußern, ihren Papi zu heiraten. Der kleine Junge möchte der Galan und Beschützer der Mutter sein, an ihrer Seite sitzen oder im Bett liegen und von ihr für seine Stärke bewundert werden. Die Kinder dieses Alters bringen dem anders geschlechtlichen Elternteil leidenschaftliche Gefühle entgegen. Sie äußern ihre Vorliebe, wer sie heute anziehen, ihnen den Popo abwischen oder sie tragen darf. Oft ziehen die Kinder die großen Schuhe der Eltern an, weil sie in ihre Fußstapfen treten wollen. Dazu ein Beispiel aus einer Beobachtung:

„Drei Monate vor seinem dritten Geburtstag kam Daniel eines Sonntagmorgens, noch ziemlich verschlafen, in das Schlafzimmer seiner Eltern. Momentan erschien er überrascht, beide Eltern dort vorzufinden. Mit sehr verärgerter Miene ging er an die Seite des Bettes, wo sein Vater lag, und schlug ihm mit der ganzen Wucht eines Zweijährigen auf die Brust. Danach lief er, stolz und zufrieden, auf die andere Seite des Bettes zu seiner Mutter, küsste sie und stieg zu ihr ins Bett. Das Ganze war dermaßen heftig, dass der Vater nur schwer seine Belustigung verbergen konnte" (Reid 1993, 60).

Daniel zeigt durch den Schlag auf die Brust seines Vaters, dass er ihn weghaben will, und danach steigt er wie ein Liebhaber ins Bett der Mutter und küsst sie. Dem kleinen Daniel ist es ganz ernst damit, der Liebhaber seiner Mutter sein zu wollen. Vielleicht erlebt er den Schlag auf die Brust des Vaters, als ob er den Vater für kurze Zeit tatsächlich vertrieben und eingeschüchtert hätte und er die Mutter für kurze Zeit ganz besitzen könnte. Dieser Wunsch stellt einen wichtigen Entwicklungsschritt dar, der seine sich festigende Identität als Mann zeigt. Ihn auszulachen oder zu verspotten würde die reale physische und emotionale Überlegenheit des Vaters demonstrieren und sein entstehendes Selbstwertgefühl im Keim ersticken. Für Väter ist es wichtig, ihrem kleinen Sohn gegenüber großzügig sein zu können und seine Wünsche ernst zu nehmen, auch wenn es gleichzeitig darum geht, dem Sohn klarzumachen, dass die Mutter die Frau des Vaters ist. Wenn ein Vater selbst noch in einer starken Rivalität mit seinem Vater oder einem älteren Bruder verstrickt ist, kann er sich von der Rivalität seines kleinen Sohnes bedroht fühlen. Um nicht wieder besiegt zu werden, kämpft er mit dem Kleinen ernsthaft, kann ihn nie im Spiel gewinnen lassen und demonstriert ihm, dass er in allen Bereichen besser, schneller und versierter ist. Für den kleinen Buben wird die Übermacht des großen und mächtigen Vaters so überzeugend, dass er sich nicht mehr gegen ihn anzutreten traut, und er sich lieber ängstlich unterordnet. Die verdrängte Rivalität kommt dann als Provokation dem Vater gegenüber heraus, wie wir es bei Patrick gesehen haben, oder das Kind versucht später, andere Kleinere und Schwächere zu unterwerfen. So zeichnete sich etwa Malcolm, der immer wieder wütend durchdrehte, als kleines ängstliches Häschen. Nur langsam können Söhne und Töchter akzeptieren, dass die Beziehung zwischen Mutter und Vater eine andere Qualität hat als die Liebe zu den Kindern. Ebenso ergeht es dem kleinen Mädchen, das die Stelle seiner Mutter beim Vater einnehmen will.

Diesen Wunsch des Sohns, statt dem Vater der Mann der Mutter zu sein, hat Freud in Anlehnung an die klassische griechische Sage von Ödipus[10] die „ödipale Phase" genannt. Für Freud war nicht nur der Inhalt der Sage aufschlussreich, sondern vor allem der Prozess des Bewusstwerdens der Taten, bei dem die beteiligten Personen es zugleich wissen und nicht wissen wollen – dieselbe Grundhaltung, die bei der Analyse unbewusster Gefühle und Wünsche auftritt (Steiner 1999). Diese Interpretation für den Wunsch des Kindes, die Stelle des gleichgeschlechtlichen Elternteils einnehmen zu wollen, ist gleichzeitig als wichtiges Modell des Verstehens unbewusster Motive gefeiert und heftig angegriffen worden. Für das Verstehen des Beziehungsgefüges zwischen Vater-Mutter- und Kind ist das Konzept des ödipalen Dreiecks von großer Bedeutung. Es hilft, die schwierige Situation des Kindes zu verstehen, das als kleiner Mann seine Mutter zur Frau oder als Mädchen seinen Vater zum Mann haben will. Das Kind ist

---

10 In der Ödipussage wird Laios, dem König von Theben, durch ein Orakel des Apollo verkündet, dass sein Sohn ihn töten wird. König Laios und Jokaste durchbohren die Füße des Babys und geben ihn ihrem Hirten, der ihn töten soll. Der Hirte erbarmt sich des Ödipus und bringt ihn nach Korinth zum kinderlosen Königspaar Polypus und Merope. Als Ödipus als junger Mann bei einem Fest gesagt bekommt, dass er nicht der wahre Sohn von Polypus sei, geht er nach Delphi, um das Orakel zu befragen. Dort erfährt er wieder den Spruch, dass er seinen Vater töten und seine Mutter heiraten werde. Um Polypos zu schützen, geht Ödipus nach Theben. An einer Wegkreuzung gerät er in einen Kampf, bei dem er den Insassen eines Wagens und seine vier Diener tötet, nur ein Diener entkommt. In Theben angekommen erfährt er, dass die Stadt von der Sphinx tyrannisiert wird. Es gelingt ihm, das Rätsel der Sphinx zu lösen. Die Sphinx begeht Selbstmord und die Stadt bietet Ödipus den Thron und die Hand der verwitweten Königin Jokaste an. Ödipus regiert Theben 17 Jahre lang, bis die Stadt vom Unheil der Pest heimgesucht wird. Als das Orakel befragt wird, wird darauf hingewiesen, dass die Stadt vom Mörder des Königs vergiftet sei. Ödipus schwört, den Mörder zu finden. In einem langen Prozess, der auf die Enthüllung des Sehers Theresias folgt, dass Ödipus der Mörder von Laios und nicht der Sohn von Polypos sei, erkennt Ödipus seine Schuld. Jokaste nimmt sich das Leben und Ödipus blendet sich mit Jokastes Brosche.

einem Sturm von heftigen Gefühlen ausgeliefert. Das Mädchen liebt die Mutter, die ihr nun als Rivalin erscheint. Der Bub bewundert und liebt seinen Vater, den er gleichzeitig von der Seite der Mutter vertreiben will. Erst nach und nach beginnt das Kind zu erkennen, dass es noch klein ist und aus der sexuellen Beziehung der Eltern ausgeschlossen ist. Die Kränkung, noch klein und unzureichend zu sein und kein gleichwertiger Ersatz für den in der Phantasie vertriebenen Elternteil sein zu können, stellt eine schwierige emotionale Aufgabe dar. Erst wenn das Kind akzeptiert, dass das elterliche Paar in einem kreativen sexuellen Akt Babys machen kann und dass es dieses selbst erst dann tun können wird, wenn es groß und erwachsen sein wird, kann es von seinen ödipalen Phantasien Abstand nehmen. Diese Akzeptanz des elterlichen Paares und sein/ihr Ausgeschlossensein davon stellt auch einen wichtigen Entwicklungsschritt im Denken dar. Das Kind sieht sich dann einem Paar gegenüber, das über das Kind nachdenkt. Es ist Zeuge einer Beziehung, an der es nicht teilnimmt, bei der es aber in den Gedanken der Eltern einbezogen wird. Ron Britton hat das den „triangulären Raum" genannt (Britton 1989, 80). Das Kind erlebt, dass seine Eltern über ihn/sie sprechen, es lieben und über es nachdenken. Dieses Modell wird vom Kind als Prototyp des Über-sich-Nachdenkens verinnerlicht und ermöglicht es ihm, einen „psychischen Raum" zu entwickeln und über sich selbst nachzudenken, so wie die Eltern über das Kind nachgedacht haben. Das ist die Fähigkeit zur Selbstreflexion, indem man einen externen Standpunkt einnehmen, sich selbst beobachten und über sich nachdenken kann. Die Akzeptanz des elterlichen, kreativen Paares stellt einen inneren Begriff einer Zweisamkeit dar, aus der Neues geschaffen werden kann. Das bezieht sich nicht nur auf das Zusammenkommen zweier Personen in einer Beziehung, sondern auch auf das Denken als Prozess, wenn zwei Gedanken zusammenkommen und daraus etwas Neues entstehen kann. Überwiegen die positiven Aspekte und das Vertrauen des Kindes, von dem elterlichen Paar geliebt zu werden, so kann es das Ausgeschlossensein akzeptieren. Überwiegen aber die unbewussten Gefühle der Rivalität, der Eifersucht und des Zerstörenwollens des gleichgeschlechtlichen Elternteils, so kann sich das Kind von den Eltern bedroht fühlen. Oft zeigt sich das unbewusste Schuldgefühl des Kindes für seine eifersüchtigen Phantasien, indem es den gleichgeschlechtlichen Elternteil so provoziert, dass es bestraft wird. Die aggressiven Phantasien und Wünsche des Kindes werden dann nach außen gerichtet und erscheinen als Angst vor Hexen, Gespenstern oder Monstern im Traum, die sich dann gegen das Kind richten und ihm deshalb Angst machen. Bei Patricks Alpträumen dürften seine Phantasien über das elterliche sexuelle Beisammensein und seine zerstörerischen Wünsche zu seiner Angst vor Gespenstern beigetragen haben.

Voraussetzung für die Fähigkeit des Kindes, nach einer Phase der ödipalen Wünsche und der Rivalität von diesen Abstand zu nehmen und die Realität des elterlichen Paares zu akzeptieren, ist die Erfahrung des Kindes, eine von der Mutter getrennte Existenz zu haben. Das Kind hat dann den Wunsch aufgegeben, seine Mutter omnipotent unter Kontrolle zu haben. Damit einher geht eine Integration der guten und bösen Aspekte der Mutter, d. h. es sieht die Mutter und den Vater als ganze Personen, die manchmal anwesend und manchmal abwesend und unerreichbar sind. Ist ein zweijähriges Kind nicht in der Lage, die Realität des Getrenntseins und des Zusammenkommens zu akzeptieren, so nimmt es Zuflucht zu seiner Phantasiewelt, in der es alles zu bestimmen meint. Es verstümmelt lieber sein Denken und die Wahrnehmung der Welt, als die schmerzliche Realität der Trennung anzuerkennen und lebt eher in seiner irrealen, verzerrten psychotischen Welt, als seine allmächtige Kontrolle aufzugeben. So ist es aber schlecht gerüstet, die folgende schwierige ödipale Phase zu meistern. Auch das Wahrnehmen der sexuellen Beziehung der Eltern wird dann zu einer tödlichen Bedrohung. Wie Klein (1946) und Bion (1959) gezeigt haben, verstümmelt der Psychotiker lieber sein Denken als die Realität zu akzeptieren. Die verhasste Vereinigung des elterlichen Paares wird nicht als Verbindung von zwei getrennten Personen gesehen, sondern als gefährliche, ineinander verschränkte Einheit eines Monsters erlebt. Das bedeutet, dass das Fehlen der Fähigkeit, Trennung und Vereinigung der Eltern zu akzeptieren, auch das Denken beeinträchtigt. Es gibt dann keinen klaren Gedanken über sich und eine Welt, mit der man in Verbindung treten kann, sondern bizarre, destruktive Gedanken über ein Ausgesetztsein in einer destruktiven und gefährlichen Welt. Feldman stellt die positive Entwicklung des Denkens in der ödipalen Phase einem verzerrten Ergebnis gegenüber:

„Eine wichtige Konsequenz, die sich aus dieser Betrachtungsweise der ödipalen, in der inneren Welt des Patienten verankerten Konfigurationen ergibt, ist folgende: sie ermöglicht es uns, den Einfluss dieser Konfigurationen auf seine fundamentalen psychischen Funktionen zu untersuchen. Wenn der Patient den Ödipuskomplex auf relativ gesunde Art und Weise bewältigt hat, besitzt er ein inneres Modell von einem Geschlechtsverkehr, der – insgesamt gesehen – eine kreative Aktivität darstellt. Dieses Modell scheint direkt mit der Entwicklung der Fähigkeit zusammenzuhängen, Gedanken und Vorstellungen ungehindert in einer Art gesunden Geschlechtsverkehrs miteinander interagieren zu lassen. Hingegen scheint die Phantasie, dass aus jeder Verbindung ein bizarres oder in erster Linie destruktives Paar hervorgeht, gestörte, perverse oder gravierend gehemmte Formen des Denkens zur Folge zu haben" (Feldman 1998, 120).

Für die Eltern erfordert diese Phase der ödipalen Wünsche, die Frau/der Mann des Vaters/der Mutter zu sein, viel Toleranz, wenn das Kind sich immer wieder zwischen Vater und Mutter drängt. Leicht gelingt es den Kindern, in den Eltern Eifersucht und das Gefühl, unzulänglich zu sein, zu aktivieren. Es gilt, dem Kind einerseits die realen Unterschiede zwischen Erwachsenen und

Kind zu zeigen, ihm andererseits aber auch die Zuversicht zu geben, später ebenso groß und attraktiv wie die Mutter/der Vater werden zu können. Je eher es dem Vater/der Mutter gelingt, die Rivalität des Sohnes/der Tochter auszuhalten und dem Kind gleichzeitig zu vermitteln, dass es geliebt wird, desto eher kann es sich mit dem gleichgeschlechtlichen Elternteil identifizieren. Schwierig für die Entwicklung des Kindes wird es, wenn der anders geschlechtliche Elternteil die Wünsche des Kindes ermutigt und es als Ersatz des Ehepartners behandelt.

Die Aufgabe des ödipalen Wunsches führt zu einer Annäherung an den gleichgeschlechtlichen Elternteil und damit zu einer Festigung der Geschlechtsidentität. Das Mädchen möchte so wie die Mutter eine Frau werden, der Bub möchte dem Vater nacheifern.

Ich kann hier nur eine sehr verkürzte und schematische Darstellung dieser wichtigen Entwicklungsphase geben. Es soll wenigstens noch darauf hingewiesen werden, dass sich die Wünsche des Kindes, der Liebespartner zu sein, in gewissen Phasen auch auf den gleichgeschlechtlichen Elternteil richten. Da der Mensch bisexuell veranlagt ist, kann sowohl das Mädchen die Mutter als auch der Knabe den Vater als Liebesobjekt wählen. Es ist gewöhnlich eine periphere Erscheinung, die in der Pubertät noch einmal Bedeutung gewinnt. Auf die Frage, warum manche bei dieser gleichgeschlechtlichen Wahl bleiben, kann ich hier nicht weiter eingehen.

Im kindlichen Spiel können diese konflikthaften Gefühle ausgedrückt werden und eine heilende Kraft entwickeln. So genügt schon das Spiel, zwischen Vater und Mutter hin und her zu laufen, von beiden aufgefangen zu werden, um dem Kind zu vermitteln, dass es Momente gibt, wo das Kind im Mittelpunkt die Aufmerksamkeit beider Eltern hat. Beide Eltern erwarten das Kind, und es selbst kann hinlaufen und bestimmen, von wem es aufgefangen werden soll. Das Jauchzen und die große Freude zeigen wie beruhigend dieses Spiel für das kleine Kind ist.

Geschwisterrivalität und Geburtstheorien

Im dritten Lebensjahr steht die Frage, woher die Kinder kommen, im Mittelpunkt des Interesses. Das Kind befindet sich an der Schwelle zwischen Kleinkind und Kind, d. h. es muss Abschied von seinem Babysein nehmen. Der Abstand zwischen Geschwistern beträgt oft zwei bis drei Jahre. Viele Eltern wollen den Abstand zwischen den Kindern nicht zu groß werden lassen, damit sie später gut miteinander spielen können. Eine Schwester oder einen Bruder zu haben, bedeutet zweifellos eine Bereicherung für das Kind, es muss lernen, mit einem anderen Kind zu teilen, es steht nicht alleine dem elterlichen Paar gegenüber, sondern kann sich mit jemandem auch gegen die Eltern zusammentun. Mehrere Kinder können viel von einander lernen und gemeinsam spielen, was einem Einzelkind entgeht. Aber diese Geschwisterliebe kann nicht vorausgesetzt werden. Sie ist im glücklichen Fall ein Ergebnis eines langen Lernprozesses. Die Geburt eines neuen Babys erfordert eine sorgfältige Vorbereitung des älteren Kindes, um ihm bei diesem Übergang zu helfen.

Zunächst ist ein neues Baby ein Eindringling. Warum brauchen die Eltern ein neues Baby, fragt sich das erstgeborene Kind. Bin ich nicht genug für sie? Wollen sie lieber ein anderes Baby, weil ich zu schlimm, frech, anstrengend bin? Auch wenn sich ein Kind zunächst auf sein Geschwisterkind freut, will es dieses nach kurzer Zeit, wenn es sieht, wieviel Aufmerksamkeit es braucht, oft wieder zurückgeben. Freud hat in der Traumdeutung (1900) über den Traum eines vierjährigen Mädchens berichtet:

„Eine Menge Kinder, alle ihre Brüder, Schwestern, Cousins und Cousinen tummelten sich auf einer Wiese. Plötzlich bekamen sie Flügel, flogen auf und waren weg" (Freud 1900, 258).

Das Mädchen hatte nach dem Tod eines nahe verwandten Kindes gefragt, was mit einem toten Kind geschieht. Die Antwort wird gelautet haben, dass sie Flügel bekommen und als Engel in den Himmel fliegen. Im Traum wird diese Erklärung nun verwendet, indem alle Geschwister Flügel bekommen und – was die Hauptsache ist – wegfliegen. Sie bleibt als einzige zurück. Die feindselige Absicht, alle anderen Geschwister aus dem Weg zu räumen, ist in diesem Traum durch schmetterlingsähnliche Wesen ausgedrückt, die wegfliegen. Das Motiv, die Geschwister wegzuschicken, wurzelt im Egoismus des Kindes, das die Geschwister als Konkurrenten um die Liebe und Aufmerksamkeit der Eltern beseitigen will.

Wir können davon ausgehen, dass Zwei- bis Dreijährige sehr genau bemerken, wenn ihre Mutter wieder schwanger wird. Kinder sind genaue Beobachter und registrieren jede Veränderung, besonders am Körper der Mutter. Eine Mutter, die dachte, ihre Schwangerschaft zunächst noch geheim halten zu müssen, beobachtet ihre Tochter. Susi hatte bemerkt, dass Vater und Mutter beim Urinieren eine unterschiedliche Stellung einnahmen, sie wollte genau zuschauen und stellte Fragen zur Anatomie des weiblichen und männlichen Körpers.

„Schon bevor ihr die Eltern vom neuen Baby im Bauch der Mutter erzählt hatten, hatte die etwas über zwei Jahre alte Susi Veränderungen bemerkt, war besonders wachsam und irritiert. Da nach dem Essen ihr volles Bäuchlein recht gewölbt war, war sie überzeugt, dass sie in ihrem Bauch ein Baby habe. Immer, wenn die Eltern vom Baby sprachen, klopfte sie sich auf ihren Bauch und sagte: ‚Baby'. Als der Bauch der Mutter ab dem fünften Monat immer dicker wurde, irritierte sie das, und sie hörte auf, auf ihren Bauch zu zeigen. Besonders dann, wenn die Mutter ihren Mann auf Bewegungen des Embryos aufmerksam machte und ihn diese fühlen ließ, drängte sich Susi dazwischen. Mit einem traurigen, bestimmten ‚Nein' zog Susi den Pullover ihrer Mutter herunter und nahm mit einem flehenden Blick die Hand des Vaters weg. Sie schien zu wissen, dass es einen Unterschied zwischen ihrem vollen Bäuchlein und dem ständig wachsenden großen Bauch der Mutter gab, in dem sich etwas bewegte. Nur manchmal blitzte Hass gegen die Mutter auf, wenn diese Susi etwas wegnahm. Meistens schmiegte sie sich aber besonders innig an ihre Mutter, als ob sie selbst wieder ein Baby sein und in ihren Bauch zurückkehren wollte. Die Eltern reagierten mit großem Verständnis, sie machten sich nicht über „ihr Baby" lustig, sondern sagten ihr, dass sie später, wenn sie groß sein werde, mit einem Mann auch ein Baby bekommen könne. Der Vater schenkte Susi eine Babypuppe, die sie selbst füttern und wickeln konnte, was sie lange und mit großer Sorgfalt tat. Manchmal schleuderte sie aber die Babypuppe durchs Zimmer oder schleifte sie an einem Bein hinter sich nach."

Susi hat mit widersprüchlichen Gefühlen zu kämpfen. Sie ist in der Phase, in der sie mit der Mutter um den Vater konkurriert. Zugleich möchte sie ihre Position als Baby bei ihrer Mutter nicht aufgeben. Zunächst wiegt sie sich in der Illusion, sie sei es, die ein Baby bekomme. Aber mit dem Fortschreiten der Schwangerschaft der Mutter sieht sie ein, dass ihr Bäuchlein mit dem Wachsen des Bauches der Mutter nicht Schritt halten kann. Sie scheint sich jedesmal schmerzlich der Mutter gegenüber unterlegen zu fühlen, wenn diese auf die Bewegungen des Embryos hinweist. Das Geschenk des Vaters kann sie annehmen und im Spiel die Mutter der Babypuppe sein, bis ihre Rivalität die Oberhand gewinnt. Das Verständnis ihrer Eltern hilft ihr, mit ihren widersprüchlichen Gefühlen umgehen zu lernen.

„Als die Eltern und Susi bei einer Tante zu Besuch waren, wo es ein kleines Baby gab, war Susi sehr interessiert. Später kehrte sie zum Stubenwagen zurück, blickte das Baby an und erwiderte das Lächeln des Babys. Als dann andere Personen zum Stubenwagen traten wollten, drückte sie diese Personen behutsam, aber nachdrücklich weg und sagte: ‚Susi!' – so als ob sie damit ausdrücken wollte, es sei ihr Baby und niemand anderer solle mit ihm spielen. Als das Baby später weinte, zeigte sich eine Mischung von Trauer und Schmerz in ihrem Gesicht, als ob sie und das Baby ein und dieselbe Person seien. Zugleich drückte sie Sorge aus, als ob sie auch die Verantwortung für das Baby tragen müsse. Als die Mutter des Babys dieses aufnahm und an die Brust legte, wirkte Susi zufrieden. Sie nahm die Rassel des Babys, spielte damit, lief dann zu ihrem Bettchen, warf die Rassel hinein und sagte: ‚Susi'."

Susi schwankt zwischen einer Identifikation mit dem Baby und ihrem Wunsch, die Mutter dieses Babys sein zu wollen. Am Schluss siegt der Wunsch, dem Baby die Rassel wegzunehmen. Wie reagieren Eltern und Freunde auf diese aufwühlenden Gefühle des Kleinkindes? Die Reaktion hängt davon ab, wie gut sie ihre eigenen Gefühle und Ängste integriert haben. Je weniger sie über sich und ihre Gefühle Bescheid wissen, desto größer ist die Gefahr, dem Kleinkind mit Spott, Belustigung und Abwertung zu begegnen und zu vergessen, wie verletzlich das kleine Kind ist. Wie leicht lässt sich darüber lachen, wenn ein kleiner Bub oder ein kleines Mädchen meinen, ein Baby im Bauch zu haben. Manchmal wird das kleine Kind vor Bekannten gefragt, wo „sein Baby" sei. Wenn die Erwachsenen dann lachen, wird es sich bald gekränkt zurückziehen. Nur wenn wir den kleinen Kindern dabei in die Augen schauen, sehen wir, wie ernst es ihnen ist und wie sehnlich sie sich wünschen, dieselben Fähigkeiten wie ihre Mutter zu haben. Können wir verstehen, wie schmerzlich es ist, demonstriert zu bekommen, dass nur das elterliche Paar tatsächlich ein Baby machen kann?

Die Wut auf die Mutter, die ein neues Baby macht, ist groß. Manchmal haut das Kind einfach die Mutter, scheinbar ohne Grund. Auch für das Kind selbst sind seine heftigen Gefühle bedrohlich. Eltern tun sich oft schwer, die Intensität und Sprengkraft der Eifersucht und der Verzweiflung ihres Kindes zu sehen, um ihm so helfen zu können, diesen Gefühlen Raum zu geben und darüber zu sprechen. Wenn die Eltern seine Gefühle verstehen, werden die Schuldgefühle des Kindes gemildert und es braucht sich nicht böse vorkommen. Die Eltern und das Kind verstehen, dass es böse und liebevolle Gefühle hat. In der Zeit nach der Geburt des neuen Babys schließt sich das erstgeborene Kind oft enger an den Vater an, sodass diese auch ein Paar bilden. Auch andere Personen, wie Großeltern oder Tanten und Onkel, können dem älteren Kind helfen, sich nicht so weggedrängt zu fühlen. Dazu eine Szene:

„Die Großmutter kam zu Besuch. Als das sechs Monate alte Baby zu weinen begann, nahm die Großmutter mit Erlaubnis der Mutter dieses heraus. Die dreijährige Schwester saß auf dem Schoß der Mutter und rührte in deren Teeschale um. Die Mutter meinte, das Baby sei hungrig und traf Vorbereitungen, es zu stillen. Die Schwester lief zur Großmutter und sagte: ‚Omi, ich komme zu Dir', als ob sie die Großmutter trösten wollte, der die Mutter das Baby weggenommen hatte. Sie setzte sich neben die Großmutter, gab Holzklötze in eine Box und wandte Mutter und Baby den Rücken zu. Danach stand sie auf, holte ein großes Buch über Vögel, setzte sich auf den Schoß der Großmutter, schmiegte sich an und bat sie, ihr vorzulesen."

Das kleine Mädchen scheint ihre Eifersucht, vom Schoß der Mutter verdrängt zu werden, nicht zu spüren, sondern verschiebt diese Gefühle auf die Großmutter und tröstet diese dann. Das Baby kann dann ungestört in den Armen der Mutter liegen, ruhig und kräftig trinken, mit einer Hand die Brust streicheln. Die Mutter beobachtete abwechselnd das trinkende Baby und ihre Tochter auf dem Schoß der Großmutter. Wir sehen, dass in hundert kleinen

Sequenzen täglich und stündlich neue soziale Gruppierungen stattfinden, die von allen Beteiligten große emotionale Flexibilität erfordern und zugleich einen Reichtum an verschiedenen Rollen und Kombinationen ermöglichen.

Es kann auch hilfreich sein, dem Kind die Generationenfolge zu erklären, dass die Mama im Bauch der Großmutter und der Vater im Bauch seiner Mama war. Es ist für Kinder schwer vorstellbar, dass die mächtige Mutter früher auch ein kleines Baby im Bauch der Großmutter war. Aber es ist ein Hinführen auf die Erkenntnis des Kreislaufes des Lebens: Geburt, Heranwachsen, Altern und Tod.

Ein dreijähriger Bub hatte sehr oft seine Mutter gefragt, in wessen Bauch seine Mutter, seine Großmutter, seine Urgroßmutter, sein Vater, sein Onkel und seine Tanten waren. Als er am nächsten Tag bei seiner Großmutter war, wollte er ihr seine Erkenntnisse mitteilen. Er sagte: „Omi, Du bist keine Frau, du bist ein Mädchen, weil Du auch im Bauch meiner Mami warst." Obwohl er die richtige Erklärung gehört hatte, konnte er sich nicht vorstellen, dass seine Mutter und seine Großmutter auch einmal ein Baby gewesen seien.

Als Vorbereitung auf ein neues Baby ist es wichtig, dass die Eltern die wirklichen Gründe sagen, nämlich, dass sie noch ein zweites/drittes Baby haben wollen. Die Begründung, dass sie ein neues Baby bekommen wollen, damit das Ältere einen Spielkameraden hat, ist für das Kind nicht nachvollziehbar. Es wird dann enttäuscht sein, wenn das kleine Baby nur in seinem Bett liegt, weint, trinkt und schläft.

Die sexuelle Aufklärung sollte sich nach den Fragen des Kindes richten. Versuchte man früher den kindlichen Forschungstrieb nach der Frage, wo die Babys herkommen, mit Geschichten über den Storch in eine falsche Richtung zu drängen, hat sich heute die Meinung durchgesetzt, dem Kind die großen Fragen des Menschen wahrheitsgetreu zu beantworten. Durch Freud und die Psychoanalyse wurde deutlich, wie schädlich die Folgen sind, wenn den Kindern ihre legitimen Fragen nicht beantwortet oder ihnen falsche Erklärungen gegeben werden. Freud schreibt „Zur sexuellen Aufklärung der Kinder" (1907, 163): „Das intellektuelle Interesse des Kindes für die Rätsel des Geschlechtslebens, seine sexuelle Wissbegierde äußert sich denn auch zu einer unvermutet frühen Lebenszeit." Es ist eher verwunderlich, dass die Eltern bis dahin wie mit Blindheit geschlagen gewesen sind, die Fragen nach der Herkunft von Babys und das Interesse ihres Kindes am körperlichen Unterschied zwischen den Geschlechtern übersehen haben. Auch heute fällt es noch vielen Eltern schwer, frei und natürlich über Geschlechtsunterschiede, Geburt und Zeugung zu sprechen. In einer Eltern-Kleinkind-Therapie sprach eine Mutter über ihre neue Schwangerschaft, während ihr noch nicht drei Jahre alter Sohn mit Tieren und Autos spielte. Er hörte aufmerksam zu und kam dann zur Mutter. Er hielt ihr den Stier hin, bei dem die Geschlechtsteile abgebildet waren und fragte, was das sei.

Die Mutter blickte kurz hin und sagte: „Das ist eine Kuh." Als das Kind sie verwundert ansah, sprach ich seinen Zweifel an, indem ich sagte, Christoph frage sich, ob das wirklich eine Kuh sei. Die Mutter blickte mich überrascht an, errötete und wandte sich dann ihrem Sohn zu, um ihm zu erklären, dass das ein Stier sei, das männliche Tier der Rinderfamilie. Wir sprachen dann darüber, wie schwer es ihr falle, Christoph zu erklären, dass der Stier notwendig sei, damit die Kuh ein Kalb bekommen könne, so wie seine Eltern miteinander ein Baby gemacht hatten.

Die Frage, wann und in welcher Weise man den Kindern Aufklärung über die Tatsachen des Geschlechtslebens geben soll, ist nicht allgemein zu beantworten, sondern richtet sich nach dem Interesse des Kindes. Es ist sinnvoll, dem Kind immer nur die Fragen, die es stellt, zu beantworten. So sind Kinder zunächst an dem anatomischen Unterschied zwischen Mann und Frau interessiert, die bereits die im Körper des Mädchens und der Frau liegende Ausstattung der Gebärmutter und der Eizellen miteinbeziehen sollte. Die Frage, wie die Babys aus dem Körper der Mutter herauskommen, wird gewöhnlich erst später gestellt, wohl auch abhängig davon, ob das Kind eine schwangere Frau sieht. Danach erst wird die Frage gestellt, wie denn das Baby in den Bauch der Mutter hineinkomme. Auch Kinder, deren Fragen wahrheitsgetreu beantwortet wurden, vertrauen oft mehr ihren phantasierten Geburtstheorien, die an ihr Erleben anknüpfen: Eine Theorie lautet, dass das Baby durch Küssen entsteht oder dadurch, dass die Mutter gewisse Speisen isst. Später wird in Analogie an die Ausscheidung des Kots eine Geburtstheorie entwickelt, wonach die Babys im After herauskommen oder durch Urinieren entstehen. Diese Theorie bietet für kleine Buben den Vorteil, nicht ihrem Wunsch entgegenzustehen, auch Babys bekommen zu können. Blutspuren, die das Kind sieht, oder Geräusche beim Koitus der Eltern können auch zu einer sadistischen Auffassung des Geschlechtsverkehrs führen. Menstruierende Mädchen können die Phantasie haben, dass die Zeugung durch ein Vermischen des Blutes entsteht (vgl. Freud 1908, 178ff). Diese kindlichen Geburtstheorien können für das dreijährige Kind plausibler klingen als die von den Eltern gegebene Aufklärung. So erzählte eine Mutter, der es ein großes Anliegen war, ihren Töchtern eine adäquate sexuelle Aufklärung zu geben, dass sie geduldig gewartet habe, bis ihre Töchter die relevanten Fragen stellten. Die Kinder griffen die Erklärung, wie das Baby herauskomme, bereitwillig auf und stellten die Geburt im Spiel dar, indem der Teddy oder die Puppe zuerst unter den Pullover gesteckt und dann von einem anderen Kind herausgezogen wurde. Als die Töchter dann fragten, wie das Baby in den Bauch hineinkomme, versuchte die Mutter, in einfachen Worten zu erklären, dass der Vater seinen Penis in die Scheide der Mutter einführe, um mit seinem Samen ihre Eier in der Gebärmutter zu befruchten. Die beiden Mädchen blickten sie skeptisch an, die Vierjährige sagte dann: „Geh, geh, geh, Mutti, das glaube ich nicht." Auf die Frage der Mutter, was sie denke, meinte sie mit großer Überzeugung: „Babys entstehen durch Küssen". Aber auch dann, wenn das Kind wie in diesem Beispiel noch eine orale Befruchtungstheorie vertritt, ist es sinnvoll, ihm die wahrheitsgetreue Antwort zu geben, auf die es später zurückgreifen kann.

Ein großes Problem stellt die Geschwisterrivalität dar, besonders dann, wenn der Altersunterschied weniger als zwei Jahre beträgt und die Kinder dasselbe Geschlecht haben. Wenn ein Kind von besonderer Eifersucht geplagt wird, sodass es das Baby schlägt und so stark beißt, dass dieses Bisswunden hat, muss man sich fragen, ob die Mutter oder der Vater mit der Geburt eines zweiten, dritten oder vierten Kindes eigene unbewältigte Rivalitätskonflikte auf das ältere Kind abladen.

Es wird von der Fähigkeit der Eltern abhängen, den Kindern zu helfen, mit einander auszukommen und zu lernen, Dinge auszuhandeln. So zeigte eine Mutter ihrer Tochter, wie sie ihrem kleinen Bruder, dem Krabbelkind, ein neues Spielzeug hinhalten sollte, statt ihm das Spielzeug wegzunehmen, das er in der Hand hielt. Er ließ tatsächlich das andere Spielzeug los, und es gab kein Weinen. Rivalität und Streit gehören dazu, und es ist eben die Frage, wie die Kinder lernen können, ihren Bereich zu verteidigen und zugleich Raum für das andere Kind zu lassen. Ich möchte eine Szene bei einem Geburtstagsfest einer älteren Schwester zeigen, wo es dem Vater in kreativer Weise gelang, die Frustration des zweijährigen Bruders konstruktiv zu nützen.

„Die ältere Schwester Susi feierte ihren fünften Geburtstag, sie bekam eine Torte mit fünf Kerzen, die sie ausblasen sollte. Susi saß auf dem Schoß ihrer Tante, ihr Bruder Karl auf seinem Hochstuhl. Alle sangen ‚Happy Birthday, liebe Susi'. Auch Karl sang aus voller Kehle mit, da er das Lied schon von der Spielgruppe kannte. Mit leuchtenden Augen schaute er seiner Schwester zu, wie sie die Kerzen zählte und sie dann ausblies. Danach pendelte Karl mit seinen Beinen, wurde unruhig und sagte dann: ‚Ich auch'. Sein Vater, der das Unruhigwerden beobachtet hatte, sagte: ‚Du möchtest auch Geburtstag haben?' Die Mutter fügte hinzu, dass Karl in zwei Monaten seinen dritten Geburtstag haben werde. Karl hörte aufmerksam zu, lächelte und streckte drei Finger aus, hatte aber noch immer einen unglücklichen Gesichtsausdruck. Da hatte sein Vater eine Idee: Er steckte eine kleine Kerze auf Karls Tortenstück und zündete sie an. Karl hatte ihm genau zugesehen, sein Gesicht strahlte und er blickte schüchtern von einem zum andern, als alle nun ‚Happy Birthday, lieber Karl' zu singen begannen. Er sang laut und freudig mit und zeigte auf sich, als er ‚Karl' sang. Darauf blies er die Kerze aus, wollte aber, dass alles noch einmal wiederholt werde. Der Vater zündete die Kerze noch einmal an, und Karl sang das Lied ganz alleine, wobei er seinen Namen besonders betonte. Danach klatschte er vor Begeisterung. Die ganze Runde hatte ihm zugehört und am Ende mitgeklatscht. Als die Schwester schließlich ihre Geschenke auspackte, schaute er interessiert zu."

Durch die Beobachtung des Vaters, wie sein kleiner Sohn unruhig wird, gelingt es ihm, sich in dessen Situation hineinzuversetzen. Er findet eine Lösung, die einerseits Karls Wunsch berücksichtigt, auch im Mittelpunkt zu stehen und gefeiert zu werden, andererseits aber lernt, dass heute der Geburtstag seiner Schwester ist. Seine Mutter versucht, ihm zu helfen, indem sie ihn an seinen bald zu feiernden Geburtstag erinnerte, aber das war noch zu weit weg. Karl braucht unmittelbar eine Zuwendung. Man kann sich leicht vorstellen, wie es Karl auch durch ein unabsichtliches Umstoßen eines Glases, ein ungeschicktes Herunterklettern oder eine kleine Verletzung hätte gelingen können, die Aufmerksamkeit auf sich zu ziehen und das Fest zu stören.

Als Karl zwei Monate später Geburtstag hatte, half ihm seine Schwester beim Aufmachen seiner Geschenke. Zwischendurch lief sie zum Tisch zurück und stopfte zwei riesige Stück Kuchen in ihren Mund – wohl eine Form, ihre Eifersucht durch orale Zufuhr auszugleichen.

Sobald das neue Baby das Gitterbett oder die Gehschule verlässt, werden die Eltern oft vor die schwierige Aufgabe gestellt, beiden Kindern Raum zum Spielen und Aufmerksamkeit zu geben. Wie kann das ältere Kind von dem Ungestüm des Krabbelkindes geschützt werden? Gibt es einen Platz zum Spielen, der vor dem Baby sicher ist? Manche ältere Kinder weichen auf das Stockbett aus, um in Ruhe etwas bauen oder spielen zu können. Oder es gibt einen hohen Tisch, auf den das kleine Kind noch nicht greifen kann.

Erleichtert wird das Zusammenleben der Geschwister durch das große Interesse und die Bewunderung, die die jüngeren Geschwister den älteren zollen. So kann etwa das Baby beim Hereinkommen der Schwester fröhlich jauchzen und seine Freude zeigen. Gewöhnlich verfolgt das Baby jede Bewegung des älteren Kindes. Das Spiel des älteren Kindes ist wichtig. Beginnt das neue Baby zu krabbeln und zu laufen, wird es der älteren Schwester oder dem Bruder nachzulaufen versuchen, was sowohl schmeichelhaft als auch lästig sein kann. Geschwister lernen mit großer Leichtigkeit voneinander, indem die jüngeren alles genau beobachten und nachzumachen versuchen. Jüngere Geschwister stehen immer wieder vor dem Problem, von den älteren ausgeschlossen zu werden. Es ist günstiger, sich möglichst wenig einzumischen, da Kinder ihre eigene Umgangsweise entwickeln können. Dazu zwei Beispiele, wie eine Situation vom kleinen Kind ohne Hilfe der Eltern bewältigt wird:

„Die fünfjährige Schwester spielte mit einer Freundin mit Duplosteinen. Die Steine steckten sie sich auf den Finger, sie wurden Menschen, die nun miteinander sprachen, weggingen und Dinge erlebten. Die beiden Mädchen lagen im Bett der Schwester und deckten sich dabei zu. Der Zweijährige wollte auch mitspielen und versuchte, unter die Bettdecke zu klettern, was die größeren Mädchen verhinderten. Karl ging ein Stück zurück, blieb aber in der Nähe stehen und beobachtete die beiden. Als die Mädchen ganz in ihrem Spiel vertieft waren – eine Figur hatte die andere angegriffen und verletzt und musste ins Spital gebracht werden –, schlüpfte Karl unbemerkt am Fußende des Bettes unter die Decke. Zuerst beobachtete er die beiden, dann nahm er einen Stoffhund und begegnete den Figuren der Mädchen als Hund, was sie akzeptierten. Sie schlossen ihn ins Spiel ein."

Karl hat gelernt, sich nicht gleich gekränkt zurückzuziehen, wenn er abgewiesen wird. Er hat Ausdauer und soziale Klugheit entwickelt, kann sich ins Spiel der größeren Mädchen einbringen. Es ist wichtig, dass er es alleine schafft, einen Zugang zum Spiel der beiden älteren Mädchen zu finden und akzeptiert zu werden. Der Jüngere lernt, im Umgang mit seinen Geschwistern sozial genau zu beobachten.

Nun eine Szene, bei der sich die Eltern einmischen:

„Die drei Kinder, die beiden größeren Mädchen und Karl, spielten gemeinsam. Karl war hungrig, kam in die Küche zu den Eltern und zeigte, dass er hungrig sei. Der Vater gab ihm eine Tüte mit Vollkornkeks und bat ihn, diese auch den anderen beiden Kindern zu geben. Als der Vater später am Kinderzimmer vorbeiging, sah er, dass die große Schwester die Tüte hatte und austeilte. Der Vater bestand darauf, dass die Schwester es dem Bruder zurückgab und er austeilen durfte. Die Schwester gab ihrem Bruder widerwillig die Tüte mit den Keksen, drehte sich zu ihrer Freundin um und beide zogen sich in eine Ecke zum Spielen zurück. Als der Bruder mitspielen wollte, schlossen sie ihn aus, sodass er weinend in die Küche zu den Eltern floh."

In dieser Szene wird deutlich, dass die ältere Schwester nur ungern die Anweisung des Vaters befolgt und nachher den Bruder dafür bestraft. Für Eltern ist es eine schwierige Aufgabe, für Gerechtigkeit unter den Geschwistern zu sorgen. Einerseits bedarf das jüngere Kind des Schutzes der Eltern, andererseits wird es von den älteren Geschwistern oft grausam für ein Eingreifen der Eltern bestraft und ausgeschlossen. Eine Mutter erinnert sich, dass sie als viertes Kind immer von der Mutter den beiden älteren Brüdern und ihrer älteren Schwester gegenüber in Schutz genommen und bevorzugt wurde. Dafür wurde sie dann, wenn die Mutter untertags weg war, von ihren Geschwistern grausam bestraft, verspottet und gehänselt. Die Geschwister redeten der Jüngeren ein, dass die Mutter so lieb zu ihr sei, damit sie nicht bemerke, dass sie gar nicht deren echte Tochter sei. Als Beweis führten sie die Augenfarbe der Jüngeren an, die anders war als die der Geschwister und der Mutter.

Natürlich kann man nicht gestatten, dass das jüngere Kind von den älteren Geschwistern geschlagen wird. Aber oft beginnt das kleinere Kind einen Streit, indem es den älteren etwas wegnimmt oder etwas Gebautes kaputt macht. Es ist gefährlich anzunehmen, dass immer das ältere Kind begonnen hat. Da man als Erwachsener nie weiß, wer wirklich den Streit vom Zaun gebrochen hat, empfiehlt es sich, mit den Kindern zu vereinbaren, dass sie sich entweder über ein Spielzeug einigen können, oder es wird eingezogen. Es ist erstaunlich, wie Kinder dann in der Lage sind, sich auf einen Modus des Tauschens oder auf eine andere Konfliktlösung zu einigen, damit sie das eingezogene Spielzeug doch wieder bekommen.

Trotzdem ist zu erwarten, dass immer wieder Konkurrenz und Neid auftauchen, oft in Form von Futterneid. Dazu ein Beispiel von einem Abendessen, bei dem die Mutter die Lieblingsspeise der beiden Kinder, nämlich Spaghetti, kochte. Als sie die Spaghetti auf dem Teller der Kinder angerichtet hatte und in die Küche ging, um das Sugo zu holen, hatte die vierjährige Schwester ein Spaghetti vom Teller des zweijährigen Bruders genommen und sie genüsslich in den Mund gesteckt. Der Bruder protestierte laut und weinte. Die Mutter, die das beobachtet hatte, nahm ein Spaghetti vom Teller der Tochter und gab sie dem Sohn, der sofort zu weinen aufhörte und mit einem zufriedenen Blick diese verspeiste. Die ruhige Reaktion der Mutter hatte für einen Ausgleich gesorgt. Eine lange Ermahnung oder eine Standpauke hätte vermutlich zu einem Weinen der Tochter und zu einer Eskalation geführt.

Der langsam entstehenden Liebe der Geschwister zueinander wird oft zu wenig Bedeutung beigemessen. Eine positive Beziehung zwischen Geschwistern stellt eine Bereicherung dar, da diese Geschwisterbeziehung eine besondere Qualität hat.

Eine Mutter erzählte, dass der zweieinhalbjährige Bruder seine Schwester, wenn sie vom Kindergarten heimkam, genauso begrüßte wie seine Mutter, indem er zu ihr hinlief und dann drei Kreise um sie zog, bevor er sie umarmte.

Wie sehr sich das ältere Kind seiner besonderen Stellung bei seiner Schwester oder seinem Bruder gewahr ist, zeigt die folgende Szene:

„Die Großmutter hatte das größere Kind vom Kindergarten abgeholt. Als sie läutete und ins Haus ging, hörte man von ersten Stock das fröhliche ‚Hallo' des kleinen Bruders. Als die Großmutter nach oben schaute, um ihn zu sehen, sagte die Schwester: ‚Omi, der meint nicht dich, sondern mich!' Sie hatte sich schon so hingestellt, dass er sie sehen konnte."

Gelingt es den Eltern, die Rivalität der Geschwister nicht anzufeuern, indem die Kinder miteinander verglichen werden, sondern jedes Kind in seiner Besonderheit akzeptiert wird, so kann sich die Liebe der Geschwister entwickeln.

Entwicklung des Gewissens

Die Herausbildung des Gewissens erfolgt im Laufe des dritten Lebensjahres. Wenn die Eltern das Kind mit Respekt behandeln und ihm klare Grenzen gesetzt haben, beginnt es, nach und nach die Regeln und Gebote zu verinnerlichen. Es wird Schuldgefühle haben, wenn es etwas Falsches getan hat, und versuchen, die Eltern oder andere Erwachsene darauf aufmerksam zu machen.

Schon während des zweiten Lebensjahres weiß es oft schon ganz genau, was erlaubt und was verboten ist. Der Blick auf die Eltern, wenn das Kind in Begriff ist, etwas Verbotenes anzugreifen oder zu tun, zeigt deutlich, dass es genau über seine Grenzverletzung Bescheid weiß. Es kann auch Gebote einhalten, aber meistens braucht es die Erinnerung der Eltern. Zur Herausbildung eines autonomen Gewissens (Über-Ich) ist es notwendig, dass das Kind seine spontanen Wünsche und Impulse den Regeln gegenüberstellt und langsam lernt, auf die unmittelbare Befriedigung seiner Wünsche zu verzichten, wenn sie mit den Regeln des guten Benehmens und den sozialen Anforderungen in Widerspruch stehen. Das Lob der Eltern und ihre Anerkennung für den Aufschub des Wunsches entschädigen das Kind für den Verzicht. Das Gewissen des Dreijährigen ist noch nicht autonom, sondern abhängig vom Lob der Erwachsenen. Auch in diesem Bereich will das Kind den Erwachsenen nacheifern und lernt Selbstkontrolle, weil das ein wichtiges Charakteristikum der Erwachsenen ist. So sagte ein vierjähriges Kind zu seiner Mutter: „Du kannst es zuerst meinem Bruder geben, ich bin schon groß und kann warten." Das Vorbild der Eltern und die Erfahrungen, die das Kind macht, wenn es sich diszipliniert benimmt, sind wichtige Momente der Bildung des Gewissens. Wieder gilt es zu bedenken, dass die verinnerlichten Bilder der Eltern nicht den tatsächlichen Verhaltensweisen der Eltern entsprechen, sondern den durch die Phantasie des Kindes modifizierten Bildern von riesigen, fast allmächtigen Eltern. Je kleiner das Kind ist, desto größer und strenger erscheinen die Eltern, desto bedrohlicher und gewaltiger erscheint ihm die laute Stimme oder eine strenge Ermahnung. Die frühen Formen des Gewissens sind daher rigide, streng und despotisch. Das Kind hat schon während des zweiten Lebensjahres recht deutliche Vorstellungen, was es darf und tun soll. Klar ist aber auch, dass das Kind denkt, es werde nicht nur für seine Handlungen, sondern auch für seine Gedanken und Vorstellungen zur Rechenschaft gezogen. Ist ein Kind wütend, weil die Mutter oder der Vater weggeht, obwohl das Kind bei ihr/ihm bleiben will, so kann es in seiner Phantasie den Eltern ein Leid antun. Oft übertritt das Kind danach wirklich eine Regel, um tatsächlich bestraft zu werden.

Die Wünsche des Kindes sind im dritten Lebensjahr aber meist so dringlich und unaufschiebbar, dass es einen Kompromiss schließt. Es erfüllt sich den Wunsch, sagt sich aber gleichzeitig das Verbot der Eltern vor.

„Ein dreijähriges Mädchen, das der Mutter oft beim Kochen helfen durfte, wollte die Eier, die auf dem Tisch standen, aufschlagen. Sie wusste aber auch, dass sie das nicht auf dem Küchenboden und ohne Mutter tun durfte. Sie zögerte ein wenig, dann kletterte sie auf den Stuhl, nahm ein Ei nach dem anderen heraus, zerbrach es und sagte in strengem Ton: Nein, nein, nein!"

Sie wiederholt die Worte der Mutter und zeigt so, dass sie genau weiß, dass sie das nicht tun soll. Der Wunsch, die Eier aufzuschlagen und den weichen

Dotter zu spüren, ist aber so stark, dass die Befriedigung den Sieg davonträgt. Ähnlich verhält es sich in dieser Beobachtung:

„Ein dreijähriger Bub, Benjamin, der mit dem Fenster spielte, die Stangen zur Befestigung des Fensters auf und zumachte, weiß genau, dass er es nicht tun soll. Es besteht die Gefahr, dass er mit den Metallstangen das Fensterglas beschädigt, gleichzeitig macht aber das Bewegen ein interessantes Geräusch. Benjamin strahlte, wie das Geräusch beim Klopfen immer lauter wurde. Vermutlich zu dem Zeitpunkt, wo seine Mutter eingreifen würde, sagte er: ‚Schluss aus!' Dabei führte Benjamin die verbotenen Bewegungen weiter aus, sogar noch heftiger, begleitet vom immer heftiger und nachdrücklicher werdenden Verbot: ‚Schluss aus!' in ähnlich resolutem Ton wie seine Mutter."

Wenn Benjamin mit dem Fenster und den Eisenstangen spielt, versucht er oft, Momente zu finden, wo niemand im Zimmer ist. Wenn seine Mutter kocht, schleicht er oft hin, beim Essen dreht er sich um und beginnt sehr behutsam, mit den Eisenstangen zu spielen. Zunächst toleriert das seine Mutter, wenn er aber zu wild wird, sagt sie ihm ‚Nein'. Er ignoriert gewöhnlich das Verbot und tut so, als ob er nicht gehört hätte. Er hantiert weiter mit den kleinen Eisenstangen, ohne die Mutter anzuschauen. Manchmal hat er Glück und die Mutter ist abgelenkt, besonders wenn er leise damit spielt. Erst wenn die Mutter sein verbotenes Spiel mit dem Kommentar: ‚Nein. Hör auf!' zu unterbinden versucht und dann ärgerlich, als Steigerungsform ihres Verbotes, mit einem: ‚Schluss, aus' ihm die Stangen wegnimmt, hört er auf und weint laut. In der Szene findet Benjamin einen Kompromiss: Er erfüllt sich den Wunsch, mit der Eisenstange zu spielen, hält aber auch das Verbot der Mutter aufrecht, indem er ihre Worte wiederholt.

Es bedarf des geduldigen Wiederholens der Gebote, des monatelangen Vorzeigens, bis sich das Kind von selbst an diese Regeln hält. Hat es jedoch Regeln verinnerlicht, so achtet es selbst streng darauf, dass sie auch tatsächlich eingehalten werden. Wenn Freunde oder Großeltern zu Besuch sind, so zeigt das dreijährige Kind ihnen, wie sie es machen sollen und ist ganz unglücklich, wenn der Besuch etwas anders macht. So reagierte Susi mit Tränen, als ihre Großmutter die Tomaten in kleine Scheiben schnitt. „Nicht so, Omi!", sagte sie. Erst durch geduldiges Nachfragen erfuhr die Großmutter, dass Susis Mutter die Tomaten anders schneidet. „Soll ich sie auch so schneiden?", fragte die Großmutter. Susi stimmte erleichtert zu und kommentierte dann zufrieden: „Ja, so macht man das!"

Im Kontakt zu anderen Familien und Kindern in der Spielgruppe oder im Kindergarten lernen Dreijährige die Regeln anderer Familien kennen. Sie beobachten ganz genau, was ein anderes Kind tun darf oder nicht, und vergleichen es mit ihren Erfahrungen. Sehr rasch schlüpft der Dreijährige in die Rolle des Erziehers, der auf die Einhaltung der Regeln achtet. Dazu ein Beispiel:

„Stephan ($2\frac{1}{2}$ Jahre alt) ging mit seiner Großmutter einkaufen, bevor sie die größere Schwester vom Kindergarten abholten. Die Großmutter forderte ihn auf, sich eine ‚Dreh- und Trink-Flasche' zu nehmen. Er nahm für sich eine gelbe Flasche und sagte ‚mir', dann unaufgefordert eine rote Flasche und nannte dazu den Namen seiner Schwester. Als die Großmutter noch zwei Flaschen nehmen wollte, sagte Stephan freundlich, aber bestimmt: ‚Nein, nur eine!'. Die Großmutter hielt die beiden Flaschen schon in der Hand; sie war verwirrt und zögerte. Sie erklärte ihm, dass die anderen beiden Flaschen für später seien. Doch Stephan schaute sie streng an und sagte noch zwei Mal im halb drohenden Ton, jedes Wort betonend: ‚Nein, nur eins!' Mit einem Lächeln stellte die Großmutter die beiden Flaschen zurück. Stephan hatte sie scharf beobachtet, nickte zustimmend und wandte sich seiner Flasche zu."

Stephan sorgt für seine Schwester. Er ist davon überzeugt, dass nicht nur für ihn eine Flasche gekauft wird, sondern auch für seine Schwester. Er weiß auch, welche Farbe sie wählen würde. Als die Großmutter mehrere Flaschen kaufen will, reagiert er so wie seine Eltern.

In der Art und Weise des Sprechens hört man den Tonfall von Stephans Vater, der klar und konsequent ist. Er ist gewohnt, dass ihm sein Vater durch ein geduldiges Wiederholen die Chance gibt, selbst die Flasche wieder zurückzustellen. Er behandelt nun die Großmutter so, wie er vom Vater behandelt wird. Es ist also eine gute Investition in die Zukunft, beim Aushandeln der Regeln konsequent, bestimmt und freundlich zu sein. Je unklarer die Regeln sind, d. h. wenn manchmal etwas Verbotenes toleriert wird und beim nächsten Mal das Kind angeschrien oder geschlagen wird, desto verwirrender ist es für das Kind. Es wird sich auch im Konflikt mit anderen Kindern dann so verhalten, losbrüllen oder losschlagen.

Eltern sind oft verzweifelt, wenn sie ihrem Kind „Nein" sagen und es nicht hört. Es ist kein Zeichen von Dummheit und keine Bockigkeit. Seine Wünsche sind so intensiv, und es kann selbst zu den Eltern noch nicht „Nein" sagen. Eltern wenden dann vielleicht härtere Methoden an und es kommt zum Konflikt. Ein ärgerliches, widerspenstiges Kind macht das Verbotene dann aus Rache. So verhärten sich die Fronten, und es besteht die Gefahr, in einen Machtkampf verwickelt zu werden, wo kein Lernen möglich ist. Man kann den Kindern doch nicht alles angehen lassen, mögen Eltern einwenden. Das ist richtig und ein Erlernen der Grenzen ist von großer Bedeutung. Wie können die Eltern ihrem Kind denn helfen, diese Regeln akzeptieren zu lernen? Empfohlen wird, das Kind abzulenken und ihm eine Ersatzbefriedigung anzubieten. Ein Kind, das noch nicht in der Lage ist, seine Impulse zu beherrschen, kann einen Impuls vielleicht in eine andere Richtung lenken. So kann man einem Kind, das den Impuls hat, die CDs seines Vaters herauszunehmen, einen Teil der alten CDs zum Spielen geben, die es dann nach Belieben ein- und ausräumen kann. Oder man kann robuste, alte Bücher oder Zeitschriften ins Regal stellen, die dann dem Kind zum Spielen überlassen werden können. Einen klaren Hinweis, dass das die Bücher/CDs, Zeitschriften vom Vater/von der Mutter und das

„seine" Bücher etc. sind, kann das Kind schon aufnehmen. Hilfreich ist es, wenn die Eltern ihrem Kind ermöglichen, seine Gefühle und Wünsche auszudrücken. Mit der Entwicklung der Sprachfähigkeit wird es leichter, da das Kind dann seine Wünsche aussprechen kann. Es wird immer wieder notwendig sein, das Kind zu fragen, beziehungsweise ihm zu helfen, indem wir an seiner Stelle das ausdrücken, was wir vermuten, dass es in seinem Kopf vor sich geht. „Du kannst mir sagen, was du möchtest", kann dem Kind helfen, nicht nur zu weinen, zu brüllen oder herumzuschlagen, sondern seine Wünsche auszudrücken. Es bedarf aber in jedem Fall Geduld, dem Kind den Weg vom impulsiven Handeln zum vernünftigen Denken, zu Selbstkontrolle und Kompromissfähigkeit zu weisen. Diese Erziehung dauert aber Monate und Jahre, und auch wenn wir am Ende des dritten Lebensjahres eine bessere Selbstkontrolle erwarten können, dürfen wir uns doch über häufige Entgleisungen nicht wundern.

Oft fühlt sich ein Kind von den Verboten oder Zurechtweisungen der Eltern gekränkt. Manche Kinder ziehen sich in ihr Zimmer zurück oder in einen Winkel der Wohnung, wo niemand sie sehen soll. Andere Kinder verstecken sich unter ihrem Gitterbett oder im Bett der Mutter. Am besten ist es, dem Kind diese Rückzugsmöglichkeit zu gewähren. Es ist wichtig, dass die Eltern den Ausdruck des Kindes, gekränkt zu sein, verstehen und sich nicht darüber lustig machen. Ob sie eher dem Kind nachgehen oder ihm jene Zeit geben, die es braucht, um zu schmollen und dann alleine wieder von seinem Rückzugspunkt zurückzukommen, liegt im Naturell der Eltern und dem ihres Kindes. Wichtig ist, Respekt vor den Gefühlen des Kindes zu haben. Es erlebt eine Kränkung oder Verletzung mindestens so intensiv wie wir als Erwachsene. Oft kommt es auch vor, dass das Kind sich ungerecht behandelt gefühlt hat. Ist es möglich, mit dem Kind später darüber zu sprechen, lernen Kinder und Eltern sich verständlich zu machen und legen so die Basis für Einfühlungsvermögen und Sensibilität.

Diese Hinweise sollen nicht dazu führen zu denken, dass Eltern nie ihre Beherrschung verlieren dürfen. Es ist ein wichtiger Lernprozess gerade für Eltern, wie rasch sie oft an ihre Grenzen stoßen, die Fassung verlieren oder ungeduldig werden. Kinder vergeben den Eltern viele Fehler und Entgleisungen, wenn sie sich geliebt fühlen. Manche Eltern berichten, dass sie so wütend wurden, wenn das Kind sie geschlagen oder gebissen hatte, dass sie selbst zurückschlugen oder das Kind auch bissen. In diesen Fällen bricht das Erwachsenen-Ich zusammen, und die Eltern agieren aus ihrem Kind-Teil auf derselben Ebene wie das Kind. Auch in diesem Fall bringt es nichts, wenn sich die Eltern Vorwürfe machen oder sich über sich selbst ärgern oder schämen. Das sind Gefühle über Gefühle, die nichts am Geschehenen ändern. Es wäre besser, sich in seiner Begrenztheit anzuerkennen und zu verstehen, wie massiv die intensiven Impulse des Kindes unser Erwachsensein unterhöhlen. Es hilft (vielleicht auch mit Hilfe des Partners) nachzudenken, was einen so aus der Fassung gebracht hat. Vielleicht hat das Kind im Erwachsenen eine Erinnerung wachgerufen, in der er sich ungerecht behandelt, verspottet oder ausgeschlossen gefühlt hat. Wenn wir von einer intensiven Erinnerung überwältigt werden, ist es hilfreich, diese zu verstehen zu versuchen.

Ängste des Kindes

Das dritte Lebensjahr ist ein turbulentes Entwicklungsjahr des Geistes und der Gefühle. In der Phantasiewelt des Kindes spielen sich wichtige Entwicklungen ab, Dramen, Verzicht auf unerfüllbare Phantasien in Bezug auf die Eltern, bevor es seine Identität als Frau oder als Mann findet. Das Sauberkeitstraining ist verbunden mit Fragen der Körperkontrolle, der äußeren und inneren Ordnung, des Hergebens und Nehmens. Es ist daher kein Wunder, wenn auch Kinder, die bisher wenig Angst gezeigt haben, nun vor allerlei Dingen plötzlich zurückschrecken. Vor allem Dinge des alltäglichen Lebens sind davon betroffen. Es kann plötzlich Angst vor dem Staubsauger, vor der Dunkelheit bekommen, davon überzeugt sein, dass unter seinem Bett ein Monster, ein Krokodil oder ein Räuber versteckt ist. Es kann in Panik geraten, wenn sein Kot im Klo heruntergespült wird oder das Badewasser ausgelassen wird. Auch die Trennung von den Eltern am Morgen, wenn es in den Kindergarten gehen soll, kann plötzlich schwierig werden. Kinder, die ohne Probleme gegessen haben, können nun bestimmte Speisen ablehnen. Oft zeigen sich die Probleme am Abend beim Einschlafen. Für die Eltern ist es hilfreich zu wissen, dass diese Ängste mit der sensiblen Entwicklungsphase des Kindes zusammenhängen. Oft dauert es einige Zeit, bis die Eltern erfahren, was dem Kind Angst macht. Die sexuellen Unterschiede zwischen Mädchen und Buben können Angst machen, da viele Kinder annehmen, dass der Körper von Mädchen und Knaben ursprünglich gleich aussah, das heißt beide einen Penis hatten, der dann verschwunden, abgeschnitten oder verloren gegangen ist. Es ist oft nicht leicht, die Hintergründe der unbegreiflichen Ängste der Kinder zu verstehen. Dazu ein Beispiel:

„Stefan zeigte große Angst davor, auf die Toilette zu gehen, und verlangte, dass seine Mutter prüfen solle, ob das Fenster geschlossen sei, bevor er sich dazu überreden ließ, sie doch zu benutzen. Die Mutter machte mit und sah weise davon ab, ihn deswegen zu hänseln oder albern zu nennen, auch wenn sie keine Ahnung hatte, weswegen er das Fenster geschlossen haben wollte. Eines Tages lieferte er eine zusätzliche Information: ‚Mach das Fenster zu, damit kein Vogel hereinkommt.' Immer noch verblüfft fragte die Mutter: ‚Was würde denn ein Vogel machen?' ‚Mein Zipferl abhacken', antwortete das Kind. Stefan hatte vor kurzem erfahren, dass kleine Mädchen anders gebaut sind, und nahm an, dass sie ihr ‚Zipferl' verloren hatten. Nun wollte er sicher gehen, dass ihm nicht das gleiche passiert" (Reid 1993, 99).

Vielleicht hat Stefan auch beobachtet, dass ein Specht die Rinde des Baumes aufklopft, um Würmer herauszuziehen, oder eine Amsel gesehen, die einen großen Regenwurm frisst. Er hat diese Erfahrungen dann mit den Phantasien verknüpft, sein Zipferl zu verlieren. Vielleicht denkt er auch, dass er schlimm war und deshalb bestraft werden soll. Ein wichtiger Beitrag der Psychoanalyse ist die Betonung der Bedeutung der *inneren Realität*. Für Stefan ist seine Angst real. Es hilft ihm nicht, wenn seine Eltern „rational" reagieren und versuchen, ihm seine Angst auszureden. Es ist viel wichtiger, dem Kind zu helfen, seine Ängste auszusprechen. Nur so erhält das Kind aber auch seine Eltern die Chance, die dahinterliegenden Zusammenhänge zu erkennen. Es bringt nichts, dem Kind zu sagen, es brauche keine Angst zu haben. Wird ein Kind wegen seiner Angst verspottet, so erreichen wir nur, dass es seine Angst nun meint geheimhalten zu müssen und sich noch mehr in sich zurückzieht. Es wird dann Dinge meiden, die mit seiner Angst in Verbindung stehen, und wir als Erwachsene haben noch weniger Chance, die Gründe dafür zu erfahren.

Früher dachte man, Ängstlichkeit zu zeigen, sei besonders bei Knaben eine Schwäche. Manche Väter meinten, ihren Söhnen diese „Schwäche" und Verweichlichung durch besondere Strenge austreiben zu müssen. So erzählte ein Vater, dass er von seinem Vater bei Dämmerung im Wald an einen Baum angebunden wurde, um ihm so seine Angst vor der Dunkelheit „auszutreiben". Die Folge war, dass das Vertrauen zum Vater beeinträchtigt wurde, der Sohn sich von ihm zurückzog und nun auch vor seinem Vater Angst hatte. In der Literatur beschrieb etwa Thomas Mann in den Buddenbrocks die Folgen einer „harten" oder „strengen" Erziehung eines sensiblen, ängstlichen Kindes. Der Sohn, der stark und robust sein sollte, der als Nachfolger der väterlichen Geschäfte ins Auge gefasst wurde, zerbrach unter diesem Druck. Er wird nicht in seiner Persönlichkeit anerkannt, sondern soll nach den Vorstellungen des Vaters „zurechtgebogen" werden. Wenn Ängste nicht gezeigt werden dürfen, bleibt dem Kind kein anderer Weg, als sie somatisch über körperliche Probleme oder Krankheiten auszudrücken. Dieses Unverständnis der kindlichen Angst gegenüber dürfte eine der wesentlichen Gründe für das Zerbrechen vieler Kinder bedeutet haben. Mit Strenge, Lächerlichmachen oder Demütigung auf Angst zu reagieren, bewirkt bei dem Kind ein tiefes Gefühl, nicht verstanden zu werden, und verstärkt seine Angst, ungenügend zu sein und den Erwartungen der Eltern nicht zu entsprechen.

Auch Per Olav Enquist beschreibt im „Besuch des Leibarztes" (1999, 38ff), wie König Christian VII von Dänemark nach dem frühen Tod seiner Mutter (im Alter von zwei Jahren) statt Liebe, die zu einer Förderung seiner Persönlichkeit führen hätte können, nur militärischen Drill und Strenge, Schläge und Demütigung erfuhr, um stark und hart zu werden, aber in einer geistigen Verwirrung endete. Für seinen Erzieher Graf Reventlow war Erziehung eine „seelische Unterwerfung", um die Selbständigkeit zu brechen. Wichtigstes Erziehungsmittel war die Peitsche.

Auch der gegensätzliche Umgang mit Ängsten des Kindes, also überfürsorglich zu reagieren, ist nicht hilfreich. Wenn etwa Eltern ihrem Kind, das Angst vor etwas hat, die Begegnung mit diesem Phänomen ersparen wollen, so geben sie ihrem Kind keine Gelegenheit, diese Angst bewältigen zu können. Es kann sogar sein, dass Eltern überängstlich reagieren und ihr Kind nur die Angst der Eltern übernimmt. Wenn die starken Eltern z. B. Angst vor einem Hund oder einer Spinne haben, so meint das kleine Kind, es müsse sich wirklich um bedrohliche Tiere handeln. Sind die Eltern sehr rasch in Sorge, dass ihr Kind herunterfallen könnte und gestatten sie ihrem Kind deshalb nicht, hinaufzuklettern, so wird das Kind denken, es sei wirklich zu ungeschickt. Oder es denkt, die Welt sei ein gefährlicher Ort. Eine fröhliche Zuversicht, dass das Kind es schaffen kann, vermittelt dem Kind Zutrauen in seine eigenen Kräfte, und es beginnt, selbst zu experimentieren und Erfahrungen zu sammeln.

Zulliger betont, wie wichtig es ist, die kindlichen Ängste zu verstehen. In seinem Buch „Die Angst unserer Kinder" beschreibt er einige Beispiele von ängstlichen Kindern, die aus Angst dumm waren oder krank wurden (Zulliger 1971). Einem Kind, das Angst vor einem Hund hatte, weil es unbewusst fürchtete, von ihm körperlich beschädigt zu werden, half es, dass sein Vater mit dem Kind spielte, indem er und später es einen Hund darstellte (Zulliger 1971, 65ff). Mit der eigenen Angst in Kontakt zu sein ist ein Garant, auch anderen Menschen gegenüber einfühlsam und tolerant zu sein.

Ich wende mich nun der Entwicklung der beiden Kinder Kelly und Max zu, die im Rahmen der Babybeobachtung und der Follow-up-Studie untersucht wurden. Da die offizielle Beobachtung nur bis zum Ende des zweiten Lebensjahres stattfand, sind die Daten nicht so ausführlich und vollständig. In die Gespräche mit den Eltern fließen Erfahrungen aus dem dritten Lebensjahr ein. Die Entwicklung eines Kindes, das während des dritten Lebensjahres in Therapie ging, soll danach dargestellt werden.

4.2 Entwicklungsgeschichte der Kinder Kelly und Max

Kelly im dritten Lebensjahr

Perspektive des Beobachters
Im dritten Lebensjahr hatte sich eine Routine bei der Betreuung durch die inzwischen geschiedenen Eltern eingespielt. Kelly übernachtete jedes zweite Wo-

chenende bei ihrem Vater, der ein Zimmer für sie eingerichtet hatte. Ich führe eine Beobachtung von Kelly mit ihrer Mutter und eine mit ihrem Vater an. Die Beobachtung fand am Abend vor der Abreise der Mutter am nächsten Tag statt. Die Mutter sollte erstmals drei Tage weg sein, Kelly wird vom Au Pair Mädchen und der Großmutter versorgt werden.

„Kelly hatte eine aufregende Diskussion mit ihrer Mutter über die Vorbereitungen zum Baden. Die Mutter ließ sie den Badezusatz und die Spielsachen auswählen, die Kelly ins Bad nehmen wollte. Kelly wünschte sich einen Badezusatz, der ‚viel Schaum' macht. Die Mutter sah mit Vergnügen zu, wie sie den Schaum mit Gesten beschrieb. Später ersuchte die Mutter Kelly freundlich, sich auszuziehen. Es klang mehr wie ein neues Spiel. Kelly zog sich im Kinderzimmer aus. Als die Mutter wieder hereinkam, sammelte Kelly die verstreuten Kleidungsstücke auf und gab sie ihrer Mutter. Die Mutter stellte mir einen Stuhl ins Badezimmer, damit ich Kelly beobachten konnte. Sie verhandelten über die richtige Wassertemperatur und darüber, wieviel Spielsachen Kelly ins Bad nehmen durfte. Als Kelly die große Zehe ins Wasser voller Schaum steckte, bemerkte sie, dass sie aufs Klo gehen musste. Die Mutter lächelte und sagte: ‚Es ist jeden Tag dasselbe, sie vergisst immer aufs Klo zu gehen'. Kelly lief aufs Klo und kam zurück."

Kelly zeigt, dass sie in der Lage ist, sich selbständig auszuziehen. Das vergessen Klo-Gehen vor dem Bad könnte ein Spiel an der Grenze ihres kindlichen Wunsches sein, einerseits ins Badewasser zu urinieren und andererseits ‚erwachsen' zu sein und aufs Klo zu gehen. Da die Mutter erzählte, dass Kelly niemals gerne badete, kann ihr Hinein- und wieder Herausgehen auch ein Hinweis auf ihre Angst vor dem Wasser sein.

„Sie ging dann mit einem hilfreichen Schubs ihrer Mutter ins Bad, setzte sich und spielte. Die Mutter ging hinaus, um sie spielen zu lassen. Kelly bereitete Tee für mich, füllte verschiedene Behälter mit Wasser. Sie zeigte mir, wie sie die Plastikfigur eines dicken Mannes mit Wasser füllen konnte, sodass das Wasser zwischen seinen Beinen wie Urin herauskam. Sie lachte übermütig und freute sich, bat mich die Wasserkanne zu füllen. Sie genoss es, Wasser von einem Behälter in den anderen zu füllen, erklärte mir immer, was sie gerade tat, lachte und lächelte mich an."

In dieser Szene zeigt Kelly, wie sie es genießt, alles zu bestimmen. Sie scheint im Bad in einer allmächtigen Welt zu sein, wo sie alles unter Kontrolle hat, Tee machen, ausleeren, den Mann urinieren lassen kann, etc.

„Beim Haarewaschen erklärte die Mutter Kelly, dass sich alle Menschen die Haare waschen müssen. Kelly legte den Kopf zurück und die Mutter wusch ihr die Haare. Als sie fertig waren, war es Kelly ziemlich kalt, die Mutter sagte, das Wasser kühle aus. Sie nahm Kelly heraus, der kalt war und die zitterte. Die Mutter sagte, so hätte sie schon mit drei Monaten reagiert, sie habe immer im

Wasser geweint. Die Mutter wickelte sie in ein Badetuch und rieb sie trocken. Kelly schrie in einer Mischung aus Gelächter und Schmerz. Als ihre Mutter ihr den Arm abtrocknete, schrie sie vor Schmerz auf, weil sie einen kleinen Schnitt am Daumen hatte, den sie der Mutter zeigte. Beide gingen in Kellys Zimmer, wo sich Kelly weigerte, ihren Schlafanzug anzuziehen. Sie akzeptierte nur das Badetuch. Sobald ihre Mutter den Raum verlassen hatte, um den Haarföhn zu holen, ließ Kelly das Badetuch fallen, schaute beleidigt und verschränkte die Arme vor der Brust. Dann überlegte sie es sich und versteckte sich in ihren Bett. Als die Mutter hereinkam, blickte sie mich erschrocken an, dann verstand sie und begann Kelly zu suchen. Kelly lachte jedes Mal vergnügt, wenn die Mutter sie nicht fand, bis sie endlich entdeckt wurde."

In dieser Sequenz kann man etwas von den unterdrückten Gefühlen erkennen. Zunächst fällt auf, dass die Mutter nicht in der Lage ist, warmes Wasser nachzufüllen, um Kelly warm zu halten. Können wir das als Hinweis verstehen, dass die Mutter kein warmes Klima zu Hause schaffen kann? Kann das Weinen von Kelly beim Abtrocknen auch eine Verschiebung sein, da ihre Mutter zeitig in der Früh wegfährt? Kann ihr Weinen auch heißen: „Du tust mir durch dein Weggehen weh!" Und vielleicht ist es auch eine Mitteilung an den Beobachter, im Sinn von: „Schau, was mir meine Mutter antut."

Kellys Weinen wirkt übertrieben und passt nicht zur entspannten Atmosphäre ihres Spiels in der Badewanne. Diese Vermutung wird noch durch das Verstecken von Kelly unterstützt. Nun ist Kelly verschwunden, und ihre Mutter muss sie suchen. Das Erschrecken der Mutter könnte auch mit anderen Ängsten der Mutter verbunden sein, die sich Sorgen machte, wie es Kelly bei der ersten dreitägigen Trennung von der Mutter ergehen werde.

Beim Gute-Nacht-Kuss erklärte die Mutter Kelly noch einmal das Arrangement. Kelly beschwerte sich nicht. Es klang eher wie eine sorgfältig geplante Organisation einer Trainerin und weniger wie eine einfühlsame Erklärung einer Mutter ihrer kleinen Tochter gegenüber.

Aus einer Beobachtung von Kelly mit ihrem Vater, bei dem sie regelmäßig jedes zweite Wochenende verbringt:

„Sie malte mit Wasserfarben. Ihr Vater blieb nahe bei ihr und fragte jeweils, was sie gerade malte. Sie sagte, sie mache zwei Häuser, dann malte sie Fenster mit verschiedenen Farben. Sie fragte ihn, welche Farbe sie nehmen sollte. Kellys Vater nannte die Farbe und sie wiederholte das Wort und erkannte die Farbe. Kelly fragte ihn, wie Papier gemacht werde. Er erklärte ihr den gesamten Produktionsprozess in einfacher Sprache. Er begann beim Fällen der Bäume, wie sie zerschnitten würden. Kelly wiederholte alle neuen Worte und hörte ihm aufmerksam zu. Es schien ein vertrauter Prozess zu sein, dass Kelly ihn etwas fragte und er es ihr in ganz einfachen, anschaulichen Worten interessant erklärte. Es folgte keine lange, gelehrte Abhandlung... Sie zeichnete viele Fenster in beide

Häuser. Kelly sagte, sie könnte sechs oder acht Fenster zeichnen. Dann wollte sie dem Vaters die Nase rot anmalen, aber er lehnte sich zurück und schlug ihr vor, seinen Finger anzumalen."

Wir können sehen, wie Kellys Vater sie mit Wissen versorgt in einer Weise, in der es Kelly leicht fällt, es aufzunehmen. Er kann sich auf Kellys Alter einstellen und auf ihre Art, Erklärungen aufzunehmen. Er scheint es zu genießen, sie zu lehren, und scheint für sie ein Modell darzustellen, wie schön es ist, so viel zu wissen. Ihre Zeichnung zeigt, dass sie einen inneren Raum für zwei Häuser entwickelt hat, eines, in dem sie mit ihrer Mutter, und eines, in dem sie mit ihrem Vater lebt. Er kann ihre Zeichnung beider Häuser tolerieren. Er verbindet Erfahrungen von früher mit der Gegenwart und ermöglicht ihr damit, die Kontinuität zwischen der Zeit, wo sie kleiner war, und der Gegenwart herzustellen. Dass sie ihres Vaters Nase anmalen will, könnten wir das als Hinweis verstehen, dass sie zeigen will, dass er neugierig ist und seine Nase hineinstecken will. Oder sie könnte ihn durch eine rote Nase lächerlich machen wollen. Er ist jedoch in der Lage, nein zu sagen, er kann Grenzen setzen, und sie scheint darüber erleichtert zu sein.

In der weiteren Beobachtung lesen wir, dass Kelly und ihr Vater dem Beobachter ein Lied vorsangen. Kelly kannte die Melodie und die Worte. Ihr Vater erklärte, dass er eine Kassette von diesem Lied hätte, das Kelly gerne höre. Später wollte Kelly mit ihrem Vater singen und tanzen. Dazu eine Sequenz aus der Beobachtung:

„Als er sie fragte, was sie jetzt tun sollten, wollte sie die ganze Kassette hören. Er erinnerte sie, dass er um 3.00 Uhr Nachmittag ein Fußballspiel aufnehmen wolle, und legte eine Kassette ein. Er schaltete den Videorecorder ein und beide tanzten. Kelly war ein bisschen überdreht. Ihr Vater fragte sie, was üblicherweise am Ende geschehe, wenn sie zu wild seien. Sie antwortete: ‚Wir fallen beide hin' und schien zu verstehen, was er meinte. Er reichte ihr beide Hände und sie tanzten zusammen, dann hob er sie auf und drehte sich mit ihr im Kreis, was sie zu lieben schien. Sie wollte, dass er weitermachte. Er setzte sie auf den Boden und sagte, sie sei schon zu schwer und kein Baby mehr. Als sie ihn noch einmal darum bat, nahm er sie noch einmal hoch."

Beide scheinen Spaß am Singen und Tanzen zu haben. Aber es gibt auch eine verführerische Qualität in Kelly. Der Vater scheint sich darüber im Klaren zu sein, dass Kelly zu wild werden könnte. Schon zu Beginn setzt er eine Grenze, indem er auf das Fußballspiel hinweist, das er aufnehmen will. Kelly scheint das Tanzen mit dem Vater vor einer dritten Person als Zuschauer besonders wichtig zu sein.

Obwohl die Scheidung der Eltern für Kelly zu einem so frühen Zeitpunkt stattfand, scheint sie in der Lage zu sein, zu beiden Eltern eine intensive Beziehung aufrecht zu erhalten.

Perspektive der Eltern

Kellys Mutter ist sich bewusst, dass das lange Stillen von Kelly etwas mit den Problemen in ihrer Ehe zu tun hatte. Sie wies darauf hin, dass sie Kelly bis zum Alter von 2½ Jahren gestillt hatte. Als die Probleme mit ihrem Mann in der Ehe begonnen hatten, war Kelly 18 Monate alt gewesen. Das Stillen war dann „wie ein Band" zwischen Kelly und ihr, sagte die Mutter. Auch emotional war das Stillen für Kelly Mutter sehr wichtig. Sie beschrieb das Abstillen ganz genau:

„Also, wir setzten uns eines Tages hin und ich sagte ihr: ‚Schau Kelly, du bist zu groß, um gestillt zu werden'. Kelly kam gewöhnlich und sagte ‚Nimmel', da sie nicht ‚nipple' sagen konnte. Ich sagte ihr: ‚Ich denke, wir sollten wirklich aufhören'. So verhandelten wir. Ich sagte: ‚Wir hören am Montag auf'. Das war es und wir schauten niemals zurück."

Das war, bevor das Au-Pair-Mädchen kam. Kelly konnte schon aus einer Schale trinken. Die Szene klingt nicht wie eine Mutter-Kleinkind-Szene, sondern eher wie ein Gespräch zwischen Erwachsenen. Kelly fügte sich und fragte nicht mehr nach der Brust. Kellys Mutter verglich das Abstillen mit dem Aufgeben des Rauchens, das man auch ganz ernsthaft aufgeben muss. Die nahende Ankunft des Au-Pair-Mädchens scheint auch dazu beigetragen zu haben, das Abstillen anzugehen.

Eine Tendenz, die wir im zweiten Lebensjahr bereits gesehen haben, setzt sich fort: Kellys Mutter findet Kelly zu mädchenhaft und hat den Eindruck, von Kelly so wie von ihrer Mutter herumkommandiert zu werden. „Kelly ist sehr konservativ. Sie sagt mir immer, was ich tun soll. ‚Du arbeitest zuviel, Mammi, deshalb bist du grantig'. Das hat sie sicherlich von meiner Mutter gehört."

Kelly scheint ein anderes Bild von Frausein zu haben als ihre Mutter. Kellys Mutter fühlt sich deshalb manchmal von zwei Seiten angegriffen. Kellys Anderssein wird von ihr rasch als Kritik erlebt, wenn sie sagt:

„Trotz all meiner Bemühung liebt sie es, mit Puppen zu spielen, und liebt es, schöne Kleider zu tragen und eine schöne Frisur zu haben. Kelly sagt dann: ‚Wenn ich groß bin, möchte ich viele Babys haben'."

Ihre Haltung als Mutter scheint aber nun realistisch geworden zu sein. Am Anfang wollte sie eine perfekte Mutter sein, die alles richtig macht. „Jetzt fühle ich, dass ich die Dinge eben so gut mache, wie ich es kann. Und das ist es. Und wenn ich Fehler mache, nun, so ist das Leben. Ich tue nichts absichtlich, um Kelly weh zu tun, aber ich kann nicht perfekt sein. Ich kann nur zureichend gut sein."

Es scheint, dass Kellys Mutter eine Form gefunden hat, ihr Leben mit einer Tochter und einem anstrengenden Beruf zu integrieren, wobei die Großmutter eine große Hilfe ist. Die Großmutter von Kelly ist nach London gezogen, um ihrer Tochter bei der Betreuung von Kelly zu helfen. Es wirkt so, als wäre Kellys Mutter ein bisschen eifersüchtig auf Kelly, aber die Hilfe der Mutter auch als große Entlastung sehen könne.

Für Kellys Vater scheint seine Tochter wirklich das Zentrum seines Lebens zu sein. Es ist noch immer schmerzlich für ihn, Kelly keine geordnete Familie ermöglichen zu können, so wie er es bei seinen Eltern hatte. Kellys Vater beschreibt, was er alles an Kelly faszinierend findet:

„Die Tatsache, dass sie schon so fraulich ist, in diesem frühen Alter. Sie ist ... manchmal richtig kokett und sie weiß es, das finde ich überraschend. Sie scheint sich ihrer Sexualität durchaus bewusst zu sein. Ich hatte das nicht erwartet, um ehrlich zu sein ... Sie ist ein witziges Kind, vergnügt und ausgelassen, glaube ich ... Sie ist wirklich kreativ, erfindet Spiele, erfindet Lieder. Manchmal, wenn ich herumblödle, singe ich statt zu reden. Zum Beispiel: ‚Es ist Zeit, ins Bett zu gehen. Lass uns schlafen gehen.' Und Kelly antwortet dann indem sie singt: ‚O.K. Dad, wenn Du es möchtest'."

Kellys Vater imitiert seinen und ihren musikalischen Dialog mit sichtlichem Vergnügen. Er beobachtet sie öfter beim Zeichnen oder Spielen, wenn sich Kelly selbst oder ihrer Puppe etwas vorsingt. „Sie kann richtig Intervalle singen", meinte Kellys Vater stolz, das habe sie selbst entdeckt, er habe es ihr nicht beigebracht. Kelly scheint für ihren Vater eine faszinierende Person zu sein, die er mit Freude beobachtet und kennenlernen will. Es ist, als habe Kelly ihm einen Zugang zu einem neuen Aspekt des Lebens eröffnet. Er beschreibt es wie ein Wunder, an dem er Anteil nehmen kann. Er scheint auch ein guter Beobachter zu sein:

„Sie ist lustig und ich mag die Idee, dass Kelly kreativ ist ... Ich habe die Kinder im Kindergarten gesehen. Sie (Kelly) übernimmt die Initiative und ordnet an, lasst uns das machen, und die anderen stimmen zu und tun es ... Sie ist wirklich positiv."

Zur Frage der Disziplinierung meinte Kellys Vater, er halte nichts von Schlägen. Kelly sollte nicht zu viele Regeln haben, aber diese dann wirklich einhalten. „Ich sage dann auch zu ihr: ‚Schau Kelly. Du kennst die Regel!'" Er führte als Beispiel an, dass Kelly sich zum Essen auf den Boden setzte und er sie an die Regel erinnerte, bei Tisch zu essen. Sie sollte das auch akzeptieren, meinte er. Manchmal sei Kelly ein bisschen wild, aber sie sei eben ein Kind. Sein Vorbild in der Erziehung waren Freunde, ein Lehrerehepaar, das den Kindern die Gründe für eine Regel erklärte und die Kinder dazu brachte, selbst darüber nachzudenken. Oder sie sollten selbst eine Lösung für ein Problem finden. „Ich versuche, mich an diese Interaktion zu erinnern. Es ist nicht leicht, aber man soll es zumindest versuchen. Je mehr man es versucht, desto leichter wird es", meinte Kellys Vater.

Welche Vorstellungen er für Kellys Ausbildung hätte, beschrieb er ausführlich:

„Kelly ist ein empfindsames, äußerst einfühlsames Kind. Wenn etwas mit jemanden nicht in Ordnung ist, ist sie sehr mitfühlend ... Deshalb denke ich, sie wird einen sozialen Beruf ergreifen, Ärztin vielleicht oder Lehrerin. Eines der Dinge, die sie liebend gerne tut, seit sie in den Kindergarten geht, ist es, Lehrerin zu spielen. Sie nimmt dann ein Buch, hält es vor sich und sagt: ‚Können alle sehen?' Mir passt alles, solange es für sie lohnend ist. Wichtig ist mir ihre Gesundheit und ihr Glück."

Kellys Vater scheint viel über Kelly nachzudenken. Im Zentrum steht der Wunsch, ihre Persönlichkeit zu entwickeln, ihre Talente und Fähigkeiten zu fördern, um ihr zu helfen, ein glücklicher Mensch zu werden. Immer wieder taucht seine Trauer auf, dass er Kelly nun, seit sie in die Schule geht, nicht mehr regelmäßig jeden Morgen sehen kann. Eine Woche scheint dann schrecklich lange zu sein. Er ist jedes Mal überrascht, wie sehr sie sich in dieser einen Woche verändert hat.

Kelly wird von beiden Eltern sehr gefördert und erfährt, wie wichtig sie für beide ist. Eine Belastung könnte sein, dass sie das Gefühl haben könnte, ihre Eltern aufmuntern zu müssen und damit eine Aufgabe zu übernehmen, die über die kindliche Rolle hinausgeht.

Max im dritten Lebensjahr

Perspektive der Beobachterin

Die Beobachterin hielt noch zwei Jahre Kontakt zur Familie, sie gab aber nur eine kursorische Zusammenfassung ihrer Eindrücke. Sie betont, dass Max bereits mit 2 Jahren und 2 Monaten fließend Englisch und Deutsch sprach, ohne die beiden Sprachen zu vermischen oder unsicher zu sein.

Mit drei Jahren dagegen sprach Max eine Mischung von Englisch und Deutsch, wobei das Englische überwog.

„Max schien intensiv mit Dingen beschäftigt zu sein, die ‚kaputt' waren oder die repariert werden mussten. Er baute ein Legohaus, und als alle Figuren drinnen waren, regnete es herein. Das Dach musste repariert werden, aber das Motorrad, das Hilfe bringen sollte, war auch kaputt. Als seine Mutter vorschlug, jemanden per Telefon zu Hilfe zu rufen, funktionierte im Spiel auch das Telefon nicht. Es schien eine hoffnungslose und verzweifelte Situation zu sein, was aber auch ein Element des Vergnügens beinhaltete.

Die Mutter erzählte mir auch, dass er sehr besitzergreifend und eifersüchtig sei, im Moment könne er nicht teilen. Er wachte auch wieder drei Mal in jeder Nacht auf."

Aus den wenigen Bemerkungen können wir uns kein klares Bild seiner inneren Befindlichkeit machen. Max scheint das Spiel zu nützen, um derjenige zu sein, der die Macht hat, Dinge kaputt zu machen und zu bestimmen, ob sie gerichtet werden können. Er scheint in einer schwierigen Phase zu sein, die ihn auch drei Mal pro Nacht aufwachen lässt. Er scheint sich Sorgen zu machen, dass er etwas kaputt gemacht haben könnte. Sein Aufwachen in der Nacht weist auf ungelöste innere Konflikte hin.

Bei einem Besuch der Beobachterin, als Max vier Jahre alt geworden war, erfuhr sie, dass die Familie das letzte Jahr in Deutschland verbracht hatte. Max erzählte der Beobachterin, dass er hier in England viel mehr Freunde besitze und diese sehr vermisst habe. In Deutschland habe es eine Krise mit Max gegeben, erzählte die Mutter der Beobachterin, als er sich einen Halswirbel verrenkte, was extrem schmerzlich gewesen sei. Sechs Wochen lang weigerte er sich, in den Kindergarten zu gehen und war deprimiert. Seine Eltern machten sich große Sorgen, da er fast nicht gehen konnte. Ein Arzt meinte, es könnte ein Ausdruck von Max sein, wie unglücklich er sich in Deutschland fühlte. Max hatte auch dort Freunde im selben Haus und einen großen Garten. Seine Mutter war überrascht, wie sehr er seine Freunde vermisst hatte, obwohl er nach einer halben Stunde nach seiner Rückkehr so mit ihnen gespielt hatte, als ob er nie weg gewesen wäre.

Beim Besuch der Beobachterin versteckte er sich zunächst hinter der Mutter und erkannte sie nicht.

Diese Beschreibung vermittelt ein Bild von Max, dem es schwer fällt, seine Gefühle auszudrücken und sie vielleicht eher in körperlichen Symptomen zeigt. Er ist schüchtern und versteckt sich hinter der Mutter wie ein kleines Kind vor einer fremden Person.

Perspektive der Eltern

Maxens Mutter betont, wie wichtig es für sie war, Max mehr Raum zu lassen, als sie als Kind hatte. Sie wolle sich als Mutter nicht so viel einmischen, zum Beispiel beim Sauberkeitstraining und beim Essen. Er solle selbst bestimmen können, wann er satt sei oder wann er auf den Topf gehen wolle. Das gelang auch gut. Max begann selbständig auf den Topf zu gehen, bevor er zwei Jahre alt war.

Die Mutter von Max hatte Schwierigkeiten, Nein zu sagen. Auch sie hatte wie ihr Mann den Eindruck, Max zuviel durchgehen zu lassen. „Faszinierend ist", meinte Maxens Mutter, „seine Entwicklung zu sehen. Alles, was er plötzlich tun kann, diese Veränderungen". Schwer fällt es ihr auch manchmal, die Weigerungen von Max auszuhalten und zu akzeptieren, wenn er etwas nicht will. Auf die Frage, welche drei Wünsche sie für Max hätte, sagte sie:

„Ein klarer Wunsch ist, dass er fähig wird, selbständig zu sein, sich zu entscheiden und nicht Angst zu haben, was andere Leute von ihm erwarten. Der zweite Wunsch ist etwas, was ich selbst nicht konnte, weil ich sehr förmlich war, nämlich sensibel nach innen und außen zu sein. Und drittens, mit sich zufrieden zu sein."

Alle drei Wünsche gehen in die Richtung, dass Max es besser haben soll als die Mutter es hatte. Vor allem im Bezug auf seine Gefühle, diese zu erkennen und mit sich selbst in Einklang zu sein, wünscht ihm seine Mutter Selbstsicherheit und ein Ruhen in sich, statt sich nur an anderen zu orientieren. Das sind vermutlich auch die Dimensionen der Entwicklung ihrer Persönlichkeit, die sie in der Therapie schätzen gelernt hat. Max soll es besser haben als sie. Lernen ist eher ein „Antithema", was aber damit zusammenhängen dürfte, dass Max bereits im Alter von vier und fünf Jahren sehr ehrgeizig war und leistungsmäßig weit über den Durchschnitt lag.

Der Vater von Max fand, dass er so nachsichtig zu Max sei, wie sein Vater zu ihm war. Nachdenklich machte ihn, dass er sich manchmal fürchterlich über Max ärgerte. Es habe zwei oder drei Gelegenheiten gegeben, bei denen er total seine Fassung verloren, wo er „rot gesehen" habe. Er fürchtete, dass er Max hätte Schaden zufügen können. Er erzählte:

„Es geschah, als Max drei war, dann dreieinhalb und das letzte Mal, als er vier Jahre alt war. Er ging mir auf die Nerven, weil er etwas beschädigte, indem er auf dem Boden malte oder so etwas Ähnliches. Oder Max schlug mich – was er manchmal tut. Wenn ich ihm sagte, er solle etwas tun, kam er her und schlug mich ins Gesicht. Da nahm ich ihn auf, trug ihn nach oben und warf ihn in sein Bett. Nachher dachte ich, dass ich völlig außer Kontrolle gewesen sei. Max musste sehr erschrocken gewesen sein. Ich fühlte, ich könnte ihn umbringen... Ich könnte ihm den Hals gebrochen haben. Das geschah nur drei Mal. Ich nahm mir vor, es nicht mehr so weit kommen zu lassen. Ich versuchte, Raum zwischen mir und meinem Gefühl zu schaffen... Wenn ich ihn hinauftrug, sagte ich mir: ‚Beruhige dich. Bleib' cool'!"

Diese Wutausbrüche waren sehr beunruhigend für Maxens Vater nicht so sehr, weil er Max wirklich bedroht hatte, sondern wegen der Intensität seiner eigenen Gefühle. Er hatte Angst vor seinen mörderischen Impulsen. Es ist fast so, als ob die unterdrückte Wut über seine Brüder, von der er früher gesprochen hatte, erst jetzt sichtbar werden durfte. Auch in der Ehe vermieden beide Teile Streitigkeiten, sodass Maxens Vater keine Übung hatte, mit seinem Ärger umzugehen. Erst langsam lernte er, seine Wut und seinen Ärger zu verstehen. Er konnte gleichsam neben sich stehen und sich beruhigen. Seine Mutter hatte oft unerklärliche Wutausbrüche, die er als Kind nicht verstehen konnte. Er betonte daher, dass seine Wutausbrüche immer in Verbindung mit provokanten Handlungen von Max standen.

Auf die Frage, was Maxens Vater an Kindern faszinierend finde, sprach er von Disziplinierung und Konflikten, weil sie ihn mit seinem eigenen Sicherheitsbedürfnis und Selbstverständnis in Berührung bringen. Sein Ziel sei es, Max zu einem freundlichen und großzügigen Menschen zu machen. Selbstkritisch fügte er hinzu, dass er und seine Frau Max dabei noch nicht geholfen hätten, da sie ihn in gewisser Weise verzogen hätten. Sie seien als Eltern nicht fest und konsequent genug. Max sei ein sehr konkurrierendes Kind. Er wolle der Stärkste und Beste von allen sein, und habe Angst vor den Folgen, wenn er nicht gewinnt.

Die Ausführungen von Maxens Vater zeigen, dass er eingehend über seine Aufgabe als Vater nachdenkt, beziehungsweise auch viel mit seiner Frau darüber spricht. Seine Aufgabe als Vater ist eng mit der Entwicklung seiner eigenen Persönlichkeit verbunden, eine Herausforderung und fast so etwas wie eine Probe zu sehen, wie er wirklich ist.

Auf die Frage nach drei Wünschen für Max antwortete sein Vater:

„Mein erster Wunsch ist, dass er gesund bleibt und lange lebt. Der zweite Wunsch ist, dass er sich zu einer großzügigen Person entwickelt, und der dritte Wunsch hängt mit dem zweiten zusammen: Er soll Brüder und Schwestern haben. Das würde ihm helfen."

Obwohl sich sein Vater Sorgen macht, dass Max nicht teilen kann, wird er von seinem Lehrer anders beschrieben, nämlich als umgänglich und als einer, der mit den anderen Kindern gut auskommt. Maxens Verhalten in der Familie und außerhalb scheint unterschiedlich zu sein.

Nachdem ich die Entwicklung von Kelly und Max während ihrer ersten drei Lebensjahre beschrieben habe, möchte ich eine Eltern-Kleinkind-Therapie und dann eine Psychoanalyse eines Kindes beschreiben, dessen Eltern im dritten Lebensjahr Hilfe für ihr Kind suchten.

4.3 Entwicklung von Kindern in Therapie

Marietta und ihre enge Beziehung zur Mutter

Eine Frau rief in der Semmelweiß Klinik an, um die „Hilfe für Eltern und Kleinkinder"[11] in Anspruch zu nehmen. Ihre vierjährige Tochter Marietta leide an Verstopfung. Sie seien schon bei allen Ärzten gewesen und manchmal sei es so arg, dass Marietta zur Darmentleerung hospitalisiert werden müsse.

Zum ersten Gespräch erschien die Mutter alleine, da sie vor Marietta nicht über diese peinliche Sache sprechen wollte. Ihr Mann könnte nicht mitkommen, da er als hoher Politiker keine Zeit habe und ihr die Kinderbetreuung

---

11 Die Eltern-Kleinkind-Therapie ist ein Angebot an Eltern, die Kinder unter fünf Jahren haben. Es werden rasche und unbürokratische Einzelgespräche bei Problemen wie Ess- und Schlafstörungen, Kontaktprobleme, Trennungsängste, Eifersucht bei der Geburt eines Geschwisters angeboten. Bis zu fünf Gespräche können vereinbart werden.

überlasse. Die Mutter erzählte, wie verzweifelt sie schon sei. Alle Versuche haben fehlgeschlagen. Begonnen habe das Problem ungefähr vor eineinhalb Jahren. Marietta gehe oft 10 Tage nicht aufs Klo, bis ihr Bauch angeschwollen sei und weh tue. Sie bekomme dann einen Einlauf, weine unbändig und wolle ihren Stuhl nicht hergeben. Auch beim Zahnarzt benehme sie sich unmöglich. Sie lasse sich nicht in den Mund schauen. Sie schreie und beiße, man habe ihr schon zwei Mal eine Narkose geben müssen, um eine Zahnbehandlung durchführen zu können. Erst gegen Ende der Stunde erwähnte die Mutter beiläufig, dass sie einen neun Monate alten Sohn habe. Die Idee, dass Mariettas Verstopfung etwas mit der Schwangerschaft der Mutter zu tun haben könnte, wies die Mutter entrüstet zurück. Marietta interessiere sich überhaupt nicht dafür, das Baby sei überhaupt kein Problem. Die Mutter wollte aber wiederkommen und beide Kinder mitbringen.

Beim zweiten Termin kam die Mutter mit Marietta und dem neun Monate alten Baby Alex.

Marietta war ein hübsches Mädchen. Sie war so schüchtern, dass sie sich hinter der Mutter versteckte und mich nur dann ansah, wenn sie meinte, ich sehe nicht zu ihr hin. Sie berührte keine der Spielsachen, sondern blieb die ganze Stunde hinter ihrer Mutter auf der Sitzbank liegen und spielte mit einem kitschigen rosa Pferdchen, das sie mitgebracht hatte. Das Baby lag in seinem Maxy-Cosy und schlief.

Ich bat die Mutter zu erzählen, wie Marietta auf die Welt gekommen sei. Die Mutter hatte bis zum sechsten Monat der Schwangerschaft als Photomodell gearbeitet. Marietta war sehr an der Erzählung interessiert. Dazwischen fragte sie ihre Mutter leise, was das Bild an der Wand darstelle, das ein Querschnitt eines Mannes war. Die Mutter erklärte es, und ich meinte, ob sich Marietta vielleicht auch dafür interessiere, wie sie als Baby im Bauch ihrer Mutter gewesen sei. Die Mutter fragte Marietta, ob sie ihr ein Bild davon zeichnen sollte, was Marietta durch ein Kopfnicken bejahte. Die Mutter, die akademische Malerin war, zeichnete sich als schwangere Frau mit Marietta als Embryo. Alex war inzwischen aufgewacht und hatte mit mir Kontakt aufgenommen, wurde von der Mutter herausgenommen und erforschte den Raum. Marietta war kurz aus ihrem Versteck hinter der Mutter hervorgekommen und bewunderte die Zeichnung, die ihr die Mutter erklärte. Als ich Marietta nach ihrem Pferdchen fragte, antwortete die Mutter für sie, dass Marietta Pferde liebe und schon eine gute Reiterin sei, ein Pferd habe gerade ein Fohlen bekommen.

Als die Mutter das gesagt hatte, wollte Marietta plötzlich gehen, sie fing an, heftig zu schluchzen. Ich meinte, dass diese Fragen nach Babys und neuen Fohlen sehr beunruhigend seien. Die Mutter war verlegen, sexuelle Dinge seien in ihrer Familie tabu seien. Marietta wollte die Zeichnung unbedingt mitnehmen und steckte diese in die Tasche ihrer Mutter.

Den nächsten Termin sagte die Mutter ab, weil beide Kinder krank waren. Den Ersatztermin sagte sie ab, weil nun sie selbst krank geworden sei. In der folgenden Woche rief die Mutter an und bat um einen neuen Termin, der erst in zwei Wochen möglich war. Bereits in der folgenden Woche erschien die Mutter und wurde im Sekretariat auf ihren Irrtum hingewiesen. Sie war sehr ungehalten und wollte von mir einen Namen einer anderen Therapeutin, die näher wohne. Ich sagte, wir könnten das alles beim nächsten Treffen besprechen. Die Mutter hatte eine Buchbesprechung meines Buches „Karrierefrauen und Karrieremänner"[12] gelesen und bat mich um den genauen Titel, weil sie es gleich kaufen wollte.

Zum dritten Termin kam die Mutter alleine und eröffnete mir, dass sie nicht mehr kommen wolle. Sie erzählte, dass sie schon früher eine Gruppentherapie gemacht habe. Vor jeder Sitzung hatte sie gedacht, sie müsse sterben. Mit aller Gewalt habe sie sich gezwungen hinzugehen. Es sei traumatisch und entsetzlich schmerzhaft gewesen, wie sie damals all diese Geschichten von ihrer Kindheit erzählt habe. Es habe sie sehr weitergebracht, aber es sei auch entsetzlich gewesen, meinte sie. Sie erzählte von ihrer grenzenlosen Einsamkeit als Kind, als sich niemand um sie gekümmert habe. Ich fühlte mich total überrumpelt, wie sie all diese Geschichten über mich ausschüttete und zugleich die Therapie abbrechen wollte. Ich sagte ihr, dass sie auch hier die Beziehung, die gerade erst begonnen habe, wieder abbrechen wolle, wie einen Schwangerschaftsabbruch. Die Mutter blickte mich überrascht an und meinte, heute habe sie erfahren, dass sie nicht schwanger sei. „Ich habe gedacht, jetzt ist es so weit, und ich muss wieder abbrechen", sagte sie lachend. Mariettas Mutter hatte schon sieben Abtreibungen hinter sich, sie erzählte erstmals davon und bemerkte, wie schmerzlich diese Verluste für sie gewesen seien. Sie hatte die Abtreibungen immer bagatellisiert, es sei so wie ein Einlauf gewesen. Dann fragte sie mich, ob es sinnvoll wäre, wenn sie weiter zu mir kämen.

Ich deutete, dass sie keine Hoffnung habe und ich die Hoffnung für sie und Marietta übernehmen solle. Danach meinte die Mutter, ich sei Marietta beim letzten Mal zu nahe getreten. Marietta habe die Zeichnung in ihr Musikheft gelegt, das sie zum Mutter-Kind-Singen mitnahm. Wir versuchten, gemeinsam darüber nachzudenken, ob Marietta den Wunsch haben könnte, wie die Mutter schwanger zu werden, und ob sie deshalb den Stuhl zurückhielt. Mariettas Verhalten habe sich total verändert, sie wolle jetzt wieder eine Windel und könne dann ihren Darm problemlos entleeren. Sie wolle oft Baby spielen, das mache sie, die Mutter, manchmal unglaublich wütend. Plötzlich beschäftige sich Marietta auch so intensiv mit dem Thema Baby. „Unsere Bedienerin war schwanger, ihr

---

12 Gertraud Diem-Wille (1996) Karrierefrauen und Karrieremänner. Eine psychoanalytisch orientierte Untersuchung ihrer Lebensgeschichte und Familiendynamik. Westdeutscher Verlag.

Baby ist bei der Geburt gestorben. Die Katze, die wir haben, ist sterilisiert worden und Marietta hat viele Fragen dazu gestellt", erzählte die Mutter überrascht.

Die Mutter war unsicher, ob sie alle Fragen wahrheitsgemäß beantworten müsse, denn mit ihr habe nie jemand „darüber" gesprochen. Ihr Mann finde es sehr gut, wenn sie zu mir komme.

Beim vierten und letzten Treffen, zwei Wochen danach, erwähnte die Mutter wie nebenbei, dass Mariettas Problem gelöst sei. „Marietta hat ihre Blockaden überwunden und braucht auch keine Windeln mehr", sagte sie, um dann ausführlich von ihrer neuen Ausstellung zu sprechen. Sie könne seit einigen Wochen mit Farben malen, bisher habe sie immer nur Grau- und Schwarztöne verwendet. Sie zeigte mir die Einladung zu ihrer neue Ausstellung, die sie gerade vorbereitete, und fügte hinzu, dass sie den Eindruck habe, in ihr sei so viel in Bewegung gekommen.

Diskussion
Die Mutter konnte sich an die Therapeutin wenden, um Hilfe für ihre Tochter zu bekommen. In dieser kurzen Therapie sah ich das kleine Mädchen nur einmal. Der Schwerpunkt der therapeutischen Arbeit lag auf der Beziehung der Mutter zu ihrer Tochter. Marietta und sie waren so eng verbunden, dass die Tochter unbewusst die Probleme der Mutter auszudrücken schien. Indem es der Mutter gelang, mit mir über verdrängte traumatische Erfahrungen zu sprechen, kam sie mit ihren eigenen Gefühlen in Kontakt und musste diese nicht mehr so stark auf ihre Tochter projizieren. All die sexuellen Fragen und dramatischen Ereignisse waren tabuisiert worden. Erst indem es der Mutter gelang, in der Therapie ihre eigenen Probleme zu besprechen, war Marietta von dieser Last befreit worden. Sie durfte ihren Wunsch ausdrücken, wieder ein Baby zu sein und auch ihren Stuhl nicht herzugeben, indem sie eine Windel verlangte. Schon nach zwei Wochen konnte sie diese Zwischenphase überwinden und dann aufs Klo gehen. Entlastend war auch, dass Mariettas Vater sich offenbar leichter tat, mit Marietta über sexuelle Themen zu sprechen, was auch für die Mutter entlastend war.

Nikolaus – verloren in der Welt

Nikolaus wurde mit seinen Eltern von mir zunächst im Rahmen der Eltern-Kleinkind-Therapie an der Semmelweiß Klinik im FEM gesehen. Der zweijährige Nikolaus wirkte ganz verstört, seine Eltern sahen total erschöpft aus. Der Vater begann mit der Mitteilung: „Wir stehen mit dem Kopf vor der Wand, wir wissen nicht mehr weiter!". Nikolaus habe Wutanfälle, gehe nicht an der Hand, laufe auf die Straße. Einmal habe seine Mutter ihn unter Lebensgefahr vor einer

Straßenbahn gerettet. Er sei eifersüchtig, beiße andere Kinder, schlafe schlecht und mache sie mit seinen heftigen Wutanfällen hilflos. Sie trauten sich gar nicht mehr, mit ihm wegzugehen. Über 30 Minuten ergoss sich ein Schwall von Klagen über mich. Nikolaus hatte währenddessen ein Puzzle zusammengesetzt, hatte mich gefragt, wie es ging und es dann selbständig geschafft. Er spielte mit Autos, baute eine Garage, in die er alle sorgsam hineinstellte, kletterte alleine auf den Tisch und wieder herunter. Es wirkte so, als ob drei bedürftige Kinder im Raum wären, wobei die Eltern noch verzweifelter und verlorener zu sein schienen als Nikolaus. Als die Klageflut abgeebbt war, gab ich zu verstehen, dass sie mir vermittelten, wie belastend sie die Situation fänden und wie verzweifelt sie seien. Danach beschrieb ich, was Nikolaus während der halben Stunde alles gespielt hatte. Beide Eltern schienen überrascht zu sein, dass ich soviel Positives bei ihrem Sohn sehen konnte. Zunächst nannte der Vater und dann auch die Mutter Dinge, die Nikolaus gut machen konnte. Er liebte es, sich alleine Bücher anzuschauen oder vorgelesen zu bekommen, er könnte konzentriert spielen und wunderschön malen. Die erste Stunde endete versöhnlich, so als ob die Eltern nun auch die positiven Seiten von Nikolaus sehen dürften. Da die Mutter andeutete, dass sie die Ehe als gescheitert betrachtete, bot ich den Eltern an, sie alleine zu sehen. Den Eltern zu helfen, schien die dringlichste Aufgabe. Beide brauchten jemanden, der ihnen zuhörte, sie brauchten Platz, um die schmerzlichen Geschichten ihrer Kindheit und ihrer Entbehrungen erzählen zu können.

In der zweiten und dritten Stunde kamen die Eltern alleine zu mir und nützten die Stunden, um ausführlich und sehr berührend von ihrer Kindheit zu erzählen. Beide hatten sich als Kinder sehr alleine, verloren und unverstanden gefühlt. Beide hatten Sehnsucht, jemanden zu haben, der auf sie einging. Nachdem beide von ihrer Situation als Kinder gesprochen hatten, stellten sie einen Bezug zwischen sich und ihrem Sohn her, der sich genauso einsam und abgelehnt fühlte wie sie damals. Beide Eltern waren sehr bewegt, der Vater weinte. Als die Mutter wieder auf die hoffnungslose Situation ihrer Ehe zu sprechen kam, fragte ich sie, wie sie einander kennengelernt hatten. Aus Angst enttäuscht zu werden, hatten beide Eltern zunächst Probleme gehabt, sich in eine Beziehung einzulassen,. Die Mutter begann liebevoll zu erzählen, wie ihr damals alles an ihrem Mann gefallen habe: er war männlich, einfühlsam und kreativ, kulturell interessiert und zärtlich. Nun wäre alles anders, sie stritten wegen jeder Kleinigkeit. Als sie einander getroffen hatten, verliebten sie sich und heirateten rasch. Sie hatten nur 4–5 Monate Zeit gehabt, einander kennenzulernen, bevor Nikolaus geboren wurde. Der Vater warb um seine Frau und war hoffnungsfroh, dass sie wieder zueinander finden könnten. Als ich fragte, wann sie sich Zeit zu zweit genommen hätten, waren beide überrascht. Seit der Geburt von Nikolaus waren sie immer zu dritt zusammen. Sie planten dann ein

Wochenende zu zweit, obwohl sie Angst hatten, dann die ganze Zeit zu streiten. Am Schluss der Stunde meinte die Mutter, dass Nikolaus, der nie Gefühle zeige, heute geweint habe, als er erfuhr, dass er nicht in die Therapie mitkommen dürfte.

In die vierte Stunde kamen alle drei. Die Mutter schaute ganz jung, wie verzaubert aus. „Es gab eine neue Annäherung der Zärtlichkeit", sagte sie. Sie und der Vater hatten während der ganzen Stunde physischen Kontakt. Das Wochenende sei überraschend schön gewesen. Da es die meiste Zeit geregnet habe, verbrachten sie den Großteil des Tages im Bett, in der Sauna und beim Meditieren. Sie konnten endlich wieder ungestört beisammen sein, reden, lesen und Pläne zum Umbau der Wohnung machen. Nikolaus hatte die vier Tage mit guter Vorbereitung ohne Probleme vertragen. Er gehe nun brav an der Hand, sei zutraulich und zärtlich, komme sogar kuscheln, was er noch nie gemacht habe. Da es für die Eltern aber klar war, dass die Probleme von Nikolaus tiefer lagen und sie ihm helfen wollten, vor Eintritt in die Schule seine Schwierigkeiten zu lösen, fragten sie, ob ich ihn ab Herbst in Therapie nehmen könnte (vgl. Klitzing 2003).

Therapie von Nikolaus

Nikolaus hatte sehr rasch eine starke positive Übertragungsbeziehung zu mir aufgebaut. Er wollte wiederkommen und weiterspielen. Sein Wortschatz war zu Beginn der Therapie, als er fast drei Jahre alt war, sehr begrenzt, er sprach in Ein-Wort-Sätzen, konnte sich aber nonverbal sehr gut ausdrücken. Einige seiner Probleme wurden erst in den Stunden sichtbar, da die Eltern sie bis dahin noch nicht erwähnt hatten: er steckte sich verschiedene Gegenstände in die Ohren und in die Nase und lief damit herum. Er steckte sich einen Radiergummi, einen kleinen Bleistiftspitzer oder ein Papier als „Schnuller" in den Mund, an dem er herumkaute.

Zur Genese der Störung von Nikolaus teilten mir die Eltern erst während der Therapie wichtige Daten mit. Wenige Wochen nach seiner Geburt erkrankte die Mutter an einer schweren Darmkrankheit, die eine Krise für die gesamte Familie darstellte. Da sie keine Medikamente nehmen und nicht ins Spital gehen wollte, wurde sie von ihrem Mann zu Hause gepflegt. Sie nahm homöopathische Mittel und musste mehrere Wochen lang das Bett hüten. Trotz ihrer körperlichen Schwäche stillte sie Nikolaus weiter, der viele Stunden bei ihr im Bett verbrachte. Erst nach 6 Monaten zeigte sich eine leichte Verbesserung. Da die Mutter als Kind selbst nicht gestillt worden war, war es ihr ein großes Anliegen, ihn möglichst lange zu stillen. Tatsächlich stillte sie ihn 11 Monate. Nikolaus habe sich dann selbst abgestillt, meinte die Mutter, er habe sie so in die

Brust gebissen, dass sie es nach drei Tagen akzeptiert habe. Der Vater musste nach einem halben Jahr in einer anderen Stadt arbeiten und hatte große Angst gehabt, seine Frau zu verlieren.

In der ersten Phase der Therapie schwankt das Verhalten von Nikolaus zwischen selbstdestruktiven Handlungen, wenn er sich in den Finger schneiden wollte, sich kleine Gegenstände in das Ohr oder zwei Bleistifte in die Nase steckte und damit herumlief, und seinem Wunsch, mich und den Raum ganz in seinen Besitz zu nehmen. Er wollte derjenige sein, der hier bestimmte. Zu Hause wollte Nikolaus in dieser Phase wieder ein Baby sein, er legte sich ins Bett neben seine Mutter, wie er es früher getan hatte. Seine Aggression sei gekommen, als es ihr damals besser ging und sie schon aufstehen konnte, erinnerte sich die Mutter. Es wurde klar, dass die Mutter ein Problem mit langsamen Übergängen hatte, es war alles entweder gut oder böse. Die Mutter fürchtete, dass Nikolaus die Therapie schaden könnte, wenn er seine Aggressionen bei mir zeigen dürfe. Fast widerwillig bemerkte sie, wie viel er nun sprechen könne und wie gut er sich alles merke. Auch konnte die Mutter nun ihre Abschlussarbeit an der Universität fertigstellen, an der sie seit mehr als zwei Jahren gearbeitet hatte, was sie sehr freute.

Nach zwei Monaten hatte sich das Verhalten von Nikolaus deutlich verbessert, sagten die Eltern. Bei der Tagesmutter spiele er mit einem eineinhalb Jahre älteren Kind Phantasiespiele, baue eine Höhle für eine Bärenfamilie und sei sehr kreativ. Auch zu Hause gebe es Lichtblicke. Er beginne, sich alleine an- und ausziehen zu wollen. Im Vordergrund stünden nun seine Ängste beim Einschlafen und sein Benehmen beim Essen. Seine Mutter war beunruhigt, wie aggressiv er sei, wenn er sich ein Schießgewehr baue und den Vater und die Räuber tot schießen wolle. Der Vater, der schon ein Jahr arbeitslos gewesen war, fand einen interessanten Job, der seinen Interessen und seiner Ausbildung entsprach.

Für Nikolaus waren die Therapiestunden wichtig, er konnte es kaum erwarten, bis die Ferien vorbei waren, das Weggehen fiel ihm sehr schwer. Ein wichtiges Thema beim Spielen waren die Kämpfe der Dinosaurier, die er sich aus Plastelin gebaut hatte, sowie die Krokodile, die ihm den Fuß abbeißen wollten und gefährliche Geräusche in der Nacht machten. Er schien mich als eine Person zu erleben, die keine Angst vor seinen aggressiven Phantasien hatte, der er seine Wut und Enttäuschung über die Trennungen zeigen konnte und die ihm half, seine Gefühle zu verstehen. Auf meine Deutungen reagierte er manchmal ängstlich, so als ob das, was ich angesprochen habe, nun tatsächlich geschehen könnte. Langsam begann er, den Unterschied zwischen einer Phantasie oder einem Wort und einem konkreten, bedrohlichen Ding zu sehen, z. B. wenn er dachte, das Krokodil könnte ihn beißen.

Nikolaus hatte enorme Schwierigkeiten, geliebte Personen (seine Objekte) gehen zu lassen, weil er sie ganz kontrollieren wollte. Einmal kam die Mutter mit einem brüllenden Nikolaus, der sich nicht beruhigen konnte, weil die Mutter seine Hand kurz losgelassen hatte, um bei mir zu läuten. Wenn Nikolaus auf mich böse war, machte er sein „großes" Geschäft in die Windel. Er zeigte auch, wie böse und schlecht er sich fühlte. Nikolaus unterschied zwischen einer guten Vaterfigur, mit der er im Spiel telefonierte, und einer bösen Vaterfigur, die er als einen „Jäger" darstellte, den er dann kommen ließ, um ihn zu bestrafen. Sobald es möglich war, seine große Neugierde und Aufregung über all die Geräusche und Vorgänge in der Nacht zwischen seiner Mutter und seinem Vater und dem „Jäger und mir" anzusprechen, verschwanden seine Schlafstörungen. Er wollte dann die Rolle meines Mannes übernehmen, um mir viele kleine Fische (Babys) geben zu können. Er insistierte, mit mir auf der Couch zu raufen, wollte mir die Schuhe, Pullover und andere Kleidungsstücke ausziehen und akzeptierte nur unwillig meine Grenzsetzungen. Manchmal, wenn Nikolaus das Zimmer mit grauenerregenden Figuren gefüllt hatte, musste ich mit ihm ins Wartezimmer gehen, da er dachte, die Figuren existierten wirklich und würden uns beiden nach dem Leben trachten. Auch in seine erregenden Spiele und in die Phantasien, was die Eltern in der Nacht machten, versuchte er mich einzubeziehen und mich ebenso aufgeregt zu machen, wie er es war. Im Spiel mit den Dinosauriern zeigte Nikolaus, dass er Angst hatte, dass eines das andere verletzen könnte. Als ich ihm diese Angst deuten konnte, minderte sich auch seine Angst vorm Einschlafen. Im Rollenspiel schlüpfte er nun in die Rolle des Jägers mit dem großen Gewehr. Das Ende der Stunde, wenn sich Nikolaus weigerte wegzugehen und wieder ins Therapiezimmer zurücklief, inszenierte er eine Situation, in der er und ich ein Paar bildeten, während sein Vater sich ausgeschlossen fühlen sollte, was tatsächlich für diesen schmerzlich war.

Wenn er am Ende der Stunde nicht weggehen wollte, gelang es Nikolaus, seinen Vater immer wieder ärgerlich zu machen. Er biss seinen Vater in den Rücken, wenn dieser ihm die Schuhe anziehen wollte. Einmal hatte der Vater Nikolaus zurückgebissen. In den Stunden gelang es Nikolaus immer wieder, auch mich wütend zu machen, den Wunsch zu haben, ihn zu packen.

In dieser Phase begannen auch die Eltern, klarere Grenzen zu ziehen, ihn ohne Schnuller einschlafen zu lassen und nicht mehr zu dritt nackt im Bett zu spielen. Das Loslassen wurde in vielen Varianten im Spiel dargestellt. Er wusste um seine gewalttätigen Phantasien und wollte im Spiel, dass ich ihn mit der Schere aufschneide oder sein Raupenfahrzeug zerlege. Mitten in diesem aufregenden Spiel musste er aufs Klo. Seine Angst, gefangen und verschlungen zu werden, drückte er im Spiel aus, ich sollte ihn als Krabbe oder Rochen fangen und verzehren. Wenn Nikolaus sich durch meine Deutung verstanden fühlte, änderte sich sein Spiel abrupt, er wurde sanft, kam zu mir oder legte seinen Kopf kurz auf meinen Schoß, um dann ruhig etwas anderes zu spielen, so als ob wir ein Thema für diese Stunde erledigt hätten. Als er mich einmal gebeten hatte, seine volle Windel zu wechseln, half ich ihm, und er wollte ohne Windel bleiben. Innerhalb kurzer Zeit ging er alleine aufs Klo.

Das Beenden der Analyse war noch einmal eine schwierige Zeit für Nikolaus, da er Angst hatte, ohne meine Hilfe wieder so verwirrt und ängstlich zu werden. An dem Tag, nachdem er gehört hatte, dass die Analyse bald beendet werden sollte, schlug er mir, als ich ihm ganz nahe war, unvermittelt ins Gesicht. Danach hatte er Angst vor dem Teufel, hielt sich an seinem Penis fest und dachte, dass ich ihn nicht mehr sehen wolle.

Die Eltern konnten ihm aber ausreichend Zeit für ein langsames Beenden ermöglichen. Es gelang ihm, seine Gedanken und Gefühle in kreativen Spielen auszudrücken und sie sprachlich zu fassen. Er hatte nicht nur seinen Sprachschatz außerordentlich erweitert, sondern war auch in seiner körperlichen Beweglichkeit freier und geschickter geworden. Er war von einem ungeschickten, eher bärenhaften Kind, das Dinge umwarf und selbst hinfiel, zu einem aufgeweckten, lebhaften Kind geworden, das seine große Intelligenz nutzen konnte. Nikolaus kann nun auch seine Trauer zeigen, wenn seine Mutter einmal wegfährt. Auch Nikolaus Mutter hatte gelernt, ihm zu zeigen, wie er Dinge alleine tun könnte. So hatte sie ihm zunächst seinen Schal zweimal derart um den Hals geschlungen, dass er sich beim Herunterziehen fast strangulierte, bis sie ihm zeigte, wie er den Schal entwirren könne. Oder sie zeigte ihm, wie er die beiden Enden des Zipp so halten kann, dass sie zusammengesteckt werden können. Da es der Vater war, der Nikolaus zu den Stunden brachte, war er enger in das Geschehen eingebunden, während es für die Mutter oft schwer zu akzeptieren war, dass Nikolaus so gerne zu seinen Stunden kam und so große Fortschritte machte. Sein Selbständigwerden brachte aber so viele Erleichterungen in ihrem Leben, dass sie die Therapie emotional unterstützen konnte. Als die Familie zu dritt ins Kaffeehaus gehen konnte, Nikolaus seine Jause alleine aß und dann seine Kinderbücher las, sodass die Leute sie um ihren liebenswürdigen Sohn beneideten, zeichnete sich eine neue Perspektive der Gemeinsamkeit ab. Auch konnten die Eltern leichter mit seinen Wünschen umgehen, wenn er sie nun sprachlich äußerte.

Diskussion

Da wir in der Therapie im Unterschied zu den Babybeobachtungen keine Berichte eines neutralen Beobachters haben, sind wir auf die Informationen der Eltern und das Material aus dem Spiel der Kinder in der Therapie angewiesen. Die Erzählung der Mutter über ihre mehrere Monate dauernde Krankheit, die sie zur Bettruhe zwang, lässt die Frage auftauchen, ob es sich dabei auch um Momente einer postnatalen Depression gehandelt haben könnte. Die belastete Beziehung zu ihrer Mutter, die sie als kalte und unnahbare Frau beschrieb, könnte in der Mutter durch die Geburt wieder aktualisiert worden sein. Beide

Eltern schienen kaum Hilfe von ihren Familien bekommen oder angenommen zu haben. War Nikolaus in seinen ersten Lebensmonaten überfordert gewesen und hatte versucht, seine fragile Mutter aufzuheitern? Vermutlich hat er als Säugling die Bedürftigkeit seiner Mutter aufgenommen und war dann ein braves Baby, das eher seine Mutter stützen musste. Sein Gedeihen und sein Wachsen stellten jedenfalls für seine Mutter das Wichtigste dar, dem sie ihre Gesundheit unterordnete. Je gesünder und robuster dann die Mutter wurde, desto schlimmer und schwieriger wurde aber er. Es ist zu vermuten, dass die frühe Loslösung und Abgrenzung zwischen ihm und seiner Mutter nicht verlässlich und stabil gewesen ist. Sein Drang, alles zu kontrollieren und seine Bezugspersonen ganz in Beschlag zu nehmen, war lange Zeit zentrales Thema in seinem Spiel. Obwohl er bei Beginn der Kinderanalyse noch nicht drei Jahre alt war, konnte er sich erstaunlich gut symbolisch ausdrücken und griff meine Deutungen auf.

Der Vater war ein warmer, engagierter Mann, dem es sehr wichtig war, Nikolaus ein besserer Vater zu sein als sein eigener es gewesen war. Unbewusst könnten in ihm aber heftige Rivalitätsgefühle lebendig geworden zu sein, die ihn immer wieder wie ein Kind reagieren ließen, wenn er zurückbiss.

Nikolaus gelang es, seine Verwirrung im Spiel auszudrücken und schrittweise eine klarere Grenze zwischen sich und seinen Bezugspersonen aufzubauen, die dann eine Trennung und ein liebevolles Zusammenkommen ermöglichte. Auf der Basis der guten und liebevollen Aspekte der Beziehung zu Mutter und Vater konnte er sich mit dem Vater identifizieren und seine aggressiven Phantasien über das nächtliche Zusammensein der Eltern von der realen Ebene unterscheiden.

5 Ausblick und Perspektiven: Das Meistern der frühen Kindheit

Ein Kind durch die dramatischen ersten drei Lebensjahre zu begleiten, stellt eine große Herausforderung und Verantwortung für die Eltern dar, da in dieser Zeit die grundlegenden Muster der Persönlichkeit geformt werden. Diese Teilhabe an der Ausformung der Persönlichkeit eines neuen Menschen ist eine einzigartig bereichernde und beglückende, aber auch anstrengende Erfahrung. Die Äußerung von Dostojewski, „durch den Umgang mit Kindern gesundet die Seele", spricht leider nur eine Hälfte der Wahrheit aus. Der Umgang mit Kindern kann auch das Schlechteste im Menschen aktivieren, seine Grausamkeit, Verzweiflung und Hass hervorbringen, wenn es an der notwendigen psychischen und praktischen Unterstützung mangelt. Schon Nietzsche sagte, welches Kind hätte nicht Ursache, über seine Eltern zu weinen – er bezieht sich auf den anderen Teil der Wahrheit, auf die Mängel und Unzulänglichkeiten der Eltern. Nur beide Bilder zusammen ergeben ein Ganzes. Ein Kind verändert das Leben von Mutter und Vater radikal, ob sie tatsächlich zusammen mit dem Kind leben oder getrennt sind, Kontakt halten oder jeden Kontakt vermeiden. Im inneren Erleben sind sie Vater oder Mutter, erfüllen die Anforderungen, so gut es geht, oder müssen verantworten, dass sie ihr Kind im Stich gelassen, es abgegeben oder zur Adoption freigegeben haben. Auch für ein Kind, das von seinen Eltern getrennt wird, beeinflusst diese Tatsache die Grundstimmung seines Lebens.

Mein Vorgehen, einen Zusammenhang zwischen alltäglichen Erfahrungen mit kleinen Kindern und psychoanalytischen Theorien über die Entwicklung des Kindes in den ersten drei Lebensjahren herzustellen und dies mit Erfahrungen aus Therapien zu ergänzen, stellt eine hohe Anforderung an den Leser. Es geht sozusagen um drei unterschiedliche Perspektiven: Erstens die Sichtweise der empirischen Forschung, die durch Beobachtung und Befragung Daten erhebt, zweitens eine Rekonstruktion der in den Therapiestunden gewonnenen Einsichten, um die frühe Geschichte zu verstehen, und drittens die Verallgemeinerung von klinischen Daten, um zu einer Theoriebildung (in unterschiedlichen Ausprägungen) zu gelangen. Eine Freundin, die den Text gelesen hatte, meinte dazu, die Beschreibung der beobachteten Kinder sei viel liebevoller als die der Kinder in Therapie. Diese Feststellung zeigt, wie wichtig es ist, auch „normale" Eltern und „normale" Kinder zu Wort kommen zu lassen, da bei den Familien, die in Therapie kommen, der Leidensdruck und die Angst vor einer Fehlentwicklung die positiven und liebevollen Aspekte der Beziehung zwischen Kind und Eltern oft in den Hintergrund treten lassen. Anderseits zeigt das Annehmen von therapeutischer Hilfe, wie wichtig den Eltern die Förderung ihres Kindes ist. Diese tieferliegende Liebe zum Kind ist für eine Heilung ein ganz wesentlicher Faktor, der eine Zusammenarbeit zwischen Therapeutin und Eltern ermöglicht. Es war mir ein großes Anliegen, beide Seiten sichtbar zu machen, die einzigartige Bereicherung des Lebens durch Kinder und die Schwierigkeit dieser Aufgabe. Deutlich werden sollte auch, dass es zahlreiche Anstrengungen gibt, Genaueres über die frühen Jahre des Lebens, die Entstehung der emotionalen Beziehung zwischen Eltern und Kind zu erfahren, dass es aber noch keine einheitliche und geschlossene Theorie gibt. Das Wissen über diese frühen Jahre ist eben noch unabgeschlossen und vorläufig.

Wie können die wissenschaftlichen und klinischen Erkenntnisse für Eltern und Pädagogen fruchtbar gemacht werden? Können Empfehlungen formuliert werden, was „das Beste für ein Kind" ist? Kann ein Leitfaden für Pädagogen und Eltern über ein richtiges Verhalten entwickelt werden? Die Leser werden dem vorausgegangenen Text vermutlich entnommen haben, dass der Wunsch nach Rezepten und einfachen Leitfäden nicht erfüllbar ist und vermutlich Eltern nur unter einen zusätzlichen Druck setzen würde. Ich habe die Perspektive erweitert und nie vom „Besten" für das Baby oder Kleinkind gesprochen, sondern zu verstehen versucht, wie eine Beziehung zwischen Eltern und Baby/Kind verbessert werden kann. Jede Mutter und jeder Vater stellen zu ihrem/seinem Kind eine einmalige Beziehung her. Die Persönlichkeit der Eltern, ihre Lebenssituation und ihre Grundstimmung beeinflussen die Entwicklung des Kindes. Das Wissen um die konflikthaften inneren Spannungen bei den Entwicklungen des Kindes in den ersten drei Jahren soll den Eltern helfen, unrealistische Vorstellungen von einer idealen Erziehung aufzugeben. Es ist eine schwierige, aber auch beglückende Aufgabe dem Kind zu helfen, diese ersten Jahre zu meistern, die Welt zu erforschen, mit seinem eigenen Körper und seinen Gefühlen vertraut zu werden.

Die Psychoanalyse hat wie keine andere wissenschaftliche Disziplin die Bedeutung der frühen emotionalen Erfahrungen und der liebevollen Geborgenheit bei den Eltern sowie die schwerwiegenden Folgen einer Vernachlässigung, der Kälte und frühen Trennung in zahlreichen Fallgeschichten dargestellt. In der ersten Phase der psychoanalytischen Pädagogik um 1920 ging man von der Hoffnung aus, die „Fehler der Erziehung" vermeiden zu können, um Neurosen nicht entstehen zu lassen: Wenn man sein Kind liebevoll behandle, ihm keine Lügen über die Tatsachen des Lebens erzähle und offen für seine Wünsche und Fragen sei, so müssten glückliche Kinder entstehen. Man musste jedoch bald einsehen, dass es keine Erziehung ohne Konflikte, Frustrationen und Leid gibt. Der Schwerpunkt verlagerte sich auf die Aufgabe der Eltern, mit ihrer einfühlsamen, liebevollen Zuwendung dem Kind zu helfen, die unvermeidlichen Frustrationen und Schwierigkeiten des Lebens zu bewältigen.

Da es so eine große Sehnsucht gab, die Erziehung der eigenen Kinder besser zu gestalten, als es die eigenen Eltern taten, wurden alle Äußerungen von Psychoanalytikern als starre Regeln und Gebote interpretiert. Die Betonung der emotionalen Bedeutung der Mutter, ihrer physischen und psychischen Wärme wurde als Forderung verstanden, die Mutter müsse zu Hause bei ihren Kindern bleiben. Tatsächlich gab es einige Personen, wie etwa John Bowlby, der verlangte, dass Mutter und Baby in den ersten drei Lebensjahren nicht getrennt werden sollten. Statt dies als sozialpolitische Forderung zu begreifen, um die notwendigen Rahmenbedingungen einer zweijährigen Karenzzeit zu schaffen, wurde es dahin missverstanden, dass Mütter, die berufstätig sind, böse Mütter seien, die ihren Babys Schaden zufügen.

Ich denke, dass zu dieser Fehlinterpretation von psychoanalytischen Erkenntnissen zwar missverständlich formulierte Ratschläge von Analytikern wie Anna Freud, Bowlby, Lebovici oder D. W. Winnicott beigetragen haben, andererseits aber auch das strenge Über-Ich der Mütter und Väter, die denken, sie müssten ununterbrochen für ihr Baby da sein. Die Liste der unterstellten Forderungen und Sünden ist ausführlich und widersprüchlich. Berechtigte Kritik ist von Frauen gekommen, die meinten, diese rigiden Forderungen würden nur den Druck auf berufstätige Mütter vergrößern. Tatsächlich kann man nicht allgemeine Prinzipien aufstellen, ohne die besondere Situation einer Familie zu berücksichtigen. So kann eine Entlastung der Mutter durch einen Babysitter, durch Großeltern oder eine Spielgruppe dazu beitragen, dass die Eltern den Anforderungen besser gewachsen sind. Oder ein Baby, dessen Mutter sich wegen ihrer unerledigten inneren Konflikte mit ihrer eigenen Mutter nicht auf ihr kleines Baby einstellen kann, wird von einem liebevollen Kindermädchen in seiner Entwicklung besser gefördert werden, als wenn die Mutter sich zwingt, zu Hause zu bleiben und dabei überfordert und unglücklich ist.

Die Zielsetzung dieses Buchs ist es daher nicht, Ratschläge und Normen aufzustellen, die über die konkrete Situation einer Familie gestellt werden könnten. Im Gegenteil. Es geht darum, die Eltern und Pädagogen sensibel zu machen für die Bedürfnisse des Babys, und zwar des realen äußeren Babys und des inneren Babys der Eltern, Erzieher oder Lehrer. Nur wenn die Erwachsenen im Hinblick auf ihre eigenen Gefühle, ihre Sehnsucht, Ängste und Kränkungen aufmerksam sind, können sie auch offen für die archaischen Gefühle des Babys und Kleinkindes sein. Der Umgang mit kleinen Kindern macht in jeder erwachsenen Person verborgene eigene freudige und schmerzliche Erlebnisse wieder lebendig. Die Betonung der Bedeutung der ersten drei Lebensjahre wendet sich gegen die Meinung, ein kleines Kind empfinde noch keinen seelischen Schmerz, merke die Abwesenheit der Mutter, die Veränderung der Lebenssituation, Demütigung und Geborgenheit noch nicht. Zu glauben, dass ein Baby noch keine emotionalen Empfindungen hat, ist nur möglich, wenn wir nicht genau hinschauen, den glücklichen oder verzweifelten Ausdruck im Blick eines Babys nicht sehen wollen. Ein Hinschauen, Beobachten und emotionales Aufnehmen der Befindlichkeit des Babys ist Voraussetzung zum Verstehen, wie sich die Beziehung zwischen Baby und der erwachsenen Person entwickelt. Ein wesentlicher Grundsatz einer psychoanalytischen Haltung in der Erziehung ist es, durch ein liebevolles Verstehen dem Baby zu helfen, in kleinen Schritten mit Frustrationen, Enttäuschungen und Misserfolgen umgehen zu lernen. Indem der Erzieher die Persönlichkeit des Kindes und dessen Selbständigkeit respektiert, wird der Grundstein für ein solides Selbstvertrauen gelegt. Dazu ist es erforderlich, die Persönlichkeit des Babys kennenzulernen und zu akzeptieren und ihm zuzutrauen, schrittweise selbst mit den Anforderungen des Lebens fertig zu werden. Die Liebe zum Baby und das Vertrauen, dass es auch in der Lage ist, sich selbst zu beruhigen, alleine einzuschlafen, auch allein zu spielen und die Welt zu erforschen, schaffen eine solide Basis. „Allein" bedeutet in dem Zusammenhang aber nicht, dass das Kind sich selbst überlassen bleibt. Allein heißt vielmehr, dass das Kind selbst die Initiative übernehmen darf, sich zu bewegen und seinen Körper kennenzulernen und dass die erwachsene Person daran Anteil nimmt, ohne selbst die Initiative zu ergreifen.

Es klingt so einfach, dass die Erwachsenen die Persönlichkeit des Kindes akzeptieren sollen. Natürlich ist es wichtig, darauf hinzuweisen, dass wir als Erwachsene immer auch Vorstellungen haben, was für das Baby gut ist, dass wir Wünsche haben, wie sich das Kind verhalten soll, dass wir oft ehrgeizige Ziele verfolgen und ungeduldig sind, dass wir unser Kind oft mit denselben ehrgeizigen Wünschen verfolgen, die wir für uns selbst haben. Ein Kind zu verstehen, konfrontiert uns in ganz besonderer Weise mit unserer eigenen Persönlichkeit, mit unseren Wünschen, Vorstellungen und Grenzen. Das Weinen eines Babys, das sich nicht beruhigen lässt, kann uns in bisher ungeahnter Weise hilflos und wütend machen und den Impuls auslösen, einfach loszuschlagen, zu schreien oder sonst irgendwie das Baby zum Schweigen zu bringen. Ein Baby oder ein Kleinkind kann in uns aber auch ein unglaubliches Maß an Güte, Liebe, Geduld, Hingabe und Verstehen wecken, das wir uns selbst nie zugetraut hätten. Ungünstig wäre es, wenn sich Eltern oder Erzieher wegen dieser Impulse schlecht fühlten und über sich entsetzten. Gerade das Anerkennen von liebevollen und wütenden Impulsen, von geduldigen und unbeherrschten Reaktionen stellt eine wichtige Basis dar, Gut und Böse anzuerkennen und sich selbst und dem Kind gegenüber milde zu sein. Es ist hilfreich zu wissen, dass das Weinen des Babys nicht ein Vorwurf ist, dass wir nicht gut genug sind, sondern das Baby eben schwierige Verdauungs- oder Lernprozesse durchmacht. Können die Eltern die schmerzlichen Gefühle des Kindes aufnehmen, so kann dieses dann die verständnisvollen Aspekte der Eltern verinnerlichen und beginnen, sich selbst zu trösten. Ein sicheres gutes Objekt zu verinnerlichen bildet die Voraussetzung, allein sein zu können, ohne sich einsam zu fühlen. Die Mutter oder der Vater ist nicht nur dann im Kind lebendig, wenn sie oder er physisch anwesend ist, sondern ist für das Baby als Bild der Eltern (Eltern-Imago) verfügbar. Gleichzeitig wird das Baby und Kleinkind neben guten und liebevollen Erfahrungen auch mit Enttäuschungen umgehen lernen. Niemand kann immer alles richtig machen, und selbst richtige Verhaltensweisen der Eltern, wie etwa Grenzen zu setzen, nein zu sagen oder auf Trennungen zu bestehen, bringen notwendiger Weise Frustrationen für das Kind. Sind die Erfahrungen mit den Eltern überwiegend gut, so kann das Kind gute und böse Erfahrungen integrieren lernen.

Die Betonung der Bedeutung der frühen Jahre durch Psychoanalytiker hat dazu beigetragen, dass sich im Umgang mit Schwangerschaft, Geburt und Betreuung der Kinder in Westeuropa vieles geändert hat. Die Möglichkeit, dass Mütter nach der Geburt nicht mehr vom Neugeborenen getrennt werden, schafft günstigere Bedingungen für den Aufbau einer frühen Bindung zwischen Baby und Mutter, da sich die Mutter nicht so radikal verlassen fühlt und das Baby beim Hautkontakt mit der Mutter einen sanfteren Übergang zwischen dem Leben im Mutterleib und der neuen Umgebung erfährt. Aber auch das ist keine Maxime. Manche Frauen sind so erschöpft von der Geburt, dass sie danach eine Zeit für sich brauchen und froh sind, wenn der Vater das Baby halten kann. Das stärkere Einbeziehen der Väter in die Geburtsvorbereitungen und während der Geburt hat eine neue Dimension der Beziehung zwischen den Eltern und zwischen Vater und Baby eröffnet, sodass sich Väter nicht mehr so ausgeschlossen fühlen müssen. Die Filmdokumentation von der Trennung eines Kleinkindes von seiner Mutter im Spital hat zu einer Umkehr bei der Behandlung von Kleinkindern geführt, die nun seit zehn Jahren üblicherweise gemeinsam mit ihrer Mutter aufgenommen werden.[13]

Das Baby wird in eine bestimmte Familie hineingeboren, deren Nationalität, Sprache, sozialen Status und Milieu es übernimmt. Die Welt wird durch die Eltern vermittelt, durch ihre bestimmte Art zu sprechen, sich zu bewegen, ihren Geruch, ihre psychische Nähe oder Distanz zum Kind. Obwohl das Baby

---

13 Der Film *Grief: A Peril in Infancy* wurde 1947 von Rene Spitz hergestellt. Er zeigt ein kleines Afro-Amerikanisches Mädchen Jane in einem mexikanischen Waisenhaus, dessen Mutter gezwungen wurde, sie zu verlassen. Zu Beginn der drei Monate dauernden Trennung ist sie ein glückliches, lächelndes und fröhlich spielendes Mädchen. Eine Woche später ist sie ein depressives, Augenkontakt vermeidendes Mädchen, das auf Nichts reagiert außer mit bitterlichem Weinen. Wenn die Mütter in weniger als drei Monaten wieder zu ihrem Baby gelassen werden, können sich die Kinder rasch wieder erholen, was im Film am Beispiel von Jane gezeigt wird, deren Mutter zurückgekommen war. Ein anderer einflussreicher Dokumentationsfilm wurde 1960 in London gedreht „*A Child goes to Hospital*". Er zeigt die dramatische Veränderung eines Mädchens durch die erzwungene Trennung von ihrer Mutter im Spital.

als Individuum mit Fähigkeiten und Talenten, mit einer bestimmten Konstitution geboren wird, beeinflussen die seelischen und physischen Erfahrungen der frühen Jahre die Grundstimmung und die Struktur der Persönlichkeit. Es ist vergleichbar mit dem Entstehen eines Musters im Webstuhl, das aus den Fäden der angeborenen Persönlichkeit des Babys und den Fäden der Persönlichkeit der Eltern in ihrem sozialen Kontext gewoben wird. In der Pädagogik taucht oft das Bild des Gärtners auf, der durch die Art der Betreuung, des Gießens, Schneidens, Stützens und der Pflege das Wachstum des Baumes beeinflusst. Dieses Bild, denke ich, bleibt zu äußerlich. Es ist wichtig zu verstehen, dass der Einfluss der Eltern und pflegenden Personen tief in das Muster der Persönlichkeit Eingang findet. Wie wendet sich etwa das Kind dem Angebot der Brust der Mutter zu und wie reagiert die Mutter auf ein freudiges, ein fast beiläufiges oder ein unwilliges Annehmen des Babys? Es geht dabei um die Grundformen des Gebens und Nehmens, des Akzeptierens von Hilfe und der Tatsache, dass die Mutter etwas hat, was das Baby braucht. Bott Spillius (2001) gibt ein Beispiel einer eher beiläufig angenommenen Brust der Mutter. Sie schreibt: „Zum Beispiel war es für ein noch ganz kleines Baby charakteristisch, dass es die Brustwarze nur sehr zögerlich annahm; sein Vater, der ihm dabei zuschaute, meinte: ‚Er nimmt sie nur, wenn er glaubt, es sei wie zufällig. Ich glaube, er will nicht das Gefühl haben, sie wirklich zu brauchen'. Der Vater vermutete, eigentlich war er sogar davon überzeugt – und wahrscheinlich las er seine eigenen Gefühle in das Baby hinein –, dass sein Kind nicht zu viel mit diesem ‚anderen', diesem ‚Nicht-Ich'-Ding zu tun haben wollte, von dem es seine Nahrung erhielt" (Spillius 2001, 155). Wir wissen nichts über die tatsächlichen Vorstellungen dieses sehr kleinen Kindes, ob es die mütterliche Brust in verzerrter Weise als übermächtig wahrnahm. Aus der Analyse wissen wir, dass das frühe Bild der Eltern kein Abbild der realen Eltern ist, sondern ein Bild, das sich das Kind von ihnen macht, wie es eine Handlung, eine Bewegung aufnimmt und versteht, d. h. das innere Bild ist immer ein verzerrtes, das nie gänzlich mit der äußeren Realität übereinstimmt. Als Beobachter ist es faszinierend zu sehen, wie Kinder in vielen Bereichen ihren Eltern gleichen, wie sie Gesten, Worte und Reaktionen übernehmen, wie das Verhalten des Kindes und das der Eltern im Positiven und im Negativen auf einander eingespielt ist. Die Mutter und der Vater stellen die erste soziale Hülle für das Baby dar. Von der Mutter können wir als sozialen Uterus sprechen und die Anerkennung des Wachstums und der Entwicklung durch die Mutter stellen die ersten Bausteine eines Körperschemas dar, weil das Baby seine körperlichen Empfindungen mit der Anerkennung der Mutter (Du kannst schon krabbeln, schon stehen etc.) verbindet.

Wie intensiv dieses Miteinander-Verwobensein ist, wird deutlich, wenn wir das Ergebnis einer Beziehung betrachten, bei der minimale Anforderungen nicht erfüllt sind: Wenn das Baby so große Entbehrung und Deprivation erleidet, dass es gravierende Störungen entwickelt und „autistisch" wird. Unter Autismus versteht man eine schwerwiegende Persönlichkeitsstörung, die kleine Kinder massiv in ihrer mentalen und emotionalen Entwicklung hindert. Autistische Kinder nehmen keine normale emotionale Beziehung zu Erwachsenen auf. „Sie spielen nicht oder führen eigenartige repetitive Rituale und Bewegungen auf. Diese Verhaltensweisen sind oft von schweren Verzögerungen der Entwicklung in allen Bereichen begleitet" (Alvarez und Reid 1999). Sie scheinen kein Konzept einer Welt zu besitzen, in dem es denkende Personen gibt, die für sie interessant sein oder an ihnen Interesse haben könnten. Der Mangel an normalen Fähigkeiten, sich Gefühle von anderen Personen vorzustellen, zu interpretieren und zu erkennen sowie Absichten zu verstehen, die nicht ausgesprochen werden, verweisen auf das Fehlen einer reichhaltigen inneren Welt, in der Erinnerungen und Phantasien gespeichert werden können. Autismus wird von einigen Wissenschaftern als angeborener Mangel betrachtet (Leslie 1978, Frith 1989), von anderen als Störung der Intersubjektivität, als Mangel eines Sinns für andere Menschen (Hobson 1993, Trevarthen et al 1992, Alvarez et al 1999). Ein autistisches Kind, das von den Eltern, Brüdern und Schwestern nicht erreichbar und ansprechbar ist, ruft bei diesen einen Zustand von permanentem Schmerz, Schock und Trauer hervor.

Wenn wir gravierende Fehlentwicklungen wie den Autismus betrachten, wird nachvollziehbar, wie in diesen wenigen Jahren ein „gesundes" Baby zu einem Menschen heranwächst, der in differenzierter Weise mit anderen Personen kommunizieren kann und bereits in den Grundlagen seine Persönlichkeit geformt hat. Jeder Tag der Interaktion zwischen Eltern und Baby oder Kleinkind besteht aus Hunderten von Minisequenzen und Szenen, die sich täglich wiederholen und sich so in den Tiefenstrukturen niederschlagen. Diese Szenen des Alltags wirken banal, tragen aber in sich die Reichhaltigkeit menschlicher Beziehungen, Konfliktlösungen und Verarbeitungsmodalitäten, die das weitere Verhalten des Kindes prägen. Um die Vielschichtigkeit dieser Interaktionen nachvollziehbar zu machen, werde ich abschließend auf zwei „Dramen des Alltags" eingehen. Das erste möchte ich aus der Perspektive der Beobachtung eines Kleinkindes beschreiben, die zweite Szene stammt aus der Autobiographie des Psychoanalytikers Wilfried Bion.

1. Szene einer Eskalation: „Ich bin ein Wurm..."

Ein zweieinhalbjähriges Mädchen holte sich zum Essen eine Coca-Cola-Dose aus dem Kühlschrank, die sie beim Einkaufen von der Mutter bekommen hatte. Sie durfte die Dose zunächst nur auf den Tisch stellen, bis sie ihre Gemüsesuppe aufgegessen hatte. Nachdem sie die Suppe ganz alleine mit einem Löffel gegessen hatte, wollte sie die Dose öffnen. Ihr Vater half ihr dabei. Als sie aber aus der Dose trinken wollte, schritt ihr Vater energisch ein: „Nein", sagte er in scharfem Ton, „aus der Dose wird nicht getrunken. Du kannst es in dein Glas leeren". Das Mädchen schaute ihn zunächst fassungslos an, dann fing es heftig zu weinen an, immer lauter und todunglücklich. Der gegenüber sitzende Cousin des Vaters schlug vor, einen Strohhalm zu holen, doch es war keiner vorhanden. Der wütende Vater hielt die Dose in der Hand und stellte die Dose demonstrativ vor das Kind, das kurz Hoffnung schöpfte, doch daraus trinken zu dürfen, und kurz zu weinen aufgehört hatte. Er sagte nachdrücklich: „Aus dieser Dose kannst du nicht trinken. Ich will überhaupt nicht, dass du Cola trinkst, das ist ungesund!" Wie er auf die Dose gezeigt hatte, heulte das Mädchen auf, als ob er sie tief verletzt hätte und wand sich verzweifelt im Stuhl. Die Lautstärke des Weinens steigerte sich weiter. Der Cousin kommentierte, sie sei trotzig.

Die Mutter und die Großmutter hatten schweigend zugeschaut, ohne zu intervenieren. Dann stand die Großmutter auf und schlug dem Mädchen vor, ihr in der Küche zu helfen, und als das Mädchen nickte, nahm sie es auf den Arm. Langsam beruhigte sich das Mädchen, als die Großmutter sie in die Kochtöpfe schauen ließ und ihr erklärte, was da gekocht werde. Als sich das Mädchen wieder beruhigt hatte und beim Anrichten der Speisen mithalf, fragte sie die Großmutter: „Was bist du denn jetzt für ein Tier?". Das Mädchen antwortete kleinlaut: „Ein Wurm." Überrascht wiederholte die Großmutter: „Ein Wurm?" Mit etwas fröhlicherer Stimme meinte das Mädchen: „Vielleicht ein Küken." „Ein Küken mit gelbem Flaum, das aus dem Ei geschlüpft ist?", stellte die Großmutter einen Bezug zu dem Bilderbuch „Meine Gans, Betsy" her, in dem beschrieben wird, wie eine Gans Eier legt und sie ausbrütet, bis die Küken aus dem Ei schlüpfen.

Inzwischen war die Mutter gekommen und hatte die Dose mitgebracht. Sie hatte mit dem Vater ausgehandelt, dass das Mädchen bei Tisch aus dem Glas und außerhalb des Essens aus der Dose trinken dürfe, so wie sie es mit der Mutter am Nachmittag im Schwimmbad gemacht hatte. Die Kleine setzte sich auf ihr kleines Stockerl und trank den Rest der Flüssigkeit aus der Dose. Bei Tisch trank sie ordentlich aus ihrem Glas.

Diskussion

Das kleine Mädchen hatte vor ein paar Monaten einen kleinen Bruder bekommen. Am Nachmittag vor dieser Szene hatte die Mutter eine Dose ins Schwimmbad mitgenommen, aus der sie und das Mädchen abwechselnd tranken. Für das kleine Mädchen stellte das Trinken aus der Dose etwas dar, das aus der Erwachsenenwelt stammt und an dem sie symbolisch hatte teilnehmen dürfen. Das Verbot des Vaters war unverständlich und wurde von ihr vermutlich wie eine grausame Vertreibung aus der Welt der Erwachsenen erlebt – schon die Geburt des neuen Babys war ein Schock gewesen. Ihr innerer Konflikt, heftige Eifersucht und Neid auf die Mutter nicht ausdrücken zu wollen, hatte sich somatisch gezeigt. Sie war die ersten beiden Wochen nach der Geburt des Bruders an einer Herpesinfektion im Mund erkrankt, die sie hinderte zu essen. Sie konnte nur flüssige Nahrung zu sich nehmen und hatte fast drei Kilogramm abgenommen. Danach war sie noch zweimal erkrankt. Erst nach drei Monaten begann sie langsam, ihre Eifersucht zu zeigen. Ihre Kompensation schien darin zu bestehen, selbst wie die Mutter zu werden, ihr nahe zu sein und selbständig zu werden. Sie konnte sich schon selbst anziehen, die Schuhe zumachen und hatte in zwei Wochen gelernt, auf den Topf und aufs Klo zu gehen. Nun schien das alles plötzlich zusammenzubrechen. Durch brüske Entschiedenheit, mit der das Verbot ausgesprochen wurde, dürfte sie sich hilflos wie ein Wurm gefühlt haben. Nachdem sie diese Ohnmacht im Bild des Wurms ausgedrückt hatte, fand sie einen positiveren Vergleich, nämlich das Küken. Im Begriff „Küken" steckt einerseits das Wissen, dass sie kein Baby mehr ist, da sie schon aus dem Ei ausgeschlüpft ist, andererseits die Hoffnung, noch viel zu lernen, um selbst groß zu werden und dann ein Huhn zu sein, das selbst Eier legen kann.

Der Vater hat auf die Einhaltung der Regel geachtet, bei Tisch aus einem Glas zu trinken. Der scharfe Tonfall hat vermutlich eher mit der Diskussion zwischen ihm und seiner Frau zu tun und seiner Einstellung, dass den Kindern kein Coca-Cola gekauft werden sollte. Es könnte auch eine Rolle gespielt haben, dass Gäste anwesend waren. Die Mutter konnte mit dem Vater einen Kompromiss aushandeln, bei dem er seine Autorität wahren konnte und die Mutter ihn bei der Einhaltung der Regeln unterstützte, zugleich aber dem kleinen Mädchen eine teilweise Befriedigung ihres Wunsches ermöglicht wurde. Dieses Beispiel zeigt auch, wie in jeder Alltagsszene eine Vielzahl von Koalitionen und Figurationen zum Tragen kommt, die die soziale Dynamik einer Familie bestimmen.

Nun zum zweiten Beispiel, die aus der Perspektive des Erwachsenen erzählt wird. Bion beschreibt im zweiten Band seiner Autobiographie „All my sins remembered. Another Part of my Life" (1985) folgende Szene von sich als alleinerziehendem Vater, dessen Frau bei der Geburt der Tochter gestorben war.

2. Szene:

„Ich fühlte mich wie nie zuvor; wie betäubt und unempfindlich. Dass etwas nicht stimmte, nicht stimmen konnte, wurde mir an einem Wochenende klar, als ich auf dem Rasen nahe dem Haus saß und die Baby-Tochter auf der anderen Seite des Rasens beim Blumenbeet krabbelte. Sie rief nach mir: sie wollte, dass ich zu ihr kam.

Ich blieb sitzen. Sie begann zu mir herzukrabbeln. Aber sie rief mich, als ob sie erwartete, dass ich zu ihr gehe und sie aufheben sollte.

Ich blieb sitzen.

Sie krabbelte weiter, und ihre Rufe wurden nun besorgt.

Ich blieb sitzen.

Ich beobachtete sie bei ihrer anstrengenden Reise über, wie sie ihr vorkommen musste, die weite Fläche, die sie von ihrem Vater trennte.

Ich blieb sitzen, aber fühlte mich bitter, ärgerlich, voll Groll. Warum tat sie mir das an? Nicht wirklich hörbar war die Frage: ‚Warum tust du ihr das an?'

Die Kinderfrau konnte es nicht aushalten und stand auf, um sie aufzunehmen. ‚Nein', sagte ich, ‚lass sie krabbeln. Es wird ihr nicht schaden.' Wir beobachteten das Kind, das voll Schmerz krabbelte. Sie weinte jetzt bitterlich, hielt aber hartnäckig an ihrem Vorhaben fest, die Distanz zu überwinden.

Ich fühlte mich, als wäre ich von einem Laster gefangen gehalten. Nein. Ich würde *nicht* hingehen. Schließlich stand die Kinderfrau, die mich mit Verwunderung angesehen hatte, auf, ignorierte mein Verbot und nahm sie auf. Der Bann brach. Ich war befreit. Das Baby hatte aufgehört zu weinen und wurde in mütterlichen Armen getröstet. Aber ich, ich hatte mein Kind verloren.

Ich hoffe, es gibt kein künftiges Leben.

Ich hatte Betty gebeten, ein Baby zu bekommen: Ihre Zustimmung, es zu tun, hatte ihr das Leben gekostet.

Ich hatte geschworen, mich um das Kind zu kümmern. Es war kein Versprechen an Betty; es war ein unerwarteter Schwur mir gegenüber. Es war ein Schock, ein brennender Schock, solche tiefe Grausamkeit in mir zu entdecken. Ich habe mich seither oft an Shakespeares Worte erinnert: ‚Nymphe, schließ in dein Gebet all meine Sünden ein'" (Bion 1985, 70 Übers. d. Autors).

Diskussion

Bion leitet die Szene mit dem Hinweis auf seine depressive Stimmung und seine Schuldgefühle wegen des frühen Todes seiner jungen Frau ein. Er selbst war bei der Geburt seiner Tochter als Zwanzigjähriger im Ersten Weltkrieg in Frankreich und durfte nicht nach England reisen. Es ist nicht so sehr sein Handeln, das ihn so entsetzt, sondern die Grausamkeit, nicht auf den Wunsch seiner kleinen Tochter einzugehen und sie aufzunehmen. Er bleibt einfach sitzen, weist ihren immer nachdrücklicheren Wunsch zurück. Sie wird immer verzweifelter, bis sie von der Kinderfrau aufgenommen wird. Wollte Bion unbewusst, dass sich seine Tochter so verzweifelt und einsam fühlen sollte, wie er selbst sich vielleicht in diesem Augenblick selbst fühlte? Ihre Geburt kostete seiner Frau das Leben, wofür er sich Vorwürfe machte. Im Verweigern seiner Hilfe, im Nichtantworten auf das Rufen des Kindes lag sein Versagen, das er in grausam selbstkritischer Weise überhöhte, indem er dann davon sprach, dass er damit seine Tochter verloren hatte. Vielleicht drückte das Krabbelkind seine Sehnsucht nach Betty aus, die unerreichbar im Reich der Toten blieb und nicht zu ihm kommen konnte. Diese Schilderung zeigt auch die emotionale Einengung, die für eine Depression typisch ist: nichts hat mehr Bestand, er fühlt sich verlassen. Diese pessimistische, schwarz gefärbte Wahrnehmung der Welt entspricht seinen Selbstvorwürfen.

Die abwesende Mutter wird vom kleinen Kind als böse erlebt, da sie den erwünschten Schutz und die Geborgenheit mit sich nimmt und das Kind sich schutzlos der Welt preisgegeben fühlt, seinem Hunger und seinen Schmerzen ausgesetzt. Bion selbst dürfte sich verloren und alleingelassen voll Bitterkeit und Groll gefühlt haben, sodass er in diesem Moment keinen Zugang zu seinen mütterlichen Qualitäten hatte. Im Sitzenbleiben äußert sich seine passive Aggression und Grausamkeit. Gleichzeitig fühlt er auch mit seiner Tochter mit, die trotz der großen Entfernung zu ihm krabbeln will.

Die anwesende Mutter, die in Bions Beispiel von der Kinderfrau dargestellt wird, gibt Wärme, Trost und Liebe. In ihren Armen beruhigt sich das kleine Mädchen rasch. Nur in Bions Phantasie verliert er seine Tochter, tatsächlich vergeben Kinder den Eltern sehr rasch Leid und Frustrationen, da die zahlreichen liebevollen und zärtlichen Erfahrungen neutralisierend wirken. Schon die vorgeburtliche Erfahrung im Mutterleib vermittelt dem Baby das Wissen um etwas Gutes in der Mutter, die es nährt und warm hält.

Die Freude, die freudige Verzauberung vom Dasein als gutes Mutterimago drückt Eichendorff im folgenden Text aus:

Der Herbstwind schüttelt die Linde,
Wie geht die Welt so geschwinde,
Halte dein Kindlein warm.

Literaturverzeichnis:

Ainsworth, Mary et al (1978) Patterns of Attachment: A Psychological Study of the Strange Situation. Hillsdale, New York, Erlbaum
Alvarez, Anne (1992) Live Company. Psychoanalytic Psychotherapy with Autistic, Borderline, Deprived and Abused Children, Tavistock/Routledge, London and New York
Alvarez, A. and Reid, S. (Eds.) (1999) *Autism and Personality. Findings from the Tavistock Autism Workshop*, Routledge, London and New York
Audard, Cathrine and Grosz, A. (2000) Recognition. *News and Events, the Institute of Psycho-Analysis, Spring and Summer 2000, 1–4*
Badinter, E. (1980) Die Mutterliebe. Geschichte eines Gefühls vom 17. Jahrhundert bis heute, Piper, München, Zürich
Baldwin, M.W. (1992) Relational schemas and processing of social information, Psychological Bulletin 112: 461–484
Baumgart, M. (1991) Psychoanalyse und Säuglingsforschung: Versuche einer Integration unter Berücksichtigung methodischer Unterschiede, Psyche, 49/9, 780–809
Bettelheim, B. (1943) Individual and Mass Behaviour in Extreme Situations, in: *Surviving and Other Essays*, New York: Vintage 1980
Bettelheim, Bruno (1975) The Use of Enchantment, New York, deutsch: Kinder brauchen Märchen, Stuttgart, Deutsche Verlags-Anstalt 1977
Bick, Esther (1964) Notes on Infant Observation in Psychoanalytic Training, in: *Int. Jour. of Psych. Ana. Vol 45. pp. 558*, deutsch: Anmerkungen zur Babybeobachtung im psychoanalytischem Training 1994
Bick, E. (1986) The experience of the skin in early object relations, Int. J. Psycho-Anal. 49: 484–6, republished (1987) in *The Collected Papers of Martha Harris and Esther Bick*, pp. 114–18, deutsch: Das Hauterleben in frühen Objektbeziehungen, in: Spillins, E. B. (Hg.) Melanie Klein Heute, Bd. 1, Stuttgart, Int. Psy. Vlg, 1995, 236–242
Bion, W. (1962) Lernen durch Erfahrung. Frankfurt, Suhrkamp, egl.: (1962) Learning from Experience. London: Heinemann Medical Books
Bion, Wilfried R. (1959) Attaches on Linking, Int. Journal of Psycho-Analysis, Vol. 40, Parts 5–6, reprinted in: Bion, Wilfried W. (1967) Second thoughts, Karnac, London, reprinted 1990, pp. 93–109
Bion, W. R. (1985) *All My Sins Remebered. Another Part of My Life*, The Other Side of a Genius. Family Letters, London and New York: Karnac

Böck, (2002) Abenteuer Vaterschaft. Unv. Diplomarbeit an der Universität Wien

Bourne, S., Lewis, E. (1984) Pregnancy after still birth or neonatal death, Lancet July: 31–39

Bowlby, John (1951) Maternal care and mental health, Geneva: World Health Organization

Bowlby, John (1969) Attachment Bd. 1, New York: Basic Books

Bowlby, John (1979) The Making and Breaking of Affectional Bonds, Tavistock Publications, London. Deutsch: Das Glück und die Trauer, Herstellung und Lösung affektiver Bindungen. Klett-Cotta, Stuttgart

Bowlby, John (1990) *Charles Darwin. A Biography.* London, Sydney. Hutchinson

Brazelton, B. T. (1992) Tochpoints. Addison-Wesley Publishing Compagny Reading, Messachusetts, deutsch: (1995) Ein Kind wächst heran. Handbuch für die ersten sechs Lebensjahren. Klett-Cotta, Stuttgart

Briggs, Stephen (1997): Growth and Risk in Infancy, London and Bristol: Jessica Kingly Publishers

Britton, Ronald (1989) The missing link. Parental sexuality in the Oedipus complex, in: *The Oedipus Complex Today. Clinical Implications.* ed. by Ronald Britton, Michael Feldman and Edna O'Shaughnessy, Karnac Books, London, pp. 83–102

Chasseguet-Smirgel, J. (1964) La sexualité femin. Paris deutsch: Freuds widersprechende psychoanalytische Ansichten über die weibliche Sexualität, In: Psychoanalyse der weiblichen Sexualität, hg. v. Chasseguet-Smirgel, J. Frankfurt 1967

Chertok, L., Bonnaud, M., Borelli, M., Donnet, J. and Revault D'Allones, C. (1969) *Motherhood and Personality.* Philadelphia: Lippincott

Clinical and Observational Psychoanalytic Research: Roots of a Contovery. Andre Green & Daniel Stern (2000) Ed. by Sandler, J./Sandler; S./Davis, R., Karnac Books, London, 2000

Datler, Wilfried u. a. (2002) Alleine unter Fremden. Zur Bedeutung des Trennungserlebens von Kleinkindern in Kinderkrippen, in: *Jahrbuch für psychoanalytische Pädagogik.*

Daws, Dilys (1989) Through the Night. Helping Parents and Sleepless Infants. Free Association Books, London

Daws, Dilys (1999) Beratung bei Schlafproblemen mit Kindern, in: Datler, W. und Figdor, H. (Hg.) Die Wiederentdeckung der Freude am Kind. Psychoanalytisch-pädagogische Erziehungsberatung heute, Gießen, Psychosozial Verlag, S. 143–153

De Masi, F. (2003) Das Unbewußte und die Psychosen, in: Psyche. 57. Jg. Klett-Cotta, 1–34

deMause, L. (Hg.) (1974) Hört ihr die Kinder weinen. Eine psychogenetische Geschichte der Kindheit. Frankfurt am Main, Suhrkamp

Deutsch, Helene (1944) Psychology of Women, Vol. 1, New York: Gruen & Stratton

Diem-Wille, Gertraud (1996) Karrierefrauen und Karrieremänner. Eine psychoanalytisch orientierte Untersuchung ihrer Lebensgeschichte und Familiendynamik, Opladen, Westdeutscher Verlag

Diem-Wille, Gertraud (1997) Observed families revisited – two years on: a follow-up study, in: Reid, Sue (Ed) *Developents in Infant Observation. The Tavistock Model*, London, Routledge, 182–206

Diem-Wille, Gertraud (1999) Über den Zusammenhang zwischen Trennungsproblemen einer Mutter und Schlafproblemen eines Kindes. Robin – eine Falldarstellung einer Eltern-Kleinkind-Beratung, in: Datler, W. und Figdor, H. (Hg.) Die Wiederentdeckung der Freude am Kind. Psychoanalytisch-pädagogische Erziehungsberatung heute, Gießen, Psychosozial Verlag, S. 90–104

Diem-Wille, Gertraud (2000) Niemand hat mir jemals etwas gesagt... Eine Falldarstellung einer Eltern-Kleinkind-Therapie aus der Tavistock Clinic, in: Jahrbuch für Psychoanalytische Pädagogik 10, Psychosozial Verlag

Diem-Wille, G., Finger, K., Heintel, G. (1998) Psychoanalytische Pädagogik in der Allgemeinen Pädagogischen Ausbildung für das Lehramtsstudium, in: Innovationen in der universitären Lehrerausbildung, hg. v. Diem-Wille, G. und Thonhauser, J., Innsbruck, Studien-Verlag, 47–76

Dornes, Martin (1993) Der kompetente Säugling. Die präverbale Entwicklung des Menschen, Frankfurt, (Geist und Psyche) Fischer

Dornes, Martin (1997) Die frühe Kindheit. Entwicklungspsychologie der ersten Lebensjahre. Fischer, Frankfurt am Main, 2001

Elias, Norbert (1938) Über den Prozeß der Zivilisation. Soziogenetische und psychogenetische Untersuchungen, Bern, München 1969

Enquist, Per Olav (1999) Der Besuch des Leibarztes, Hanser

Erdheim, Mario (1984) Die gesellschaftliche Produktion von Unbewußtheit. Eine Einführung in den ethnopsychoanalytischen Prozeß. Suhrkamp, Frankfurt

Erikson, E. H. (1959) Identity and the Life Circle, deutsch: Identität und Lebenszyklus. Frankfurt, Suhrkamp 1974

Ermann, G. (1996) Erfahrungen mit der Methode der Babybeobachtung. Die Schulung psychoanalytischer Kompetenzen, in: Forum der Psychoanalyse 12, 279–290

Ermann, G., Lazar, R. (2003) From dyad to triad. Observations on the similarities and differences in the roles and functions of mother and father in infantile development, in: Infant Observation, Vol. 5. No. 3, 83–100

Fallaci, Oriana (1979) Brief an ein nie geborenes Kind. Fischer TB, Frankfurt, Italienisch: Lettera a un bambino mai nato (1975), Rizzoli, Mailand

Feldman, Michael (1989) The Oedipus Complex: Manifestations in the Inner World and the Therapeutic Situation, in: Britton, R., Feldman, M., O'Schaughnessy, E. (Ed.) *The Oedipus Complex Today*, London, Karnac

Feldman, Michael (1998) Der Ödipuskomplex: Manifestationen in der inneren Welt und der therapeutischen Situation, in: Britton, R., Feldman, M., O'Schaughnessy, E. (Hg.) Der Ödipuskomplex in der Schule Melanie Kleins. Klinische Beiträge, Stuttgart, Klett-Cotta

Ferenczi, S. (1924) Versuch einer Genitaltheorie. In: Ders.: *Schriften zur Psychoanalyse*, Bd. II, S. 317–400. Frankfurt 1972, S. Fischer

Fleck, Lili (1977) Weiblicher Orgasmus. Die sexuelle Entwicklung der Frau – psychoanalytisch gesehen –. Grundbegriffe der Tiefenpsychologie. München, Kindler Verlag

Fonagy, P., Steele, M., Steele, H., Moran, G. and Higgins, A. (1991) The capacity for understanding mental states: the reflective self in parent and child and its significance for security of attachment, *Infant Mental Health Journal*, 12: 201–18

Fonagy, P. (1966) Das Junktim in der Kinderanalyse. Eine Fallstudie zur Beziehung von Forschung und Praxis. Forum der Psychoanalyse 12, 93–109

Fonagy, P. (1996) Die Bedeutung der Entwicklung metakognitiver Kontrolle der mentalen Repräsentanzen für die Betreuung und das Wachstum des Kindes. Psyche 52, 1998, 349–368

Fonagy, P. (1999) Psychoanalytic theory from the viewpoint of attachment theory and research, in J. Cassidy and P. Shaver (eds) *Handbook of Attachment*, New York, Guilford Press

Fonagy, P. (2001) Attachment Theory and Psychoanalysis, Other Press, New York

Fraiberg, Selma (1959) The Magic Years, dtsch: Die magischen Jahre in der Persönlichkeitsentwicklung des Vorschulkindes, Reinbek, Rohwolt 1980

Fraiberg, Selma (1980) Clinical Studies in Infant Mental Health. The First Year of Life. Tavistock Publication, London and New York

Freud, Anna (1944) Anstaltskinder. In: Die Schriften der Anna Freud. Band III, Walter, Olten, S 879–1003

Freud, Anna (1946) Das psychoanalytische Stadium der frühkindlichen Eßstörung, Die Schriften der Anna Freud, Bd. IV, 1945–1956, Kindler Verlag, München 1980

Freud, Sigmund (1895) Entwurf einer Psychologie, in: Freud, Sigmund (1950) Aus den Anfängen der Psychoanalyse, Frankfurt 1975, Fischer

Freud, Sigmund (1900) Die Traumdeutung, G.W. 2/3

Freud, Sigmund (1907) Zur sexuellen Aufklärung der Kinder, Studienausgabe, Bd. V, Frankfurt, S. Fischer Verlag, 159–168

Freud, Sigmund (1908) Über infantile Sexualtheorien, Studienausgabe, Bd. V. Frankfurt, S. Fischer Verlag, 169–184

Freud, Sigmund (1914) Zur Einführung des Narzißmus" G. W., Bd. 10, 138–70
Freud, Sigmund (1920) Jenseits des Lustprinzips, GW. 2/3
Freud, Sigmund (1925) Einige psychische Folgen des anatomischen Geschlechtsunterschieds, G.S. Bd. 11, 8–19
Frith, U. (1989) *Autism: Explaining the Enigma*, Oxford: Blackwell
Gaddini, E. (1998) „Das Ich ist vor allem ein Körperliches". Beiträge zur Psychoanalyse der ersten Strukturen, hsg. von Gemma Jappe und Barbara Strehlow, Tübingen, Edition diskord
Garfinkel, H. (1956) Conditions of Successful Degradation Ceremonies, in: *American Journal of Sociology*, 61, 420–424
Gelberg, H.-J. (Hg.) (2000) Großer Ozean, Gedichte für alle, Weinheim und Basel, Beltz Verlag
Gelis, Jacques (1989) Die Geburt. Volksglaube, Rituale und Praktiken von 1500–1900, Diederichs, München
Gopnik, Alison, Meltzoff, Andrew and Kuhl, Patricia (2001) How Babies Think: The Science of Childhood, Weidenfield & Nicolson,
Gottschalch, Wilfried (1977) Schülerkrisen. Autoritäre Erziehung, Flucht und Widerstand, Reinbek, Rowohlt
Green, A. (1993) The Dead Mother, in: *On Private Madness*, Intern. University Press, Connecticut
Green, A. (2000) Science and science fiction in infant research, In: Clinical and Observational Psychoanalytic Research: Roots of a Controversy, ed by Sandler, J., Sandler, A. and Davies, R. Karnac Books, London and New York
Grunberger, Bela (1976) Vom Narzißmus zum Objekt. Frankfurt. Suhrkamp Verlag
Harlow, H. (1958) „The nature of love", *American Psychologist*, 13: 673–85
Hinde, R. (1982) Ethology, London: Fontana
Hobson, P. (1993) *Autism and the Development of Mind*, Hove: Lawrence Erlbaum
Holmes, Jeremy (1993) John Bowlby and Attachment Theory, London and New York, Routledge
Holmes, Jeremy (1996) Attachment, Intimacy, Autonomy: Using Attachment Theory in Adult Psychotherapy, Northville, NJ: Jason Aronson
Holmes, Jeremy (2001) The Search for the Secure Base. Attachment Theory and Psychotherapy. London, Brunner-Routledge
Horney, K. (1923) Zur Genese des weiblichen Kastrationskomplexes, In: Intern. Zeitschr. f. Psa. Bd. IX, H. 2, S 12–26
Horney, K. (1930) Das Mißtrauen zwischen den Geschlechtern, In: Die psychoanalytische Bewegung, II. Jg. H. 6, 521–537, Nachdruck: In: Honey, K. (1967) Die Psychologie der Frau. München, Kindler Verlag, 1967
Isaacs, S. (1948) The Nature and Function of Phantasy. *Int. J. Psych-Anal.* 29: 73–97

Jacoby, E., Berner, R. S. (Hg.) (2001) Dunkel war's, der Mond schien helle. Verse, Reime und Gedichte. Hildesheim, Deutscher Taschenbuch Verlag

Jessner, L., Weigert, E., Fay, J. (1970) The development of parental attitudes during pregnancy, in: *Parenthood,* ed. E. Anthony & T. Benedek. Boston: Little Brown, pp. 209–244

Joseph, Betty (2001) Transference, in: Bronstein, Catalina (Ed) Kleinian Theory. A Contemporary Perspective. Whurr Publisher, London and Philadelphia, 181–192

Karen, Robert (1994) Becoming Attached. First Relationships and How They Shape Our Capacity to Love, Oxford University Press, New York, Oxford, 1998

Kestenberg, J. (1956) Vicissitudes of female sexuality, in: J. Amer. Psychoan. Ass. 4: 453–576

King, Pearl, Steiner, Riccardo (Hg.) (2001) Die Freud / Klein-Kontroversen 1941–1945. Bd. 1 und Bd. 2, Stuttgart, Klett-Cotta

Kitzinger, Sheila (2000) Rediscovering Birth. Little Brown, Boston, New York, London

Klein, M. (1928) Frühstadien des Ödipuskonflikes, in: Melanie Klein Gesammelte Schriften, Bd. I, Teil 1, Schriften 1920–1945, Stuttgart-Bad Cannstatt, frommann-holzboog 1999, 287–306

Klein, M. (1933) Die frühe Entwicklung des kindlichen Gewissens, In: Melanie Klein Gesammelte Schriften, Bd. I, Teil 2, Schriften 1920–1945, Stuttgart-Bad Cannstatt, frommann-holzboog 1999, 1–20

Klein, M. (1946) Bemerkungen über einige schizoide Mechanismen, in: Melanie Klien Gesammelte Schriften, Bd. III, 1946–1963, frommann-holzboog, Stuttgart 2000, 1–41

Klein, M. (1952) Die Ursprünge der Übertragung, in: Melanie Klein Gesammelte Schriften, Bd. III, 1946–1963, frommann-holzboog, Stuttgart, 2000, 81–95

Klitzing, Kai von (2003) Wann braucht ein Säugling einen Psychoanalytiker? Von der Erforschung zur Therapie früher Beziehungen, in: Kinderanalyse. Zeitschrift für die Anwendung der Psychoanalyse in Psychotherapie und Psychiatrie des Kindes- und Jugendalters. 11. Jg. H. 1, Klett-Cotta, 3–19

Kohlheimer, R. (2002) Zur Psychologie der Kinderreime und Kinderlieder, in: *Von Robinson bis Harry Potter,* hrg. von Sylvia Zwettler-Otte, München, Basel, Ernst Reinhardt Verlag

Krejci, E. (1999) Psychogenese im ersten Lebensjahr. Perspektiven kleinianischer Psychoanalyse Bd. 6, Tübingen, edition diskord

Lazar, R. (1987) Die Trennung und ihre Bedeutung im frühesten Lebensalter, In: Kind und Umwelt, H. 5

Lazar, R., Lehmann, N., Häußinger, G. (1986) Die Psychoanalytische Beobachtung von Babys innerhalb der Familie, in: Stork, J. (Hg.) Zur Psychologie und Psychopathologie des Säuglings – neue Ergebnisse in der psychoanalytischen Reflexion, Stuttgart-Bad Cannstatt, Frommann Verlag

Leslie, A. M. (1987) Pretence and Representation: The Origins of Theory of Mind, *Psychological Review*, 94.

Lidz, Theodore (1974) Das menschliche Leben. Die Entwicklung der Persönlichkeit im Lebenszyklus. Erster Band, Suhrkamp, Frankfurt, englisch: The Person. His Development throughout the Life Circle.

Loewenberg, P. (1986) Die „Reichskristallnacht" als öffentliches Erniedrigungsritual, in: *Sigmund Freud House Bulletin*, Vol. 10/Special Issue, auch in: Bohleber, W. und Kafka, J. S. (1992) *Antisemimitismus*, Bielefeld, Aistesis Verlag, 39–61

MacFarlane, J. (1975) Olfaction in the development of social preferences in the human neonate. In: M. Hofer (Ed) *Parent-infant interaction*. Amsterdam: Elsevier

Mahler, M. (1979) Symbiose und Individuation. Bd. 1. Psychose im Frühen Kindesalter. Stuttgart, (Klett-Cotta)

Main, M., Kaplan, K., Cassidy, J. (1985) Security in infancy, childhood and adulthood. A move to the level of representation, in: *Growing points of attachment theory and research*, I. Bretherton and E. Waters (eds), *Monographs of the Society for Research in Child Development*, 50: 66–104

Main, M. (1991) Metacognitive knowledge, metacognitive monitoring, and singular (coherent) vs. multiple (incoherent) model of attachment: Findings and directions for future research. In *Attachment Across the Life Cyrcle*, ed. C. M. Parkes, J. Stevenson-Hide, and P. Marris, pp. 127–159, London: Tavistock/Routledge

Mann, Thomas (1930) Buddenbrooks. Verfall einer Familie, Berlin

Metzger, H. G. (1999) Der abhängige und der kompetente Säugling – Eine kritische Relativierung der Säuglingsforschung, in: Z.f. psychoa. Theorie und Praxis, XIV, 4, 381–400

Milne, A. A. (1989) Pu der Bär. Gesamtausgabe, Hamburg, Dressler Verlag, Englisch: (1929) Winnie-the-Pooh, Menthuen & Co Ttd. London

Miller, Alice (1979) Das Drama des begabten Kindes, Frankfurt, Suhrkamp

Miller, Alice (1981) Du sollst nicht merken. Variationen über das Paradies-Thema. Frankfurt, Suhrkamp

Miller, L., Rustin, M., Rustin, M., Shuttleworth, J. (Ed.) (1989) Closely Observed Infants, Duckworth, London

Montagu, Ashley (1971) Körperkontakt. Die Bedeutung der Haut für die Entwicklung des Menschen, Klett-Cotta, Stuttgart

Moore, T. and Ucko, L. E. (1957) Night waking in early infancy, *Archives of Desease in Early Childhood* 32: 333–342

Mussen, P., Conger, J., Kagan, J., Huston, A. (1990) Lehrbuch der Kinderpsychologie. Band 1, Stuttgart 1993, Klett-Cotta, Stuttgart

Person, E. S. (1988) *Dreams of love and fateful encounters. The power of romantic passion.* New York: W. W. Norton

Piaget, J., Inhelder, B. (1951) Die Psychologie der frühen Kindheit, In: Handbuch der Psychologie, Hg. von Katz, D. Schwabe & Co, Basel und Stuttgart

Pickler, Emmi (1982) Friedliche Babys – zufriedene Mütter. Pädagogische Ratschläge einer Kinderärztin. Freiburg. Herder Verlag

Pickler, Emmi (2001) Laßt mir Zeit. Die selbständige Bewegungsentwicklung des Kindes bis zum freien Gehen. Pflaum Verlag, München

Pines, Diora (1993) A Women's Unconscious Use of Her Body. A psychoanalytical Perspective, Virago Press, London, Deutsch: Der weibliche Körper, Klett-Cotta, Stuttgart 1997

Pine, F. (1990) Infant Research. The Symbiotic Phase and Clinical Work. A Case Study of a Concept. In: Pine, F. (Hg) Drive, Ego, Object and Self. A Synthesis of Clinical Work. New York. Basic Books, 232–246

Pine, F. (1994) The era of separetion-individuation. Psychoa. Inquiry 14: 4–24

Piontelli, Alessandra (1992) From Fetus to Child. An Observational and Psychoanalytic Study. Routledge, London and New York

Pound, A., Mills, M. (1985) A pilot evaluation on Newborn, *Assoc. Child Psychology and Psychiatry Newsletter 7: 13–19*

Raphael-Leff, Joan, Perelberg, Rosine J. (Eds.) (1997) Female Experience. Three Generations of British Women Psychoanalytists on Work with Women, Routledge, London, New York

Reid, Sue (Ed.) (1997) Development in Infant Observation. The Tavistock Model, London. Routledge

Reid, Sue (1993) Versteh dein Kleinkind. Ein praktischer Elternratgeber für das 3. Lebensjahr, Weinheim, Berlin, Beltz Verlag

Recollections of Wittgenstein (1984) ed. by Rhees, Rush, Oxford

Riesenberg-Malcom, Catalina (2001) Bion's Theory of containment, in: Bronstein, Catalina (Ed) Kleinian Theory. A Contemporary Perspective. Whurr Publisher, London and Philadelphia, 165–180

Richter, D., Stauber, M. (1990) Gynäkologie und Geburtshilfe. In: Uexküll, Th. v. et al.: Psychosomatische Medizin. 4. Auflage. München/Wien/Baltimore

Rollin, L. (1992) *Cradle and All.* University Press of Mississippi, Jackson

Roper, Lyndal (1997) Oedipus and the Devil. Witchcraft, sexuality and religion in early modern Europe. London and New York: Routledge

Rustin, Margaret (1989) Encountering Primitive Anxieties, in: Miller, L., Rustin, M., Rustin, M., Shuttelworth, J. (Eds) Closely Observed Infants, Duckworth, London

Salzberger-Wittenberg, Isca (1997) Die Pädagogik der Gefühle. Emotionale Erfahrungen beim Lernen und Lehren, Wien, WUV

Salzberger-Wittenberg, Isca (2002) Psychoanalytisches Verstehen von Beziehungen. Ein Kleinianischer Ansatz. Wien, Fakultas

Segal, Hanna (1978) On Symbolism, Inter. Journ of Psycho-Analysis 59: 315–320

Segal, Hanna Interview January, 13. 1989, in: Karen, R. (1994) Becoming Attached. First Relationships and How They Shape Capacity to Love, New York, Oxford, Oxford University Press

Segal, H., Bell, D.(2000) Die Theorie des Narzißmus im Werk von Freud und Klein. In: Über Freuds „Zur Einführung in den Narzißmus", hg. v. Sandler, J. Stuttgart-Bad Cannstatt. Englisch: Freud's On Narcissism: An Introduction, (1999) London Int.Psych.Ass

Spillius, Elisabeth Bott (2001) Unterschiedliche Formen des Neiderlebens, in: Frank, Claudia, Weiß, Heinz (Hg.) Kleinianische Theorie in klinischer Praxis, Stuttgart, Klett-Cotta

Spitz, René (1945) Hospitalism – An Inquiry Into the Genesis of Psychiatric Conditions in Early Childhood. Psychoanal. St. Child, 1: 53–74 (PSC)

Spock, Benjamin, Parker, Steven (1998) A Handbook for parents of developing Children from birth through adolecence, revised edition,

Steiner, Deborah (1992) Your One Year Old, Tavistock Clinic, Rosendale Press, deutsch: Versteh Dein Kleinkind, Beltz

Steiner, John (1999) Turning a Blind Eye: The Cover Up for Oedipus, in: David Bell (Ed.) *Psychoanalysis and Culture. A Kleinian Perspektive,* London: Duckworth, pp 86–104

Steiner, Riccardo (2000) Introduction, in: Clinical and Observational Psychoanalytic Research: Roots of a Controversy, ed. by Sandler, J., Sandler, A., Davis, R. Karnac Books, London and New York

Stern, Daniel N. (1971) A micro-analysis of mother-infant interaction: Behaviour regulating social contact between a mother and her 3-month-old twins. *Journal of the American Academy of Child Psychiatry,* 10: 501–517

Stern, D. (1985) The Interpersonal World of the Infant. A View form Psychoanalysis and Developmental Psychology, (Basic Books), Deutsch: Die Lebenserfahrung des Säuglings, Stuttgart (Klett-Cotta) 1992

Stern, D. (1995) Die Mutterschaftskonstellation. Eine vergleichende Darstellung verschiedener Formen der Mutter-Kind-Psychotherapie. Stuttgart 1998, (Klett-Cotta), engl. The Motherhood Constellation, New York, Basic Books 1995

Stern, D. (2001) Handeln und Erinnern in der Übertragungsliebe. in: Über Freuds „Bemerkungen über die Übertragungsliebe". Freud heute: Wendepunkte und Streitfragen Bd. 3, Stuttgart-Bad Cannstatt, 213–230

Spock, B. (1945) Baby and Child Care. A Handbook for Parents of Developing Children from Birth through Adolescence, New York: Pocket Book, 1998,

Stork, Jochen (1974) Fragen nach dem Vater. Freiburg: Alber

Szejer, M. (2000) Platz für Anne. Die Arbeit einer Psychoanalytikerin mit Neugeborenen. Frankfurt (Fischer TB), Franz: De mots pour naitre, Paris 1997

Taylor, David (Ed) (1999) Talking Cure. Mind and Method of the Tavistock Clinic, Duckworth, London

Teising, Martin (2000) Die Angst vor dem Pflegefall. Psychodynamische Betrachtungen. Fakutas, Wien

Thomas, A., Chess, S. (1977) Temperament and development. New York: Brunner Mazel

Trevarthen, C., Aitken, K., Papoudi, D. and Robarts, J. (1996) *Children with Autism*, London, Jessica Kingsley.

Uexküll, Th. v., (Hg) (1994): Subjektive Autonomie. Stuttgart/New York Schattauer

Waddell, Margot (2002) Inside Lives. Psychoanalysis and the Groth of the Personality. The Tavistock Clinic Series, London, New York, Karnac

Watillon-Naveau, Annette (1999) The contribution of baby-observation to the technique of parent-infant psychotherapy, in: Infant Observation, Vol. 3, 24–32

Watillon-Naveau, Annette (2001) Psychoanalytic Therapies of the early Parent-Infant Relationship: How does it work. Anna Freud Memorial Lecture Vienna

Winnicott, D. W. (1949) Hate in the Countertransference, in: *Int. J. Psycho-Anal. 30*, Deutsch: (1983) Haß in der Gegenübertragung. in: *Von der Kinderheilkunde zur Psychoanalyse*, München, Fischer TB, 77--90

Winnicott, D. W. (1971) The Use of the Object, in: *Playing and Reality*, Penguin Books

Winnicott, D. W. (1983) Von der Kinderheilkunde zur Psychoanalyse, München, Fischer TB

Wolff, P. H. (1966) The causes, controls and organizations of behavior in the neonate. Psychological Issues, 5, 17

Women treating Women. Case Material from Women Treated by Female Psychoanalysts (1984) ed. by Bernstein, Anne and Warner, Gloria, M. Int. Unive. Press, Connetticut, Madison, 1986

Zulliger, Hans (1970) Heilende Kräfte im kindlichen Spiel

Zulliger, Hans (1971) Die Angst unserer Kinder, Fischer TB, Stuttgart

Namen- und Sachregister

Abnabelung 49
Absolutheitsanspruch 120
Abstillen 125, 139, 149, 206, 207, 234, 259, 269
abstrakter Begriff 183
Abtreibung 154 f.
Abwehr der Angst 16, 19, 26, 45
Abwehrform 18, 120
Abwehrmechanismen 26
Abwesenheit der Mutter 119
Adult Attachment Interview 168
Aggression 37, 45, 119, 156, 214, 216
aggressive Phantasie 218
aggressiver Impuls 228
aggressives Gefühl 67, 82, 103, 156, 214, 216
aggressives Spielverhalten 42
aggressives Streben 132
Aggressivität 96
Ainsworth, M. 78, 144, 167 f.
aktive Aufmerksamkeit 77
Akzeptanz 24, 41
Alleinsein 175, 280
Alltagswissen 23
Alpha-Element 162
Alptraum 45, 156, 210
Alvarez, A. 29, 283
Ambivalenz des Gefühls 16, 57, 72
anale Phase 164, 195
analer Triebimpuls 73
Anallust 141
anatomischer Unterschied 244
Anerkennung 27, 47

Angst 19, 30, 37, 47, 51 f., 67, 86, 91, 93, 98, 100, 111, 115, 118, 127 f., 131, 144 f., 155, 159 f., 181 f., 186, 198, 206, 213, 215, 219 f., 223 f., 228, 237, 253 f., 262, 270, 272
ängstlicher Vater 111
Ängstlichkeit 12, 20, 28, 44, 94, 100, 104, 156, 163, 192
Angsttraum 216, 219
Anteilnahme 161
archaische Angst 84, 121
archaisches Gefühl 91, 279
a-sexuelles Wesen 127, 129
Aufnehmen des Gefühls 20, 279
aufrechter Gang 173 f.
Augenkontakt 114
Ausgangspunkt 73
Aushandeln 27
äußere Ordnung 188
äußere Realität 16
äußere und innere Ordnung 253
Aussöhnung 52
Autismus 94, 283
autistischer Zustand 72
autistisches Kind 218
Autoerotismus 74
Autonomie 145, 149, 175, 180, 194, 232
Autonomiebestrebung 194

Baby 59, 69, 120, 129, 137
Babybeobachtung 20, 272
Babysprache 89

Babyteil 36
Badinter, E. 69
Baldwin, M. W. 125
Ball, H. 191
Baumgart, M. 122
Beachtung 28
bedrohlich 45
Begabung 27
Behälter s. Containment
behavioristische Methode 15, 124
Bell, D. 75
beobachten 136, 176, 183, 185, 194, 220, 225, 232, 250, 279
Beobachter/-in 21, 143 f., 149, 199, 201, 204, 206, 208, 240, 257, 260 f.
beobachteter Säugling 72
beobachtetes Verhalten 29
Beobachtung 15, 18, 21, 23, 30, 32 f., 147, 155, 166, 187, 197, 204, 224, 256, 258, 277, 283
Beschämung 230
bestrafen 27
Bestrafungsphantasie 155
Beta-Funktion 162
Bettelheim, B. 228
Bewältigung von Angst 12
Beziehung des Paares 16
Beziehungsmuster 17
Bick, E. 20 f., 70 f., 84
Bild der Eltern 94
Bindung 70, 167 f.
Bindungsmuster 169
Bindungstheorie 119, 124, 167
Bion, W. 50, 72 f., 94, 114, 125 f., 139, 162 f., 238, 283, 285 f.
Bisexualität 196
Blick, E. 115, 134
Blick der Mutter 89
Blickkontakt 18, 52, 65 f., 88, 91 f., 97, 106, 132, 139, 166, 234

böse und gefährlich 26
böses Gefühl 46
böses inneres Objekt 24
Bowlby, J. 70, 77, 119, 124, 134, 167, 219, 223, 279
Brazelton, B. T. 62, 65, 71, 92, 97, 101 f., 104, 109, 141 f., 194, 232 f.
Briggs, S. T. 21, 28
Britton, R. 52, 162, 197, 237

Chaos 43, 45, 65, 84, 117
chaotische innere Welt 211
chaotischer Raum 212
Chasseguet-Smirgel, J. 197
Containment 26, 33, 46, 91, 126, 134, 136, 162 f.

Darwin, Ch. 223
Daws, D. 103
De Masi, F. 163
de Mause, L. 69
Denken 65, 73, 121, 139, 161, 211, 215, 219, 221, 237 f., 252
Denkprozess 194, 237
Depression 118, 124, 286
depressiv 158
depressive Position 121
deprivierte Umwelt 23
Desintegration 73, 91
destruktive Phantasiewelt 218
destruktiver Gedanke 238
Destruktivität 86, 94, 120, 129, 158, 159, 182, 184, 204, 213, 217
Deutsch, H. 59
Diem-Wille, G. 21, 155
Differenzierung 50
Disziplin 173, 188
Disziplinierung 214, 260, 263
Dornes, M. 71 f., 74, 76, 155
Durchschlafen 141

Egoismus 240
egozentrische Sichtweise 190
eheliche Beziehung 21
Ehrgeiz 47
Eifersucht 46, 83, 118, 131, 158, 197, 203, 204, 212, 213, 216, 217, 219, 237, 238, 242, 284
eifersüchtig 99, 259, 261, 268
Eigenständigkeit 92
Eileiterschwangerschaft 116
Einhaltung von Regeln 27
Einsamkeit 19, 39, 41, 91, 136, 158, 266, 268
einschlafen 129, 147, 189, 270
Einzelkind 240
Ekel 163
Ekelschranke 164, 184
Elias, N. 164
elterliches Paar 29
Eltern 62, 86, 93, 264
Eltern-Kleinkind-Therapie 115, 264, 267
emotional 66, 136
emotionale Zwiesprache 20
emotionales Aufnehmen 114
emotionales Grundmuster 11
empirische Säuglingsforschung 71, 72, 76, 119, 123, 165
Enkelkind 81
Enquist, P. O. 254
Entdeckungsreise 174
Enttäuschung 24
Erdheim, M. 164
Erforschen 88, 130, 132, 173, 175, 182, 196, 265
Erforschen des Körpers 88
Erklärung für Gebot 27
Ermann, G. 21, 234
erogene Zone 122, 164
erste Liebe 87 f.

essen 19. 35, 41, 115, 178, 262
Essensproblem 116

Fallaci, O. 57, 58
Familiensystem 66
Fehlgeburt 154
feminine Phase 196
Ferenczi, S. 73
feste Nahrung 125, 143, 146
Flasche 95, 98, 124, 142
Fleck, L. 197
Fonagy, P. 77 f., 92, 125
Forschungsdrang 141, 243
Fraiberg, S. 71, 128, 193, 228
Fremde-Situation-Test 144, 167
Freud, A. 70, 119, 141, 191, 279
Freud, S. 16, 18 f., 50 f., 70 f., 74 f., 78, 91, 122, 130, 163 f., 193, 195, 197, 235 f., 240, 243 f.
Freude 25, 29, 36, 67, 85, 90, 93, 126, 128, 132, 134, 136, 177, 179, 182, 186, 188, 198, 208, 219, 223, 226, 231, 239, 260
Frith, U. 283
frühe Angst 85
frühe Erfahrung 11
frühe Erlebnismuster 11
frühe Störung 94
frühkindliche Sexualität 130
Frustration 34, 102, 103, 134, 148, 208, 211, 278, 280 f.
Füttern 95, 98, 101

Gaddini 19, 49, 50, 52, 65
Gebärneid 196
Gebot 46, 250
Geburt 21, 42, 48, 49, 51 f., 56, 59 f., 81, 85, 91 f., 95, 110 f., 127, 152, 154, 160, 211, 218, 224, 234, 240, 242 f., 269, 272, 281, 284, 286
Geburt, ängstigende 51

Geburtskomplikationen 51
Geburtstheorie 224, 244
Gehorsam 220
Geist 216, 218 f.
Geist im Kinderzimmer 128
geistige Entwicklung 162
Gélis, J. 55
Geräusch 130
Geruch 113
Geruchsinn 65
geschlagenes Baby 156
Geschlechtsidentität 173, 195, 224, 234
Geschwister 22, 83, 248
Geschwisterliebe 240
Geschwisterrivalität 224, 239, 245
Getrenntsein 133
Gewalt 158
Gewalttätigkeit 204
Gewissen 196, 224, 248 f.
Glück 109
Glücksgefühl 96
good-enough mother 17
good-enough mothering 93
Gopnik, A. 191, 194
Gottschalch, W. 95
Grausamkeit 127, 131
Green, A. 77, 234
Großeltern 81, 87
Großmutter 117, 144
Großzügigkeit 26
Grunberger, B. 234
Grundstimmung 22, 282
gute Erfahrung 24
gute innere Mutter 44, 106, 143
gutes inneres Objekt 24, 85, 280

halluzinatorische Wunscherfüllung 73, 75, 91
Harlow, H. 167

Hass 16, 73, 94, 116, 120, 131 f., 159 f., 192, 212, 216, 241, 277
hassen 67, 87, 209
Hassliebe 213
Haut 52, 66, 95, 110, 113, 122
Hautempfindung 164
Hemmung 25, 28
Highsmith, P. 132
Hilflosigkeit 87, 110, 158, 280, 285
Hinde, R. 167
Hobson, P. 283
Hoffnungslosigkeit 43, 211
Holmes, J. 78, 168
Horney, K. 197
Hospitalismus 85
Humor 27, 47, 145
Hungergefühl 48

Ich-Kern 123
idealisiert 24, 44, 127, 161, 169
idealisierte Person 26, 120
Idealisierung 169
imaginäre Baby 15, 52, 93
Innen- und Außenunterscheidung 86
innere Gefahr 19
innere Ordnung 84, 188, 202
innere Realität 15, 23, 254
innere Welt 16, 18, 23, 24, 30, 41, 43, 57, 65, 67, 73, 75, 78, 114, 119, 182, 211, 283
innerer Konflikt 131, 210, 228, 262, 279, 284
innerer Raum 38, 91, 115
inneres Arbeitsmodell 77, 78, 124, 168
inneres Bild 15, 99, 103, 165, 209, 282
inneres Chaos 215
inneres gutes Objekt 91, 160
inneres Kind 11

inneres Objekt 44, 94, 143, 210, 218
Isolation 41
Integration 61, 120, 138
Integrationserfahrung 91
intellektuelle Entwicklung 196
intellektuelles Interesse 243
Intelligenz 37, 215
Introjektion 73
Isaacs, S. 74

Kant, I. 73
Karen, R. 124
karthartische Wirkung 192
Kennenlernen des Babys 93
Kestenberg, J. 59, 72
Kinderanalyse 70, 272
Kindertherapie 23
Kitzinger, S. 55
Klang der Stimme 69
Klein, M. 11, 19, 70, 72, 74, 78, 119, 161 f., 196, 238
Kohlheimer, R. 191
Kohut, H. 219
Kompetenz des Babys 24
Konflikt 17, 27, 251, 278
konkretistisches Denken 120, 229
Konkurrent 107, 240, 248
Kontakt 66, 73, 136, 149, 166
Kontrolle 40, 138, 217, 238, 256
kontrollieren 35, 206, 270, 273
Körper 18 f., 50, 88 f.
Körperausscheidung 141, 163, 194 f., 231
Körperfunktion beherrschen 22
Körpergrenze 88
Körperkontakt 166
Körperkontrolle 253
körperliche Nähe 46
körperliche Trennung 85
Körperpflege 132

Körpersprache der Liebe 89
kreativ 30, 145, 225, 245, 260, 270
kreativer sexueller Akt 237
kreatives Spiel 25, 272
Kreativität 28, 45, 195
Krejci, E. 49, 139

Lacan, J. 114
Lächeln 137
Lachen 182, 186, 191
Lazar, R. 21, 234
Lebensfreude 11
Lebovici, S. 70, 279
Lernen 11, 240, 245, 251, 263
Lernen aus Erfahrung 162
Leslie, A. M. 283
Lichtenberg, J. 71
Lidz, Th. 96
Liebe 16, 41, 73, 90 f., 97 f., 120, 122, 126 f., 131, 133, 162, 192, 206, 211, 234, 236, 240, 248, 254, 277, 280, 287
Liebe der Geschwister 248
liebende Mutter 99
Liebesbeziehung 231
Liebesfähigkeit 234
Liebesszene 98
liebevoll 27, 29, 34, 84
Lob 27
Lorenz, K. 77
loslassen 153
Loslösung 140

MacFarlane, J. 105
Macht 28
Machtkampf 42, 47, 178, 180, 194, 234, 251
magisches Denken 75, 193, 227, 228
Mahler, M. 70, 72, 75, 122
Main, M. 125, 168
Mann, Th. 94, 216, 254

Märchen 120
Misstrauen 117
Miller, A. 196, 219
Miller, L., et al 20
misserfolgsorientiert 22
Monster 30 f., 218, 253
Montagu 68, 95, 122
Mussen, P. 71, 168
Muster der Wahrnehmung 223
Mutter 17 f., 29 f., 39, 69, 74, 148
Mutter ihrer Puppe 30, 44
mütterliche Stimme 104
Muttermilch 95, 105

nachdenken über sich selbst 162, 197
narzisstischer Wunsch 27
Neid 45 f., 82, 94, 97, 231, 248, 285
Nein-sagen 178
neues Baby 44
Neugierde 25, 27, 127, 131 f., 223, 271
normaler Autismus 75
Normalität 17

Objektpermanenz 138
ödipale Phantasie 224, 234, 237
ödipale Phase 236, 238
ödipaler Wunsch 239
ödipales Dreieck 236
Ödipussage 236
ohnmächtig 213
omnipotent 129, 238
omnipotente Kontrolle 161
omnipotentes Ich 139
optimistisch 22
orale Befriedigung 44
orale Befruchtungstheorie 245
orale Phase 73, 164
orales Bedürfnis 34

Ordnung 187, 188
Ordnungsliebe 202
ozeanisches Gefühl 48

Panik 37, 38, 213, 218
paranoid-schizoide Position 121
Penisneid 196
Persönlichkeit 22, 84, 91, 125, 131, 136, 145, 147, 223, 227, 254, 261, 263, 277 f., 280, 282
Persönlichkeit des Babys 21, 92 f.
Persönlichkeit des Kindes 45
Persönlichkeitsentwicklung 67
Perversion 163
phallische Phase 164
Phantasie 18, 25, 36, 74, 77, 119, 121, 128, 136, 139, 155, 161, 164, 166, 179, 193, 195 f., 200 f., 207, 214, 224, 228, 237, 249, 254, 271, 283, 287
Phantasiewelt 31, 238, 253
physischer Kontakt 29, 36, 41
Piaget, J. 138, 193
Pickler, E. 132 f.
Pines, D. 58, 72, 122
Piontelli, A. 49
polymorph-pervers 163
postnatale Depression 115, 117
Pound, A. 67
Prädisposition des Wissens 50
Präkonzeption 24, 74
Primärer Narzissmus 74, 76, 122, 163
primitives Gefühl 87, 119
Projektion 73
projiziertes Gefühl 94
psychisch 50, 58
psychische Realität 15, 19, 139
psychische Vorbereitungszeit 58
psychischer Raum 52, 58, 114, 161, 166, 197, 237

psychoanalytische Babybeobachtung 18
psychoanalytische Säuglingsbeobachtung 21
Psychose 75, 121
Psychotiker 75
psychotische Störung 94
psychotische Welt 238
psychotischer Kern 85
Puppenmutter 30

Raphaela-Leff 58
reale Erfahrung 78
reales Kind/Baby 93
Realitätssinn 129
Realitätswahrnehmung 23
Regel 18, 32, 147, 182, 190, 197, 248 f., 260
Reich des Bösen 120
Reid, S. 21, 283
Reifungsschritt 141
Reizschutz 74
rekonstruierter Säugling 72, 76
Repräsentanzen 16, 74, 165
Reverie 162
Riesenberg-Malcom, L. 94, 162
Ritual 147
Rivalität 62, 82, 97, 144, 235, 237, 245, 248
Rivalitätsgefühl 160, 273
robustes Baby 103
Rollenspiel 224
Roper, L. 62
rudimentärer Ich-Kern 72, 119, 161
Rustin, M. 21

Salzberger-Wittenberg, I. 24
Sauberkeitstraining 173, 194, 209, 224, 230, 233, 253, 262
Scham 163 f., 224, 231
Schamhaftigkeit 230

Scheidung 20, 28, 30
Schemata des Zusammenseins 165
Schiller, F. 132
Schlaf regulieren 63
schlafen 104, 125, 141
Schlafengehen 189
Schlafklinik 152, 206
Schlafproblem 125, 141, 197, 271
schlagen 156, 160, 196, 208 f., 214, 217, 247, 252, 260, 263, 280
schmieren 42, 46
schöpferischer Prozess 139
Schreien 91, 154
Schreiklinik 147
Schuldgefühl 155, 218, 237, 242, 248
schwanger 56, 116, 117, 266
Schwangerschaft 21, 48, 51, 55 f., 67, 93, 97, 111, 115, 118, 154, 203, 211, 240 f., 265, 281
Schwangerschaftsabbruch 266
Segal, H. 75, 78
Selbsständigwerdung 140
Selbst 76, 122, 123
selbständig 145, 150, 166, 173, 223, 262
selbständige Bewegung 125, 132
Selbständigkeit 34, 133, 134, 140, 176, 177, 180, 255, 280
Selbstbeherrschung 194, 232
Selbstgefühl 123, 194
Selbstkontrolle 232, 249, 252
Selbstsicherheit 27, 45, 147, 175, 263
Selbstvertrauen 25, 207, 219, 226, 280
Selbstwertgefühl 235
sensibles Baby 93, 103
Sex während Schwangerschaft 56
Sexualität 158, 164, 260
Sexualtrieb 163

305

sexuelle Aufklärung   243
sexuelle Auswahl   235
sexuelle Beziehung   111, 134, 238
sexuelle Dinge   265
sexuelle Form   163
sexuelle Frage   267
sexuelle Identität   195
sexuelle Lust   101, 164
sexuelle Neugierde   130
sexueller Kontakt   55
sexueller Missbrauch   131
sexueller Unterschied   253
sexueller Wissensdrang   196
sexueller Wunsch   163
sexuelles Interesse   129, 130
sexuelles Leben   152
sexuelles Problem   202
Shakespeare, W.   23
sicher gebunden   77 f., 124
sicher oder unsicher gebunden   23
somatische Beschwerden   19, 162
soziale Fähigkeit   36
soziale Geburt   84
sozialer Kontakt   27, 47
Spaltung   26, 36, 61, 120
Spannung   20, 94
Spiel   18, 25, 27, 29, 30, 32 f., 36, 44 f., 83, 130, 132, 147, 179, 182, 184, 200 f., 206, 208, 210, 213, 239, 241, 244, 247, 256 f., 260, 271, 273
spielen   33 f., 115, 144 f., 173, 191, 204, 206, 219, 240, 246, 251, 268, 270
spielerische Form   31
Spitz, R.   85
Spock, B.   142, 180
Sprache   22, 114, 225, 229, 257, 281
Sprache der Liebenden   89
Sprache des Körpers   19
Spracherwerb   173, 190, 224
Sprachfähigkeit   252

Sprechen   191, 211, 226, 251
Steiner, R.   70, 77
Stern, D.   71 f., 74, 76 f., 119, 123, 165 f.
Stillen   50, 95 f., 105, 107, 109, 124 f., 139, 143, 146, 191, 200, 259, 269
Still-Paar   95, 97
Stimme   110, 114, 132, 148
Stimmung   73, 86
Stimmungsschwankung   86
Stork, J.   234
Strafe   220, 226
Subjektpermanenz   138
Symbiose mit der Mutter   72, 74, 122
symbiotisch   122
symbiotischer Moment   122
Symbolbildung   227
symbolisch   25, 229
symbolische Gleichsetzung   227
symbolisches Denken   224, 230
symbolisches Spiel   193
symbolisieren   22, 145, 186
Szejer, M.   70, 112, 114

tabuisiert   267
Tabu   231
Taylor, D.   129
Teilobjekt   75, 119 f.
Teising, M.   92
Temperament des Babys   101, 120
Test Fremde Situation   72, 144, 168
Test für Neugeborene   63
Thomas and Chess   92
Tod   76, 192, 224
Tod eines Elternteils   67
Todeswunsch   192
tolerant   232, 255
Toleranz   94, 223, 238
totes Kind   112 f.
Totgeburt   114

Trauer 33, 82, 113, 118, 141, 161, 207, 223, 241, 261, 272
Traum 18, 59, 78
Trennung 25, 46, 53, 77f., 103, 117, 120, 124, 131, 143, 158, 167, 185f., 188, 192, 200f., 228, 238, 253, 273, 281
Trennungserfahrung 85
Trevarthen, C. 283
triangulärer Raum 237
Triebenergie 161

Überfürsorglich 255
Überich 78
Ultraschalluntersuchung 49, 56, 118
Unbewusste 19, 72, 164
unbewusste Angst 96
unbewusste Phantasie 23
unbewusste Vorstellung der Eltern 23f.
unfruchtbar 111
Unschuld 129
unsicher-ambivalente Bindung 78, 124, 168
unsicher-unorganisierte Bindung 168
unsicher-vermeidender Bindungsstil 78, 124
unzuverlässige Zuwendung 26
Urform des Verbindens 50

Vater 18, 29, 30, 31, 32, 37, 40
Verbindung der beiden Eltern 161
Verzweiflung 86, 94, 119

wache Aktivität 71
Waddell, M. 24, 28
Warum-Frage 224
Watillon-Naveau, A. 153
Weinen 37f., 93, 109, 154f.
Wiedergutmachung 26, 121, 139, 161, 207, 209f.
Wiederkommen 185
Wiedervereinigung 25
Winnicott, D. W. 17, 25, 52, 70, 125f., 129, 138, 186, 192, 279
Wissensdurst 224
Wittgenstein, L. 23
Wochenbett-Blues 85
Wut 103, 120, 128, 132, 138, 156, 178, 182, 214, 217, 228, 230, 242, 270
Wutanfall 47, 210, 212, 219, 267
Wutausbruch 45, 209, 223, 263

Zivilisation 163f.
Zulliger, H. 184, 255
zureichend-gute Mutter 98, 103
Zurückweisung 24
Zusammengehaltenwerden 73
Zuversicht 11, 25, 87

Doris Bischof-Köhler

Von Natur aus anders

Die Psychologie der Geschlechtsunterschiede

2002. 430 Seiten mit 38 Abb. Kart. € 27,–
ISBN 3-17-016749-9

Eine Synthese aus explizit entwicklungspsychologischer Perspektive legt die Autorin zu der gleichsam klassischen wie aktuellen Frage vor, ob geschlechtstypische Verhaltensunterschiede naturgegeben oder anerzogen sind. Das Buch besticht durch seine anschauliche, mit vielen Beispielen angereicherte Darstellung und die Integration eines eigenständigen empirischen Materials. Der Leser gewinnt einen fundierten Einblick in den aktuellen Kenntnisstand über die Entwicklung geschlechtstypischer Unterschiede bei Kindern und Jugendlichen.

▶ www.kohlhammer.de

W. Kohlhammer GmbH
70549 Stuttgart · Tel. 0711/7863 - 7280 · Fax 0711/7863 - 8430